ケネディを殺した男

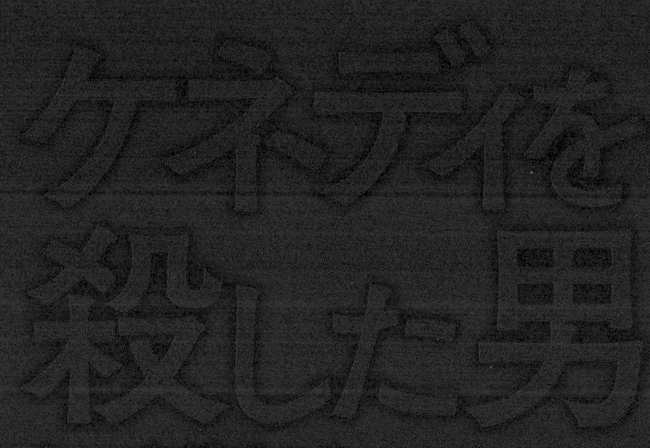

the man who killed kennedy
Roger Stone

ロジャー・ストーン 著
伊藤裕幸 訳

幻冬舎

ケネディを殺した男

Skyhorse Publishing books may be purchased in bulk at special discounts for sales promotion, corporate gifts, fund-raising, or educational purposes. Special editions can also be created to specifications. For details, contact the Special Sales Department, Skyhorse Publishing, 307 West 36th Street, 11th Floor, New York, NY 10018 or info@skyhorsepublishing.com.

Visit our website at www.skyhorsepublishing.com.

10 9 8 7 6 5 4 3 2 1

Library of Congress Cataloging-in-Publication Data

Stone, Roger J.
The man who killed Kennedy : the case against LBJ / Roger Stone, with Mike Colapietro.
pages cm
Includes bibliographical references.
ISBN 978-1-62636-313-7 (hardcover : alk. paper) 1. Kennedy, John F. (John Fitzgerald), 1917-1963--Assassination. 2. Johnson, Lyndon B. (Lyndon Baines), 1908-1973. 3. Conspiracies--United States--History--20th century. I. Colapietro, Mike. II. Title.
E842.9.S74 2013
973.923092--dc23
[B]

2013029015

Cover design by Brian Peterson
Cover photo credit: Public Domain

Paperback ISBN: 978-1-62914-489-4
Ebook ISBN: 978-1-63220-040-2

Printed in the United States of America

To my beloved wife,
Nydia Bertran Stone, who has suffered through my political enthusiasms, victories, and defeats—all with good humor and steadfast support.

CONTENTS

訳者前書き

なぜ、今更50年以上も前のケネディ暗殺本を出版するのか？

これは現在のアメリカを告発する書である。

なぜ、原書ではジョンソンの名前を題名にまでだしているのか？

答えはひとつ。「ある日ロジャー・ストーンは自ら後頭部にピストルで2発打ち込み、自殺しているのを発見されました」という事態を避けるための保険なのだ。

ジョンソンはすでに死んでいて追及のしようがない。しかし権力者の命令があれば、法と秩序を無視して犯罪を犯す公務員が少なからず存在することを本書は暴いている。表向きジョンソン真犯人説をとる本書を読み進むと、ジョンソンのことをあたかも前副大統領ジョー・バイデンのような小物の汚職まみれの政治家と見なしているように感じられる記載を見つけることができる。他方、ジョージ・H・W・ブッシュや、クリント・マーチソンに対する彼のまなざしには厳しいものがある。第21章にリバティ号事件を記載した真の目的は軍部批判以外の何物でもない。本書で明らかにされた50年前の汚職体制は、CIAと深い関係を持つブッシュ犯罪家族とクリントン犯罪家族に引き継がれてきた。軍産複合体は現在ではますます巨大化し、IT、AI分野と統合しつつある。アメリカは民主主義、自由主義という巧みなプロパガンダを支配下の主要マスメディアを通じて流して国民のみならず、世界中をだまし続けている。日本のマスメディアは無批判にそれを受け入れているので、アメリカの政治に関するニュースはほぼすべてフェイクニュースと考えて間違いない。法と秩序の国という概念は、50年前から偽りであった。9.11事件での証拠隠滅や、2019年のジェフリー・エプスタインの獄中での『自殺』の扱いを見る限り、今も実在しないに等しい。

この空恐ろしいアメリカの実態を、アメリカの支配下にある日本に住む皆様に知って頂きたいと思う。

令和2年3月

伊藤裕幸

序文

ジョン・F・ケネディ暗殺に関する政府公式文書に疑問を持つ者は、メインメディアから狂っている、変わり者等と決めつけられることは承知している。それでも、1963年11月22日のあの事件は当時11才の子供であった私の頭から離れない。星条旗がかけられた父の棺にジョン・ジョンが敬礼し泣く姿は今も脳裏に浮かぶ。私の家族はカトリックで、共和党支持者の両親は1960年にはリチャード・ニクソンに投票したと思うが、それでもローマカトリックのケネディ大統領を誇りに思っていた。

暗殺問題として調査し共謀があったと言い出せば、過激論者か変人とレッテルをはられることは承知のうえで言うならば、リンドン・ベインズ・ジョンソン（略してLBJ）は自身が大統領になるため、そして彼自身に差し迫った政治的、法律的訴追を逃れるため、ジョン・フィッツジェラルド・ケネディ（略してJFK）をダラスで殺害したと確信するに至った。

私の経歴は、L・B・ジョンソンが大統領になるためJ・F・ケネディを殺した事件を証明するのに特に適している。1968年以来、1992年を除き、ずっと共和党の大統領選挙に関わってきた。1992年はジョージ・H・W・ブッシュが不名誉な敗退をした年だった。レーガン支持者としてはブッシュの敗退はどうでもよいことだが。1967年に当時副大統領であったリチャード・ニクソンに初めて会った。そして1968年にジョン・デイビス・ロッジ知事からコネチカット州のニクソン支持若者の会代表に指名された。その後ワシントン州のジョージワシントン大学の夜学に通い、日中はニクソン政権のホワイトハウスで記者発表に携わり、1972年には大統領再選委員会の最も若いシニアスタッフに任命された。

ジョン・デイビス・ロッジ大使はJFKがベトナム大使に指名したヘンリー・キャボット・ロッジの兄だった。ジョン・デイビス・ロッジは下院議員で国際問題委員会のメンバーで、コネチカット州の知事でもあり、アイゼンハワーのスペイン大使、ニクソンのアルゼンチン大使、ロナルド・レーガンのスイス大使であり、私の師匠だった。

1968年、16才の私を当時副大統領であったリチャード・ニクソンに紹介してくれたのはジョン・ロッジである。ロッジは古いタイプのインテリでスペイン語、イタリア語、フランス語それにドイツ語が堪能だった。またヨーロッパのB級映画の俳優でもあり、マリーネ・デートリッヒやシャーリー・テンプルと共演したこともある。

ロッジは80才代の頃、ロナルド・レーガンの大統領選挙部隊のコネチカット州代表となり、私が東北部地区のディレクターとして準備したポストで活躍してくれた。

1979年私達はコネチカット州ウェストポートの彼の家でカクテルを飲み談笑していた。J・F・ケネディが1963年11月24日にダラスから戻り次第ヘンリー・キャボット・ロッジ大使を首にしようとしていたこと、そしてロッジ自身が大統領に呼び出されている理由を知っていたことを私は知っていた。

ロッジはカトリックである南ベトナム大統領のジェム暗殺計画をCIAと企てるというケネディの汚い仕事に関わっていた。私はジョン・ロッジに彼の弟のことをききたくてこう言った。「弟さんにケネディを殺したのは誰かたずねたことはありますか？」

彼はにやっとして「政府機関の連中、マフィア」と言い、私の目をのぞき込んで続けた。「それにリンドン」

「弟さんは事前に知っていたのですか？」

ロッジはカクテルのマンハッタンをなめながら言った。「首にされる前に彼がいなくなるだろうことは知っていた。ジョンソンはそのまま彼を続けさせたんだ」

ケネディ暗殺の7週間前、ワシントン・デイリー・ニュースのリチャード・スターンズは「スパイがロッジ大使のメンツを潰す！」という記事を掲載し、その小見出しは「傲慢なCIAがベトナムでの指示に従わず」とされていた。この記事はベトナムにおけるCIAの活動を官僚の傲慢さ、執拗な命令無視、それに止まらない権力欲の陰険な歴史であると酷評している。記事はヘンリー・キャボット・ロッジ米国大使とCIAとの縄張り争いにまで触れている。「こちらの米国高官によると、CIAはヘンリー・キャボット・ロッジ大使の命令を2度拒否した」記事は続く。「もしも合衆国が〈5月の7日間〉を経験するとしたら、事件は防衛省からではなくCIAから起こるだろうとあるアメリカ高官が痛烈に述べた」と。〈5月の7日間〉とは未来小説で、アメリカで軍事クーデターが発生するというフィクションである。J・F・ケネディも読んでおり、その内容に感銘していたので、彼が使わない週末にホワイトハウスでのその映画の撮影を許可したほどだった。

偶然にも〈5月の7日間〉に触れたスターンズの情報源はロッジではなく、多分軍関係者であったに違いないがこれは重大である。他の情報源によると「CIAはとてつもない力と完全な報告義務免除の特権をもっている」そして「至るところでゴ・ディン・ヌーの秘密警察とつるんで活動し、挙げ句の果てにCIAの連中はサイゴン当局に抑圧的な警察国家的空気をもたらした」

スターンズの記事は、ベトナムにおけるCIAの権威主義的行動とケネディ政権が統制不能になっていたことを辛辣にかつ詳細に告発するものであった。記事は続く。「民主主義を信奉するあるベテラン政府高官は、CIAが悪性腫瘍のように成長しており、もはやホワイトハウスが統制できるのか疑わしいと述べた」

この高官は多分ヘンリー・キャボット・ロッジ大使であろう。

1963年10月3日、ニューヨーク・タイムズのコラムニストでケネディの友人であるアーサー・クロックはスターンズの記事をベースに「ベトナムでの政府内戦争」というコラムを書いた。クロックのコラムはリチャード・スターンズがCIAと対立する政府関係者や国防省から取材したCIAに絡む引用記事を強調するものであった。CIAはジェムとヌー政権を維持したいと考え、CIAとジェムの共同の敵はジェムとヌーの退陣を求めるケネディ政権の突撃隊長的ヘンリー・キャボット・ロッジ・ベトナム大使であった。

1963年11月1日ジェムとヌー政権はアメリカが企てたクーデターにより排除された。ケネディ自身はジェムらの政権排除に固執してなかったが、ジェムとヌーが共に暗殺され、亡命できなかったことにショックを受けた。キューバ政策に対し何度もケネディと強硬に対立してきたCIAにとって、ジェムの排除はやむを得ず承服したものであろう。

3週間後にダラスの事件が起こる。その時私はこの本を書くことを決意した。

ニクソンは私を前の選挙応援者であるジョン・P・シアーズに紹介してくれ、ロナルド・レーガンの1976年、1980年の大統領選挙のスタッフに採用してくれた。そしてレーガン大統領は1984年には北東部州の統括を、1980年には更に広いエリアの選挙を任せてくれた。

レーガンの北東部地域政治理事として大統領の13回の演説旅行の立案管理を行ったが、そのお陰で大統領が旅行にでる間シークレットサービスと大統領お付きがどう行動するかよくわかるようになった。この経験はケネディ大統領がダラス訪問時の準備段階でのシークレットサービスとジョンソン副大統領らの数多くの異常行為に目を向けるのに役立った。

ニクソン元大統領と最もよく共に過ごしたのは、大統領退任後の時期であった。

ワシントンポストによると私は「ニクソンのワシントンの子分」であり、ニューヨークタイムズのコラムニスト、モーリーン・ドウは私を「ニクソンの炎の管理人」と評した。ニクソンは政治的情報とゴシップに飽くなき興味を持ち、私はせっせと情報供給をした。またこの頃、ニクソンは数多く来る講演依頼の吟味を私に任せた。

前大統領ニクソンと一対一で何時間も話すことになったのはマンハッタンのダウンタウン、フェデラルプラザ26、彼のイーストサイドのアパートメントであった。後にニュージャージー州のサドルリバーにある質素な私邸に移った。話してみるとニクソンは内省的でも、回顧的でもなかった。スタッフは陰では「老いぼれ」と言ってたが、本人は今起こっていること、これから起こることにものすごく興味を持っていた。過去のことを話題にするのは難しかった。大概、彼の仲間の話やケネディ暗殺の状況の話題になると、彼はむっつりしたり、そっけなくなり、ぶっきらぼうになるのだった。ケネディ暗殺に関するウオーレン報告書の結論をどう思うかとずばり聞いたとき、彼は「でたらめだ」と唸ったが、説明しようとはしなかった。

ニック・ルーエは1960年の選挙運動に先行員として参加し、1968年の大統領選挙に再度挑戦する戦いでは代表先行員として活躍した。ルーエは元大統領のトルーマンやアイゼンハワーの国葬を所轄する儀典局の代表となり、その後、レーガン大統領の時にアイスランドへ大使として派遣された。ルーエの好みはウオッカマティーニ、フィルターなしのキャメル、ブルックブラザーズのボタンダウンシャツ、しっかりしたグレナディンのネクタイ、それにニューヨークの21クラブであった。ルーエはミシガン州、グロッセポイントの裕福な家の出であった。ニクソンは1961年に彼を共和党の大学教授であるジョン・タワーの応援にテキサスにやった。タワーはジョンソンが副大統領になるときに辞任した上院の席を特別選挙で勝ちとっていた。ルーエは私にこう言ったことがある。「ニクソンと一緒にいるときは、話しかけられた時だけ話すんだ」彼はニクソンの大統領退任後スタッフ代表として働いた。「ボスが話したいモードの時は、彼は会話してくれる。そうでない時は黙ってろ。そうすればうまくいく」このお陰で私の好奇心をかき立てている疑問につき元大統領に質問するタイミングを待たなければならないことが度々あった。

ニクソンは一人で考え込むことが好きな人で、活発な会話の前にはよく長時間黙って座っていた。その頃この37代大統領がアルコールを飲むと饒舌になることを知った。ニクソンは酒に弱く、マティーニ2杯でよくしゃべるようになった。

運命のいたずらか、元副大統領でありその当時弁護士であったニクソンは11月21日と22日にダラスにいたのである。重要なことであるが、当時リチャード・ニクソンは公的権力は持たず、1963年の時点で政治的には終わっていると見なされていた。

しかし、ジョンソンはニクソンがCIAを知り尽くしている男だと認識していたと思う。ニクソンはマフィアが彼とジョンソンに資金供与をしていることを知っていた。それ故に、FBI長官のJ・エドガー・フーバー、キューバの亡命者、それに右翼のテキサス石油資本とが共謀して、ジョンソンが大統領になるためにジョン・ケネディ暗殺計画を指揮したとニクソンは気づいた。

本書に書かれている私との会話でニクソンはジョンソンが共犯者であると暗示している。事実、ニクソンは自分の推測を確認するため1969年に大統領就任後、CIAに命じてケネディ暗殺に関するすべての記録をホワイトハウスに運ばせた。あとでわかることであるが、この要請がウオーターゲート事件でのニクソンの破滅のきっかけになる。

元司法長官のジョン・ミッチェルはニクソンの1968年の選挙運動に関わったが、私達を良くかまってくれていろいろ教えてくれた。彼が元大統領のニクソンともよく会話していたのを知っている。リチャード・ニクソンがその政治家人生でただ一人選挙運動の権限を実際に任せたのはミッチェルだけだった。リチャード・ニクソンと最も親しかった人ですら、ニクソンはえたいの知れない不可思議な存在だと思っていた。

ミッチェルはウオーターゲート事件で刑務所に収監されたあと、ジョージタウンのマンションにメリー・ゴーア・ディーンという女性と暮らし、ジョージタウンでコンサルタント会社を経営していた。

私が最初にジョン・ミッチェルに会ったのはマイアミビーチで行われた1968年の共和党大会でニクソン応援のボランティアになりメッセンジャーの仕事を与えられた時だった。ミッチェルは文書の入った、時には現金が入っていたと思うが、封筒を私に渡すのだった。それを指定された受取人に配達するのだが、質問は許されなかった。いつも彼は自分の財布から10ドル札を引き抜き、タクシー代と言ってくれた。ある夜の食事時、ミッチェルさんがメッセンジャーの溜まり場に来て私に10ドル札を手渡し、通りの向こうのラムという人気のビールの立ち飲み店に行ってビールゆでホットドッグ二つ、ザウワークラウト付きで買ってくるよう指示した。マスタードをたっぷり塗ってと。そしてウインクして言った。
「二つとも食べな！」

1972年の大統領再選委員会に私がいたとき、『ミッチェルさん』（誰もがこう呼んでいた）と直接意思疎通をするのは命令系統外のことだった。1976年のロナルド・レーガンの大統領選挙運動の時も元司法長官と連絡を取り合った。ポール・ラグザル上院議員が委員長を務めるレーガンを大統領に推す委員会に、元ケンタッキー知事のルイ・ナンを採用できたのもミッチェルのお陰だった。1976年から1988年にかけミッチェルとはよく連絡を取り合った。

ミッチェルはピッグス湾事件やケネディ暗殺についてのニクソンの考え、信念を語ってくれたが、同時にニクソンのこの二つの事件に関する遠回しなコメントの解釈を手伝ってくれた。ミッチェルはニクソンが真実を解明しようとしていると考えていて、1978年の暗殺に関する下院委員会（HSCA）による公聴会以前のものは取るに足りないものと考えていた。

当時でも、私はケネディ暗殺を取り巻く論争に夢中になっていた。ミッチェルにいつかこれについて本を書きたいですと言うと、彼はパイプを歯で挟み、50周年まで待つように言ってくれ、私は納得した。なぜ今までこの本を書かなかったか、理由がおわかりだろう。

ミッチェル自身が37代大統領や他の人々とダラスで本当は何が起こってたのか語り合った情報を私にも与えてくれたことに感謝したい。

本書がJFケネディ暗殺の50周年に出版された多くの書物と異なる特徴は、ケネディ兄弟を偶像視していないことである。ジョンとロバート・ケネディは聖人ではなかった。ウエストバージニアの予備選でヒューバート・ハンフリーと戦ったとき、マフィアの協力があったことはジョンもボビー・ケネディ（ボビーはロバートの愛称）も知っていた。そのやり方があまりにひどかったため、ムリエール・ハンフリーは二度とケネディとは口をきかなかったという。ボビー・ケネディが司法長官としてマフィアを締め付けたのは賞賛されることではあるが、ジョンには選挙時にマフィアの多大な協力を得たことについての悩みがあったようには見えない。

ジョン・ケネディはアンフェタミン注射の常習者でもあった。リチャード・

レーツマンとウイリアム・J・バーンズの驚くべき本〈ドクターいい気持ち〉によるとケネディはセレブのマックス・ジェイコブソン医師—またの名をドクターいい気持ち—によりかなり中毒性の高い液体覚醒剤とステロイド剤の混合したものを注射されていた。ケネディはリチャード・ニクソンとの大統領選の討論会、キューバミサイル危機の時、ピッグス湾侵攻時そして多分、数多くの逢い引きの時に覚醒剤で元気をつけていたのだろう。ケネディはファーストレディのジャクリーン・ケネディにもジェイコブソン医師に覚醒剤とステロイドを注射させ気分を高めさせた。

ケネディの公民権運動の記録にもでっちあげがある。1960年にケネディは黒人票を開拓しようとした。マーティン・ルーサー・キングがセルマで投獄されたとき、彼は大胆にもキング牧師の妻に電話をかけ、ボビー・ケネディはこの事件担当の判事に電話をしている。これは弁護士であるニクソンですら思いつかなかった手で、その結果マーティン・ルーサー・キングの父親の支持を取りつけ、対ニクソンの決定的多数の黒人票を獲得することに繋がる。ニクソンは当初キング牧師をホワイトハウスに招待し上院でのすべての公民権と反リンチ法案を支持し（この法案はジョンソンにより潰された)、野球のレジェンドであるジャッキー・ロビンソンからも支持されていたが、1960年の選挙の最終段階で黒人票を失うことになった。しかし、ケネディは公民権については遅々として着手しなかった。彼は数多くの人種差別的連邦判事を指名したし、他方ボビー・ケネディは上院を南部の大物達でとりまとめてしまった。ケネディにより公約とされた住宅開放政策と投票権の法案は進まず、彼が殺されたときもまだ下院で止められていた。

優れた本〈傍観者〉の著者ニック・ブライアンはこう記述する。「1963年の夏、バーミンガムでの暴動と全米での何百の抗議デモを受けてケネディはかつて下院に出されたことのないような進んだ公民権法案を提出した。なぜ彼は長く待ったのか。ケネディは最初にボストンで1946年に下院議員選挙に出たときから人種問題というテーマの持つ政治的危険性とメリットの両面を認識していた。ケネディは若い時期の議員時代に人種問題を巧みに扱い慢心した結果、アメリカ全土で沸騰する人種問題の危機に対処できなくなっていた。全くのうわべのジェスチャーで人権家を気どったため、ケネディは南部の反対勢力と対峙して真の改革を実行する絶好のチャンスを逃したのである。ケネディが動かないことが白人至上主義者達に自信を与え、他方期待を裏切られた黒人活動家は戦闘的手段をとるようになった。ケネディは大統領になった当初にあった人種問題に関する国を挙げての世論統一のチャンスを無駄にしてしまった。彼の執務室での1000日において、全米の街角で燃えあがる公民権運動の戦いに対し傍観者であり続けた。彼の亡くなる前の数カ月ではもはや彼自身が気まぐれに弄んだ重大な論議がもたらす猛威をコントロールできる状態ではなかった」

ジョン・ケネディは危険なゲームに賭けた。1960年の選挙運動でリチャード・ニクソンとぶつかった時だ。あらかじめCIAよりアイゼンハワー政権のキューバ侵攻計画を説明されていたことからケネディはその知識をふまえた上で大統領選挙の討論会にて、カストロを追い出すのにアイゼンハワー政権の対処は生ぬるいと攻撃した。運のないニクソンはケネディの無責任さを非難するしかなく、その結果現政権のキューバ侵攻計画を公の場で暴露することになった。ニクソンはうちのめされた。ケネディは防衛予算の不足をなんとかしろとアイゼンハワー政権を攻撃した。ケネディは軍産複合体の兵器産業に対し、必要な武器には金を出すと合図していたのだ。ケネディは共産中国との中国沿岸部の二つの島に関する紛争に強硬路線をとるとまで言い出した。こういう事情があったため、後日ケネディがソビエトとの緊張緩和を求め、キューバからソ連のミサイルをのぞくと同時に米軍のトルコ設置のミサイルをのぞくことを密約をしたり、ピッグス湾への空軍派遣を拒否し、ベトナムからアメリカ軍を引き揚げる計画を立案した時、軍、情報機関等の権力機構は裏切られたと感じたのである。ケネディは戦闘的反共産主義者として選挙に出ていた。

諜報研究センターから優れた研究論文が出ており、ケネディが軍と情報機関共同体にいかに誤ったシグナルを送り、またアレン・ダレス自身がニクソンをやっつけるために公式極秘文書をケネディに説明したものを彼がどのように利用したかをまとめている。

1960年大統領選討論で最も重要な外交問題は米国諜報機関の分析から出たUSとソ連の大陸間ミサイルの生産能力の差であった。ソ連は「ミサイル技術能力を飛躍的に伸ばし、61年には我々を圧倒するであろう。1963年頃には我々が世界最強の軍事大国であるという自信が（ニクソンほど）私にはない」とケネディは責め立てた。ケネディは更にニクソンに言った。「大気圏外にはソ連が一番乗りすると思う。我々は打ち上げ実験を多く実施してるが、彼らのロケットの推進力がずば抜けている。君がフルシチョフに君らはロケットの推進力では我々より先を行ってるかもしれないが、我々はカラーテレビで先を行ってると言ったという有名な台所話があるが、カラーテレビはロケットの推進力ほど重要とは思えない」

3回の討論でニクソンは第二次台湾海峡危機において、2島の帰属紛争の際、積極的に台湾を支持しなかったことを持ち出しケネディを責めた。延々と続いたこの議論はCIAの政治姿勢を問題視するに至らなかったが、キューバ政策に関しては民衆の革命運動がソ連が支持する共産政府樹立に繋がったため両候補の立場の違いに影響した。この政治的衝突はホワイトハウスとCIA間で多くの波紋を引き起こした。

ケネディのアドバイザーであったアーサー・シュレジンガーJr.はケネディ政権回顧録〈千日〉で台湾海峡危機とキューバ問題の関係とその後の事件につきこう語る。「ケネディのスタッフ達は台湾危機の対応が生ぬるいと言われたことから攻撃的なスタンスをとろうとした。そのためキューバの自由ファイターにてこ入れするという挑発的な声明を打ち出した」この人騒がせな新聞発表はニューヨークシティのビルトモアーホテルで、ある夜リチャード・グッドウィンというスピーチライターにより作成されたものだった。いわく「我々は亡命中およびキューバ在住の非バチスタ、民主的、反カストロ勢力に肩入れし、カストロ政権転覆の希望を繋がなければならない」グッドウィンによるとこの政策表明書は時刻が遅かったため眠っているケネディには見てもらっていなかった。これは立候補者により承認されていない唯一の選挙意見表明書であった。

キューバに関する思慮の欠ける意見表明書は大々的に報道され、直ちに攻撃の的になった。翌日のニューヨークタイムズは一面に大見出しで「ケネディがカストロを倒すためキューバ反乱軍支援に。亡命者と自由ファイターへの支持を主張」と記載した。ジェームズ・レストンは「ケネディ議員は多分選挙で最悪の失敗をやらかした」とタイムズ紙に書いた。

4回目の大統領選討論会を控え、ケネディ陣営から出た意見表明はニクソンを非常に困った立場に追い込んだ。何年もあとニクソンは回顧録でこう記載している。「ケネディが現政権のキューバ政策に関しCIAの説明を受けていたこと、そして私も知っていたことだが、キューバ亡命者支援計画はすでに極秘事項として実行されていることを彼が知っていることはわかっていた。この計画は極秘に実行されて成功するのだが、彼の意見表明によって計画は困難になった」

選挙戦を通じて二人の候補はアイゼンハワー政権がキューバを『失った』のかどうか熱戦を繰り広げた。ニクソンは外交問題だけを論じる最終討論会にこの問題が蒸し返されることを想定していた。ニクソンは計画済みの作戦の安全性を守るためには「全く反対の立場をとって、ケネディの公表して干渉するという主張を叩かなければならない」と記載し、事実彼はケネディを攻撃した。曰く「ケネディ議員のカストロ政権に関する政策と対処法は、多分この選挙戦で彼が出した最も危機的で無責任な意見であると考えます」

元ケネディアドバイザー達は長年にわたり、キューバに関する意見報告書はケネディの知らぬ間に、当時実行されていた秘密作戦を知らないスタッフにより、ただケネディが共産主義の拡大に対し消極的であると言われないようにと考え、公表されたと強調する。アドバイザーの中で意見が異なるのが、ケネディ自身秘密作戦計画を知っていたのかという重大な疑問についてである。ケネディのスピーチライターであるセオドール・ソレンソンは1993年に「あの討論会の頃ケネディが計画された作戦のことを知らなかったことは確かです」と言っている。

アシスタントのリチャード・グッドウィンの記憶は全く異なる。グッドウィンはこう主張する。「大統領候補としてケネディはCIAの極秘説明を受けている。その中にはキューバ本島への侵攻のためにキューバ亡命者を訓練していることの説明があった」と。グッドウィンとソレンソンは共にCIAの説明には立ち会っていないと言う[1]

アメリカ政府のカストロ打倒秘密作戦の計画は1960年3月にアイゼンハワー大統領により承認された。そして大統領選挙中実行されていた。実にニクソンはキューバに関する決定の最前線にいた。ケネディはCIAの概況説明を利用してニクソンの裏をかき、軍関係者やCIAのスパイらに彼は大丈夫という偽りのシグナルを送ったのだ。この最初のごまかしが命取りになり、同時にジョンソンのまわりに積極的な共謀者が集まることに繋がった。

本書を書くにあたり、私に政治的野心があるのではとうがった見方をする人がいることは承知している。私は共和党大統領選挙に8回関わったベテランであり、強烈な党支持者で、政治に関わってきた。本書を読んでいけばわかるが、共和党員であるジェラルド・フォード、ジョージ・H・W・ブッシュ、アーレン・スペクターらにも容赦ない立場をとっている。また、右翼のダラス石油資本のH・L・ハント、クリント・マーチンソンJr、シド・リチャードソンあるいは上院議員ハリー・F・バードの従兄弟のD・H・バードに対しても攻撃をゆるめることはない。リンドン・ジョンソンがジョン・F・ケネディの暗殺をとりまとめたと言う主張は私が言い出したのではない。フィリップ・F・ネルソンの書物〈LBJ　JFK暗殺の首謀者〉、バー・マクレランの〈ケネディを殺した副大統領　その血と金と権力〉、グレン・サンプルとマーク・コロン共著の〈6階の男〉、クレィーグ・ジルベルの〈テキサスコネクション〉などの作品を参考にしている。ただしこれらの著者とは異なる解釈をしている部分もあり、ジョンソンがケネディの死に関し共謀していたという主張を補強する情報も付け加えている。

本書はウオーレン委員会報告に書かれた政府の見解に疑問を持つ以下に記載する多くの市民による調査に基づいている。

ビンセント・サランドリア、マーク・レイン、デイビット・タルボット、L・フレッチャー・プロウティ、ジョン・ケリン、ジム・マー、ゲートン・フォンチ、セス・カンター、ハリー・リビングストン、ゲリー・マック、ジャック・ホワイト、フレッド・ニューカム、ハロルド・ワイスバーグ、シルビア・ミーガー、ペン・ジョーンズJr.、Dr.チャールス・クレンショー、リチャード・ベルザー、ジェッシー・ベンテュラ、ピーター・デール・スコット、ジョアチン・ジェッステン、デイビッド・リフトン、ダン・E・モルデア、ウイリアム・ターナー、ジョン・クリスチャン、ラッセル・ベーカー、ジェームズ・W・ダグラス、エドワード・エプスタイン、ビリー・ソル・エステス、ピーター・ジャニー、ロバート・モロー、エドワード・ハリスン・リビングストーン、ロバート・J・グローデン、ジョン・M・ニューマン、マーク・ノース、フランク・ラガーノ、ガス・ルッソ、セイント・ジョン・ハント、ラーマン・ワルドロン、それにトム・ハルトマン。

ヒューストンの弁護士ダグラス・キャディと共にジョンソンに関する先駆的書物を書き、テキサスで聖書をしのぐ部数を記録した著者のJ・エベット・ヘイリーに特別の感謝を捧げたい。

注釈

1. https://www.cia.gov/library/center-for-the-study-of-intelligence/csi-publications/books-and-monographs/cia-briefings-of-presiden-tial-candidates/cia-6.htm.

前書き

「誰がなんと言おうと権力とは何かはよくわかっている。どこで手に入れ、どう使うか」[1]

リンドン・ジョンソンの言葉である。

1969年1月ジョンソンを乗せた大統領専用機がワシントンからの最後のフライトでオースティン南西テキサスヒルカントリー内のバーグストロム空軍基地に着陸した時から、ジョンソンが下院から上院へ、そして大統領に上り詰める間に作りあげた権力、それはかつては絶対的なものだったが、その権力は失われつつあった。

興味深いことに、アンドリュー空軍基地にジョンソンを見送りに行ったテキサス選出の共和党議員はヒューストン出身のジョージ・H・W・ブッシュ一人だけだった。ブッシュのこの敬意の表明は後に記述するが、裏切りというお返しを受けることになる。

ジョンソンは大統領退任後すぐに鬱状態の日々を送ることになる。鬱の時期は繰り返しとなり、過度の飲酒、落ち込んだ状態から激昂状態になるなど、ついには長期にわたり彼の健康をむしばんでいった。

今やスコッチのカティサークは捨て去られた。大統領の時に着用していた出っぱった腹を締め付けるガードルは、あつらえのスーツと共に失せていた。かつて櫛できちんとバックに手入れされた頭髪はヘアートニックで整えられていたが、今や伸び放題で肩まで届くほどだった。[2]

ジョンソンは1970年のはじめ、胸の激痛を訴え入院した。診断は狭心症だった。動脈硬化が進行し心臓に十分な血液が届かない状態で、心臓への負担を減らすため体重を落とすよう指導を受けていた。[3] しかし、彼は元のように戻ろうとはしなかった。一度心臓麻痺で死にかけてからは数年間、禁煙していたが、1970年の終わりには、また喫煙し始めた。

「たばこは好きだ。一度止めたが、翌日から吸いたくて仕方なかった。アイゼンハワーのような死に損ないになりたくない。死ぬ時にはさっさといきたいよ」[4]

と死ぬ直前話した。

権力を手放し、もう手に入れることができないとわかったときから、ジョンソンは死の道を急いだ。それは野望を持つ男の歩む道だった。

彼は1973年1月22日に死んだ。

死の間際、彼はたばこを吸いながら、息苦しくなり何度も酸素ボンベを手にした。彼は結腸か大腸にできた嚢の炎症による痛みと硬化した動脈から起こる胸の痛みに苦しんだ。[5]

前大統領は晩年、痛みに苦しむだけでなく、8件の殺人事件を含む過去の政治、それは恥ずべきものであり、救済のための精神療法を受けていたが、自責の念にも苦しまされた。[6] 親交のあった人によるとジョンソンは内なる悪魔と付き合うためにマリファナを嗜むことさえあった。それはホワイトハウスにいた時から逃げ込んだ反文化的気晴らしであった。

ジョンソンが大統領になった瞬間からケネディのニューフロンティア政策のアイデアはジョンソンのグレートソサエティ政策になってしまっていた。

議会で人種融和政策、反リンチ法、投票権法案などの立法化に反対してきたにも関わらず、ジョンソンは公民権関連で1965年の投票法を提出したことで評価され、その政権では貧困に対する戦いを第一のスローガンにした。しかしながら、政権末期には1964年の選挙キャンペーンの標語『すべてはジョンソンと共に』は反戦デモ隊によって『おい、ジョンソン、今日は何人若者を戦争で殺したんだ？』に替えられた。

ジョンソンはこの批判から逃げることはできなかった。どこへ行こうがベトナムでの相次ぐ失敗がついてまわった。ホワイトハウスにいても、デモ隊のシュプレヒコールが聞こえた。

引退直後、ジョンソンは「何千もの若者が、おまえは今日何人殺したんだ？と繰り返し叫ぶんだ。ひどいもんだ」と精気なくつぶやいたものだった。[7]

彼の大統領としての最大の失敗はベトナム戦争は勝てないとわかっていたにもかかわらず、戦争を支持してドブ沼に踏み込んでいったことにある。

1965年の7月ジョンソンは妻のレディ・バードに言った。「ベトナムの状況は日に日に悪くなっている。続けて死傷者を増やしていくか、不名誉な撤退をするか。墜落しそうな飛行機に乗っているようなもんだ。そのまま墜落するか、飛び出すか。ところが飛び出すにもパラシュートがないんだよ」[8]

1967年に劇作家のバーバラ・ガーソンは政治風刺の『マクバード！』という

劇を書いた。シェークスピアのマクベスを35代大統領ジョン・F・ケネディの暗殺に引っかけたものである。

『マクバード！』ではジョンソンが1963年11月22日にテキサス、ダラスにて暗殺計画を実行したことになっている。

ガーソンは回想する。「当時本当にジョンソンがケネディを殺したと思っているのかとよく訊かれたわ。真剣に考えたことはなかったの。もし彼がやったとしても、それは彼の犯罪のうちでは些細なものよと答えたものよ」[9]

確かに、あの無益な戦争はやがて5万8千人を越えるアメリカ人の命を失うことにつながった。ケネディ暗殺の背後に彼がいたとしても、最大の犯罪はベトナム戦争だった。

近年暴露されてきた証言や知見によれば、ジョンソンはケネディ暗殺の計画立案、組織化、それにもみ消しに共謀したというよりむしろそれらを主導したと思われる。それを裏付ける証言がビジネス関係者、社交関係、法執行幹部あるいは政府のトップメンバーから得られるようになってきた。

リチャード・ニクソンも権力の使い方を知る男であるが、上院議員の時代からジョンソンを知っている。「内密情報を手にしてのし上がる」とよくニクソンは言った。ニクソンは権力への渇望を理解していたが、ジョンソンはそれの虜になった。1961年頃この二人はジャック・ケネディの財力と特権を羨んで、父親からなんでも買ってもらえる金持ちの子供と揶揄した。

ジョンソンはうぬぼれやで、冷酷、声が大きく、狡猾でやる気満々の男だとニクソンは言っていた。

ニクソンに多額な政治献金をするテキサスの石油業者が同時にジョンソンに対し同様に多額の献金をするケースが多々あったという。

「彼は金を搾り取るのが好きだった」とニクソンは言う。「石油減耗引当金の税務の扱いが難しくなりそうだと言いながら、献金額を増額させて搾り取っていた」

「ジョンソンと私の違いはそこだよ」ニュージャージー、サドルリバーの自宅でドライマティーニを口に含んで言った。「私はそのために殺したりしない」ニクソンは口をつぐみ、マティーニをのぞきながら考え込んだ。私は長年ニクソンの信奉者で、大統領退任後の『ワシントンでのニクソンの子分』として知られていたくらいで、彼が黙ればしゃべらないというルールを知っていた。

ニクソンはしゃべり始めた。

「たまげたよ。ジャック・ルビーという奴を私は知っていたんだ。ムレー・チョットナーが47年に連れてきたんだ。当時はルビンシュタインという名だった。タレコミ屋だ。ムレーによるとジョンソンの子分という。雇うことになった」ニクソンの声は小さくなっていった。

どうやら、ジョンソンがリー・ハービー・オズワルドの処刑に関わっていることをニクソンが気づいたと思われる。私はムレー・チョットナーがニクソンが政治家として駆け出しの頃の黒幕的存在だったことを知っていた。チョットナーはロスアンゼルスギャングの弁護士でニクソンが1946年に下院選挙に出た時と1950年に上院選挙に出た時に関わった。そのチョットナーがルビーを連れてきたのは、驚くほどのことではなかった。それほど彼のギャングとの関係は深かった。チョットナーはメイヤー・ランスキー、バジー・シーゲルそれにミッキー・コーエンとも強い関係を持っていた。彼はまたルイジアナの中心的マフィア、カルロス・マルチェーロとニクソンの仲を持った。[10]

「ムレー兄弟はギャングの弁護士だった」と1968年のニクソンの選挙責任者で後にニクソン政権での司法長官になるジョン・ミッチェルは言う。「彼はどのギャングのこともよく知っていた。私は司法長官だったから兄弟とは話すことはできなかった。彼はマルチェーロを通じてジョンソンと親しかった。だから彼がルビンシュタインを連れてきたのは話が通るよ」

マルチェーロはジャック・ルビーを手下に使い、タンパのマフィアのボス、サント・トラフィカンテと組んでいた。〈ウオーターゲート：隠された歴史〉という著書の作者ラマー・ウオルドロンによると、トラック運転手組合の会長ジミー・ホッファに対する訴訟を止めさせるために1960年にトラフィカンテとマルチェーロはニクソンに秘密裡に選挙資金50万ドルを送ったという。

ニック・ルーエが話してくれたのだが、1963年11月24日に彼はメリー・ローブリングと共にニクソンと会食するために5番街のニクソンの自宅に行った。12時半に部屋に着いたそのとき、ニクソンはテレビを消した。ちょうどジャック・ルビーがリー・ハービー・オズワルドを射殺したニュースが放映されていた。「おやじさんは幽霊みたいに真っ青だった。大丈夫ですかと僕はたずねた」とルーエは言った。「私はあの男を知っている」とニクソンはつぶやいた。ニクソンは詳しく話そうとしなかったという。ルーエは訊かない方がよいと思った。

FBI提供の合衆国司法省の文書はジャック・ルビーとリチャード・ニクソンの1940年代後半における関係はニクソンの記憶が正しかったことを示している。[12]

ケネディ暗殺の研究者にはこの文書の信憑性を疑う人がいるが、それは間違っていると思う。文書には司法省の回覧票が添付されていて、ワシントンDCの住所が郵便番号と共に記載されている。1947年には郵便番号はなかったという理由であるが、この回覧票は1978年に暗殺に関する議会選考委員会が発見し証拠として残した時に添付されたものであり、ニクソンとルビー……それにジョンソンを結ぶ明確な関係を示す証拠力を損なうものではない。

ルビーの反アメリカ活動に関する下院委員会での働きは驚くようなものではない。1950年ルビーは組織犯罪を摘発調査するケフォーバー委員会の情報提供者として活躍した。委員会の顧問ルイ・カットナーによると、ルビーはシカゴの組織犯罪の報告をしたが、実はルビーがシカゴマフィアからダラスへ連絡係として送り込まれたシンジケートの分隊長だったことがわかったという。[13]

このようにニクソンはリー・ハービー・オズワルドがジョンソンの長年の関係者により口封じされたこと、ジョンソンとケネディ暗殺が直接繋がることに気づいた。何百万のアメリカ人が見ていたテレビでルビーがオズワルドを撃ったとき、わかったのである。大統領になって、ニクソンは証拠探しをすることになる。

ジョンソン自身ルビーと一緒にいるところを長年の愛人であったマデレーン・ブラウンに目撃されているし、カルーセルクラブのダンサー、シャリ・アンジェルは暗殺の数カ月前にダラスのアドルファスホテルで目撃している。アンジェルはその時テキサスの石油資本のジョンソンの仲間H・L・ハントもいたと証言する。（ハントについては後にケネディ暗殺の箇所で述べる）

「ダラスのジプシー」と自称したアンジェルは言った。「リンドン・ジョンソンがやったのよ」[14]

確かにジョンソンは大統領になるためには殺しをもやる男だった。事実、ケネディ暗殺の前、彼は財務的、政治的な利益のため殺しの手腕を磨いていた。後に触れる。

ジョンソンの人生はピューリッツァー賞受賞のロバート・カーロにより年代記として記載されている。彼は私と同じ資料を使っており、複雑なパズルの断片を全部集めているが、まとまっていない。カーロはジョンソンの行動とその動機、その手段それにチャンスなどを明瞭に説明しているが、最後のアクションまで繋げていない。

ジョンソンが自己のとてつもない野望と貪欲さに押しつぶされそうになっていたのは1963年のことだった。ついにはジョンソンはテキサスの個人的繋がり、暗黒街や政府機関、例えばCIA、組織犯罪集団、それに石油減耗引当金の恩典を残したい右翼テキサス石油資本（ケネディはこの引当金を廃止したかった）の力を借りて自己の政治生命の終わりから抜け出し、より強大な権力をつかもうとした。リンドン・ベインズ・ジョンソンは1963年11月22日にジョン・フィッツジェラルド・ケネディ暗殺の共謀を裏で推し進めたのである。

本書は彼がどういう理由で、そしていかに実行したかを描いている。

注釈

1. Harry McPherson, *A Political Education* (Boston: Little, Brown and Company, 1972), 450.
2. Robert A. Caro, *Master of the Senate: The Years of Lyndon Johnson* (New York: Alfred A. Knopf, 2002), 117.
3. Leo Janos, "The Last Days of the President," *The Atlantic* 232, no. 1 (July 1973): 35-41.
4. Ibid.
5. Ibid.
6. Barr McClellan, *Blood, Money & Power: How L.B.J. Killed J.F.K.* (New York: Skyhorse Publishing, 2011), 274.
7. Robert A. Caro, *Means of Ascent* (New York: Alfred A. Knopf, 1990),xxiii.
8. Michael R. Beschloss, *Reaching for Glory: Lyndon Johnson's Secret White House Tapes, 1964-1965* (New York: Simon & Schuster, 2001), 390.
9. Jane Horwitz, Jane, "She Hopes 'MacBird' Flies in a New Era," *The Washington Post* (September 5,2006).
10. Don Fulsom, *Nixon's Darkest Secrets: The Inside Story of America's Most Troubled President* (New York: St. Martin's Press, 2012), 43-44.
11. Jim Marrs, *Crossfire: The Plot That Killed Kennedy* (New York: Basic Books, 1989), 269.
12. This document can be found at: coverthistory.blogspot.com/2006/12/many-researchers-believe-that-document.html.
13. Lamar Waldron and Thom Hartmann, *Ultimate Sacrifice: John and Rob-ert Kennedy, the Plan for a Coup in Cuba, and the Murder of JFK* (New York: Carroll & Graf, 2005), 486.
14. "An Interview with Shari Angel," by Ian Griggs, November 19,1994, www.jfklink.com/articles/Shari.html.

第1章

その男　リンドン・ジョンソン

合衆国上院の局長ボビー・ベーカーは、極寒の1月になされたジョン・F・ケネディ大統領就任演説の時、新大統領は暴力的死により任期を全うできないだろうと予言した。彼はジョンソンが上院の議長だった頃にその強力な右腕であった。ジョンソン大統領図書館はリンドン・ジョンソンの実際のイメージを消し去ることに成功している。彼は実は、粗野で、不道徳、不誠実で、真実を言える時ですら、嘘をついてしまうという臆病者であった。ケネディ暗殺におけるジョンソンの役割を理解するには、ナルシストで、威張り屋、サディストという彼の人となりを理解する必要がある。

ベテランのケネディ暗殺研究者ロバート・モローはジョンソンのことを『活動的な精神異常者』と的確に言い表している。

長年の部下やシークレットサービスの人達は口を揃えて、大統領になる前からしたい放題で、時刻も場所も問わず、ただできるからするといった性格だったという。シークレットサービス、FBI、それにCIAはジョンソンの真の人格を隠蔽するために推賞に値する立派な仕事をしたことになる。それにしてもいやな性格の男であった。不道徳で、意地悪、執念深く、攻撃的、傲慢で、虐待的で、セックス狂い……彼の悪行の数々はいくら述べてもきりがない。

アメリカ人ジャーナリストのロナルド・ケスラーはシークレットサービス、FBI、それにCIAに関し19冊のノンフィクションを書いている。もともとワシントンポストの調査レポーターをしていたが、2006年にニューマックス社のワシントンのチーフ記者になった。彼はアイゼンハワーからオバマまで、大統領の下品で不道徳な行為を暴くことで業界の信頼を勝ち取った記者の一人であった。

ケスラーの18冊目の本、〈シークレットサービス：大統領護衛の舞台裏〉はUSAトゥデイにより次のように評価された。「素晴らしく面白い暴露本で……躍動感があり……興味をそそり、きわどく、シークレットサービスが護衛した、そして今も護衛しているVIP達のいくつもの心配になるような逸話が……現役のエージェントや退任したエージェント（ケスラーの記事の信頼性のためにたいていは名前を出した）……下劣な話と大統領の人間性についてのより穏やかな話をバランスさせて……ケスラーは尊敬されるジャーナリストで、もとワシントンポストの記者であり……洞察力があり面白い本である」

ケスラーはこの本でインタビューした情報源の誰もがジョンソンのことを全く自己抑制のできない人間だと評価していたと言う。ある人によると、「もしこの男が大統領でなかったら、精神病院に放り込まれていただろう」「ジョンソンの粗野さは夏のお日様みたいなもんだ」というのが大統領時代の彼の例えであった。

ケスラーの〈シークレットサービス〉で、エージェントのテイラーが連邦議会議事堂にいた当時副大統領のジョンソンを、ホワイトハウスで4時に予定されているケネディとの会議にもう一人のエージェントと共に護衛したときのことである。ジョンソンが議事堂を時間通りに出発することができなかったため（彼は3時45分まで準備できていなかった）、そして、ペンシルバニア通りの道路混雑のため、遅れそうになっていた。

テーラーは次のように述べている。「ジョンソンは歩道の縁で乗り上げて、歩道を走れと言い出しました。歩道には仕事帰りの人が歩いており、私は『できません』と言いました。彼は、『歩道の縁で乗り上げろと言ってるだろう！』と怒鳴り新聞紙を丸めて運転しているエージェントの頭を叩いたんです。『お前ら二人とも首だ！』と彼は言いました」

テイラーはケネディ大統領の秘書官エブリン・リンカーンに副大統領から首にされましたと報告したところ、運がよいことに、エブリンに首になることはないと言われた。エブリンは憤慨して頭を横に振っていた。

ジョンソンの常軌を逸した、無謀な行動は副大統領であることの不満から生じている。アメリカ大統領史の専門家でピューリッツァー賞候補者であったロバート・デレクによる彼の伝記〈欠陥巨人：リンドン・ジョンソンとその時代、1961-1973〉ではこう記される。「ジョンソンは大統領になるため計画的に活動したが運命か、あるいは年齢、場所、個人的資質のためか、二番手となり、それをひどく嫌った」

デニス・マッカーシーの著書〈大統領を守って〉ではリンドン・ジョンソンが希代まれな馬鹿ものであった逸話を数多く集めている。シークレットサービスエージェントを乱暴に、酷使したという。マッカーシーによると、「ジョンソンは我々エージェントの誰からも嫌われていました。彼は牧場の雇い人のように我々を扱い、いつも決まってののしられ仕事はすごく苦痛でした」

ジョンソンの冷ややかな身勝手さはケネディに知られていなかったわけではない。ケネディは腹心のケネス・P・オドンネルにこう言った。「君はとても臆病で、神経質な、しかも自尊心が半端でない男とやっていくんだ」

ケネディはジョンソンのトップになりたいという野望がどれほど深いものか気がつかなかった。ジョンソンは怖じ気づかせることで、人を思いのままにねじ伏せてきた。それはワシントンのジャーナリスト、ローランド・エバンスとロバート・ノバックが言う『手なずけ』ともいうべき手法だった。しかし、ケネディをコントロールすることはできなかった。事実、ケネディは外交問題からはジョンソンを外すことが多かった。

ジョンソンはケネディの女遊びをねたんでいた。〈欠陥巨人〉の著者デレクによると誰かがケネディの浮気の件数に触れたところ、ジョンソンはテーブルを叩いて、ケネディが頑張って手に入れた女の数より、俺がたまたまゲットした女の数のほうがずっと多いと言ったという。この飽くことを知らないねたみのせいか、ジョンソンはケネディ、ハーディングそれにクリントンらの愛人を合計したものより数多くの女にジョンソン的手なずけをしたのかもしれない。

このような数知れない女遊びはジョンソンが副大統領の時から始まったが、長期にわたり愛人であった者は少ない。副大統領時代、「愛人のうちの一人は彼から長い期間可愛がられており、また彼自身愛情表現することもあったが、結婚退職していった。多分、副大統領という職と職場での愛人関係の両立が難しかったのだろう」と1964年から1965年ホワイトハウスの報道官であったジョージ・リーディは言う。

「ジョンソンは満足するために過度に飲食し、喫煙し、異性に近づこうとし、性的に征服することによって、求められていない、愛されていない、あるいはかまってもらえないという感情から逃避した」とデレクは記載する。

元ホワイトハウスのシークレットサービス制服部門のチーフであったフレドリック・H・ウオルツエルは言う。「私が見た酔っ払っている大統領は彼くらいです」

「ジョンソンはしばしば酩酊していた」ケスラーは彼の〈シークレットサービス〉で述べている。「ジョンソンが大統領だったある夜、ホワイトハウスに酔っ払って戻ってきたのだが、電気がついている！電気の無駄遣いだ！とわめいた」と。

ジョンソンを護衛するため配属されていたエージェントは、大統領が粗野で意地悪、それにしばしば酔っ払っていたと述べる。そのエージェントによるとジョンソンが大統領執務室で秘書とセックスしているところをレディ・バード・ジョンソンに見つかったあと、ジョンソンは夫人が立ち寄りそうな時にブザーが鳴るようシークレットサービスに設置を命じた。夫人はブザーのことは承知の上で、彼の数多い愛人のこともわかっていたという。

大統領専用機の乗組員もジョンソンにつき同じような経験をしている。ジョンソンはファーストレディが搭乗している時でさえ、特別室のドアをロックし美人秘書達と何時間もそこで過ごしたという。

「ジョンソンは大統領専用機に乗り込むと、見送りの観衆から見えなくなるや、通路に立ち、にんまり笑って、『おまえ達馬鹿ども！　しょんべんをかけてやる！』と言った。大統領専用機のスチワード、ロバート・M・マクミランはケスラーにこう証言する。「そして、見えなくなると、服を脱ぎ始めます。特別室に入る頃にはパンツと靴下だけになっています。特別室に誰がいようが、おかまいなしにパンツを脱ぐんです」

ジョンソンは女性がいようが、おかまいなしだった。彼は見苦しい露出を平気で続けた。「彼は娘さん達、夫人、女性秘書がいても、全裸だった」マクミランは回想する。

リンドン・ジョンソンには道徳的規範とか、彼の動物的本能を制御するものが完全に欠如していた。デレクによると、「テレビのニュースキャスター、デイビット・ブリンクリーの奥さんがリンドンとレディ・バードの招待を受けて、ジョンソンの牧場を週末に訪れた時、彼女の夫は来ていなかったが、ジョンソンは彼女をベッドへ連れ込もうとして失敗した」という。

今ではオースチンの不動産業者であり、1964年の選挙の頃にはラジオ放送のレポーターで若く黒髪の美人だったサンシャイン・ウイリアムズが、当時のことを語ってくれた。彼女はヒューストン空港の滑走路でリンドン・ジョンソン大統領にインタビューしたが、息が酒臭かった。彼はジョンソン牧場にゲストとして招待したが、すでに飛行機は満席で、彼女のために随行員を一人下ろすからとまでねばったが、サンシャインは断った。

ジョンソンが女性を人里離れたジョンソン牧場に連れてくると、ジョンソンは必ず突進してくるので、それから逃れるにはおのずから女性にとってサバイバルゲームとなる。オースティンではアクアフェストという音楽祭があり、美人コンテストが行われた。コンテストの優勝者達は（1969年頃）元大統領ジョンソン訪問のため彼の牧場に招待され、彼のジープに乗せられて人気のない場所へ連れて行かれ、餌食にされたのである。

酔っていてもしらふでいても、ジョンソンはあくどい行動を続け、謝罪することは無かった。ジョージ・エドワード・リーディは1951年から1965年まで彼に仕え、最終年度にはホワイトハウスの報道官だった。彼の〈リンドン・B・ジョンソン：回想録〉でジョンソンの有名な異常行動が明確に記述されている。ジョンソンはそのスタッフを極度の疲労の淵まで、時にはその淵を越えてまで、追い込んだ。また連邦議会で最も長時間最低の賃金で働かせ、忠実な部下を公然と恥をかかせるように叱責した。あるいは、男性、女性をえこひいきして弄び、常に職場を動揺させる、そんな大統領として知られていた。

リーディは大統領の秘書や側近とのたがの外れたセックス関係をすべて把握していた。「お相手は若くて、明るく従順でなければならないが、はじめに少し彼に対し反抗的なところがあるとそれがまたよかったようである。彼はアンチジョンソンのリベラルで、肉付きのよい、田舎くさい服の女を化粧させて隙のない完璧にドレスアップした女に仕上げるのが大好きだった」

ジョンソンの軍事部門幹部ウイリアム・F・カフは言う。「ジョンソンは這うものは何でもやってしまうんです」と。

リーディによると、大統領が讃える月間最優秀者は、しばしば男性スタッフからは『ハーレム』と揶揄されたが、たっぷりのプレゼント、贅沢な旅行、ジョンソンに同伴して魅惑の社交界への参加、高価なドレス、そしてニューヨークへの旅行、そこでは有名メーキャップアーチストが最新のメーキャップをほどこしてくれ、仮面をつけたように綺麗になるという特典を与えられた。

このような活動的かつ軽率な性生活を続けていれば当然の結果が生じる。ジョンソンは生涯レディ・バードと結婚関係にあり、二人にはリンダとルーシという二人の娘がいた。しかしこの火遊び政治家は婚外子を3人もうけていた。彼は一人も認知しなかった。

ジョンソンの婚外子として知られている一人目はジョンソンの20年にわたるセックスパートナー、マデレーン・ブラウンに1950年に産ませたスティーブン・ブラウンである。スティーブンは実の父親が誰か、1980年代後半まで知らなかった。それまで彼は父親はジョンソンの昔からの秘密を管理するダラスの弁護士ジェローム・ラグデールだと思っていた。

スティーブンは1987年に親権確認の訴訟をしたが、敗訴し、その後不審な死に方をした。

ジョンソンの信奉者ジャック・バレンティはボスのためには何でもする男だった。元はテキサスの広告業者だったが、ケネディ－ジョンソンチームのメディア連絡担当として参加し後にジョンソン大統領の側近として働いた。だがもっと重要な役、リンドン・ジョンソンの子供の父親役をやったのである。

バレンティは長年独身であったが、1962年に41才でジョンソンのテキサス事務所の受付女性だったメリー・マーガレット・ウイリーと結婚した。彼女はワシントンに転勤してきていた。素晴らしく美しい女性で、大統領が何時間も話し込んでいたという。彼女はジョンソンの愛人となり、婚外子3人のうちの一人を産む。

大統領専用機のパイロット、ラルフ・アルベルタッジーの証言では、副大統領はウイリーとカンザスシティからオースティン、そしてニューヨークそのあとワシントンへと気まぐれに、しかも国民の税金を無駄につかって、繰り返し専用機で飛び回ってデートをしていた。ウイリーは誰の目にも特別扱いされていることが明らかだったため、ジョンソンとの関係をごまかすために、ビル・モイヤーズを宗教担当として雇い入れたと、レポーターのサラ・マクレンドンは断言する。以下がその記事である。

ビル・モイヤーズは当時リンドンの広報担当となった。彼はフォートワースのサウスウエスト神学研究所卒であったが、ワシントンに転勤になった理由としてある噂がある。ジョンソンとトップ秘書メリー・マーガレット・ウイリーとの関係が仕事上以上に親密になっているとの憶測があるので、気にしたリンドンはワコ・トリビューン紙の親しい友人ハリー・プロベンスやテキサスの新聞社に頼んでこの手の噂を封じるのに適当な人物がいないか探してもらった。副大統領にこれ以上神聖なイメージを与えるスタッフはないということで、モイヤーズが採用された。表向きは宗教に関する政策を担当し、また宗教関係からの手紙に対応するということであるが、実際は彼はリンドンとメリー・マーガレットの旅行の付き添いで、すべて公明正大であるように見せかけた。

彼は憶測を防ぐため、彼らのデートにしばしば付き添ったのである。

ジャック・バレンティはゲイだと思われていたので、メリー・マーガレットと結婚した時は誰もが驚いた。二人は3人の子供に恵まれた。ジョン、アレキサンドリア、それにコートニー・リンダ・バレンティ（後にワーナーブラザーズ映画の役員になる）である。メリー・マーガレットはケネディ暗殺の3週間前に娘コートニーを産んだ。コートニーは他のどの子供達よりもリンドン・ジョンソンに愛された。大統領と彼女がホワイトハウスで遊ぶ写真は常に新聞をにぎわせた。

皮肉にも、このカウボーイブーツを履いても5フィート2インチしかない小柄なバレンティが私の妻ナイディア・バートラン・ストーンの親友である人妻と長年関係していた。彼女によるとジャックは見たこともない大きないちもつを持っていたという。

あるときバレンティがホワイトハウスでの仕事を終え、帰宅して娘と遊ぶと告げたところジョンソンは「お前の娘？」と苦笑いしたという。

2009年のワシントンポスト紙に掲載された秘密解除後の資料によるとジョンソンがバレンティの妻と内通していた時期、FBIはバレンティがゲイかどうか調査していた。バレンティは2007年に死去している。証拠は見つからなかったが、資料によると彼のウイリーとの結婚に焦点があてられた。彼はウイリーと大統領との9年間の肉体関係を隠すために、そして結果としてもう一人の娘コートニーを自分の子供として育てるために、彼女と結婚したと憶測された。

ジョンソンの血をひく3人目の子供と思われるのがジョンソンの秘書ヨランダ・ブーザーの息子　リンドン・K・ブーザーである。「1963年7月19日ヨランダ・ガーザ・ブーザーはワシントンの女性向けコロンビア病院で男の子を産んだ。副大統領のリンドン・ジョンソンは母親と財務局幹部であるその夫をねぎらうため訪れた」という。

シークレットサービスのエージェントはジョンソンは8名の秘書のうち5名と寝ていたと証言する。秘書室をハーレムとして使っていたことから、またブーザーが生まれた男の子にリンドンと名付けたことから、この子はジョンソンの息子と推測される。本人を知る人によるとジョンソンに生き写しだという。

リンドン・ジョンソンの女漁りは伝記には書かれていない。ある伝記作家はこの大統領に関し輝かしい賛辞を書いているが、それには理由がある。ドリス・

カーン・グドウィンと言うが、彼女はジョンソンと特に退任後、妙に親密な関係であった。特別な関係であったため、いろんな憶測を呼んだ。ワシントンポストの記者サリー・クインは1974年にこう記述する。

「ジョンソンは彼女との一緒の時間をひどく求めた。その独占欲は死が近づくにつれ強くなった。彼女はその時期何人もの男性と付き合っていて、ジョンソンの死ぬ6カ月前にリチャード・グドウィンに巡り会うまでは自由でいた」

カーンは後にジョンソンがたびたび彼女のベッドに入り込んだことを認めたが、ただ会話をしただけで、他に何もしなかったと主張した。カーンはまた、ジョンソンが彼女に愛を打ち明け、強く求め結婚するよう懇願し、彼女のつきあう相手には嫉妬心をあらわにしたとリチャード・ハーウッドとハインズ・ジョンソンの著書で述べている。

当然のことであるが、ドリス・カーン・グドウィンは素晴らしくよく売れた第1作〈リンドン・ジョンソンとアメリカンドリーム〉の取材対象と性的関係があるのではと噂になっていた。

トップの地位にいて女漁りをしていたことはさておき、ジョンソンのユーモア感覚は便器の周りに象徴されるとリーディは言う。便意をもよおしても、ジョンソンは側近を便器のまわりに侍らせ、思考を続けたという。特にケネディのアイビーリーグ出身の部下らが困惑するのを楽しんだ。ロナルド・ケスラーの調査でも「彼は側近の前で便器に座り排便をした。テキサスの彼の牧場で行われる、女性ジャーナリストもいる記者協議会でも、ジョンソンは皆の前で小便をした」ことが確認され、〈シークレットサービス〉に記載されている。

もっと下品なことはというと、リーディによると、ジョンソンのお気に入りの観戦スポーツは牛の交尾を見ることであった。そして優勝した牡を表彰のために室内に連れてくるため、会議と排泄物が混ざり合う状態だったという。

ジョンソンはまたいとおしそうにジャンボと名づけた自分のいちもつを公衆の面前で振るのが好きだった。彼のペニスについては、彼が露出するたびに、シークレットサービスは〈ボランティア〉というコードネームで記録したという滑稽な状態であった。ある時、日本人記者に日本ではこんなサイズのものを見たことはないだろうと言って見せたという。

〈欠陥巨人〉でデレクは書く、「レポーターと雑談している時、なぜベトナムにアメリカがまだ駐在してるのか説明するよう迫ったが、ジョンソンは切れてしまった。アーサー・ゴルドバーグによると、ジョンソンはチャックを下ろし、いちもつを引っ張り出して叫んだ。これが理由だ！」と。

マック・ホワイトは1977年にジョンソン図書館で口述歴史の記録係として勤務しており、ジョンソンに関するエッセイをネットに公開している。〈ジョンソンロボットを見て〉というタイトルである。

マック・ホワイトは言う。「私は図書館で1年間勤務しました。仕事は難しくなく、興味深いものでした。テープおこしをするのですが、ヘッドフォンをつけ、巻き戻したり、止めたりしてジョンソンを知る人々の異なる時期に実施されたインタビューを書き出す仕事でした。

インタビューされた人達はたいがい、彼のことを熱心に語りました。ケネディのスタッフのように彼に対し批判的であった人ですら、その批判を押さえようとして、何かよいことを言おうと努めていました。それでも、この映画〈市民ケーン〉的なインタビューの混成からは、いくら努力してもちゃんとしたものは出てきませんでした。多くの言葉で語られたわけではなく、全く無言になることもあったのですが、リンドン・ジョンソンが威圧的で、野卑で、残酷で、反社会的で、下劣で、権力狂いのモンスターだったということを覆い隠すことはできません。そう、彼は有能な政治屋だったので、必要とあらば人を魅了することはできましたが、その仮面は簡単に、またしばしばはがれ落ちたのです」

ジョンソンの不安定でとんでもない行動の逸話は数知れない。テキサスの下院議員でありジョンソンの友人であったジム・ライトの側近マーシャル・ライナムは語る。

「ジョンソンは徹底的に残酷になれる男だった。退役した元空軍大佐でジョンソンの国内軍事施設視察でエスコートしていた30年来の友人が言ってくれたことだが、副大統領のジョンソンが空軍乗組員の顔面にソーダ割りのカティサークをぶっかけたのを目撃したと言うのである。なぜかって？　その軍曹は新しく瓶を開けてソーダを入れてなかったからだった」

シークレットサービスはなんとか大統領の気ままな性格をアメリカ国民に知らせないようにしていたが、誰もジョンソンがカメラの前に出ることを止めることはできなかった。

1964年、ジョンソンが彼と彼女と名づけたビーグル犬をつれて記者団に向かった時騒動が起きた。大統領が彼の耳をつかんで持ち上げたところを写されたのである。動物虐待として大騒ぎになった。ジョンソンはそうすることで犬が吠えるようになり、ビーグル犬にとってもよいことなんだと主張したが、動物愛護者達は納得しなかった。彼は動物愛護協会に対し、謝罪することになった。

全く狂っているということに加え、ジョンソンは際限のないののしり方をする人物として知られていた。ケスラーはその著書〈ホワイトハウスで〉でジョンソンの呆れるほどの人種差別的ののしりを紹介している。大統領専用機の乗組員の一人はこう証言する。大統領は公民権運動について彼独自の考えを持っていて、それはアメリカを偉大な社会にするという彼の公約とは真逆のものであり、内輪の連中と下品にこう言うのである。「このニグロ達、最近生意気になってきやがった。なんとかしないとな。おとなしくさせるために少しだけ何か与えてやろう。相変わらずの状態にしたままでな」

大統領専用機の会議で、公民権法に署名したあと、同席した二人の州知事に機嫌良くこう約束した。「これで次の200年間ニガー達は民主党に投票するだろう！」と。

ジョンソンはテキサス中央部出身のただの田舎者かもしれないが、ジョージ・リーディはジョンソンの行動をイスタンブールのトルコ皇帝になぞらえる。

そして、このイスタンブールのトルコ皇帝は際限のないびっくりするような我欲を有していた。「ジョンソンにとって忠誠心とは一方通行だった。もらうのは彼だけで、与えるのは彼の家族、友人、支持者だけであった」とリーディは言う。

真に恐ろしい人間が、それを補う性質も持たず、大統領に対し痛烈な嫉妬心を持ち、その地位を熱望し、そういう男が道徳的な指針など全くない人生を送ってきていて、ありそうなことではあるが、自己の持つ威嚇力を発揮してケネディ暗殺を立案し、それに成功したのだ。

ケネディ暗殺の直後数時間のリンドン・ジョンソンの奇妙な意思決定や国の将来を全く思慮しない行動を考えると、彼が計画を実行し、その隠蔽を計ったと確信できる。調査ジャーナリストのラス・ベーカーはその著書〈秘密家族〉で有罪としか考えられないようなジョンソンにまつわる数々の事象を暴露している。

「パット・ホロウェイはポピー・ブッシュとジャック・クリヒトンの元弁護士であったが、ジョンソンが関わる事件で当惑することがあったと言ってくれた」ベーカーは記す。

「ちょうど1963年11月22日の午後1時でケネディの死が公表された時だった。ホロウェイが事務所を出ようとして、受付あたりを過ぎた時電話交換手がパークランド病院にいるジョンソンからの電話をホロウェイの上司、事務所のシニアパートナーのワディ・ブリオンに繋ごうとしていた。ブリオンは副大統領の税務担当弁護士でもあった。交換手はホロウェイに通話を聴いてみる？　と言った」

「彼がこういうのを聴いたんだ。『おう、あのくそハリバートン株を売らないと！』ジョンソンは大統領の死亡が公表された時ハリバートン株式に関わる彼の政治的問題の今後を心配していたのである。これには頭にきたよ。ホントに怒りがこみ上げたよ」とホロウェイは回想する。

その数日後、11月25日の夜、ジョンソンはマーチン・ルター・キングと話しており、こう言った。「もうできない時期なんです。予算もできあがってくるし」またベーカーによるとその日の朝ジョンソンはジョセフ・アルソップに大統領は地域で起こった殺人事件に関与することはしないんだと言ったという。それに対しアルソップは直ぐさまこう答えたという。「おっしゃることは理解できます。しかし、今回は大統領が殺されたので事情は違います」と。

同じ日ジョンソンはフーバーに対しこう指示した。「我々は国中の射撃跡をすべてチェックすることなどできないからな」

これらの会話には皇帝のような、傲慢で執念深く、忠誠心や感性のかけらも感じられない病的な自己中心的な人物の典型が表れている。もっと正確に言うならば、彼は生き残り、権力を手に入れるためには止まることを知らない冷血の殺人鬼であった。

人生最後の頃ですら、リンドン・ジョンソンはホワイトハウスにいた頃見せた生き方に忠実だった。曰く、「酒、セックス、たばこがダメなら、生きてる意味がどこにある？」

第2章
逆転リンドン

1963年11月22日のリンドン・ジョンソンの行為を理解するには、まず1948年の彼の上院議員選挙を理解する必要がある。前回の選挙で敗れたあと、ジョンソンの上院選挙はメキシコ人票を悪用する方法を熟知した支援軍団により助けられた。このメキシコ人らが特別に投票したいのか、選挙当日家に籠もるのか、あるいは何年も前にすでに死んでいるのか、おかまいなしに必要となれば、その票はカウントされた。1948年のリンドン・ジョンソンのこの投票不正に協力したのがジョージ・パーであった。

ジョージ・パーはジョンソンが政治で躍進した時の中心人物であった。この強力な支持者はデュバルとジムウエルズの両カウンティを支配する民主党の政治基盤を押さえていた。彼は『デュバルの帝王』と呼ばれた。パーは後に『ボックス13』というスキャンダルの中心的関係者になるが、これにより1948年の上院選挙でテキサス州知事のコーク・スティーブンソンに対し、リンドン・ジョンソンが不正に勝つことになる。

パーは父アーチャーから引き継いだ政治基盤を駆使しながら、南部テキサスの広大な牧草地を支配していた。それは選挙や役人、カウンティの人々それに税金を自由にコントロールするシステムだった。更にパーはメキシコ人票の利用方法を知っていたので、暴力と賄賂を組み合わせて彼の支持する候補者の支持票を積み上げるのだった。もちろん彼自身ただの牧場主で、たまたま掘り当てた石油で小銭を稼いでいると自称していたが、実際には彼の支配する領域で起こったことはすべて、ボスであり、パトロンであるパーの了解を必要とした。

「移民問題の過去の経験では民主主義プロセスのよいところが生かされていなかった」とデリーズシカゴ紙にマイク・ロイコは記載する。「だから選挙活動の違反があっても、ああ昔からこうだったということになる」[1]

パーの管理する移民達には、なんでも地区のリーダーに任せるというメキシコ特有の慣習が残っており、合衆国においても代々引き継がれていた。

1951年発刊の週刊コリーズにはゴードン・シェンデルがパー自身の生活水準と奴隷のような状況におかれている移民達の生活水準の大きな格差について報道している。パーは広々とした草原の中の豪邸に住み、召使いの居住区やいくつもの駐車場、個人の乗馬施設を持つ一方、雇われ人達は木も草もないところに荒廃した小さな掘っ立て小屋が密集した、大概水道も電気も通っていない場所に住まされていた。これはテキサス南部の町でよく見られる不愉快なものだった。[2]

シェンデルが調べたところ、パーがここで暮らし、投票して、また彼のために働いていたこれらの連中の惨めな生活状態を改善するために金を出したという記録はないという。[3]

代表保安官で、かつてパーのもとで働いたことのあるルイス・サラスは言う。「ここではいわば独自の法律があったんです。無法者のくそったれでした。鉄の統制がひかれてました。もし刃向かうものがいれば、破滅させる。パーはゴッドファーザーでした。生かすも殺すも彼が決めました」[4]

6フィートを超え210ポンドのサラスはかつてはパーの幹部兵士の一人で恐喝担当だった。サラスはメキシコにいた時バーでの喧嘩で相手に致命傷を負わせて逃げパーのもとで働くようになった。[5] パーの支配地区のうち、サラスが担当したのは、ジムウエルズ カウンティの第13地区、テキサス、アリス市の最も貧しいメキシコ人の住む地区だった。[6]

この第13地区は1948年のリンドン・ジョンソンの上院議員選挙の選挙不正『ボックス13』事件の焦点となる。そしてパー、サラス、ジョンソンを結びつけ、後に合衆国最高裁判所で審査されることになる。

この有名な『ボックス13』の結審よりも重要なのは、ジョンソンの1948年の選挙運動の調査である。これにより彼が望んだ目的のためどこまでの事をやる男であるかが明確になる。ジョンソンの経歴における政治的賭けの局面で選挙に一か八かを賭けることになったとしても、失敗は認められなかった。嘘、ごまかし、不正は月並みではあるが政治家にとって一般的な性質である。しかしリンドン・ジョンソンにかかればこれらの手口は生き生きとしたものになるのだった。

第二次世界大戦の英雄というジョンソンのイメージは1948年の選挙運動でのメインテーマであった。これは彼の人生についてまわる一般的な語りであるが、くどく手の込んだ明白な嘘であった。

実際には兵役にはついていないにも関わらず、1942年の戦歴を粉飾するのを見るにつけジョンソンはアメリカ政治における偉大な宣伝屋の一人だと思わざるを得ない。ジョンソンは実際には第二次大戦中民間人オブザーバーとしてウオルター・H・グレアー中尉の操縦するB-29マロードのヘックリングヘアに一度同乗した。作戦はパプアニューギニアの日本軍基地の襲撃で、11機のB-29マロードのうち敵の攻撃をかわして帰還できたのは9機のみだった。この襲撃がジョンソンの戦時における戦闘経験のすべてであった。[7]

この空からの襲撃でジョンソンは合衆国空軍兵士の勇敢な戦闘実績に対し贈られるシルバースターという勲章を授与された。ジョンソンはそのようなメダルをもらうのはその作戦でただ一人のオブザーバーであったことから受章に値しないと遠慮するようなふりをした。

ジョンソンはメダル受章を辞退する手紙を草稿した。「私の短時間における奉仕では、他の兵士の実績と犠牲に思いをよせ、彼らが常に直面する試練を知るにつけ、私はわずかなことしかできていないと認識するに至り、この表彰を受けるべきではなく、また受けることはできないとの考えに至りました」この手紙は送られることはなかった。[8]

戦時にはジャーナリストに対して同じようなオブザーバーとしての派遣が認められていた。ウオルター・クロンカイトも7機打ち落とされるという空襲に同行した。彼は、その同行でパイロットと砲手だけでなく爆撃手と操縦士に対し心の底から感服したという。[9] このジャーナリストの話は事実に基づいていたとしても、ジョンソンの話はいやらしいとしか言いようがない。

戻ってすぐにジョンソンは戦闘に参加したか聞かれたが、彼は事実を飾り出した。「5月、6月、そうそう7月も戦ってきたよ」ジョンソンの話では彼の飛行大隊が撃墜した日本機は1機だけであったが、14機に増えていた。その飛行大隊のメンバーは彼のことを『奇襲隊ジョンソン』と名付けた。[10]

ジョンソンはシルバースターの受章を利用し始める。どこに行っても、そこで授章式をあたかも初めて行うようにセレモニーを開催したのだった。[11]

シルバースターのメダルは1948年の選挙運動でのジョンソンの服につける最も重要なものとなった。常に襟元についているか確認するのだった。

「これがシルバースターだ！　マッカーサー将軍が私にくれたんだ！」ジョンソンは選挙遊説で胸の襟をぐっと引っ張りメダルを指さし何度も繰り返し叫んだ。「常々、戦争になれば真っ先に駆けつけると宣言してたし、実際そうしたんだ」と。[12]

ジョンソンは自分の戦歴のみならず、スタッフの戦争話の作り話まで粉飾した。ペーティー・グリーンはジョンソンの遊説先での音響係であったが、第二次大戦のイタリア、カセルタでドイツ軍の砲弾が近くで爆発し、気を失っていたことがあった。一晩救護隊のところで安静にし、その後任務にもどった。ジョンソンはペーティー・グリーンの戦争での話を神話上の話かというぐらい誇張した。

「モンテカッシーノに頭蓋骨が飛び散った。脳みそがイタリアアルプスから吹き下ろす冷たい風にさらされた。どう見ても、死んでいた。でも今日ここに立っている！　ほとんど正常に。皆さん、私と同じように！」ジョンソンはラノの遊説でこう説いた。「ほとんど。でも完全にではなく。頭蓋骨は骨だけではないのです。四分の一は脳みそが漏れないよう銀製のプレートで覆われているんです。立ち直ったのです。彼は今も頑張っています！　民主主義を守るため前線に立って。イタリアで失った脳みそを惜しむことなく、頑張っているのです！」[13]

ペーティー・グリーンの話は場所によって変わったりした。時には彼の頭の銀製プレートは金、鋼鉄、プラチナになることもあった。ペーティーは四分の一の脳みそを失ったり、半分失ったということもあった。実際にはグリーンの頭蓋骨は損傷しておらず、傷さえなかった。[14]

ジョンソンは選挙運動でこのような壮大な嘘を膨らませていたが、同時に相手の空気を抜くようなこともしていた。

ジョンソンがあることないことを言うのに長けた男であったのに対し、民主党予備選における対抗馬の前州知事コーク・スティーブンソンはアメリカの昔話に出てきそうな気骨のある人物であった。スティーブンソンはテキサスの典型的保守的民主党員だった。おおむねテキサスで保守的民主党員に指名されたものは、スティーブンソンを含め、人種隔離政策を支持し、石油産業と農業を守る立場にあった。スティーブンソンはその高潔さ、公正さとその性格において畏敬されていた。彼は州知事として重大な汚職を摘発し、高潔であると尊敬されていた。

スティーブンソンは南ラノの自作農場で質素な生活をしていた。その家は自分で気に入るように手を入れ、トーマス・ジェファーソンのモンテッチェッロのようないつ完成するかわからないような夢の家であった。

「その牧場は砦というか、世間からの避難小屋だった。コークは南ラノ川に簡単な橋を架けることすら拒否してたので、そこへ行くには馬で川を渡るしかなかった。それも水位が高くなり、渡れなくなることもまれではなかった。彼は牧場に電話を引くことも拒否した。最も近い町は川から１マイル離れていた。その町もお店の建物が一つ建っているだけだった」[15]

牧場では、すべてスティーブンソンによって土地が整備され、牛は焼き印を入れられ、羊は毛を刈り込まれていた。スティーブンソンは毎日何か手直ししながら牧場で暮らしていた。[16]

彼はまた気骨のある人物であった。スティーブンソンは法律家として、憲法に関しジェファーソン的見方をしており、国家より個人を重視した。彼は国による支出、税徴収、負債を嫌った。彼は綿密に思考する人物で、確信の持てる時だけ、低い声で、ゆっくりと、南部なまりの言葉で話すのだった。[17]

「コークは自分が信じないことは話さなかった。彼の素晴らしいところだ」とつきあいのあった弁護士は言う。「彼が陪審に話しかけたら、陪審は信じたもんだ」[18]

スティーブンソンは広く『ミスターテキサス』という愛称で知られていた。メディアは彼の政策を象徴する『冷ましたコーヒー、コーク』とあだ名をつけた。

「聞いてくれ。私は年寄りで煮えたぎった熱いコーヒーでは唇をやけどしてしまうよ」

問題につき直ちに返答を求められると、スティーブンソンはこう答えたものだった。「そのカップはしばらく冷ましておこう」と。[19]

コーヒーポットと彼が習慣として吸っていたパイプはスティーブンソンのイメージとして消えることのないものだった。

スティーブンソンの欠陥と言えば、人種差別であり、それは古い南部人として骨まで染みついたものだった。彼はテキサスの黒人に対する否定的感情を隠すことはなかった。メキシコとの善隣コミッションを準備している時、スティーブンソンは「メキシコ人はいい奴らだよ。これがニガーならこうはいかない」と発言したのを聴かれている。[20]

1944年に最高裁が黒人の投票権の障害となる白人直接予備会を違憲としてなくした時、スティーブンソンは「我々の平和と安全にとって、深刻な脅威となる。」とこの決定を愚弄した。[21]

州知事としてはスティーブンソンは常に動じなかった。連邦政府の介入に対し戦う作戦は『何もしないこと』だった。彼の知事時代、町のお店が『メキシコ人お断り』の看板を出していても、知事は商売人は自由に自分の決めた方針でやってよいとそれを守った。[22]

ジョンソンはスティーブンソンの性格を逆手にとった。スティーブンソンの注意深い思考や控えめな姿勢を優柔不断と歪曲し、『ミスター日和見』とか『何もせん太郎』、『計算高夫』などと彼のニックネームをつけ特性を風刺した。

スティーブンソンの煮え切らない態度をジョンソン陣営がパロディにした歌がある。

友よ、投票お願いしますね
おなじみの計算高い州知事です
知ってるよね、私の方針
いつもコーヒーは冷ましておくの

ちょうど任期がきれました
いろんな論議がありました
いろんな事態に直面したら
よきにはからえですまします

コーヒーは冷ましておきましょう
そうすりゃ馬鹿にされません
白熱した議論には触れません

コーヒーは冷ましておきましょう
大胆な行動はけがのもと
熱いポットからは離れましょう

労資対立あったなら
どちらにも軍配あげちゃいます
紛争起これば慎重に
いつも勝ち馬にのっちゃいます[23]

ジョンソンはまた遊説でスティーブンソンの物まねをやった。考える時、熟考しながら踵に体重を乗せ、ゆっくりと体を前後に揺らすのである。ジョンソンはパイプまで持ち出した。スティーブンソンの猿まねは明らかに、間抜けな田舎者、未開拓地の住人、あるいは後ろ向きな考えしかできない政治には不向きな男と見せるためのものだった。

戦時には座ってパイプを吹かすようなことはなかったとか、スティーブンソンとは違って俺は国に奉仕したと言ってジョンソンは自己の戦歴を強調した。[24]

ジョンソンはまた前知事が犯罪者に記録的な件数の恩赦を与えていたと批判した。この批判は、ジョンソンが恩赦の数に受刑者が葬儀や、病気の親族の見舞い訪問として認められた件数を加えていることが刑務所側の回答で明らかになり、直ちに取り消された。[25]

スティーブンソンはこの手の批判に対し、汚いやり口と考えていたので、あえて反論しなかった。これでジョンソンはますます図に乗るのであった。

ジョンソンはスティーブンソンが労組首脳部と繋がっていて、賄賂を受け取っているという重大な嘘まで流した。「労組首脳は計算高いコークと密約し、額に汗して働くことなどない労組の何人かの幹部連中は紫煙に満ちたホテルの一室で密会し、自由なテキサスの労働者の票を渡そうとしている！」とジョンソンは言う。[26]

このジョンソンの策略はタフト、ハートリー法という議論の的になっている法律、すなわち労働組合が適切に活動しているか連邦政府に監視させるというものであるが、これにスティーブンソンを結びつけようとしたのである。スティーブンソンが労組首脳部と談合しているということは、ジョンソンがあたかもタフト、ハートリー法に強く反対しているように見せるものだった。選挙期間中ジョンソンは言い続けたが、全くの嘘っぱちであった。ジョンソン自身、鉱業労連などの労組の首脳、ジョン・L・ルイスなどから献金を受けていたのだ。[27]

自分や相手に対する手の込んだ嘘をでっち上げるのは得意であったが、スティーブンソンと面と向かうことは極力避けた。

両候補者は7月第4週の週末スタンフォードでのテキサスカウボーイ祭りに出席する予定になっており、スティーブンソンは西部開拓の理想の生きた手本としてパレードでの乗馬行進の先頭を任されていた。[28] その話を聞いたジョンソンはなんとか出席しないですむよう考えた。その日の朝ジョンソンはアスペルモントで遊説してたが、スタンフォードへ飛ぶためのヘリコプターの燃料がないためスティーブンソンと一緒に出ることができなくなったと報道陣に嘘をついた。都合悪く、燃料補給車がやってきたが、ジョンソンはパイロットのジム・チューダーズに「運転手をどこかへ行かせろ。そしてここに2時間後に戻ってくるように」と指示した。[29]

戻っていく補給車について、ジョンソンは説明した。「違うオクタンのを運んできたんだ」「うちの出張チームはホントにどうかしてる。なんで91オクタンの燃料調達にドタバタしてるのか全く理解できないぜ」[30]

真っ赤な嘘だった。ジョンソンの性格を象徴するものである。

「広場をトラックが出ていくとき、エッソ燃料のロゴの下にはっきりと『可燃性　91オクタン』と印字されているのを、誰もがはっきりと見ることができた」と当時ジョンソンの選挙スタッフで〈夏の演48年ジョンソンの選挙 裏側〉の著者ジョー・フィップは述べる。「しかし、記者達もだれもジョンソンにそのことを言わなかったし、言おうともしなかった。あまりに見え透いた嘘を言う彼を恥ずかしく思ったのか、全くのアホさ加減にあきれたのか、でも彼は恥ずかしいとは思っていなかったようだ」[31]

このような嘘に加え、ジョンソンが選挙で有効利用したのが、移動手段の革新、ヘリコプターだった。それは技術的革新であり、視覚的に驚異的なものであった。スティーブンソンはゆっくり遊説していたが、ジョンソンは州内を新型移動手段で容赦なく遊説した。ジョンソンの田舎のカウンティへの到着には見たことのない『羽根のビュンビュン回るヘリコプター』を見たい人が集まることが確実だった。ヘリコプターはジョンソンの選挙運動のイメージの中心となった。「テキサスの最も元気溢れる下院議員の一人である長身のリンドン・ジョンソンは、選挙といえば、テキサスのカントリーバンドを呼んでバーベキューをご馳走するという従来のやり方から全く異なる新しい仕掛けを導入した。国の隅々までジョンソンは風車（かざぐるま）で庶民を驚かせた」とタイムマガジンは書いた。[32]

報道陣から移動の危険性とレディ・バードの心配について聞かれたジョンソンは自分の戦歴を述べたうえで、「妻はB-29に搭乗してる時から、日本列島に爆弾投下しまくってその後3年で降参に追い込んだ時ですら、別に心配してなかった」と答えた。[33] ヘリコプターにより選挙遊説で短時間に大勢の人々に触れることができた。コーク・スティーブンソンは古びたプリムスに乗り、町から町へ遊説した。ジョンソンはテキサスの大部分を瞬時にカバーし、時には上空からスピーカーで呼びかけた。

「ハロー、そこの皆さん！」ジョンソンは小さな町の上空で「あなたの友、ジョンソンシティのリンドン・ジョンソンです！合衆国上院候補者です。朝の挨拶にきました！」と呼びかけた。[34]

空飛ぶ移動手段は新しい選挙運動のシンボルだっただけではない。ジョンソンの政治上の不法な手段に結びついた。ジョンソンは最初、飛ぶにあたりシコルスキーS-51を使ったが、後にベルヘリコプターと組み、ベル47-Bを使うようになった。[35] ベルコーポレションは政治的ひいきを受けるために選挙献金をするのにぴったりの会社でもあった。「私どもは新しいヘリコプターを提供することで支援させてもらってます。議員さんのような重要人物が我が社のヘリで安心して飛んでいただくことで、社の宣伝にもなり、ひいては業界にもプラスとなります」と当時ベルヘリコプター社の創業者オーナーだったラリー・ベルは言った。[36] 数年後、ベルヘリコプター社はジョンソン関連企業の一つとしてベトナム戦争関連契約により急成長する。レディ・バード・ジョンソンはベルヘリコプター株でぼろ儲けすることになる。

ジョンソンはテキサスの州都であるオースティンを含む63のカウンティのメディアをコントロールすることで、選挙戦をうまく進め、影響地区を拡大することができた。このコントロールにより投票者へとてつもない効果的メッセージを送ることができた。1943年ジョンソンは妻の名義でオースティンのKTBCというラジオ局を買い取った。ジョンソンは国会議員として圧力をかけることで、必要な免許、電波の幅、活動時間など、ラジオ局として成功するための条件を手に入れた。レディ・バードは安く買い取れた。1945年にジョンソンの強烈な圧力に押され、FCC（米連邦通信委員会）はKTBCの電波出力を5倍にすることを認可した。そのお陰でジョンソンのメディアは63のカウンティすべてをカバーするようになり、そのラジオ局の価値は跳ね上がった。[37]

ジョンソンはラジオの宣伝においても政治的影響力を駆使した。ルーニー&クラーク事務所の友人でもある弁護士のエド・クラークと組み、KTBCはGEとガルフ石油の広告契約を獲得した。ガルフ石油との関係につきクラークは言う。「私の友人がガルフ社にいたんです。その話をして、理解してもらったわけ。日曜学校で話してるのと違って、これはビジネスなんです」[38] 単純な取り決めだった。政府やテキサス州に売り込みをしたい会社はロビイストを雇ったり、現ナマの賄賂を政治家に渡す代わりにKTBCに広告料を何千ドルと払ったのである。

1950年代のはじめ、FCCはジョンソンのラジオ局にテレビ放映の免許を与えた。KTBCはその結果オースティンでの唯一のテレビ放送局となり、更にジョンソンの政治的影響力を高めると同時に彼の個人資産を増大化した。[39]

エド・クラークはその後大企業の広告契約を彼のラジオ局へ持ち込み、大企業からの政治献金を彼の選挙本部に持ち込んだ。それはテキサスの政治家でかつてないくらいの金額だった。[40] テキサスの建設業者ブラウン＆ルートは、後に悪名高いハリバートン社と合併するが、やはりジョンソンに賭けていた。この会社はジョージとハーマン・ブラウンにより設立されたが、1937年オースティンの近郊のマンスフィールドダム建設の契約時、議員であったジョンソンの助けがあって成約できた。ジョンソンが上院議員であった時期ブラウン＆ルートは大いに儲けることができた。

1948年の選挙終盤の頃、エド・クラークは回想する。「ジョンソンは、選挙に負ければ、ただの人になってしまう。そうなりそうだったんだ。その時、賭けにでたんだ。そりゃ厳しいテストだった。一か八かだった」[41]

1941年に下院から上院へ移ろうと選挙に出て敗れており、ジョンソンは1948年の選挙が最後のチャンスだとわかっていた。彼は狂乱状態で、節操がなく、諦めることもなく『勝つため』に選挙不正をやる気十分だった。

ジョンソンは不誠実で欺瞞に溢れた金まみれの選挙運動と最新技術を駆使しても、それでも、人気のあるスティーブンソンに及ぶことはできなかった。ジョージ・パーとの共謀により、デュバル カウンティでの選挙結果、ジョンソン得票4,662に対し、スティーブンソン40票と、パーの完全支配地区では93パーセントを獲得したにも関わらず、投票が終わった時点で、州全体でジョンソンは854票及ばなかった。ジョンソン側の必死の操作で許容範囲の票数が変動した。ジョンソン側の呼びかけでヒューストン地区の票読みの改訂がなされ、スティーブンソンのリードは半分くらいに減ってしまった。

ジョージ・パーはすでに自身の支配地区のジョンソン票はほぼ100パーセント提出済みであったが、また呼び出された。パーは更なるジョンソン票を求められた。選挙日の翌日、日曜の朝、パー所轄の選挙委員がデュバル地区の投票箱が一つカウントされていなかったと発表した。この未カウント票427によりジョンソンは選挙後の混乱のしばしの間、わずかなリードを確保した。[42]

選挙日あとの月曜、火曜の得票修正でまた結果がひっくり返り、スティーブンソンが349票でリードすることとなった。そこでまたパーが呼び出された。金曜日にパーの地区から更なる『修正』が出て、スティーブンソンのリードは157票にまで減ってしまう。金曜の夜、13地区の投票箱が新たに出てきて、これがスティーブンソンにとって致命打となる。ジョンソンに投票したとされる200の投票用紙が出てきたのである。

アリス市はジムウエルズ カウンティにあり、パーの影響力の及ぶ町である。

アリス市の代表保安官ルイス・サラスはパーの右腕だった。ジャーナリストのジョン・クナッグは投票不正のためにアリス市を利用せざるを得なかったと仮説を述べる。

「パーはデュバル地区の有権者名簿はすべて利用済みで、その後ジョンソンが更に票を必要としてることがわかった」パーに関する名書〈デュバル帝王の没落〉の著者ジョン・E・クラークにクナッグは言った。「パーがデュバルの得票をもう少し水増しするよりも、地元ほど支配力を持たないジムウエルズの投票箱を操作せざるを得なかった理由がそれなんです。また、いくつかの投票箱に広く水増しするほうがばれにくいのに、そうしないで箱一つに200票加えた理由でもあります。13地区の投票箱一つを操作することで、証言台に呼ばれる人の数も絞ることができます」[43]

13地区の投票箱の操作は、でたらめに詰め込まれたずさんな仕事だった。841番目の投票者ユージニオ・ソリスが13地区の投票所についたのは午後7時頃で締め切り時間だった。後にソリスは投票したあともう誰も来なかったと証言している。842番から1041番までの幽霊票200票はあとで現れ、一人による手書きで、異なる色のインクを使い、奇妙にもアルファベット順に記載されていた。このうちの何人かの投票者は後日インタビューされたが、投票しなかったと答えている。残りは死者だった。

バー・マクレランによると投票箱に架空票を詰めるのをサラスが懲罰を恐れて断ったため、エド・クラーク法律事務所の弁護士ドン・トーマスが実行犯だと推定する。トーマスは有権者リストからランダムに名前を書き出した。時間がないためアルファベット順に書くことにした。有権者の名前の終わりに来てしまったため、やむを得ず、死去者の名前を加えることにした。[44] 残りの票を全部加えて、ジョンソンは87票差で選挙に勝った。ジムウエルズカウンティのインチキをきいたスティーブンソンは調査官を直ちに派遣し住民にインタビューさせた。投票したと記録されている人達に聞いた結果、それらのカウンティの選挙管理委員は多くの場合においてスティーブンソンに投票したことが判明した。パーの手下である警察にこれが伝わるや、調査は直ちに止められた。[45]

「我々は保安官代理達に止められました。一人はサブマシンガンを持ってました」とサンアントニオの弁護士で調査チームの代表ピート・ティジェリーナは言う。「彼らは我々が銃を持っていると聞いたからと。私たちは銃を持っていないと言っても、犯罪者に対するような身体検査をしたうえで、30分以内にデュバ

ル カウンティから出ていけと命令し、我々はそれに従いました」[46]

スティーブンソンは直ちに3名の弁護士をジムウエルズ カウンティのトム・ドナルドのところへ派遣した。彼はジムウエルズ カウンティの民主党幹部委員会の幹事で、アリス市のテキサス州立銀行の現金係でもあり、町の投票者リストを管理していた。弁護士達は市民は誰でも選挙投票者記録を閲覧できると明記する選挙法についての法律書を持参していた。ドナルドに対し、リストを開示するよう求めたところ、弁護士達は『ノー』の一言で玄関払いされた。[47]

スティーブンソンはフランク・ハマーを連れてアリス市に自ら乗り込むことにした。ハマーは彼の昔からの友人で、あのボニーとクライドを待ち伏せして撃ち殺したテキサスレンジャーであった。今度はスティーブンソンが銀行にいるトム・ドナルドを問い詰めた。その結果、ドナルドは投票リストをスティーブンソンと連れの弁護士らにわずかの時間であるが、開示した。その間、彼らはリストに書き加えられた名前を記憶し、また明らかな矛盾点を見つけ出した。

不運なことに、これほど証拠があってもスティーブンソンの役には立たなかった。この事件は1カ月以内に連邦裁判所に持ち込まれたが、どうしようもなかった。この不正のメインの容疑者、ルイス・サラスとトム・ドナルドは仕事でメキシコに出張中という口実で裁判所に出頭しなかった。[48] 書き換えられた投票用紙は箱から取り出され、燃やされていた。メキシコ人の用務員のせいにされた。完璧に始末されていた。ジョンソンの守りが強力で、真実が露呈することはなかった。ジョンソンは上院議員になった。その後何年も、あるところでは、あざける調子で、『逆転リンドン』とか『嘘つきリンドン』と陰口を叩かれた。

選挙後にいろんなところで流れたジョークで、ジョンソン自身胸を張り誇らしげに話したものがある。それは小さなメキシコ人少年マニュエルとアリス市で投票した彼の父親の話である。

「父さんはこないだの土曜日町に来たけど、僕に会いに来てくれなかった」とマニュエルは言った。

「でも、マニュエル、お前の父さんは10年前に死んだんだよ」

「シー。死んで10年になるんだ。でもこないだの土曜日に町に来て、リンドン・ジョンソンに投票したんだ。でも僕に会いに来てくれなかった」[49]

1927年から1931年にかけてテキサスの州知事であったダン・ムーディは言う。「もし、州検察官がやるべき仕事をしていたならば、今頃リンドン・ジョンソンは合衆国上院ではなく刑務所にいただろう」[50]

1973年まだボックス13の悪臭が消えていない頃、デュバルの帝王パーは脱税容疑で取調を受け、選挙の夜以降数日ジョンソンと談合を重ね、勝つにはジョンソンはあと200票必要と確認したことを検察官に白状した。[51]

1975年4月1日、テキサス州、デュバルカウンティのパーのロス・オルコーネ牧場南東角のフェンスにジョージ・パーのクライスラーが突っ込んでいるのをヘリコプターが発見した。[52] パーが前日出頭を求められていた脱税容疑の裁判に欠席したため、警察は彼を捜索していた。車輪はまだ回っていて、デュバルの帝王は車内におり、右側の頭部に弾丸跡を残し前のめりに倒れていた。放たれた弾薬の粒は、発砲の勢いで口から飛び出したパーの義歯と同様に床に飛び散っていた。[53]

1977年、ジョンソン、パーそれにスティーブンソンらが死去したあと、ルイス・サラスは『ボックス13』事件に関し、かつて虚偽の証言をしたこととそれにかかわる自分の役割につき証言した。彼はパーが事件の総まとめを実行し、パーがサラスに不正実行の指示をした時ジョンソンが立ち会っていたことを暴露した。サラスは最後には良心の呵責に耐えきれず、名簿に付け加えた名前の証明までしたことを認めた。

「ジョンソンはあの選挙では勝っていません」サラスは言う。「彼が勝つよう仕組まれたのです」[54]

人生の終盤において、サラスは自己の犯した犯罪行為のあくどさ、特にボックス13における役割を考えるとうろたえた。

「よく電気椅子に座らされなかったもんだと思います」[55]とサラスは言った。

1952年、パーの代理保安官の一人サム・スミスウィックがハントビルの州立刑務所からスティーブンソンに証言したいと手紙を書いてきた。このときボックス13事件の真相にあと一歩と近づいた。しかし、不思議なことに、殺人の罪で服役しているスミスウィックは、スティーブンソンが面会をしに刑務所に向かう途中で殺されてしまったのである。スティーブンソンが途中ハイウェイの交差点で刑務所の役人に到着時間を告げようとした時、スミスウィックが死んだことを告げられた。

「刑務所の守衛は真夜中にスミスウィックを発見した」バレーモーニングスター紙によると死後すぐだった。「体格のよい老人、64才だったが、タオルをねじって、首に巻き付け、独房内の二段ベットの上部にそれを引っかけていた」[56]

スティーブンソンは書面で記者発表し、この殺人事件は選挙不正の告訴の支援材料になると主張した。そして、1956年にはアレン・シーバー知事はジョンソンがスミスウィック殺人に関わったと告発したのだった。[57]

スミスウィックは不可解な死に方をした、後に大統領になる男に直接繋がる死者の一人目である。ジョンソンは上院議員の席を守るため一連の殺人を指示し、汚職を隠蔽し、自己の欲望、姦淫的、堕落的な生活を隠そうとした。ジョンソンによる殺しはスミスウィックだけではなく、ジョンソンの妹ジョセファの愛人、何人かの連邦政府への密告者、US農政局検査官、ついにはアメリカ大統領に及ぶ。

ジョン・フィッツジェラルド・ケネディの暗殺はジョンソンの最初の殺しではない。

注釈

1. Michael Royko, *Boss: Richard J. Daley of Chicago*. (New York: Dutton, 1971), 7.
2. Gordon Schendel, "Something Is Rotten in the State of Texas," *Collier's Weekly 9* (June 9,1951): 13-15.
3. Ibid., 70.
4. John E. Clark and George Berham Parr, *The Fall of the Duke of Duval* (Austin: Eakin, 1995), 60.
5. Ibid.
6. Ibid.
7. Caro, *Means of Ascent*, 40-43.
8. Ibid., 51.
9. Walter Cronkite. "'Hell' Pictured as Flying Forts Raid Germany." *Los Angeles Times* (February 27,1943).
10. Caro, *Means of Ascent*, 49.
11. Ibid., 51-52.
12. Ibid., 229.
13. Joe Phipps, *Summer Stock: Behind, the Scenes with LBJ in '48* (Fort Worth: Texas Christian University Press, 1992), 207.
14. Ibid., 209.
15. Caro, *Means of Ascent*, 155.
16. Ibid., 155.
17. Ibid., 149.
18. Ibid.
19. Ibid., 173.
20. Robert Dallek, *Lone Star Rising: Lyndon Johnson and His Times, 1908-1960* (New York: Oxford University Press, 1991), 316.

21. Ibid.
22. George Norris Green, *The Establishment in Texas Politics: The Primitive Years, 1939-1957* (Norman: University of Oklahoma, 1984), 80
23. Dallek, *Lone Star Rising*, 316-317.
24. Caro, *Means of Ascent*, 244.
25. Ibid., 210.
26. Ibid., 224.
27. Lance Morrow, *The Best Year of Their Lives: Kennedy, Johnson, and Nixon in 1948, Learning the Secrets of Power* (New York: Basic, 2005), 277.
28. Caro, *Means of Ascent*, 244.
29. Phipps, *Summer Stock*, 228.
30. Ibid., 229.
31. Ibid.
32. Robert Bryce, *Cronies: Oil, the Bushes, and the Rise of Texas, America's Superstate* (New York: PublicAffairs, 2004), 58.
33. Caro, *Means of Ascent*, 230.
34. Ibid., 220.
35. Bryce, *Cronies*, 57-59.
36. Ibid., 59.
37. Caro, *Means of Ascent*, 100.
38. Ibid., 103.
39. McClellan, *Blood, Money and Power*, 199-120.
40. Caro, *Means of Ascent*, 272.
41. Ibid., 274.
42. Ibid., 314.
43. Ibid., 48.
44. McClellan, *Blood, Money & Power*, 90.
45. Caro, *Means of Ascent*, 322.
46. Ibid., 322-323.
47. Ibid.
48. J. Evetts Haley, *A Texan Looks at Lyndon: A Study in Illegitimate Power* (Canyon, Texas: Palo Duro Press, 1964), 47.
49. Ibid., pg. 399.
50. Haley, *A Texan Looks at Lyndon*, 53.
51. Clark, *The Fall of the Duke of Duval*, 19-20.
52. Ibid.
53. Clark, *The Fall of the Duke of Duval*, 60.
54. Caro, *Means of Ascent*, 388.
55. *The Daytona Beach News-Journal* (July 31,1977).
56. *Valley Morning Star* [Harlingen, Texas] (April 17,1952):
57. Dallek, *Lone Star Rising*, 347.

第3章

呪い

ボビー・ケネディ（ロバート・ケネディの愛称）は司法長官就任1年目、インディアナ州ゲーリーの汚職捜査をしていた時、司法省組織犯罪対策部のチーフ、エドウイン・シルバーリングから捜査対象の市議会委員のうち、バーテンダーが守りが弱そうなので、まず最初に起訴するのがよいとアドバイスされた。

「バーテンダーのどこが悪い？」とケネディは尋ねた。「私の祖父はバーテンダーだったんだ」[1]

ロバート・ケネディは何を祖先から受け継いだか理解していた。彼とジョン・ケネディはジョセフ・P・ケネディ大使の息子だった。ジョセフは犯罪組織と手広く商売をする猛烈な商売人であった。彼らの祖父はボストン市長ジョン・F・『ハニーフィッツ』・フィッツジェラルドだった。二人とも清廉潔白からはほど遠い人物だった。司法長官の祖父はバーテンダーだったという説明は正しいが、もう一人の祖父パット・ケネディの社会人生活の中身は終始ブルーカラー的なものではなかった。パットは1858年1月8日に生まれ、事業家となり、しばしば法律的に問題のある仕事に手を出した。ヘイマーケット広場のバーを若い時買い取り、三つまで増やしたが、その後パット・ケネディは酒の卸売り業に進出し、自分の店だけでなく、競合店にも卸すようになった。市長のジョン・F・フィッツジェラルドのお陰もありパット・ケネディは金融業にも手を出し、コロンビア信託を設立した。その後ケネディは政界入りし、1886年マサチューセッツ州議会選挙に5年連続（1年任期）当選した。6年後、州の上院選挙に勝つ。[2] ケネディは後援者の大切さを学んだ。特に投票者の確保と政治的支援である。彼は政治力を利用して、市の仕事を取り込み、事業で資金を増やしていった。1896年に市長のフィッツジェラルド、ジョセフ・コルベット、それにジェイムズ・ドノバンらと共に市の将来の盛衰を握るためにボストンの民主党戦略会議を立ち上げた。[3]

この戦略会議は行政区のボスとお友達から成り立ち、市のごく小さな集まりから議会の連中までの既得権益を守るためのボストンの政治的なからくりであった。

ボストン北部に1800年代後半に流れ込んだアイルランドからの移民の群れがフィッツジェラルド市長のような政治家の支持基盤となった。政治の姿勢はおのずから、社会的に、経済的に、しかも人種的に抑圧されているこれらの移民を援助するものになった。ジャーナリストで歴史家のヘンリー・アダムズは、彼自身のルーツは南北戦争以前のアメリカにさかのぼるのであるが、より恵まれた階級の彼のような人間達がアイルランド出身者をどう見ていたのか、こう述べている。「貧しいボストンは、ユダヤ人より下等な特定のアイリッシュのウジ虫ども（両方ともチーズ好き）を使って対処するための準備をしたのだ」と。[4]

その政治的からくりはアイルランド人居住地区で、助け合いを通じて成長した。ちょうどテキサスのパーのやり方に似ており、仲間に入るか、いやならはじき出されるといったものだった。ボスが指示する人に投票すれば、守ってもらえるが、言うことをきかないとえらい目に遭った。こういう環境で育ったハニー・フィッツはこのからくりの力を直に見ている。彼の知り合いの家族はシステムの候補者に投票しなかったという理由で仕事から干された。[5]

ハニー・フィッツが1906年に市長に選出されたとき、彼はこのからくりを市全体で活用していた。フィッツジェラルドの市政で労働環境は拡大したが、ボストンのアイリッシュ政治の歴史を描く著書〈悪党と身請け人〉でジェラルド・オニールは述べる。

> フィッツジェラルド市政の第一期は北方彼方の昔ながらの恩恵配分システムだった。当時の市政はすべていい加減なものだった。しまいには、ボストンの住民42名に1人は役所勤務となり、雨が降れば建設現場から室内に居座るといった楽な仕事に就いた。バーテンダーや建設の現場監督らが急に仕切るようになった。公務に就くために仮指名をもらうのすら、難しくなった。計量測定部にはおびただしい数の度量衡検査官代理がいた。また不明瞭な課や、風変わりな課が水増し雇用請求をするなど、スキャンダルが発生した。お茶温め係、木登り係、しまいにはお茶温め係や木登り係を監視する新チームという馬鹿馬鹿しい仕事まで作られた。[6]

パトリックの息子、ジョセフ・P・ケネディ（ジョー）は1888年9月6日に生まれたが、いろんな面で父親と同じ生き方をした。政治とビジネスの二股をかけ、一方を利用して他方のメリットをとるやり方である。ジョセフ・ケネディは父の政治的盟友である市長ジョン・フィッツジェラルドの娘ローズ・フィッツジェラルドと政略結婚をした。彼は義理の父親の官僚的やりかたを見聞きするにつけ、政治に目をつけるようになった。ハニー・フィッツはボストンで最初のアイリッシュ系カトリックの市長になることで、勝ち目がない時でも、権力を握ることができることを示した。フィッツジェラルドはボストンの新聞社ウィークリーリパブリックを所有しており、それが市長の政治グループにメッセージを届けており、ジョセフ・ケネディはこれからもマスコミの力を学ぶことになる。後年、ジョセフの息子、ジョンが出馬するとき、大衆の支持を求めて新聞社や雑誌社が脅し等で無理矢理買収された。

ジョセフ・ケネディはハニー・フィッツの助けを得て社会人生活を始めた。まず、担保貸し付け会社の役員に指名してもらった。次に1914年マサチューセッツ電力会社の評議員会の委員に任命され、そして進行する世界大戦を考えたうえでフォアリバー造船所の総務部長補佐に雇われた。

戦後ジョー・ケネディは義父を利用し、ヘイデンーストーン証券会社に就職した。ここで彼は投資をする前にそのビジネスを知ることが大切であること、そうすれば財産が築けるという証券市場の機微を学んだ。ここで学んだお陰で1924年に彼は最初の大儲けをすることになる。ちょうどその頃彼はウオルター・ホウウェイに雇われ、ホウウェイが大株主であるイエローキャブというタクシー会社への敵対買収に対応することになった。イエローキャブの株式操作をすることでケネディは会社を守ることができたが、同時に彼自身も大儲けした。数年後、彼はこの仕事で『とても裕福に』なれたと認めた。[7]

ケネディは市場操作の手腕と事業経験を活用して、映画界に参入し映画切符売り場会社を買収して儲かるビジネスに転換した。ジョーは映画産業へ、あたかも、建設設計者が橋の橋脚をデザインする時、より早く、安く建築でき、しかも構造的に強固にできていると納得させて売り込むようにアプローチした。

彼は映画会社が十分利益をあげるよう注力したが、同時に何人かの俳優の財務も管理しようとした。有名なのは彼の愛人であったグロリア・スワンソンである。

ジョー・ケネディ大使はあつかましくも、ハイヤニス湾での家族の集まりやパームビーチの大使居宅に彼の妻ローズ・ケネディがいるにも関わらず、女優のスワンソンを連れてくるのだった。父親譲りと言うか、ジョンとロバート・ケネディは二人とも当時映画界に君臨していた女王マリリン・モンローとの性的関係を楽しんだ。しかしジョーと息子達との重大な違いがある。ジョーはスワンソンと性的に関係したうえで、映画宣伝のため彼女を利用し、かつ彼女の資産を使って、気づかない彼女にプレゼントを買ってやるようなことをしていた。他方、ジョンとボビーにとってはモンローを手に入れることが純粋に性的喜びであって、そのリスクやメリットなどは全く考えなかった。

モンローがあの有名な誕生日おめでとうソングを歌いながら、体のラインも露わなドレスで、大統領に息を吹きかけた時、ケネディは言った。「すっげえお尻！」[8]

ジョー・ケネディは父パットと似て、金融と酒の商売を通じて成功したいという野望、権力への執拗な衝動を持っていた。ジョーは禁酒法時代に、父の取引先からカナダ産の蒸留酒の“輸入”の足がかりを得た。[9] 酒の密輸でケネディは大儲けをし、かつ大きなコネを得た。彼はアル・カポネとスパゲッティーを食べながら彼のウィスキーとカポネの所有するカナダの蒸留所で作られた酒の交換取引をしたことがある。[10]

ルチアーノ犯罪家族の一員フランク・コステロは後にニューオリンズとダラスのカルロス・マルチェーロの組織をも支配して全国に勢力を伸ばすが、ジョーの仲間だった。

「コステロがジョーのことを話す様子を見てると、禁酒法時代彼らは親しく、何かあったに違いないと感じたよ。フランクが言ってたが、彼がケネディを金持ちにしてやったんだそうだ」とコラムニストのジョン・ミラーは回想する。[11]

ジョー・ケネディのマフィア仲間でJFK暗殺に関わったのはジョニー・ロッセーリである。彼は1957年から1966年にかけてのシカゴマフィアの親分サム・『ムーニー』・ジアンカーナの手下ナンバー2だった。ロッセーリは1905年イタリアで生まれ、(出生時の名前はフィリッポ・サッコ) ケネディと同じくボストンで育った。二人とも禁酒法時代に酒の供給にたずさわった。ケネディは金で、ロッセーリは力仕事で。ティーンエイジャーの頃、未熟な時期であるが、ロッセーリはケネディのもとでウィスキー箱を陸に引っ張る仕事をしていた。ブームになっていた映画界には彼らは別々に頭角を現した。ロッセーリは1920年代はシカゴのアル・カポネの組織で働いていたが、結核を発症したため、温暖な気候を求めて1923年ロサンジェルスに移った。ケネディは金絡みの手腕と株式操作、それにビジネス経験から映画産業に足がかりを築いていた。ロッセーリは従業員に働いてもらいたいスタジオ側について力ずくで組合を動かしその足がかりを築いた。ロッセーリと他のマフィアの連中はその後、力ずくでスタジオを動かすようになる。表向き組合と平和的にやっていける体制を作るという形をとった、脅しによる強奪であった。[12]

後日、この二人は政治の大舞台のまわりで、ジョン・ケネディ大統領のエンドゲームに関わることになる。ジョン・ケネディの大統領選挙中にマフィアを使って票集めをしたことで、ロッセーリは地下社会と更に強い繋がりを持つことになるが、他方でケネディに選挙での貸しにたいし落とし前をつけることを要求するようになる。友好な時はジョセフ・ケネディとジョニー・ロッセーリとの関係はビジネスを超えたものだった。二人はジョーが西海岸で仕事があるときなど、しばしばポーカーやゴルフをして過ごした。[13] ロッセーリは後にCIAによるキューバの首相フィデル・カストロ暗殺計画に協力していたことで表に出てくる。その暗殺軍団のメンバーの何人かは1963年11月22日にも顔を出すことになる。ロッセーリは後にデーリープラザでケネディを銃撃した3名の狙撃者のうちの一人であると自白することになる。彼が隠れていたと推測される下水溝から発射したという。ロッセーリの遺体は1970年代の半ばマイアミ沖合で石油ドラム缶に入れられて浮いているのが発見された。議会による暗殺調査委員会での証言予定日の数日前のことであった。

ジョー・ケネディはその人生で父パットを遥かに上回る事業上の野望を持っていた。それはボストンの地域的事業から全国レベル、さらにはもっとと広がったが、政治面での野望達成は難しくなっていた。

ジョーはホワイトハウスを夢見ていた。また、聖ジェームズ宮廷へ大使として任命されて行きたいと思っていた。それは英国にとって重要で名誉ある任命であった。何事にも引き立てがあっての世の中と理解していたケネディはフランクリン・ルーズベルト大統領の息子ジミー・ルーズベルトの機嫌取りをして、ちょうどハニー・フィッツが彼にしてくれたように、彼に仕事をあてがった。

ケネディは若いルーズベルトがニュージャージー州ベルビルの全国穀物会社社長に就任できるよう尽力し、後にジミーがMGMスタジオのサミュエル・ゴールドウィンの助手の仕事につけるよう働きかけた。

ケネディはジミー・ルーズベルトの機嫌取りだけでは大使になれなかった。フランクリン・ルーズベルト大統領はケネディがその職につくのにどれほど意欲を持っているか知りたくて、大統領とその息子の目前でズボンを脱ぐよう命令した。ケネディは従った。

「ジョー、おまえの足を見てみろよ」ジミー・ルーズベルトは彼の父が言ったことを後に回想する。「こんなO脚見たことないぜ。大使が聖ジェームズ宮廷での就任式に臨むとき半ズボンと絹の靴下という格好で行くことを知らないのか！　お前がどう見られるか想像できないのか？　我が国の大使としておまえの写真が世界中に流れたら、物笑いの種になるぞ。ジョー、君はこの仕事に向いていないんだ」[14]

それにも関わらず、ケネディは1937年の12月イギリス大使に任命された。しかし、彼の聖ジェームズ宮廷での就任式は結果的には失敗に終わる。ケネディはヒットラー支持を公言しており、妥協策を求めていた。興味深いことに、ジョン・F・ケネディ自身もヒットラーを賞賛する言葉を残している。

「イギリスにベストの人材を送るべき時期に、我々はそうしなかった」ルーズベルトの内務省長官ハロルド・イックスは言う。「我々はお金持ちを送ってしまった。それも外交に不慣れで、歴史、政治の教養なしの自己宣伝屋を。（ケネディは記者発表のために広報活動の担当を連れて行った最初のアメリカ大使であった）そして、彼は最初のカトリック系大統領になりたいという野望をもっているのが見え見えだった」[15]

ヒットラー軍が前進し続ける中、ケネディはネビル・チェンバレン首相がヒットラー総督の要求に従うのが、かえって世界大戦を避ける道になるという考えに固執した。

「ヒットラーは誰もが考えるように戦争したいとは思っていないことを確信している。でも自国民に今の状況をどう説明して切り抜けようとしているのか確信を持てない」とケネディは国務長官のコーデル・ハルに言った。

イギリスとの戦いが切迫した頃、ケネディはルーズベルトにこの益々悲惨になる状況において融和策をとるよう提案した。それは大統領にも、他の閣僚にも受け入れがたいものだった。

「今こそ大統領が世界の救世主として具体化するタイミングだと思われます」ケネディは1938年9月にルーズベルトに手紙を書いた。「イギリス政府は今のところヒットラーとはいかなる条約も結ぶことはできません。しかしながら、大統領ご自身が世界平和のためのプランを打ち出すチャンスだと思います」[16]

この手紙を書いたあと、ケネディは辞任し、自己の政治的野望のチャンスを失うことになる。今やジョーの持っていた特別高い政治的目標は子供達にゆだねられることになった。彼は子供達にビジネスで成功することを求めなかった。彼自身途方もなく成功してたし、子供達は人にお金を求めたり、借りたり、ましてや盗んだりする必要がなかった。オヤジが全部面倒を見ることができた。子供達は働く必要もなく、ただ巨大な富と権力を相続するだけだった。ケネディにとって、子供達のビジネスとは政治で成功することだった。

ローズとジョーの最初の息子、背が高くハンサムなジョセフ・P・ケネディJr.はハニー・フィッツによりお披露目されたが、長男へのジョー・ケネディの過大な期待が感じられる。

「彼は将来、演台で演説するような人になるだろう」ハニー・フィッツはボストンポスト紙に答えた。「政界入りするかって？　うむ、もちろん合衆国の大統領になるだろうね。彼の両親はすでにハーバードに行かせることを決めているし、そこでフットボールと野球をさせて、しかも学業では優秀な成績を取るだろう。その後、産業界で社長を何年かして、時期が来たら大統領になり2期か3期務めてもらう。それから先はまだ決めていない。大統領になる前に、ボストン市長かマサチューセッツ州知事をするかもしれない」[17]

おしゃべりな元市長の予言の多くは半分ジョークみたいなものだったが、ジョーJr.に対する期待はその予言そのままだった。ジョーJr.は続く3人の弟たちと同様、ハーバードに進み、学業、スポーツとも優秀だった。まだアイビーリーグで勉強している時にジョーJr.は父親からマサチューセッツ州知事選に出馬するよう言われたことがある。

ジョーの子供達には目標は常に高く設定されていた。失敗や性格上の欠陥は秘密にされ表に出ることはなかった。弱さはケネディ家の恥であり常に勝者でなければならなかった。

ローズマリーはジョーとローズの三人目の子供で、長女だったが、一族にとって厳しい教訓となった。彼女はケネディの娘の中で一番綺麗な子だったが、知的発育が少し遅れていた。兄弟姉妹達とペースを合わせるのが難しく、成長するにつれ発作的にどうしょうもないほど怒り出すことがあったという。

ローズマリーの恥ずべき行動をどうするかと父親のジョーが考えた結論が手術だった。前部前頭葉切断手術を彼女が23歳の時に行った。その結果彼女は5歳の精神年齢で生涯過ごすことになる。手術は彼女の行動を少しは和らげたが、治すことはなかった。

後年、手術担当したジェームズ・W・ワット医師はローズマリーは精神的に障害があったわけではなかったかもしれないと言った。

「鬱で混乱していたのかもしれません」ワット医師は言う。「混乱したら、普通ぶるぶる震えたりします。混乱したような話し方になります。その結果いろんなことが起こります」[18]

また、ローズマリーの学習能力が劣っていたのは、失読症だったのかもしれないとも言った。鬱であれ、失読症であれ、あるいは発達障害であっても、ローズマリーは失敗であり、ケネディの一員ではなかった。

「あなた達の助けに私は今もとても感謝してます」父ジョーはローズマリーが2005年に死去するまで生涯過ごしたウィスコンシンの施設、セントコレタの管理者に礼状を書いている。「結局は、ローズマリーの問題解決というのは、ケネディ家の全員ができるだけ最高の状態で活動するよう努力していけるよう考えた結果なんです」[19]

ジョン・フィッツジェラルド・ケネディ（JFK）は人生の大半を衰弱させる病でもがき苦しんで生きていた。彼はある時、うまくいけば40歳まで生きることができるかも知れないと言われたことがある。他方、広報が注意深く情報を管理していたせいで、国民は彼のことを健康で、元気よく完璧な状態と見ていた。

子供時代は病気につきまとわれ、時には死にそうになりながら、ジョンは次々と襲う苦痛と闘うことになる。1920年代には、猩紅熱、急性気管支炎、水疱瘡、中耳炎、はしか、風疹、おたふくかぜ、百日咳に苦しめられる。[20]

ケネディの若さとバイタリティの見せかけは暗い真実を隠すためのものだった。大統領時代、公的場所に出る時は、服の下に体をカバーするサポーターを常につけていた。それは戦時中日本軍に沈められたPTボート（哨戒魚雷艇）に乗っていた時に痛めた背中を支えるものだった。数カ月ごとに、背中と太ももの筋肉にステロイドホルモンの粒剤を植え付ける必要があった。数時間ごとの麻酔注射があれば松葉杖なしで歩くことができた。[21] 1954年の脊椎手術の結果、背中に金属プレートが埋め込まれ、2カ月後の追加手術で死にかけたため、ケネディ家の司祭ジョン・キャバナー神父が枕元に呼ばれたほどだった。[22] 1950年代後半ケネディはアジソン病のためコーチゾン（副腎皮質ホルモン）を注射するようになるが、そのため後年彼の顔は丸みを帯びることになる。大統領時代、もし二期目に選ばれたら車椅子を使うかもしれないとささやかれた。[23]

暗殺後の解剖によると、彼の副腎はアジソン病のためにほとんど形をとどめていなかった。[24]

ジョンと兄ジョーJr.は国のため、実は父親のために栄光を勝ち取る競争をしており、1940年代に軍隊入りした。

PTボートの司令官だったジョンはソロモン諸島沖で敵に真っ二つに吹き飛ばされたボートにしがみついて、乗組員を助けたヒーローになった。これがジョーJr.の競争心に火をつけた。なぜなら彼こそが戦争でヒーローになり、それを後に政治でのキャリア作りに利用できるはずだったからである。

ジョー・シニアの55才の誕生日に、ジョーJr.の前でゲストが『私たちのヒーローの父』と乾杯の音頭をとったが、それはジョーJr.ではなく、合衆国軍のジョン・F・ケネディ中尉に対するものだった。ジョーJr.はそのあと家族の友人ジョセフ・ティミリーに部屋の中で泣きじゃくっているのを見られている。「くそっ、今に見てろ」とジョーJr.はうめいた。

ジョーJr.は栄光をつかもうと空軍パイロットとして危険な使命に挑戦し短い命を終える。1944年に彼は秘密ミッション、コードネーム『アフロディテ』に参加署名した。PB4Y-1巡回爆撃機ズーツイブラックは改造され21,170ポンドのダイナマイトが積み込まれていた。ジョーJr.は副操縦士のウィルフォード・J・ウィリー中尉と共に機を操縦しドイツのV-1ロケット発射場に誘導ミサイルのように狙いを定め、リモートコントロールでセットしたうえでパラシュートで脱出する手はずになっていた。

電子機器武官のアール・オルセンは出撃命令の前に機体の回路上の問題を発見し、発射機能に欠陥があると推測した。オルセンは出撃の前にその事実をケネディに伝え、問題解決のために計画を延期することができる旨説明したがジョーJr.は断った。[25] 一刻も早く栄光を得たかった。

「飛んでみたいと思います」ケネディは言った。「有り難う！　アール、君の言うことはよくわかるんだ。感謝するよ」[26]

ドイツのロケット発射場へ向かう英仏海峡上で、リモートコントロールの誘導装置にスイッチが入った時、電子機器の誤作動で火花が散り、飛行機は爆発し、乗組員全員塵になった。

「あの飛行機は耐空性があるとは思えなかったんです」あの作戦のため機体から回転砲塔を取り外して改造を担当した整備士ウィリー・ニューサムは後年証言した。[27]

ジョーJr.の死はケネディ家の度重なる悲劇の最初のものであるが、後にマスコミから『ケネディ家の呪い』と騒がれた。呪いではなく、特権的な家族が優秀であることを各メンバーに押しつけるために、無謀な決定をさせる結果になっていたのである。

「そんな生き方はできないですよ」とケネディの主治医ヘンリー・ベッツは言う。「彼らのように運命だとか、自分達は特別だという思いで、常にすべてを抑制して生きるのは無理なんです。彼らは自分達は違うんだと実際に思っていて、抑制のために頑張ってしまうのです。それも誰も見たことがないくらい努力するのです」[28]

ジョーJr.の死後、ジョンはジョー・シニアの重い期待を背負うことになる。それはジョーのイギリス大使就任時の失敗のためつかむことのできなかった大統領になる夢だった。ジョンにとって、それは選択ではなかった。

「私は徴兵されたのだ」ジョンは言う。「父は長男が政治家になることを望んでいた。いや、望むという言葉は適切でない。彼はなれと命令したのだ」[29]

ジョンが政治家としてのし上がることができたのは、彼の知性とその魅力のたまものではあったが、ジョーの財力とコネのお陰とも言える。

「父はお金を使って、私たちを自由にしてくれた」とボビー・ケネディはかつて言ったことがある。[30]

事実はもっと複雑である。

ジョー・ケネディは実際その財力を駆使してケネディ一族に強力な力を獲得したが、その財産形成に問題があり、多分知らず知らずのうち、彼らはその歴史に縛られることになる。自分たちが強く望むことを実行することによって、このような自由というか、開放感を感じるほど、ケネディ兄弟は家の歴史に縛られていたと言うことができる。呪われていたというよりも、それはカネであり、カネのもたらす自由という幻想だった。事実、兄弟はチェーンで縛られていて、いつでも引きずり落とされる状態にあった。

ジョン・ケネディの大統領選挙時、選挙に勝つには、ジョーの昔からの酒密輸業者のコネに頼らざるを得なくなる。

1960年の大統領選挙において、歌手のフランク・シナトラがシカゴマフィアのボス『ムーニー』・ジアンカーナとの仲介者になった。現金が渡され、今後の犯罪行為は大目に見るという約束で、ケネディ選出に手を貸すことになったのだ。

他の地下社会のメンバーもリクルートされた。全国中のマフィアのボスが集合し、選挙期間中にマンハッタンのフェリックスヤングのレストランでジョー・ケネディと会食した。

「私が予約を受けました」とヤングの店員は言う。「アメリカ中のギャングの親分が全員集合したっていう感じでした。今では全員の名前を覚えていないけど、ジョン・ロッセーリやニューオーリンズのカルロス・マルチェーロ、ダラスの2兄弟、それにバッファロー、カリフォルニア、コロラドの親分達。全員トップの人達で、下っ端はいませんでした。ジョー・ケネディがよくもまあ、こんな危ないことをするなんてと驚きました」[31] ジョー・ケネディはシカゴ、ニューヨークとバッファローの民主党選挙基盤とマフィアの癒着構造をよく理解していた。ケネディのギャング仲間がそれぞれの選挙基盤に圧力をかけ、JFKが票を獲得する構図だった。

「もしジョンが1960年の選挙期間に彼のオヤジさんがタマニー協会みたいな政治腐敗組織のボスどもに投票依頼の電話をしてるって知ったら、彼の髪の毛は真っ白になっていただろう」[32] ケニー・オドルネルは後に記述する。ジョンとボビーは父親とマフィアの繋がりに気づいていたに違いない。ロバート・ケネディが後に司法長官としてシカゴマフィア数人の盗聴を命じた時、その連中が彼の父親と通話していることを知ることになる。

ジョン・ケネディはギャングの危険性を甘く考えていた。彼らと付き合うことにスリルを感じていたようである。彼はシナトラの紹介でジュディス・エクスナー・キャンベルと関係を持つことになるが、彼女は同時にサム・ジアンカーナとシナトラとも関係を持っていた。他の例として、ケネディはタンパのギャングの親分サント・トラフィカンテJr.と1957年にハバナで会っている。ケネディはトラフィカンテ所有のホテルコモドールでの秘密セックスパーティに誘われていたのである。後にジョンは3名の高級娼婦と絡んでいる現場をトラフィカンテに隠しミラーの裏から見られることになる。[33]

父親と兄がそれぞれ組織犯罪グループを利用していた一方で、ボビー・ケネディは奴らを撲滅しようとしていた。それはボビーが1957年から1959年にかけて上院の労働問題委員会の評議委員長を務めた経験による。ボビー・ケネディはマフィアという存在は、適切な体制で違法行為に対して処罰することをせず放置すれば、国を滅ぼすと考えるに至った。

ボビーは〈内なる敵〉という著書において組織犯罪の規模と危険性につき警告している。「組織犯罪に対しては、彼らに劣らない武器とやり方で、全国的に攻撃しなければならない。さもなければ彼らは我々を破滅させるだろう」[34]

マフィアが彼の家族と、さらにはまさに政府機関の内部にどれほどその触手を伸ばしているか、その実態を知っていたならば、ボビーは身震いするほどもっと慎重に取りかかっていたであろう。しかし、ボビーがその父の地下組織との無分別な付き合いに気づいていた節がある。

ボビーは詩人で友人でもあるロバート・ローウェルに、彼がシェークスピア劇の誰に似ていると思うかと尋ねられ、自分はヘンリー5世あるいはプリンスハルに似ていると答えた。ボビーはジョー・シニアはヘンリー4世に似ていると思っていたので、ローウェルの前でヘンリー4世の白鳥の歌を朗読した。ヘンリー4世は愚かで、心配性の父親であり、考えすぎて夜も眠れず、気苦労で頭がおかしくなり、働きすぎで体を壊している。そしてボビーはケネディ家の子供達には『不可思議に獲得された山のような金』が残されたと付け加えた。[35]

「ヘンリー4世、これが私の父親です」とボビーはローウェルに言った。[36]

ボビーはジョー・シニアを、目的達成のために自己の持つ力を間違った使い方をした父親と考え、自分のことはハル、すなわち父親の罪を償うために、家族のため、国のために努力しようとまごついている少年に喩えた。

ケネディ兄弟はギリシャ神話の父親ダイダロスに翼を蠟付けされた悲劇のイカロスに喩えられる。ジョー・シニアはちょうどダイダロスがイカロスの翼を作ったようにジョンとボビーのキャリアを築きあげた。父親は制作者として、その制作物の限界を知っていたが、息子はその制作物を完璧なものと受け取った。父親の意見を聞かず、イカロスと翼を蠟付けする蠟を太陽が溶かすかもしれないのに、ケネディ兄弟は必要のないリスクにまで手を出し、その翼が運べるより高く飛んでしまったのである。

ボビーはアドレイ・スティーブンソンによると『ブラックプリンス』に似ていて、思うままに突き進む人間だった。彼の司法長官就任時、組織犯罪メンバーの起訴件数は19件だったが、ジョンが暗殺された頃には600件を超えていた。激しやすいボビーはギャングの連中から力をはぎ取るだけでなかった。時には彼らを辱めた。

1950年代の終わり、マクレラン委員会の反暴力団公聴会で、ギャングのトップに質問する時ボビーは侮蔑感を押さえることができなかった。彼と非協力的な『ムーニー』・ジアンカーナとのやりとりで、ボビーの怒りが垣間見える。

ケネディ：ジアンカーナさん、あなたが誰かをトランクに詰め込んで処分する時に、それはダメですと反対されることがあるか、言ってくださいませんか？

ジアンカーナ：私の回答が有罪原因になる可能性があるため、回答を差し控えます。

ケネディ：あなたの仕事についてお話し願えませんか？　それとも、質問のたびにクスクス笑うだけですか？

ジアンカーナ：私の回答が有罪原因になる可能性があるため、回答を差し控えます。

ケネディ：ジアンカーナさん、クスクス笑うのは女の子だけだと思ってました。[37]

後に、司法長官としてのボビーはあらゆる機会を通じて、例えば、FBIのエージェントにレストランや自宅で見張らせたり、レジャーを楽しんでいる時に尾行したり、ゴルフの邪魔をしたりしてムーニーに手を出そうとした。[38]

司法省検察官のロナルド・ゴールドファーブによると、ボビーは部下達とジアンカーナに対する究極の対策を検討していたという。「彼らはこのアイディアはどうかな？　と言ってきました。大陪審でジアンカーナを呼び出します。で、彼の今までやったすべてに対し、完全な免責を与えると言うんです。ただし、マフィアが今まで犯した犯罪をすべてしゃべればという条件でね。もちろん、彼はそんなことできないので、刑務所入りになります。大陪審での侮辱罪では連邦法で18カ月しか刑務所入りさせられない。で、ジアンカーナが出所する日に、次の大陪審で呼び出すんです。そして同じ質問をする。これの繰り返し。サム・ジアンカーナに対する終身刑ですわ。その時私は思いました。この連中本気でやるつもりなんだと。マフィアのボスを一人ずつ無期限で刑務所に入れるつもりだと」[39]

ボビーの行動が勇敢で、ゴールドファーブ自身その戦いに参加したいとその熱意に動かされたが、ケネディ兄弟をホワイトハウス入りさせた協力者達を懲らしめようとするケネディの姿勢に彼はものすごい危険性を感じ取った。

「彼はろうそくに両端から火をつけるようなことをしていたんです。それも家族のものがお願いしていろいろ利用したギャングに対し、締め付けるわけです」ゴールドファーブは言う。「いったいどうして、彼はこの事実から逃げることができると考えたのでしょうか！　私にはわかりません。でも彼らはケネディ家の人間で、父親がなんでもやってくれる家の出なんです。それでもトップに立つことができるんです。ボビーがしていることを知って、私は夜も眠れませんでした。

でも、あの人達は違うんです」[40]

確かにジョーはロバート・ケネディの組織犯罪に対して締め付けをしてることの危険性を知っていた。たぶん、父には自分たちの権力獲得の協力者であるマフィアのドン達に容赦なく攻撃を加えるボビーに手加減させる算段があったのだろう。年老いた元大使は息子のロバートが組織犯罪をどう見ているかはわかっていた。1956年のクリスマスにジョー・ケネディと息子は衝突した。父親はボビーのやり方に「心底から、主情的にも反対であることを言い、かつてないくらいの激しい言い争いになった」とボビーの妹ジーン・ケネディ・スミスは言う。[41] 家族の友人、レム・ビリングはその時同席しており、その通りという。「父は関わるには危険すぎる連中だと考えていたようだ」と。[42]

父ケネディは息子のマフィアへの干渉にストップをかけることはできなかった。もしそのつもりがあったとしても、結局は無理だった。ジョーがますます悪化する状況を調整する具体的計画を持っていたとしても、1961年12月19日に脳卒中で倒れた段階でチャンスは失われた。その後彼は死ぬまで車椅子生活になる。脳卒中で体は麻痺し、話せなくなった。

フランク・シナトラはジョーの脳卒中をケネディ家に対する致命的一撃と見る。シナトラは大統領選でのギャングのケネディに対する貢献をよく知っており、ジョーだけがその償いをできることを理解していた。

「ジョー・ケネディが脳卒中で倒れたのが悲劇なんだ」ケネディ家の友人ゴア・ビダルは言う。「彼ならマフィアとの問題を2分で解決できた」

ジョーが倒れたあと、ロバート・ケネディはマフィアの親分ニューオリンズのカルロス・マルチェーロとタンパのサント・トラフィカンテを追訴する。ケネディの容赦ないマフィアに対する追求は、後にリンドン・ジョンソン、CIAのメンバーそれにテキサスの石油業者達を兄ジョンの暗殺共謀に追いやることになる。

シナトラが司法長官が引き起こしている問題についてジョンのところに説明に行ったところ、大統領は受けつけず、オヤジのところに行ってくれと言った。オヤジさんしかボビーに話せないんだとシナトラは思った。[42]

「いったいどうしてジョーは脳卒中なんかになったんだ？」とシナトラは言う。

シナトラがどちらにつくか決める時期が来るわけであるが、1962年にケネディ大統領が西海岸への出張で彼のところではなく、共和党支持の歌手ビング・クロスビーの屋敷に宿泊したのは無理のない、必要な、仕方ない選択であったが、シナトラにとってどうでもよいことだった。

「フランクにはどちらにつくかの選択などなかった」とシナトラのマネージャー ニック・セバーノは言う。「彼は街でギャングと一緒に育ったんだ。子供の時からの友達だよ。俺たちは政治のことはわかっている。フランクがギャング側につくなら、ジョンがシナトラと一緒にいるのを見られるのはまずいよね。ジョンは重要でもなかったんだ。フランクはギャング仲間にずーと長い間世話になってきたから彼らに義理があったんだ」[43]

確かに、リベラルな民主党支持者のシナトラはケネディらに背を向け、1970年のカリフォルニア州知事選挙では共和党のロナルド・レーガンを支持。1972年の大統領選ではリチャード・ニクソンを応援し、副大統領のスピロ・アグニューと親しくなった。

ギャングにとってケネディ達と取引をするか、しないかは問題でなかった。取引のための明快な方式が必要だった。彼らはやがて政府内に仲間を見つけることになる。

「私の敵を探すのに苦労はないよ」ボビーは1962年にライフ誌の記者に答えた。「街の至る所にいる」[43]

注釈

1. Ronald L. Goldfarb, *Perfect Villains, Imperfect Heroes: Robert F. Kennedy's War Against Organized Crime* (New York: Random House, 1995), 167.
2. Ted Schwarz, *Joseph P. Kennedy: The Mogul, the Mob, the Statesman, and the Making of an American Myth* (Hoboken: John Wiley & Sons, 2003), 27.
3. Ibid., 38.
4. Gerard O'Neill, *Rogues and Redeemers: When Politics Was King in Irish Boston* (New York: Crown, 2012), 17.
5. Ibid., 32.
6. Ibid., 38.
7. Peter Collier and David Horowitz, *The Kennedys: An American Drama* (New York: Summit, 1984), 27.
8. Burton Hersh, *Bobby and J. Edgar: The Historic Face-Off Between the Kennedys and J. Edgar Hoover That Transformed America* (New York: Carroll & Graf, 2007), 322.
9. Schwarz, *Joseph P. Kennedy*, 97.
10. Hersh, *Bobby and J. Edgar*, 24.
11. Ronald Kessler, *The Sins of the Father: Joseph P. Kennedy and the Dynasty He Founded* (New York: Warner, 1996), 34.
12. Charles Rappleye and Ed Becker, *All American Mafioso: The Johnny Rosselli Story* (New

York: Doubleday, 1991), 71-72,
13. Ibid., 29.
14. Schwarz, *Joseph P. Kennedy*, 6.
15. Ibid., 238.
16. Ibid., 286.
17. Ibid., 76.
18. Kessler, *The Sins of the Father*, 227.
19. Laurence Leamer, *The Kennedy Women: The Saga of an American Family* (New York: Villard, 1994), 413.
20. Robert Dallek, "The Medical Ordeals of JFK," *The Atlantic Monthly* (December, 2002).
21. Hersh, *Bobby and J. Edgar*, pg. 234.
22. Martin, Ralph, *Seeds of Destruction*, pgs. 196-197.
23. Ibid., 349.
24. Ibid., 256.
25. Schwarz, *Joseph P. Kennedy*, 317.
26. John H. Davis, *The Kennedys: Dynasty and Disaster* (New York: Shapolsky, 1992), 126-127.
27. Gerard Shields, "Mechanic Tells Of Role in Joe Kennedy's Last Flight—Stripped Navy Plane Was Turned Into 'Bomb,'" *The Seattle Times* (April 22,1996).
28. Martin, *Seeds of Destruction*, 166.
29. Ibid., 132.
30. Jeff Shesol, *Mutual Contempt: Lyndon Johnson, Robert Kennedy, and the Feud That Defined a Decade* (New York: W.W. Norton, 1997), 5.
31. Martin, *Seeds of Destruction*, 250.
32. Hersh, *Bobby and J. Edgar*, 283.
33. Martin, *Seeds of Destruction*, 295.
34. Ibid.
35. David Talbot, *Brothers: The Hidden History of the Kennedy Years* (New York: Free, 2007), 135.
36. Ibid.
37. Hersh, *Bobby and J. Edgar*, 177.
38. Talbot, *Brothers*, 138.
39. Ibid., 139.
40. Ibid.
41. Rappleye and Becker, *All American Mafioso: The Johnny Rosselli Story*, 202.
42. Ibid.
43. Hersh, *Bobby and J. Edgar*, 291.
44. Schwarz, *Joseph P. Kennedy*, 414.
45. Talbot, *Brothers*, 91.

第4章
宿敵

ボビー・ケネディの喧嘩早い行動はマフィアの上層部、CIA、それにFBIの長官J・エドガー・フーバーらを敵にしており、リンドン・ジョンソンもボビーをひどく嫌っていた。

「ボブは家族の中で嫌なことを引き受ける係でした」デイブ・リチャードソン記者は言う。「なにか難しいこと、嫌なことがあれば、ボブがすることになっていたんです」[1]

ジョンソンとボビー・ケネディとの不安定な関係は1955年にさかのぼる。ジョー・シニアは今後のジョンの政治展開として、ジョンソンに1956年の民主党で大統領選の指名を得て欲しいと考えた。

ジョーはジョンソンならカネで動かせることを知っていたので、当時上院議員だったジョン・ケネディを彼の副大統領候補に指名してもらおうという計画だった。国民に愛されるドワイト・アイゼンハワーが再選されるのは確実だったが、それでもケネディ家にとっても勝利になると考えた。ジョンは大舞台に立ち、聴衆に顔を売れば、1960年の大統領選挙で有利になる。ただ問題はジョンソンだった。このテキサスの男は自己の政治将来を計算して、申し出を断った。

「候補者にはなりたくなかったんだ」とジョンソンはジョー・シニアに電話で話したことを回想する。

それはよくある政治的駆け引きだった。しかし、ボビー・ケネディはジョンソンの拒否を個人的な侮辱ととり、不快感を表した。

「若いボビーは激怒してましたよ」フランクリン・ルーズベルトの元側近トーマス・コアコランは言う。「彼は父親の寛大な提示に対し、断るなんて失礼だ。許せんと本気で思ってましたよ」[2]

ジョンソンは政治家として、こけおどしの塊みたいな男で、ボビーはテキサス流のこけおどしをクソと見ていた。ボビーは言った。「ジョンソンという男はいつも嘘を言うんだ。ホント、何につけても嘘ばかり。嘘を言う必要がない時ですら、嘘をつく」[3]この二人の関係は1959年晩秋更に悪化する。大統領選が近づいた頃、ジョンソンの意向を探るために彼の牧場にジョンはボビーを派遣した。長時間の会話のすえ、ジョンソンはジョンに譲るため出馬しないとボビーに確約した。ジョンソンには真実であっても、嘘だった。ジョンソンは出馬する準備を進めており、ケネディ兄弟のことを政治的にまだ未熟で、急ぎすぎていると考えていた。この機会を使い、ジョンソンはお仕置きをする。ボビーを鹿狩りに連れ出し、ライフルを撃てば強い反動があることをわざと教えなかった。発射の反動でボビーは後ろに倒れ込み、額を切ってしまった。[4]

「若いの！」ジョンソンはその6フィート4インチの巨体の影に倒れてるボビーに向かって怒鳴った。「一人前の男なら銃の扱いくらい学んでおくんだな！」[5]

ボビーは時には彼自身政治運動に携わったが、ジョンとリンドンが民主党の指名争いをしている時期、ジョンソンとのトラブルは絶えることがなかった。勝つためには、止まることを知らない『襲撃者ジョンソン』は攻撃モードにあった。ケネディ攻撃で、ケネディが病気を隠しているとか、カネを使って票を集めているなど、本当の問題点もあったが、馬鹿げた嘘で攻めることがあった。

「皆さんは知っておくべきなんですが、実はジョン・ケネディとボビー・ケネディはホモなんです！」ジョンソンの側近の一人が記者のテオドーア・ホワイトに電話で言ったことがある。彼は兄弟がラスベガスの秘密パーティで女装している写真をでっち上げようとした。側近は写真を必ず渡すと約束したが、そのさわりがマスコミの報道側をじらすことで効果を狙っていた。ジョンソンはまたジョー・シニアの大使失敗談を取り上げた。ヒットラーへの譲歩政策をとったネビル・チェンバレン首相にジョー・シニアが同調していたと責めた。「私はチェンバレン首相のような政策と組しません。ヒットラーが正しいなどと思ったこともありません！」[6]

これらの攻撃に能弁なボビーは口角に泡を飛ばすことになる。

「お前たち、よくもそんな神経してるな！」ボビーはジョンソンの子分ボビー・ベーカーに言った。「リンドン・ジョンソンは父のことをナチスに喩えている。ジョン・コナリーとインディア・エドワード（ジョンソン市民委員会副会長）は兄がアジソン病で死にかけていると嘘ついている。お前たちジョンソン陣営は全くひどいキャンペーンを続けてる。今に見ていろ」[7]

ボビーは過去の成り行きを忘れない性格だったので、彼とリンドンの関係はそれ以来修復不可能だった。

「ボビーの兄の敵だった人や、あるいは100％支持してくれなかった人はボビーのくそリスト、別名殺しリストに掲載された」とニュースウィーク誌ワシントン支局編集のケン・クロフォードは言う。[8]

それ以降も、ジョンソンの性格はボビーから見ると、悪くなる一方だった。

「ボビーは、少し変わっているのですが、ジョンに比べても、人の行動にこだわるところがあり、個人の悪行に対し直接的に、強く反応しがちなんです」とジャーナリストのマレー・ケンプトンは言う。「他方で、兄のジョンは年上の人や深く思考する人には敬意をはらったのですが、それがボビーには欠けていたんです」[9] 1960年ロスアンゼルスの民主党全国大会でジョン・ケネディは大統領選の指名を勝ち取るが、ジョンソンはボビーの副大統領候補のリストにも、ジョンのリストにも載っていなかった。しかし、ケネディ陣営が南部票をジョンソンが獲得すると認識するや、ボビーとジョンは考えを変える。しかし、二人ともジョンソンが申し出を受けるとは考えなかった。ケネディ陣営は連邦議会で最も強力なジョンソンが上院の議長選に再出馬すると見た。ジョンソンはアイゼンハワー政権時、全権委任されていたのだ。

二人のテキサス人、ジョンソンと下院の議長サム・レイバーンが「文字通り国を動かしていた」とジャーナリストのヒュー・シドニーは言う。「彼らが事実上の大統領と副大統領だったんです。アイクが国を動かしていたわけじゃないんです」[10]

ケネディが副大統領の件をジョンソンに打診した時、その答えは驚きだった。

「信じられるか。彼はやりたいと言ったんだ！」ジョンは弟に言った。

「オーマイガット！」ボビーは答えた。兄は困惑していた。「さて、どうする？」[11]ジョンはきいた。

南部票はさておき、ボビーとジョンは突如二人共が好きでもなく、信頼できない男と手を組み出馬するという問題に直面する。二人はジョンソンという選択はあまりに性急すぎると考えた。ジョンソンとどうやっていくか、何度も悩んだすえ、出馬から辞退させるようどう説得するかと言うことに落ち着いた。

「あれは最も判断の難しい時期でした」ボビーは言った。「8回も考え直しました。どうしたら、彼をはずすことができるかって」[12]

ある時、兄弟はジョンソンを排除することに決め、ボビーがそのことを伝えにリンドンの自宅に行くことになった。

ボビーの仕事は彼に自主的に辞退してもらい、なおかつ納得させることだった。[13]

ボビーはジョンソンの自宅に出馬受諾を取り消してもらうよう2度も訪れたがうまくいかなかった。2回目の試みのあと、ジョン・ケネディは諦めてジョンソンを副大統領候補として受け入れることにし、電話した。

「ホントに私に出て欲しいのですか？」ジョンソンはたずねた。

「そうだ。」ケネディが答えた。

「もし、あなたがそう言うのなら、やります」[14]とジョンソンは答えた。

ジョンソンの受諾後も混乱は続き、多分ジョンソンを副大統領候補にすえることへの拒否反応があったボビーはまたもジョンソンの自宅に辞退するよう説得に訪れた。

当時について、「ジョンソンは世界で一番悲しそうな顔つきをしていた」とボビーは回想する。「わかるでしょう。彼はそういうことができるんです。彼が今にでも泣き出しそうに思えました。頭を振り、涙は目に溢れ、言うんです『私は副大統領になりたい。もし、大統領が私にさせてくれるなら、一緒になって頑張ります』といった感じの会話でした。私は言いました。『それならそれで結構です。あなたが副大統領になりたいなら、彼はあなたを副大統領にしたいと思っている。それをわかってもらいたい』」[15]

実はリンドン・ジョンソンが1960年の民主党指名を受けた本当の理由というどす黒い話がある。恐喝、脅迫戦術である。アンソニー・サマーズがJFKの長年の秘書エブリン・リンカーンにインタビューした記事がある。

「1960年の選挙期間中、秘書のリンカーンによると、ケネディは自分の女遊びの結果、それがものすごい弱みになっていることに気づく。リンドン・ジョンソンのやり口としてエドガー・フーバーの幇助で長年議員をセックス問題で恐喝していたと彼女は言う。J・エドガー・フーバーはジョンソンに上院、下院のあらゆる議員の情報を提供していた。例えば、ジョンソンがX上院議員のところに行き、「この女性のことで話があるんやけど、ちょっと取引しないか」などなど。こうやって彼らを支配していた。彼は議員らと交わしたこの借用書を活用して、大統領への道を歩んだ。フーバーを仲間にしていたからこそ、こういう芸当ができた。彼は下院の連中が彼を大会で推してくれると思っていた。しかし、大会ではケネディが勝利した。そこでしかたなくフーバーとジョンソンとそのグループはジョンソンをケネディに押し込んだのだ。リンカーンは言う。『ジョンソンは民主党大会の前からフーバーがケネディに関して収集したすべての情報を使っていました。そして、フーバーは大会の頃、ケネディに圧力をかけていました』」[16]

実はジョン・ケネディが副大統領候補として求めていたのはミズーリ州の上院議員スチワート・サイミントンだった。ジョンソンに近かったレポーターのナンシー・デッカーソンはサイミントン陣営のアドバイザーだったクラーク・クリフォードにインタビューし、JFKのサイミントンへの働きかけと会議の状況につき聞き出している。デッカーソン：

「一回目はワシントンのケネディの自宅で、クリフォードを通じて昼食会が開かれ、彼はサイミントンに副大統領職を提示しました。ただし、ミズーリ州のサイミントン票をケネディに持って行く条件で。サイミントンは断りました。二回目の会議はロスアンゼルスで行われ、一回目と同じで、またも断られました。三度目はロスアンゼルスのケネディの秘密の邸宅で会議し、彼は第一回目投票に勝利するのが確実なのでサイミントンに大統領選に一緒に出馬しないかとたずねました。クリフォードが後で言ってくれましたが『条件なしなんだ。無条件提案だった』サイミントンとクリフォードの家族が相談した結果、サイミントンは出馬に同意し、クリフォードはそのニュースをケネディに伝えた」

「クリフォードはユニークな役割を果たしていた。彼はサイミントンの選挙参謀だけでなく、同時にJFK個人の顧問弁護士だった。彼は極めて有能な人物であり、このような事項に関しミスなどしない。彼は『我々は契約し、署名し、封印し互いに契約書を取り交わした』と言った」

セイモア・ハーシュもおなじ事を発見している。彼はクラーク・クリフォードとJFK内部者のヒー・ラスキンにインタビューし、〈キャメロットの暗黒サイド〉に記載している。

「ジョンソンはケネディ兄弟のどちらからも全く考慮されていませんでした」ヒー・ラスキンはハーシュに言う。「スタッフとしては、副大統領候補はいつもサイミントンでした。ケネディ家もサイミントンのことを了解していたし……」

「ところが、なにかとんでもないことが起こったんです。私にもわかりました。私のケネディ家との長い関わりの中でこのような重大な意思決定事項がこんな短期間にひっくり返ったことは今までありませんでした……ボブは重要な決定には必ず関わっていたし、この件はどうして？と考え込んでしまいました。その夜はほとんど眠れませんでした」[17]

ジョン・ケネディは1960年7月13日クラーク・クリフォードに会ってこう言った。「我々、私と父とボビーで話し合った結果、サイミントンを副大統領と決めました」ケネディはクラーク・クリフォードにそのメッセージをサイミントンに伝えるよう依頼し、「彼が一緒に出馬するか確認してきて欲しいと言い……私はこれで、ジョンと確定した決定的な取引が完了したと安心してその夜は寝ました」[18]

ジョン・ケネディはリンドン・ジョンソンとサム・レイバーンとのやりとりで厳しい夜を明かしたあとの、1960年7月14日の朝クリフォードに向かいこう言った。「今までしたことのない事をせざるを得なくなった。深刻な取引をした。戻す必要があるんだ。他に道がないんだ」サイミントンが外され、ジョンソンが入ることになった。クリフォードはその時のケネディは一睡もしていないように見えたと回想する。[19]

要するに、1960年7月13日にジョン・ケネディはスチュワート・サイミントン上院議員を彼の副大統領にする契約を完了し、そして、翌7月14日の朝、じゃじゃーん、手品師の煙の中から突如リンドン・ジョンソンがJFKの副大統領候補者として奇跡的かつ不可解な現れ方をし、メディアや政治内部者を驚かせたのだ。この手の黒魔術はLBJの政治経歴の要所要所に見て取れる。黒魔術のよい例は1948年のボックス13事件で、これでLBJは民主党上院議員候補者に指名される。もうひとつは1952年のLBJの個人的な殺し屋マルコム・ウオレスに対する有罪判決である。彼は1951年オースティンで、ダグ・キンザー殺人事件で計画的犯意を持った殺人犯として起訴されていたが、判決はなんとビックリの寛容さというか5年間の懲役猶予で、刑務所に入ることはなかったのだ。ウオレス氏については後にいろいろと触れることになる。

JFK暗殺そのものが、LBJの黒魔術の典型例と言える。ジョンソンはあと数日で1964年の民主党指名争いから落とされ、政治的に処刑され、個人的には破滅させられ、公的にはケネディによって屈辱を与えられることになっていた。雑誌ライフはLBJの汚職と莫大な資産を暴く記事をその週に出版する予定だった。マスコミはテキサスでのLBJの金銭取引をしらみつぶしに調査していた。ダン・レイノルドが上院の規制委員会の秘密法廷でLBJの賄賂と汚職につき証言していた、ちょうどその時、ダラスでJFKを乗せた車のパレードがエルム通りに近づいていたのだ。

そして、じゃじゃーん、魔法のように、不可解に、そして悲劇的に、ジョン・ケネディは死んだ。リンドン・ジョンソンは大統領となり、メディアの暴露記事やLBJの汚職についての上院の調査は墓場に埋められることになる。

これにはH・L・ハントとテキサスの石油資本の助けがあった。彼らは政府との契約を獲得したり、有利な規制策をとらせる対価としてジョンソンを助け、資金提供し、その政治キャリアにアドバイスをしていた。この石油業界の大物は後にダラスでの暗殺での資金提供者の一人となる。リンドン・ジョンソンの愛人マデレーン・ブラウンにとっても、彼はジョンソンを取り巻くテキサスの大金持ち事業家の一人だった。

「俺たちは戦いに負けたかもしれんが、戦争には勝つんだ！」ジョンソンが予備選でケネディに敗れた時、ハントはマデレーンに言った。彼は副大統領としてのジョンソンが青臭いケネディをコントロールできると考えていた。そして、徐々に大統領への道を進み、テキサスの石油資本などを守り、更に促進するような立法措置を講じてくれると期待した。リチャード・ニクソンは後にモーリス・スタンズとその資金提供者に対し、特別に文書で伝えている。「H・L・ハントからは、どのような状況であってもカネを受け取ってはならない」[20]

ジョンソンが副大統領の話を受けたあと、ボビーはジャーナリストで家族の友人であるチャールズ・バートレットにこう話している。「昨日は僕の人生最高の日だった。で今日は人生最悪の日だよ」[21]

ケニー・オドンネルはケネディ兄弟の親しい友人であり、1960年の大統領選の運動組織の責任者であったが、ジョンソンと組むことを明確に反対していた。ジョンソンを選ぶことで、公民権運動の団体、労働組合などに選挙運動中約束したことを反故にすることになるのだ。これらの組織はジョンソンに反対であった。

「君は昨夜、白馬の騎士として大統領指名を受けたんだ」とオドンネルはジョンに言った。「なのに、指名を受けたあと最初にやるのが、なんと支持してくれた人達を裏切ることなんだ」[22]

ケネディの答えが印象的である。

「ひとつはっきりしておきたいことがある」ジョンは批判されむっとなり言った。「俺は43才で、国中で一番健康な大統領候補者だ。途中では死なない」[23]

ジョンソンとその取り巻きは副大統領として大統領をコントロールできると当初考えていたが、閑職的な地位に追いやられるや、荒っぽいことを考え出す。

「もしケネディが選ばれたとしても、」と選挙日の前日ジョンソンは言った。「上院に一番近い人間が、大統領に相応しいんだ。俺は副でも実質的な大統領職をやるよ」副大統領として一期か二期成功すれば、次は確実な大統領候補になれると思っていたのだ。それは上院にとどまっていたなら、かなえられない夢であった。

現実はその夢とはかけ離れたどうしようもないものだった。すぐに気づくことになる。ケネディ大統領の一期目にジョンソンは無視され続け、あの『ちびのくそったれ』ボビー・ケネディに質問され、答えるという屈辱を味わうことになる。[25]

選挙後、大統領予定者のケネディはLBJ牧場を訪問し、ボビーと同じように狩りに連れて行かれる。ケネディは鹿を撃ち落とし、後日剝製にした鹿の頭を記念品としてプレゼントされた。ジョンソンはケネディにそれを大統領執務室に飾るよう提案したが、その頭部はホワイトハウスの釣り部屋、今のルーズベルト部屋まで引きずられ、そこに納められた。

「世界で最も過大評価されているもの三つというと、テキサス州、FBI、それに狩りの記念品だ！」[26]とケネディは内輪で話した。

ケネディ大統領はしかしながら、ジョンソンと上院で仕事をした経験からその男の尊大な自尊心を認識しており、それとの兼ね合いをとろうとした。つい一年前、ジョンソンは上院の最大党のリーダーとして上院と国を仕切っていた。彼の横で活動していたケネディはジョンソン上院議員の豪奢な装飾を忘れていない。ジョンソンは連邦議会議事堂内の自分の事務所は自分の尊大な自己評価には小さすぎると、作業スペースを拡張した。それはあたかもネロ皇帝が黄金宮殿を作るために土地を整備するかのように、他の事務所も取り壊して広げたのだった。ある記者が事務所7個分だと言うほどだった。[27]

ジョンソンの伝記記者ロバート・カーロはその著書〈上院の皇帝〉でLBJが議員事務所をどのように自分に割り当てたかを述べている。

　この特別室は巨大だった。彼の好みの会議場の広さには遥かに及ばなかったが、会議場並みだった。そして好都合なことに近くに上院のコロンビア地区委員会のスタッフの部屋と会議室のための二つの大きな部屋からなる特別室があった。彼はそれも取り上げた。大きなクリスタルのシャンデリアの上には高い天井があり、そこには男の子達が花の束を抱え、若い乙女らが長椅子にもたれかかるフレスコ画が描かれていた。ローマ皇帝の饗宴図である。（彼が事務所を決めたとたんに絵職人達が描き出した。）記者達は“皇帝の部屋”と影で言い出したが、最終的には『タジマハール』におさまった。[28]

新事務所を確保して、最大党のリーダーは実物大の自分の肖像画を書棚に掛けた。部屋に入る人はいやでもそれを見ることになる。ジョンソンの好みに改装するのにかかった費用は10万ドルを超え、納税者が負担することになる。[29]

ケネディは権力のない位置におかれ暗い気分になっていると思われるジョンソンに側近のケニー・オドンネルを派遣し、副大統領の自尊心をうまく取り扱おうとした。

「リンドン・ジョンソンは合衆国上院の最大党のリーダーだったんだ」ケネディはオドンネルに言う。「彼は何度も国民から選ばれている。彼は合衆国の民主党ナンバーワンであり、我々のリーダーとして選ばれている。私は合衆国の大統領だ。彼はそれを嫌っている。彼は私より10倍も偉いと思っている。そういう奴なんだ。選挙で公務に就いた者には掟があって、好きであろうが、嫌いであろうがやっていかねばならない。特定の誰かに選ばれたわけではなく、私達はとても不安定で神経質でしかも自尊心の強い男となんとかやっていくことになる。君には彼にワシントンの隅々までのことを協力してもらえるように持って行って欲しいんだ」[30]

オドンネルとケネディはジョンソンに重要人物であると思わせるやり方を作りあげた。

ジョンソンが大統領に不満を言えば、ケネディはオドンネルを呼び出し、副大統領の前で叱責するのである。オドンネルは怒られ役でジョンソンは満足して戻るのだった。

「ケニー！　またやったのか！」ケネディはオドンネルに苦言を言った。「リンドン！　君からも今回何が起こったか、言ってやってくれ」[31]

ケネディ大統領はまた、ジョンソンの恨みを抑えるために特別な特権や、仕事を与えた。ジョンソンは国家航空宇宙協議会の議長に任命され、また公式行事を開始する際、ケネディと共にホワイトハウスの階段を降りる役を与えられた。

更にジョンソンの消沈した気分を晴らすためにケネディは、LBJを合衆国の代表としてパキスタン、南ベトナム、レバノンなどの外国訪問に派遣した。

後にジョンソンは回想する。「世界を巡る旅、運転手や敬礼する人、拍手する人、それに協議会の議長など、でも結局は何もなかった。ずーといやな思いをしていたんだ」[32]

ジョンソンは男女均等雇用委員会を統括する仕事も担当したが、政治のテーマとして彼に全く合わない内容であったため、また司法長官からいつも批判がくるため、リンドンの精神状態はますます悪化した。

「この男はこの委員会を進めることができないよ」ボビーは言う。「彼が合衆国を動かそうとするくらい嘆かわしいこと、考えられるか？　彼には合衆国の大統領は決して務まらないよ」[33]

リンドン・ジョンソンが副大統領になった時、ジョン・ケネディのあとを継ぎ36代目大統領になることを見越していた。その目標が現実的になるにつれ、ジョンソンの天敵であるボビー・ケネディが大統領への道の最前線を走っているように思われた。当初ジョンソンは大統領にいろいろとアドバイスするつもりだったが、実際はジョンはボビーの意見を聞くのだった。ジョンソンは大統領を操ろうとしていたが、大統領を支え、忠実に働く誉れはボビーにあった。

「ボビーがいないと何も始まらない」[34]とスタッフは言ったものだ。

ジョンソンは汚いごり押しと南部特有のおもてなしを取り混ぜて取引するのに長けていたが、ケネディ兄弟のやり方は、彼の経験から言って法令成立に欠かせない肝心のものを無視しているとして失望していた。

ジョンソンはその側近ボビー・ベイカーにこぼした。「このガキども、ホワイトハウスから誰にでも『蛙』って怒鳴るんだ。で、そいつらが跳んでくれるのを待つわけ。人を手なずける方法を知らないんだ。どこに権力があるのかも知らない」[35]

ケネディ大統領が『世界で二番目に権力を持つ男』[36]と言った時、それはボビーのことだった。

ケネディ政権の始め頃、すでにボビーがジョンの後継者という話があったが、元上院議員の権力者ジョンソンの話はなかった。ケネディ政権3年目になると、ジョンソンは副大統領として、どうするかと見られ、付け足しであった。

「国民はかつて上院の支配者であった力強いジョンソンをすでに忘れており」

とゴア・ビダルは書く。「8年間目立たない副大統領であれば、それで完全に隠遁状態になってしまう」[37]

ジョンソンがその絶大な権力の場から抜け、ケネディ政権の端っこに加わっているという状況をボビーが同情してくれるなどと思ったとしたら大間違いで、司法長官からの叱責に対し準備できていなかったといえる。

バージニア州マクリーンにあるボビーのれんが作りの大邸宅、ヒッコリーヒルでのパーティでは副大統領への陰口で終始した。

1963年11月始めのある出来事について記したジェフ・シーソルの著書〈互いの侮蔑〉が政府内でジョンソンがどう見られていたかを浮かび上がらせる。

> ヒッコリーヒルグループの中でジョンソンをあざけることがあまりに日常的で、反射的だったため、当の本人の前で止めるのが難しかった。1963年11月ケネディに任命された新人歓迎の男だけのパーティがあり、中級クラスの役職員達が活発に立ちながら会話をしていた。ケネディの選挙幹部のロン・リントンは今ではペンタゴン勤務であったが、連邦商業取引委員会の会長にJFKにより指名されていたジョン・J・ライリーと興奮しながら話し込んでいた。その時、その会話に入ろうとする第三者が横でためらっているような気がしたが、多分、深くも考えず、二人はしゃべり続けた。リントンがそちらへ顔を向けたとき、背の高いリンドン・ジョンソンががっかりした様子で、去って行く姿を見た。リントンはライリーに言った。「ジョン、どうやら僕たち合衆国の副大統領を侮辱したみたい」
>
> 「くそくらえ！」ライリーは言ってしまった。その時リンドン・ジョンソンは部屋の半ばで止まり、振り返って二人の方を向いた。副大統領は動かず、にらみつけ激怒したようで傲慢な態度だった。しかし、何も言わずそそくさと人中に消えた。[38]

その1カ月前、ヒッコリーヒルでボビーはジョンソン ブードー人形をプレゼントされた。リンドンがもっとケネディの思いに傾くようにという思いを吹き込んだものだ。ケネディと妻のエセルはリンドンとレディ・バードをからかって『トウモロコシパン叔父さんとポークチョップ夫人』と呼んだ。

ケネディ家でリンドン・ジョンソンに対する不信感を持っていたのはロバート・ケネディだけではなかった。数年後、ケネディ暗殺に関する下院の特別調査委員会が開かれた頃ジャッキー・ケネディがコメントしたことがある。JFKの息子がフィリップ アカデミーにいた頃の親友の一人にメグ・アッツオーニがいる。1977年の春、メグとジョンJr.が母ジャッキーを訪問した時のことである。その時、姉のキャロラインはハーバードにいた。メグは言う。「ジャッキーは遅い朝ご飯の時、ジョンと私に、『私はリンドン・ジョンソンのことを嫌いだったし、信用してなかったわ』と言った。食事中、故人を偲ぶ瞑想のような静けさの中で誰も一言もしゃべらなかった」[40]

落ち目のジョンソンへ侮蔑を浴びせるのは別にボビーがジョンソンに対して計画したことではなかった。ボビーはジョンソンの不法な活動についての情報を収集しており、後に閣僚から追放するか、多分刑務所に入れるのに利用しようと計画していた。

では、リンドン・ジョンソンはケネディ兄弟に対し、どう考えていたのか？伝記作家のロバート・カーロは調べ上げて、目の前に答えがあるにも関わらず、わからずじまいだった。(a)ジョンソンとケネディ兄弟が互いに信じられないほどの嫌悪感を持っていたと言う事実を加えなかったし、それに (b)機関銃で蜂の巣にされたようなボロボロのウオーレン報告書から明らかな結論を引き出すことができなかった。

ロバート・カーロは述べる。

> 長い一日となったその日の午後、副大統領の受諾宣言をしたあと、ビルトモアの回廊の席から降り、彼は自分の特別室へ戻り、ドアを閉めるやいなや、ロバート・ケネディをののしった。ボビー・ベーカーが書いているが、彼はボビーのことを『あのちびのくそったれ野郎』あるいはもっと酷く言ったという。多分もっと酷い言い方だったのだろう。ジョン・コナリーは私と取材のため長時間会話をしたが、どんなデリケートな話題でも、ほとんど回答してくれた。ただし、ジョンソンがロバート・ケネディに対し、なんと言ったかは答えてくれなかった。それでもしつこく問い詰めたところ、ぶっきらぼうに「彼がボビーのことをどう言ったか、言うつもりはない！」と言った。大会のあと、ジョンソンがテキサスに戻り、古くからの仲間に囲まれていた頃、ロバート・ケネディについて聞かれることが何度かあった。彼はジェスチャーで答えた。大きな右手を首の前にやり、首切りのように、ゆっくり引く所作をした。時にはジェスチャーだけの時もあったが、オースチンのエド・クラーク

と会った時は手を首にあてて動かし、「最後にできることなら、奴ののど笛を切ってやる！」と言ったという。

「ケネディ大統領は私のために尽力してくださいました。優しい言葉を掛けてくれ、敬意を持って接していただきました」とジョンソンは記者のヘレン・トーマスに言った。「しかし、裏では、ボビーを引き合いに出し、私は外されることになっているのです」と。[41]

ボビーは血の匂いをかぎつけ、攻撃モードに入った。

2003年、フィル・ブレナンはニュースマックス紙の記事でケネディ兄弟がジョンソンを政治的に処刑するためにメディアを使おうとしていたと確認している。当時ブレナンは連邦議会で働いており、カトーというペンネームでナショナルレビューに記事を書いていた。ブレナンはジョンソンに対する上院規制委員会の調査とロバート・ケネディのジョンソンに対するメディア戦争のことを間近に知る立場にいた。

数日後、司法長官のボビー・ケネディはワシントンのトップの記者5名を呼び、リンドン・ジョンソンについて報道規制は解いたと言った。政権への遠慮があって控えていた事件を追及してもOKだというサインだった。

その時点からダラスの事件までの期間、リンドン・ベインズ・ジョンソンの政治生命はいつ、突然終わるかわからない状態になった。ケネディ兄弟は研ぎ澄ましたナイフを手に、彼の政治生命を奪う決心であった。

上院ではベーカーに対する調査が急速に進展していた。ケネディ兄弟のお陰で、民主党ですら、協力しており、実に多くの悪行が暴露されだした……1963年11月22日までは。

セイモア・ハーシュは1963年の上院規制委員会（ジョン・ウィリアムズ上院議員が委員長で、汚職摘発に熱心だった）の共和党評議委員長であったバーケット・バン・カークをインタビューした時、ロバート・ケネディのジョンソン破壊計画があったことを知る。バン・カークによると、ロバート・ケネディはある弁護士を任命し、彼自身が収集したジョンソンの汚職や金銭取引にかかるデータを規制委員会へ提供させた。

「その弁護士は」バン・カークはハーシュに言う。「上院に来て雨雲みたいに私につきまとうのです。まず、私の知らないことを見つけ、次に私にその資料を提供してくれるのです」バン・カークによるとケネディ提供の資料のあるものはウィリアムズの事務所の金庫に保管され、彼には見せられなかった。ボビー・ケネディが共和党と取引した目的は「ジョンソンを始末することだった。私はそれを確信しています」とバン・カークは言う。

1963年11月22日リンドン・ジョンソンの政治生命、名声、彼の人生は細い糸で吊られており、ロバート・ケネディがハサミで切ろうとしていた。

政権の始め頃、マスコミのカメラマンが彼に聞いた。「さて、ボビーこれからあなたの事をどう呼べばいいでしょうか？　ボビー？　司法長官？　長官？　それともサーでしょうか？」[42]

ケネディの答えは、確かに若い司法長官の敵からも同意されるものだった。「サノバビッチ（くそったれ野郎）と呼んでくれ。これから誰もがこう呼ぶことになるから」

注釈

1. Martin, *Seeds of Destruction*, 304.
2. Caro, *Master of the Senate*, 647.
3. Shesol, *Mutual Contempt*, 109.
4. Ibid., 10.
5. Ibid.
6. Ibid., 39.
7. Ibid., 40.
8. Martin, *Seeds of Destruction*, 236.
9. "Bobby Kennedy and Other Mixed Blessings," *Firing Line* (June 6, 1966).
10. Shesol, *Mutual Contempt*, 12.
11. Jeffery K. Smith, *Bad Blood: Lyndon B. Johnson, Robert F. Kennedy, and the Tumultuous 1960s* (Bloomington: AuthorHouse, 2010), 71.
12. Ibid.
13. Shesol, *Mutual Contempt*, 52.
14. Ibid., 53.
15. Ibid., 54.
16. Summers, Anthony, *Official and Confidential: The Secret Life of J. Edgar Hoover*, pg. 272.
17. Hersh, Seymour, *The Dark Side of Camelot*, 124-25.
18. Ibid.
19. Hersh, Seymour, *The Dark Side of Camelot*, 126.
20. Stans, Maurice, *The Terrors of Justice*, 134.
21. Shesol, *Mutual Contempt*, 57.
22. Kenneth P. O'Donnell and David F. Powers, *"Johnny, We Hardly Knew Ye": Memories of*

John Fitzgerald Kennedy (Boston: Little, Brown and Company, 1972), 6.
23. Ibid.
24. Shesol, *Mutual Contempt*, 57.
25. Shesol, *Mutual Contempt*, 56.
26. Smith, *Bad Blood*, 86.
27. Caro, *Master of the Senate*, 1018.
28. Ibid.
29. Smith, *Bad Blood*, 60.
30. Shesol, *Mutual Contempt*, 87.
31. O'Donnell, *Johnny, We Hardly Knew Ye*, 7.
32. Shesol, *Mutual Contempt*, 75.
33. Smith, *Bad Blood*, 96.
34. Shesol, *Mutual Contempt*, 74.
35. Ibid., 100.
36. Ibid., 72.
37. Ibid., 111.
38. Shesol, *Mutual Contempt*, 104-105.
39. Smith, *Bad Blood*, 2.
40. Azzoni, Meg, John F. Kennedy Jr. to Meg Azzoni, *11 Letters: Memories of Kennedys & Reflections on His Quest*, p. 52.
41. Arthur M. Schlesinger, *Robert Kennedy and His Times* (Boston: Houghton Mifflin, 1978), 624.
42. Smith, *Bad Blood*, 94.

第5章

フーバー

J・エドガー・フーバーは、長年司法省に潜みながら、上層部権力者に関する溢れるほどの人に言えない秘密や情報を手にしていた。若く未熟なボビー・ケネディが司法長官になったことは、この新上司が生まれる2年前からFBI（連邦調査局）の長官であるフーバーにとって、明らかに歓迎すべきものだった。

フーバーはそれまでの多くの司法長官を意のままに支配してきており、父親のジョー・ケネディとも親交があったことから、ボビーの権力を押さえ込むことはたやすいと考えていたに違いない。FBIの長官室にはジョー・ケネディからの手紙が額に入れて飾られており、そこに彼はフーバーが将来第1級の合衆国大統領になるものと堅く信じると記載していた。[1] 長官はジョン・ケネディがボビーを司法長官に指名した時いち早くそれを承認する旨を公表していた。

元FBI職員のカーサ・デローチによるとフーバーはジョン・ケネディに「閣僚の中にあなたに忠実な人物、あなたによきアドバイスを与えてくれる人物が一人必要です」と助言した。[2] それは弟のボビーのことだった。

後日、フーバーは新聞記者ジョージ・リコルスキーにボビーを司法長官に指名するよう薦めたのは、「私の人生で、人にアドバイスを与えた中で、最悪のものだった」ともらした。[3]

もし、ボビーの父がルーズベルトの前でズボンを脱いで懇願したように、ボビーが指名されて彼の元に来るとフーバーが考えたとしたら、それは間違いだった。フーバーの権威はケネディ政権において無視され、司法省では過去の遺物のような扱いを受けた。それは長官室すぐ横の控えの間に、病的と言えるように飾られているジョン・デリンジャーのデスマスク像に象徴される時代遅れ感であった。フーバーは局において有名犯罪者、社会の敵、あるいは大恐慌後の社会事情で生まれた中西部での銀行強盗らを逮捕することで名声を上げてきた。

ボビー・ケネディはマクレラン委員会の評議委員長だった経験から、問題は組織犯罪であり、過去のロビンフッド型の犯罪ではないと認識していた。フーバーの時代に注目を集めた有名な大強盗ではなかったのである。むしろビジネスや組合、あるいは政府と繋がる腐敗したシステムが問題だった。

ケネディが指名される前の司法省は、省の弁護士ボブ・ブレーキーに言わせると、共和党の法案製造工場であり、しかも旧態依然とした階層構造だった。[4] ケネディがその風通しの悪い省内のドアを開放した。若い弁護士スタッフでチームを作り、自分自身で、かつ際だった形で、省を革新しようとした。

「彼は社会のために働く人という感覚を持たせようとした」と元司法長官代理のバイロン・ホワイトは言う。

ボビーによるマクレラン委員会に始まる改革運動はFBI長官とはしっくりいかなかった。

ケネディ大統領は常々ボビーに「あのオヤジとうまくやっていってくれよ」[5]と言い含めていたが、強情な弟は言うことを聞かなかった。フーバーは新司法省にとって助けになるどころか、障害物であった。

ボビーが組織犯罪と戦うにあたり、全国ベースの捜査網を作りあげて、省が国を挙げて情報収集をし、それを活用して、連携してマフィアを攻撃するのに、J・エドガー・フーバーは役にたつはずであった。不運なことに、明確な証拠があるにも関わらず、FBI長官は全国ベースの犯罪シンジケートあるいは一般にいう組織犯罪の存在を否定していた。これは彼のFBIにおける職歴と矛盾する点でもある。

1957年11月、ニューヨーク州アパラチンの『散髪屋ジョー』ことジョセフ・バーバラの家に、約100名のマフィアメンバーが全国から集合した。現地警察がその現場を手入れし、うち50名が逮捕された。この連中の集合理由に関する言い訳が面白い。

「バーバラさんが病気なんで、お見舞いに来たんですわ」逮捕された一人は言う。[6]

「たまたま到着が同じ時間やったんですわ」

「運転してたら、ワイパーの調子悪なったんで、ハイウェイおりて、65マイル走って修繕にきましてん」[7]と他の者は言う。

そこには有名な地下組織の人物タンパのサント・トラフィカンテ、ダラスのジョセフ・チベーロ、それにニューヨークのカルロ・ガンビーノらがいた。アパラチンでの会合は全国的な犯罪シンジケートの存在を証明するものだった。

「かつて、前科者、殺しのプロ、ギャンブル界の大物、麻薬密売人らがこれほど集まることなどなかった」[8]と本件を調査した検察官は言う。

「FBIはアメリカの大物ギャングについての情報を持っていなかった」[9]とボビーは嘆く。多分FBIは知りたいとも思わなかったのだろう。

フーバーにすれば、マフィアの存在を認めることは、FBIの信頼性を傷つけることになり、更にはボビーのような部外者からいちいち責められかねないと思ったのだろう。

マフィアのトップにとって、フーバーは天の恵みであった。国のトップ法執行官が街の小さな銀行で小銭をちょろまかす小悪党にばかり気をとられていて、しっかりとシステム的に連携した大規模な強奪計画には気づかないのだ。

「J・エドガー・フーバーがFBI長官だった時代、後にコーザノストラという名で知られる秘密犯罪組織とそのメンバー達は数十年にわたり邪魔されず活動できた」と有名なシカゴマフィアのボスの甥サム・ジアンカーナは記載している。「FBIはそのかわり、有名人の事件、例えば、リンドバーグ誘拐事件や、悪名高い銀行強盗のジョン・デリンジャー逮捕に人を投入した。それはフーバーの名声を高めるためのものであり、かえってアメリカの典型的犯罪集団の破壊力を高めることになった」[10]

ボビーが法務省で最初に起案しようとした法案は組織犯罪の州をまたいだ活動を阻止することを目指すものだった。1961年5月17日下院の司法委員会の副委員会No.5にてボビーは「酒、麻薬の流通、管理売春による巨大な稼ぎ、およびこれらの資金を使った地方公務員への贈賄や労組や経営に対するゆすり、たかり」を阻止しようとしていると証言している。[11]

「ボビーは五つの反犯罪法案を司法委員会に上程したが、その動きが速かったため、誰も読む時間がなかった」[12]と司法省役人ウィリアム・ゲーヘンハンは言う。

フーバーのFBIは中小の独立系ギャングや泥棒に焦点を当てていたが、ケネディの司法省は犯罪活動の相互関連性に焦点を当てていた。『州をまたぐ』というのが新しい司法省でのキーワードになった。かつては、各地域での法の執行を邪魔していたものだが、今では全国レベルで問題に対処できるようになった。例えば、他の州に賭博用器具を運搬することを禁止したり、他の州の者に対して電話や高速道路を使って恐喝することを禁止することなどである。[13]

「私はマフィアを倒した男として記憶されたい」[14]とケネディは言った。

ボビーが組織犯罪の問題に取りかかっている時、フーバーはその足を引っ張っていた。ケネディが司法長官になる前は、組織犯罪の最も集中する二大都市ニューヨークとニュージャージーのFBI事務所には組織犯罪担当者が6名ほどしかいなかった。他方、共産主義者の探索、調査に600人も向けられていた。[15] フーバーは汚いビジネスに関われば、局の高い規律が損なわれるという持論をもっていたのでFBIは組織犯罪の摘発に力を入れなかった。

「彼は部下達が腐敗することを恐れた」麻薬捜査課のハワード・ディラーは説明する。「嫌な仕事なんです。共産主義者とか誘拐犯を追っかけてればいいのですが、組織犯罪では挑発を受けますし、そういうのを嫌がったのです」[16]

実のところ、賭け事の好きなフーバーは組織犯罪の大物の多くと付き合っていた。ジョー・バナナことジョー・ボナンノやカルロス・マルチェーロ、それにそのパートナーのダブ・マクラナハン、ジョニー・ロッセーリらは、彼が父親ジョー・ケネディのもとで酒の箱を運んでいた頃からフーバーにとって知人以上のものだった。[17]

「フーバーのことは知ってるよ」ロッセーリは言う。「酒をおごってやって、話すんだ。FBIの長官とそんな感じで付き合えるって、なかなかいいもんだ」[18]

フーバーはまた、マフィアのフランク・コステロとも親しかった。ボビーの最高幹部の一人であったウィリアム・ハンドレーはワシントンDCで弁護士をしてる友人のエドワード・ベネット・ウィリアムズの紹介でコステロに会っている。ウィリアムズはニューヨークのマフィアボスの弁護をしていた。ハンドレーはコステロから彼とフーバーとの付き合い、お互い競馬が好きで、しょっちゅう一緒に競馬に行ったことなどの話をきいた。

「競馬だ！」コステロは叫んだ。「あのフーバーのちまちました10ドル馬券買いの賭けに、どれだけ八百長させたか、大変だったぜ」[19]

FBIの電子的監視により『マフィア会計士』のメイヤー・ランスキー、仲介人のアルビン・マルニック、それにマイアミビーチのレストラン経営者でJ・エドガー・フーバーの友人であるジェシー・ワイスとの会話が盗聴され、FBIの新方針に関しマフィアが恐れている状況が聞き取られた。

ワイス：でもさ、アル！　彼のこと新聞に全然出ないだろ。ボビー・ケネディのことばっかし。

マルニック：そうそれだけ。彼のことはなし。

ワイス：彼を外しているんだ。
マルニック：フーバーは失……
ワイス：……失敗。
マルニック：失敗に終わった、そんなんだ。失敗に終わった。
マルニック：ところで、フーバーは彼の組織の中でこのでかい変革が行われていることがわかってるのかな？
ワイス：2週間前彼と話したんだ。彼がカリフォルニアに行く前、俺ワシントンにいたから。彼はカリフォルニアに行くんだ。―― 彼は毎年カリフォルニアに行く、―― ラホーヤのスクリップ病院に行くんだ。―― カップルで ―― 毎年行くんだ ―― 6週間前 ――（聞き取れず）―― 彼も同じことを言っていた ―― ちぇっ！　局はやられたんだ、なんてこった。彼はどうすることもできないぜって言ってたよ。司法長官が局のボスだから、彼が動かしてるんだ。抵抗できるか？[20]

ボビーが入ったことで、FBIの方針だけでなく、フーバーがGメンに命じていた厳しい服装などの規律も新しいボスが持ち込んだ気まぐれでカジュアルな雰囲気に変わっていった。長年にわたり、局の職員の生活は局内、局外を問わず、長官の特異な性格に基づき命令されていた。

「結局は、どんな奇異な命令であっても、質問は許されなかった。例えば、職場ではコーヒーを飲め、『局内』でない女性と結婚せよ、禿げになれ、長官が車に同乗している時には左へ曲がれとか」バートン・ハーシュは書く。「雰囲気は上からの絶対主義的なもの、いわば、にこりともしないムッソリーニみたいなものだった」[21]

ボビーはFBI長官が慣れていた厳しい服装規律や局内行動規律を守らなかった。

「司法長官がビル内をカッターシャツ姿で歩き回るなんて、馬鹿げている」とフーバーはFBIの国内諜報部のトップ、ウィリアム・サリバンにぼやいた。「もし、控えの間で客が待っていたとして、どうやって紹介できるんだ」

ボビーが司法長官になってしばらくして、フーバーはボビーのことを『未熟な馬のケツ』と言うようになった。フーバーはボビーに言わせれば『キチガイ』だった。

フーバーはできる限り、牽制のジャブを出し続けた。ケネディが長官になって間もない頃、FBI内の公式ツアーガイドにフーバーは次の言葉を加えさせた。「フーバー氏は1924年に局の長官に就任しました。司法長官が生まれた年より前のことです」と。[22]

ボビーが司法長官になった最初の月、1961年1月にフーバーは他の長官と彼の個人的友人のクライド・トルソンを連れて訪問してきた。バートン・ハーシュはその著書〈ボビーとJ・エドガー〉にその場面を記述する。

> 長官とトルソンは約束の時刻に司法長官事務所を訪れた。ボビーは6フィート四方のマホガニー机の後ろに置かれた、大きな赤色のコルドバ革製の回転椅子にふんぞり返って座っていた。カッターシャツの袖はまくり上げられ、解かれたネクタイが彼の薄い胸の上に垂れ下がっていた。ケネディは部屋の向こう側の的にめがけてダーツの矢を投げていた。フーバーとトルソンが話を切り出そうとしても、ケネディはダーツを次から次と投げ続け、椅子から立ち上がって、記念品のウオルナット製パネルを持って外したダーツを回収するたびに彼らの引き離そうとするやりとりを遮った。しょっちゅうガムを嚙んでいるケネディの甲高く、歌うような話し声は聞き取りにくいものだった。[23]

フーバーは激怒し、ボビーのことを『ドレスデン磁器売り場で遊ぶ子供』[24]と言い出した。

司法長官は局の色も変えたいと考えていた。FBIで働く黒人捜査官が少ないことに気づいたボビーは一定数の黒人を採用するようメモを回付した。

「そのメモに返答しなかった唯一の人物がJ・エドガー・フーバーでした」と司法長官付き総務補佐のジョン・サイゲンターラーは言う。「二回目のメモを回付したところ、彼は政府職員の人種について問い合わせる行為は連邦規則に違反すると書面で返答してきました。その後何度かやりとりし、結果としてたいていの部課には一人黒人がいることがわかったのですが、彼のところには二人いるとの返事で、その名前を書いてきました。そのメモを総務部長のサル・アンドレッタに見せたところ、彼は何年もその職にいたのですが、『なんてこった。こいつらフーバーの運転手だ』と言ったのです」[25]

フーバーは局の統合はケネディが自らの権限を高め、誇り高いFBI長官の標準を弱める試みととらえていた。

「彼は資格要件を引き下げて、もっとニグロ捜査官を採用したいんだ」とフーバーは言った。「私はこう言ったんだ。『ボビー、私がこの局で長官でいる限り、そんなことはできないよ』と。彼はこう言い返すんだ。『あなたは協力的でないように思う』そこで言ったんだ。『新しい長官を指名すればいいでしょう』と」

長官を替えることはなかったが、この若い司法長官は司法省においてめざましい変革を成し遂げた。1960年代に117名の黒人捜査官が採用され、1970年にはFBIで働く黒人捜査官は122名になった。[26]

フーバーは自分の権力が弱められ、司法省における大物としての立場が揺さぶられることに逆上した。彼は局全体の支配力を維持しようとしてきた。仮に彼の高い評価を確認しようとする者が出てくれば、フーバーは全力でその者を痛めつけるか、無力化させた。

1934年には特別捜査官のメルビン・パービスが当時社会の敵ナンバーワンのジョン・デリンジャーを追跡、仕留めたことで、賞賛されたが、彼が一瞬にして名声を得たことがフーバーには気に入らなかった。パービスは局で直ちに冷たくあしらわれ、彼は退職せざるを得なくなった。フーバーは退職理由を『ひがみによる退職』[27]に書き換えた。パービスはその後、いろんな仕事、探偵業などをやったが、うまくいかなかった。フーバーは『ちびのメル』の新事業に協力してはならないというお触れを局内に出した。彼はその後、名前と似顔絵の商標をコーンフレークのポスト・トースティに売ったり、ラジオ局でアナウンサーの仕事に就いたりした。1960年、彼は退職パーティで同僚の捜査官からプレゼントされた拳銃で自殺した。

パービスがFBIを退職してから自殺するまで、フーバーはデリンジャー殺害による彼の名声をなんとか取り払いたいと頑張っていた。デリンジャー追跡隊を指揮してた捜査官のサム・カウリーは、その後『ベビーフェイス』ネルソンに射殺されていたので、フーバーと局から推挙されることになった。

「パービスが局を辞め面目を失っている状態で、サム・カウリーは彼らの意向にぴったりでした」とリチャード・ギッド・パワーは記載する。「まず第一に彼は死んでいる。それ故、彼がその栄光を個人的利益に活用するようなリスクはない。第二に、職に殉じた者、FBIのためにその命を犠牲にした者の名誉を讃えることはFBI自体を讃えることになる。第三に、カウリーはフーバーが個人的にデリンジャー事件の代表と定めたため、カウリーが得る称賛は現場の捜査官らに行かず、直接ワシントンの本部に帰ってくる。このような理由から、栄光の猟犬としてのパービスをずたずたにして、カウリーを典型的Gメンの英雄と祭り上げるのがFBIの永続的ポリシーになった」[28]

ボビー・ケネディは、しかしながら、フーバーの上司としては非常に活動的であった。権威を見せつけるために、ボビーは直接通信ラインを引いた。それは局長室のブザーに接続されていたので、彼は自由にいつでもフーバーを呼び出すことができた。[29] フーバーは人の指図を受けたり、局の意向に従わない者の扱いなど不慣れであった。現状に適合することができないでいた。

ある時、ウィリアム・ハンドレーが部屋にいた時、ボビーは面白がってフーバーを動かそうとブザーを押した。フーバーが到着した時、彼のブルドッグ顔は憤りで一杯だった。

「彼らは、何かのことで言い争い出しました」ハンドレーは言う。「ボビーはこう切り出しました。『マイノリティと女性を雇用する件はどうなっている？』彼は強情でした。『適任者が見つかりません』彼らは互いにくどくどと文句を言い合いました。今まで、フーバーにあんなことをした司法長官はいませんでした。信じられない光景でした」[30]

1961年の春には、ボビーは毛むくじゃらで、よだれを垂らす、熊のようなニューファンドランド犬ブルムスを省に連れてくることがあった。朝にボビーの車に乗り込んだりしたら、その日は一日のっそりしたブルムスが司法長官の補佐になるのだった。フーバーはブルムスがボビーの部屋でマーキングしているのを見ると激怒し、彼の特別室のすぐ外に残された糞の山にかんしゃくをおこした。フーバーは管理職会議を開催し、司法長官の行為が政府機関の建物内での犬に関する連邦規約に違反しているのではないかと議論した。[31]「犬は公的目的以外に、政府建物内に持ち込んではならない」[32]と公共建物に関する規律規則2部8章201条に記載されている。しかし、そのしっぽ振りさんは、政府機関の建物に対する攻撃的排出をより激しくするだけであった。

ワンちゃんの規制に関する話はさておき、フーバーがその地位と権力を何十年も保持したのには理由がある。

以前から、彼は同僚政府職員や個人的に気になる人物に関する特別のファイルを作成し、局の権益を拡大し維持するために活用していた。フーバーはごまかし、だましでボビー・ケネディの前の多くの司法長官を無力化してきた。1930年代後半、フーバーは当時の司法長官フランク・マーフィーの性的秘密の資料をファイル一杯になるほど収集し、彼を言いなりにしていた。フーバーが司法長官への面倒な報告を省略して、直接大統領に報告し始めたのは、このマーフィー長官時代だった。

「私はフランクリン・デラーノ・ルーズベルトと個人的にも、職制上も、とても親しかったんだ。よくホワイトハウスの大統領執務室で昼食をご一緒したよ」[33]とフーバーは自慢した。

マーフィーの後任者ロバート・ジャクソンは、フーバーの秘密ファイルを見せるよう要求し、局での彼の支配を弱めようと試みた。フーバーはこの先制攻撃に対し、ファイルの管理体制を新しくすることで反撃した。戦時中の1940年3月15日、ジャクソンはFBIによる盗聴を止めるようフーバーに命じた。フーバーはびびらせ戦術で統制力を維持しようとした。

「J・エドガー・フーバーと話していて、盗聴によってナチスのスパイの通話を聞くことができるか訊いたんです。彼はできないと。ボブ・ジャクソンが盗聴を止めろと言った命令を取り消さない限り」と財務長官のヘンリー・モルゲンソーは言う。「私は、すぐ対処すると言ったんです。彼はどうしても必要なんですと言いました」

国家安全のための盗聴利用の請願は直ぐさまルーズベルト大統領まで上がり、彼は直ちにジャクソンの命令を撤回させた。実質的に司法長官の手を縛る結果となった。

ルーズベルトは司法長官にその命令は国家防衛に関する重大事項には適用されないと書面で説明した。

「それ故、それぞれの事案を調査したうえで、スパイ容疑者を含め、合衆国政府に破壊行動を企む容疑者につき盗聴器具による情報確保の自由が必要な捜査官にその権限を与え、承認するという権限が君には与えられているのだ」ルーズベルトは続ける。「さらにはこの調査は最小限の範囲で、たとえば外国人などに対してのみなされるよう願いたい。フランクリン・D・ルーズベルト」[34]

数年後、フーバーに関して、ジャクソンは「彼を解雇しなかったことが悔やまれる」と友人に打ち明けた。[35]

フーバーは国内安全保障上の問題になりそうな個人または集団の居場所を突き止めるために編集していた拘留リストを作成していたが、1943年に司法長官であったフランシス・ビッドルにそれを咎められたところ、ファイルの名前と保管場所を変えて済ませた。

フーバーのやり方を法律的に覆そうと、誰が努力しても、彼は常にそれへの対抗策を準備していた。ハリー・トルーマン大統領が長官からの直接の電話連絡は受けない、すべての関連情報は司法長官を通じて行うようにとフーバーに伝えた。フーバーは多くの閣僚の汚い秘密資料、何よりもハリー自身の秘密の入った悪臭のするようなファイルをトルーマンに手渡した。それ以後フーバーはトルーマンとの直結の電話回線を持つようになった。

「私は恐喝をする可能性のある組織のトップにはなりたくないのです」とフーバーは盗聴に関して説明した。しかしながら、現実には彼は自己の権力保持のための恐喝目的で多くの秘密ファイルを収集していた。フーバーの恐喝レパートリーで独特なのは、人格的欠陥とも言える彼の好色性である。フーバーは大統領夫人のエレノア・ルーズベルトまで記録していた。彼女が多くの男性および女性と性的な秘密行為を行っていると疑ったのである。マーティン・ルター・キングについてはそのホテルの部屋を長官が盗聴した。フーバーは撮影した個人の性的行為を映写し仲間と見て楽しんだ。フーバーの趣味はポルノ映画を見ることだった。

彼のエロチックなことへの興味に反して、他人の性的逸脱には非常に厳しい姿勢を見せた。それには長官の公表された意見にあるが、ホモセックスに対してである。彼が反対したと思われる人事で偽善的迫害の例が、大統領予定者であったアイゼンハワーが指名していた軍参謀総長のアーサー・H・バンデンバーグの経歴を暴いたことだった。1952年の後半、フーバーはその性的逸脱ファイルを手にして、バンデンバーグの埃を集め出した。1942年にバージニア州、キャンプリーにてバンデンバーグと二人の志願兵の間で胸の悪くなるような事件があったとアイゼンハワーに報告があった。その情報が暴露されてすぐに、バンデンバーグは健康上の理由で辞任した。[36]

バンデンバーグの辞任後まもなく、アイゼンハワーは大統領命令10450を発令し、政府従業員の性質として性的倒錯が国家安全に与える危険性の大要を示した。

後年、アイゼンハワー夫妻からバンデンバーグへ宛てられた手紙の中にはアイクの嘆きが綴られている。

「君の健康状況を非常に心配している」アイゼンハワーは書く。「私にも責任があると苦しんでいるんだ」[37]

フーバーを『汚れ』に向かわせたもの、フーバーが性的異常性をより怪奇なものと考えるに至らせたものとは、彼自身の生活を支配したと思われる性的抑圧であった。彼の最も親しい話相手は、死ぬまで一緒に暮らした彼の母親、当時彼は43才だったが、母以外には局の右腕だったクライド・トルソンだった。フーバーとトルソンはゲイのカップルであることを否定できないような関係で、いろいろと憶測を呼んだ。彼らは通勤の行きも帰りも一緒で、三度の食事は一緒にとり、休暇も一緒に過ごした。

ジョン・ケネディが就任する前、新政権はフーバーを辞めさせるだろうという憶測があった。後任者に国家安全保障担当のウィリアム・ボスウェルの名前が挙がっていた。フーバーは問題解決には今まで数多くこなしてきたように、標的となる人物の性的脱線行為に関する情報を収集したうえで対処するのだった。フーバーはジョン・ケネディの1941年からのセックス事案につきファイルを作成していた。それはジョンが海軍少尉だった頃で、当時オランダ人既婚ジャーナリスト、インガ・アルバットと関係を持っていた。アルバットは1936年のベルリンオリンピックでアドルフ・ヒットラーと知り合い、その関係が続いていた。ヒットラーはアルバットを『完全な北欧美人』[38]と評した。父ジョー・ケネディは息子がアルバットと付き合っていることを知り、FBIに彼女を監視するよう依頼したと思われる。父ジョーがナチスに融和的だと決めつけられ、大使職を全うできなかったこともあり、ジョンとドイツのスパイとおぼしき人物との肉体関係が暴露されれば、息子のこれからの政治生命が破壊されてしまうと思われた。仮に父ジョーが二人の関係に反対していたことが事実であったとしても、FBIはどちらにせよ、アルバットに積極的に関心を持ったに違いない。

しかし、アルバット事件は大統領のジュディス・キャンベルとの不倫に比較すればたいしたことではなかった。キャンベルは、フランク・シナトラとシカゴマフィアのボス、サム・『ムーニー』・ジアンカーナとも肉体関係を持っていた。1960年2月ケネディはラスベガスのサンドホテルでのシナトラのショーでキャンベルと会った。キャンベルによると一目惚れで、彼女はすぐにケネディの愛人になった。

「彼は私に今日はどうしてたかって訊くの」キャンベルは言う。「誰に会ったかとか、何をしたかとか。で、私は彼に選挙運動のことを訊くの。彼はものすごくまた会いたがっていたわ。私は有頂天だった。目が眩むくらい。世の中バラ色だった」[39]

1960年3月ニューハンプシャーでの予備選後、キャンベルはシナトラの紹介でムーニーに会う。愛の三角関係はやがて、ケネディ家とコーザノストラとの関係に繋がる。1961年12月13日フーバーは1960年の大統領選でジアンカーナがケネディを手助けした事実をFBIが突き止めていることを司法長官に警告として知らせた。フーバーはなお、ケネディ家がその約束を守っておらず、マフィアが報復を計画中であるという重大な情報まで告げた。

「お前の言うとおりだ。モー　だから……、どいつもこいつもやっつけちまえ！」とジョニー・ロッセーリはジアンカーナに言った。「俺達はやつらをこき使おう。やつらは一面しか見ていない。お前の裏の面を見せてやろうじゃないか」[40]

5日後の1961年12月18日、ジョー・ケネディは脳卒中を患い、その後動けなくなっただけでなく、ケネディ家とマフィアとの連絡線も途絶えてしまう。

1962年3月22日、大統領とその側近のケニー・オドンネルとの約束のランチで、フーバーは切り出した。隠し球を出したのだ。それは、既婚の大統領がマフィアのボスの愛人と肉体関係にあるという情報だった。表沙汰になれば、この情報で大統領の職と信用は吹き飛んでしまう。

その会議のあと、ケネディは以前から予定していたパームスプリングにあるシナトラの家での週末滞在をキャンセルした。シナトラはこの準備に苦労していたのだった。ケネディはそのかわり政治的に安全な、古くからの共和党支持者の歌手ビング・クロスビーの豪華な館を使うことにした。彼はキャンベルとの2年間の関係に終止符を打った。

フーバーはケネディ達に注意喚起のためのいろいろなことを欠かさなかった。「毎月と言っていいくらい」ロバート・ケネディは言う。フーバーは「誰かをよこし、私の知り合いか、家族の者の情報や、あるいは私に係る申し立てなどをいちいち知らせに来た。よいことであれ、具合の悪いことであれ、彼がトップにいるんだと示したかったんでしょう」[41]

フーバーの職は安泰だった。しかし、ケネディ政権は彼の権力を不能にしていた。フーバーはもはや司法長官をとばしてFBI事案を大統領へ直接持って行くことはできなかった。大統領への連絡は今ではボビーがしていた。ボビーは長官のエゴをなだめるために、ジョンに時折フーバーに電話させるよう手配していた。

フーバーは何年もかけて自分を不動の存在に仕上げていたが、今や司法省の廊下に飾られている装飾品みたいなものだった。ボビーが省の権限と方針を統括したのである。

「私は1950年に若い職員としてこの省で仕事を始め、懸命に働き、勉強し、全力投球しました」ボビーは笑みを浮かべて言う。「そして、兄が合衆国の大統領に選ばれたのです」[42]

彼の兄、それは必要な要素であり、ボビーの力の源泉でもあった。

「兄が居たからこそ私ができたというのは、間違いないことです。そうでなければ誰も私の言うことをきいてくれなかったでしょう」ボビーは言う。「すべて私の頭越しで大統領へ行くでしょうし……組織の中の者は多くが……反対してたし、そういう事態を嫌っていたんです」[43]

フーバーはジョン・ケネディに関する膨大な資料を活用しながら、局における雇用年数を延ばしてきていた。しかしアメリカ政府の公務員70才定年の期限が近づいていた。ジョン・F・ケネディが就任した時、フーバーは66才で、大統領二期中に退職になる。フーバーは定年延長を望んでいたが、ケネディ兄弟がそれを認めないことはわかっていた。司法長官になった頃、頑固な行動をとるフーバーの目の前で、ボビーはフーバーは1965年に退職するからと言って、側近の者をなだめた。[44]

フーバーに残された道は明らかだった。彼らが残るか、さもなければ彼が残るかだった。フーバーはマフィアが大統領の安全を脅かそうとしているという信頼できる情報源からの重要な諜報を信じず、無視することで意図的に報告を怠った。この情報はマフィアによるジョン・F・ケネディ殺害計画の理由、その方法、その時期につき詳細に示すものだった。この情報で、フーバーは自信を取り戻した。1963年3月までには、ケネディ政権期間に権力を奪い取られていた長官は徐々にマフィアが彼の周辺や親しいリンドン・ジョンソンらと通じ合って計画してることを知り、局における自分の将来に確固たる自信を持ったのである。

「私が1924年にFBIに来て以来、どの政権からも政治的干渉はなかったし、局の不正な利用もなかった。今も無い」とフーバーは記者会見した。「私は現職にとどまり、仕事を続けるだけです」

ジョン・F・ケネディ暗殺後、フーバーは彼の職歴上最も重要な仕事の指揮をとることになる。それは大統領殺害の隠蔽である。

リンドン・ジョンソンは後にフーバーのことをこう評した。「俺は彼をテントの外にやって、中に向かってションベンされるより、中におらせて、外に向かってションベンさせるほうがいい」[45]

注釈

1. Martin, *Seeds of Destruction*, 305.
2. Hersh, *Bobby and J. Edgar*, 206.
3. Ibid., 207.
4. Goldfarb, *Perfect Villains, Imperfect Heroes*, 28.
5. Hersh, *Bobby and J. Edgar*, 208.
6. Don Glynn, "Area Delegates Attended Mob Convention," *Niagara Gazette* (November 11,2007).
7. Ibid.
8. Goldfarb, *Perfect Villains, Imperfect Heroes*, 31.
9. Ibid., 47.
10. Sam Giancana, *Mafia: The Government's Secret File on Organized Crime* (New York: Collins, 2007), Foreword.
11. Goldfarb, *Perfect Villains, Imperfect Heroes*, 45.
12. Gus Russo, *The Outfit: The Role of Chicago's Underworld in the Shaping of Modern America* (New York: Bloomsbury, 2001), 410.
13. Goldfarb, *Perfect Villains, Imperfect Heroes*, 64.
14. John H. Davis, *Mafia Kingfish: Carlos Marcello and the Assassination of John F. Kennedy* (New York: McGraw-Hill, 1989), 93.
15. Heymann, *RFK*, 215.
16. Ibid.
17. Hersh, *Bobby and J. Edgar*, 107.
18. Ibid.
19. Davis, *Mafia Kingfish*, 294.
20. Mark North, *Act of Treason: The Role of J. Edgar Hoover in the Assassination of President Kennedy* (New York: Carroll & Graf, 1991), 297-298.
21. Hersh, *Bobby and J. Edgar*, 39.
22. Curt J. Gentry, *Edgar Hoover: The Man and His Secrets* (New York: Norton, 1991), 475.
23. Hersh, *Bobby and J. Edgar*, 239-240.
24. North, *Act of Treason*, 65.
25. Heymann, *RFK*, 196-197.
26. Hersh, *Bobby and J. Edgar*, 337.
27. Ibid., 47.
28. Gentry, *J. Edgar Hoover: The Man and his Secrets*, 177.
29. Hersh, *Bobby and J. Edgar*, 69.
30. Ibid., 219.
31. Ibid., 239.
32. Gentry, *J. Edgar Hoover: The Man and his Secrets*, 476.
33. Ibid., 223.
34. Ibid., 232.
35. Ibid.

36. Dudley Clendinen, "J. Edgar Hoover, 'Sex Deviates' and My God-father." *The New York Times* (November 25,2011).
37. Ibid.
38. Gentry, *J. Edgar Hoover: The Man and his Secrets*, 468.
39. Kitty Kelley, "The Dark Side of Camelot," *People* 29, no. 8 (February 29,1988).
40. North, *Act of Treason*, 116.
41. Gentry, *J. Edgar Hoover: The Man and his Secrets*, 479.
42. Goldfarb, *Perfect Villains, Imperfect Heroes*, 26.
43. Ibid., 49.
44. North, *Act of Treason*, 70.
45. Ibid., 485.

第6章

木っ端微塵

ジョン・F・ケネディ暗殺1週間後の1963年11月29日、ケネディ家の友人ビル・ウオルトンは急遽モスクワへ派遣された。彼はボビーとジャッキー・ケネディから秘密メッセージを託されており、外交裏ルートを使って、ジョルジュ・ボルシャコフに渡すことになっていた。[1] ボルシャコフはロシア側の情報局オフィサーでKGB（ソビエト連邦の中心的情報機関）のメンバーでもあり、ケネディ政権でボビーと関係があった。二人は合衆国とソ連との数々の外交舞台で面談しており、会議などは用心しながら進められていたが、微妙な信頼感と友情がはぐくまれていた。ヒッコリーヒルに招待されていたボルシャコフが、ある時成り行きでボビーに腕相撲を挑んだこともあった。[2]

ウオルトンはジョンの殺害は、国内の、多くの者が関わった陰謀によるものとケネディらが考えていることをボルシャコフにほのめかした。「暗殺者は一人かもしれないが、単独犯ではない」とウオルトンはメッセージを伝えた。「ダラスはこの手の犯罪にとって理想的な場所だった」[3]

ウオルトンはまたボビーの政治的将来について、若い彼が今後どのようにホワイトハウス入りするか、方法と時期など、そして大統領になってもソ連とのデタントは続くことなどを話し合った。

ボルシャコフは直ちにソ連の軍情報部へ報告した。多分この情報はソ連の首相ニキータ・フルシチョフに届けられたと思われる。

二国の冷戦において、平和のための会談を進めるために、ジョン・ケネディとフルシチョフはそれぞれの裏ルートを使わざるを得なかった。二人はそれぞれ自国政府の動機、行動につきますます疑念を持つようになっていたからである。

「奴ら（政府高官達）は」、ボビーはボルシャコフに告白したことがある。「どこまでもやりかねないところがあるんだ」と。[4]

ケネディ政権の姿勢とCIAのそれは全く異なるものだった。ボルシャコフ、ケネディ兄弟、それにCIAのメンバーに関わる事柄が近年明らかにされつつある。

「あるときボビーが大統領のヨット、セコイアに政府高官を集めてパーティを開催し、ボルシャコフを招待しようとした」ボビーの総務補佐のジェームズ・サイミントンは言う。「でもマッコーン（当時CIA長官のジョン・マッコーン）がこう言ったんです。『奴がヨットに乗るんだったら、俺は降りるよ』と」[5]

CIAはジョン・ケネディの冷戦戦略を作りあげようとしていたが、その作戦はうまくいかず、CIAは大統領の考えとは関係なく、独自に戦略を作り出していた。ハリー・トルーマン大統領の国家安全委員会による、1948年の国家安全委員会（NSC）10／2の承認により、CIAは次の活動権限を与えられることになっていた。すなわち、「思想等の宣伝活動と経済戦争、破壊活動、反破壊活動、爆破と撤退行動、それに敵国に対する転覆工作、これには地下抵抗活動、ゲリラそれに避難民の解放活動をするグループへの援助も含まれる」[6]

当時国務長官だったジョージ・マーシャルは起案時点で、トルーマン大統領にこの法律はCIAに『ほとんど無限の』[7] 権限を与えてしまうことになると警告した。この法律はCIAの実行可能なオペレーションの範囲を拡大し、あたかもCIAに自治権を与えたような事態になった。その結果、CIAの作戦は「独自で計画、実行されることになり、合衆国政府のそれについての責任は部外者からは全く不明になり、従って、もし発覚したとしてもアメリカはその責任をごまかすことができる」[8]

CIAの存在自体が陰謀であった。

CIAは今や政府のどの部署の承認をも必要とせず、独自に作戦実行の許可を得たことになるため、秘密裏に実行し、もし発覚したとしても、その存在自体を否定できるようになった。

CIAがキューバの亡命者を訓練し、キューバに侵攻させる計画は、国家安全委員会（NSC）10／2の成立により可能になっている。後にピッグズ湾事件と知られるが、当初計画は1959年に実行するよう計画されていた。アイゼンハワーは躊躇していたが、1959年11月29日にその計画実行を承認した。彼は1960年1月3日に再度確認している。

大統領職を去るにあたり、アイゼンハワーはCIA長官アレン・ダレスに慎重な言い回しの言葉を残した。「我が国の情報機関の構造には欠陥がある」彼はダレスに言った。「私はこの問題を解決しようと挑戦したが、8年間敗れ続けた。真珠湾の時から何も変わっていない。私は『後悔とも言うべき遺産』を次の大統領に引き継ぎたい」[9]

この元第一級将軍は、退任のスピーチで、アメリカ国民に警告を告げることになる。

「政府のあらゆる会議体においては、軍産複合体（軍部と軍需産業の複合体）による正当な理由のない影響力、その要求の有無に関わらず、これらの圧力に警戒しなければならない。誤った権力がやがては悲惨な事態をもたらす可能性が今存在しており、今後も続くと思われる」

アイゼンハワーが言うとおり、誤った権力が強大化し、ピッグズ湾事件を引き起こす。

その特命はすでに問題含みだった。キューバ人亡命者らはグアテマラで訓練されたが、キューバの政治の現状を知らされず、母国で戦う目的となる将来プランも知らされなかった。おまけに、訓練予定人数も計画数を下回っていた。[10]

ケネディ大統領は就任後、キューバ侵攻に関する基本構想を国務長官ディーン・ラスクと防衛長官ロバート・マクナマラから説明された。ピッグズ湾侵攻は前政権からの引き継ぎ事項であり、ジョン・ケネディにとっては国際、国内の政治状況を知る良い機会でもあった。新大統領は情勢の広がりを理解していた。彼はまた、キューバの抑圧的なカストロ政権がアメリカが前政権のバチスタを支持した結果であることもわかっていた。

「世界中でアフリカ諸国を含め、また植民地支配を受けたすべての国をいれても、キューバほど経済植民地化され、屈辱的に扱われ、ひどく搾取された国はない。しかもその責任の一部はバチスタ政権時の我が国の政策にある」とケネディはフランス人記者ジャン・ダニエルに言った。「結局はカストロのやっていることは、我が国が知らず知らずに最初から作りあげ、具体化したものなのです。このような失敗の積み重ねが南アメリカ全体を危機に陥れていると思っています。『進歩のための同盟』計画の大きな目的はこの過去の不幸な政策をひっくり返すことなんです。これはアメリカ外交政策の最重要とは言わないが、重要な問題の一つなんです。私はキューバ人を理解できていると自負してます」[11]

しかし、国際社会でキューバが核兵器開発を計画しているという話題になった時、キューバの独裁者フィデル・カストロが「実際に認識しているのか、あるいは彼にそういう気持ちがあるのかさえ」ケネディは確信を持てなかった。[12]

1961年4月17日早朝、1,400名の亡命者軍がキューバ南部のビーチ、プラヤギロンに上陸した。フィデル・カストロ軍は反乱軍の侵攻をたやすく制圧し、200名が殺され、1,197名が捕虜になった。当時侵攻軍は米空軍への応援と弾薬補充の要請を断られ、キューバ軍により制圧された。

「我々は弾薬が切れたまま、海岸で戦ってます」反乱軍の司令官は連絡した。「応援を求めます！　持ちこたえることがもはやできません！」[13]

この侵攻は2日で終わった。当初、空軍援軍を出しそびれたケネディ政権のミスと考えられていたが、後日ソ連がこの侵攻計画を事前に察知していたことが明らかになった。CIAはこの情報を内密にして、ケネディ大統領に報告しようとしなかった。

「ソ連が4月17日のことを9日あたりに察知したという兆候がありました」とピッグズ湾侵攻計画立案者の一人でCIAの担当者であるジェイコフ・エスターラインが後日、テイラー委員会で証言した。[14]

ケネディの友人チャールズ・バートレットも侵攻について事前情報をカストロのワシントンでの前ロビイストであるアーネスト・ベタンコートから聞いていた。ベタンコートはCIAが間違いを犯しており、カストロはその計画を事前に知っているとバートレットに伝えた。

バートレットはこの重要な情報をアレン・ダレスに伝えることにした。

「彼は、『あっそ。知らんかったなあ。ちょっと調べてみて、また連絡するわ』と言った。それで5日後に連絡をもらったけれど、その時には作戦の船はすでにキューバの海岸に向かっていた。ダレスみたいな奴に知らせても、所詮無駄だった」と言う。[15]

CIAによる内部調査の結果は、この作戦の数十年後に公開されたのだが、作戦は当初から十分な管理ができてなかったことが判明し、ケネディ政権に失敗の原因があるとした従来の見解を取り消した。例えば以下のとおり多くの問題点が指摘されている。

* CIAはカストロ政権の実力とそれに反抗する勢力につき十分な情報を収集できていなかった。また、入手可能な情報を正しく評価できていなかった。
* 当計画は終始、質の落ちるメンバーで構成されており、またその多くを十分に使いこなせていなかった。
* CIAは作戦成功のために必要な要素、例えばボート、基地、訓練施設、捜

査官の連絡網、スペイン語を話せる人物、その他を十分確保する前に作戦を開始してしまっている。[16]

ピッグズ湾侵攻失敗の副産物として、キューバ・アメリカ関係につき、ケネディ政権に早々と汚点がつけられただけでなく、ケネディ政権とCIAの関係が完全に破壊されてしまった。ケネディはCIAを世界滅亡に導きかねない戦争挑発人と見た。他方、CIAはケネディを自信のない、優柔不断なぼんぼんと見た。

「ピッグズ湾の失敗はケネディのせいだ」と亡命空軍のリーダー、エドアルド・フェーラーは後に言った。「ケネディは未熟で、臆病者だった。現在、ケネディのせいで、キューバ人の90% は共和党員だ。あのくそったれ野郎！」[17]

4月の終わり、ボビーはピッグズ湾侵攻の失敗が兄のせいにされており、特にそれがタカ派の中で頻繁にささやかれていることに気づいた。4月27日の国家安全委員会で、ボビーはキューバ侵攻を推奨していた委員会報告を厳しく非難した。

「全く無価値だ！」ボビーは会合で言い放った。「あんた達は自己保身に夢中で何もしようとしない。やることと言えば、すべてを大統領のせいにすることだけだ。あんた達全員辞めてもらって、外交問題は誰か他の人に任せた方がずっとうまくいく」

その後数カ月、ケネディ兄弟が軍事アドバイザーの意見を聞くことは少なくなり、自分達で相談することが多くなった。ジョンは特にピッグズ湾事件の大失敗は、重要な決定が必要な時にボビーをメンバーに入れなかったことだと認識した。

ジョン・ケネディはCIAについては、「木っ端微塵にぶっ壊し、吹き飛ばす」と心に決めていた。彼はピッグズ湾計画に携わった者、副長官のチャールス・キャベル、副局長のリチャード・ビッセルJr.、それにダレスの辞任を求めた。ダレスは特に、ソ連が計画を察知していることを知りながら、戦争を開始する目的でか、あるいは大統領に恥をかかせるためか、その両方を意図して知らせなかったという理由だった。

侵攻失敗の夜、リチャード・ニクソンと夕食を共にしたダレスは酒を手に叫んだ。「人生の最悪の日やで！」[18]

ニクソンは泣きつくのに、格好の人物だった。彼は多くの者が1960年の大統領選で勝って欲しいと思った男で、反共主義であり、CIAの仕事をまめに実行してくれると思われた。

それとは違い、ケネディは選挙で有利になるようCIAに追従するような振りをしたが、大統領のCIA支持の姿勢はピッグズ湾侵攻で始まり、そして終わった。彼は1962年、1963年とCIAの予算を目立たないよう削減していった。ケネディの歴史をまとめるアーサー・シュレジンガーによると、「1966年までに20%の削減を目指していた」[19]

「国の利益にならないと私が考えることを誰も私に無理強いさせることはできない」ジョンは戦友で官軍事務官のレッド・フェイに言ったことがある。「この国の一部の跳ねっ返りの連中が国家の道理よりもいわゆる国のプライドを重視したからと言って、我々が無責任な行動にのめり込むことはない」[20]

この新大統領の動きは権力を持つ多くの人々を驚かせ、怒らせた。当初見せていたうわべとは違う彼の信念が命を狙われる事に繋がり、同時にリンドン・ジョンソンに共謀者が集まることになる。

自身の政府が信頼できなくなったケネディは意外な盟友、ニキータ・フルシチョフを平和のための秘密のパートナーにしようとする。

ジョンは生まれついての魅力を持つ男であったが、1961年ウィーンサミットで初めてソ連の首相に会って、その鋼鉄のような、人を受け付けない性格に戸惑った。

ジェームズ・ダグラスはその著書〈JFKとその秘密〉で二人のわびしい出会いを描く。

> サミットでのフルシチョフとの出会いはケネディを深く混乱させた。会合の終わりには今後起こるであろう嵐の前兆が見えた。テーブルをはさんで座る2人の間に米国フリゲート艦コンスティチューション号の模型がケネディからフルシチョフへのギフトとして置かれていた。ケネディは、その船の大砲の弾丸は800メートル先に届き、何人かを殺傷する能力があるが、もし彼とフルシチョフが平和交渉に失敗すれば、核戦争に至り、7千万人もの人が犠牲になりかねないことを説明した。ケネディはフルシチョフを見た。フルシチョフは無表情に彼を見、「それがどうした？」といった様子だった。ケネディは相手の反応の無さにショックを受けた。「彼とは共有できる領域が無いんだ」と彼は後に言った。フルシチョフもケネディに関して同じ感想だったかもしれない。彼らの会談は不成功に終わり、それはより厳しい対立に繋がってい

く。エブリン・リンカーンは大統領が残した記録を読んで、「嵐の前兆が見えたというのは、意味深だ」と考えた。[21]

フルシチョフが冷淡な態度に終始したのは驚くべきことでは無い。ケネディは政権についてまだ5カ月で、隠されたキューバ侵攻失敗から2カ月しか経っていなかった。フルシチョフにすればケネディは弁舌ほど実行力は伴わない政治活動屋の一人と映った。フルシチョフはキューバ侵攻の翌日付けで大統領にたいし書面で反対意見を表明している。

「この国を侵略している軍備集団はアメリカ合衆国で訓練され、武装された者であることは天下に周知のことである。キューバの都市を爆撃している飛行機はアメリカ合衆国のものであり、投下している爆弾はアメリカ政府が提供したものだ」フルシチョフは書く。「これらすべてがソ連において、ソビエト政府とソビエト人民の憤りの感情を呼び起こすものである」

それ以降、数カ月にわたり二人は理性的に理解できているにも関わらず、それぞれの政府が極端な強硬論を打ち出す事態に縛られ、お互い同じ状況に置かれていることに気づく。多分これがきっかけになり、フルシチョフが1961年9月の終わり頃からケネディと秘密の通信を始めるというリスクをとらざるを得なくなったと思われる。

フルシチョフはウィーンでケネディと対面した時、ケネディは相通じるところのある人物かもしれないと感じたに違いない。というのは、大統領職に就くような人には普通見られない、打ち解けた態度、遠慮深さ、それに率直な好ましい印象をケネディに感じたことを手紙の冒頭で触れて、称賛しているのである。

ボルシャコフはこの手紙をニューヨークのカーライルホテルに駐在していたホワイトハウス報道官ピエール・サリンジャーに大統領親展の手紙として特定指定付きで託した。もしこの指定が守られていなかったならば、その後の世界の歴史は異なったものになったに違いない。

手紙には前回相互理解を進めなかったことへのフルシチョフの後悔と今後相互理解を進めたいという気持ちが詳細に記載されていた。フルシチョフは彼もソ連人民も共に戦争は望んでいないこと、そしてこのままでは世界が荒廃への道を歩みかねないことを強調した。また平和と軍備縮小は人類が望むところであり、官僚的な考えとは別物であることを指摘した。

「大統領閣下、もし貴殿が崇高な目標に向かって進もうと励まれておられるならば、私はそう信じておりますが、もしアメリカ合衆国の軍備縮小原則の同意が単なる外交上の駆け引きでないならば、私どもの考えと完全に一致するものであり、私どもは共通の言葉を見つけ出し、貴殿と必要な協定を結ぶべく努力する所存であります」[22]

フルシチョフは平和にむけての二人の協力的努力が重要である旨を再度強調して手紙の締めくくりとしている。

フルシチョフの手紙はその記述内容と彼の心情表現の面で大胆なものであった。ケネディが10月半ばに書いた返答は思慮深く、融和的なものであり、それでいて用心したものであったが、政府の意向とは全く異なるものだった。その手紙はその後の彼らの通信で見られる強固な個人的信頼感や知的感情は見られないものの、要点を押さえたものだった。

その後の通信を通じて二人はお互いの核の情勢を深く理解することができた。ジョン・ケネディは彼自身とフルシチョフは「核時代以前の指導者達とは桁違いに重大な特別な責任―それはお互いが持つ重大な関心事とその意思を可能な限り理解するため努力する責任」を背負っていることを認識した。[23]

ジョンはフルシチョフへの2回目の裏ルート通信では本音で意思表示し始めた。フルシチョフを理解し、現在の危機状況を正しく評価するために、彼がなぜそう考えるのか知りたいという気持ちを前面に出すようになった。

「私たち2人の間で完璧な意思疎通をする難しさはわかっています」ケネディは言う。「これは翻訳の問題ではなく、お互いが言いたいことにどう反応するかという中身の問題なんです。我々はすでにそれぞれの社会体制や一般的生活での考え方を押しつけることはしないと了解しています。この差異は意思疎通で大きなギャップの原因になりますが、お互いの共通の目的の基盤があれば、初めて言語が同じ意味を持つようになるのです。私はソビエト人とアメリカ人の間にこのような共通の利益になるものがないとは決して思えないのです。それゆえに、そのギャップを埋めるものを見い出してイデオロギー上の違いを超えたいと思ってます。そうすれば、我々は心を一つにして世界平和を守る方策を見い出すことができるでしょう」[24]

この一年間にわたる秘密書簡のやりとりは現在『ペンパル通信』として知られている。フルシチョフとケネディがお互いと、それぞれの国について理解に努めたのである。彼らはベトナムとラオスでの混乱、彼らの核ジレンマなどを検証し、ゆっくりであるが核実験禁止条約締結へと進めたのだった。

この通信で最も重要な成果は1962年10月のキューバ危機での手紙交換であったと思われる。

キューバミサイル危機はピッグズ湾侵攻後、合衆国とキューバ間での緊張の高まりの中で生じた。合衆国はU2偵察機作戦で、ロシアとキューバがフロリダ沖90マイル先の島国キューバにミサイル発射基地を建設中であること、それにミサイルそのものはロシア船で移送中であることを発見した。その結果合衆国海軍は13日間海上封鎖し、この核膠着状態はまさしく世界が核戦争による惨事に最も近づいた時期であった。

キューバ危機のさなか、ジョンとボビーは一緒になって閣僚達の意見をよく吟味し、入手可能な情報に基づき難しい政策決定をした。軍部の意見はキューバ攻撃であり、ことのほか攻撃に積極的だったのが、嚙みタバコが好きな将軍『爆弾野郎』ことカーティス・ルメイであった。彼は後にスタンリー・キューブリック監督の冷戦パロディ映画〈博士の異常な愛情〉に出てくる狂信的戦争屋ジャック・D・リッパーのモデルとして茶化されている。

「これはミュンヘン会議での宥和策なみのひどさだ」とルメイはケネディに軍事行動をとらせようと侮辱的に煽ろうとした。「今現在、直接的軍事行動をとる以外、解決方法は考えられない。海上封鎖とか政治的対話なんてやってたら、我々の友好国や中立国から弱腰と見られてしまう。国民の多くも同じように考えていると思う。大統領、おたくちょっと具合悪いでっせ」[25]（ルメイはリンドン・ジョンソンの仲間のうち、ダラスの石油資本H・L・ハントと民間航空パトロールの創業者D・H・バード大佐と親密な関係にあった。ロバート・カーロはルメイがJFKの葬儀で泣いていたと記録しているが、もし彼が泣いていたなら、多分嬉し泣きだったのだろう。というのもLBJ図書館の生の録音史料ではルメイはケネディ兄弟のことを低俗で、悪意に満ちていて、しかも冷酷で、道徳観が低劣なゴキブリ野郎であり、ジョンソンに踏みつぶされて当然だと言っている）

副大統領のジョンソンがソビエトとの対話か軍事行動かの選択を問われた時、彼は答えに躊躇した。「私に言えるのは、テキサスでは子供の時から、道でガラガラヘビを見つけたら、棒で頭を殴り落とすしかないというのが常識ということだね」また別の危機では、ジョンソンはトルコからUSのミサイルを除去し、同時にキューバからソ連のミサイルを除去するという交換案を支持した。この妥協案はその後危機の解消に繫がった。[26]しかし、危機のピーク、世界が核戦争の淵まで来た時には、ジョンソンは断固タカ派につき、ケネディに行動を促すのだった。

ケネディ兄弟はその後、最終決断の必要な会議にはジョンソンを参加させなかった。

キューバミサイル危機からの軍備解除は、フルシチョフからの二通の手紙のうち一通にケネディが回答したことがきっかけになった。一つは10月26日、もう一つは10月27日付けであったが、一つ目がジョンがよく知るようになったフルシチョフの人情、力強さ、物わかりの良さが溢れたものだった。

フルシチョフは自信を持って説明している。キューバのミサイルはアメリカと同じ意図をもって設置されている。単に防衛のためであり、合衆国を攻撃するものではない。これらの兵器は他国民を攻撃するものでは無く、国民を守るためのものであると。フルシチョフはソ連がキューバに提供しているこの時期の軍事、経済的援助はキューバを安定化させるための人道援助であると説明した。何よりもメッセージの概要からフルシチョフの目的は平和であるということが読み取れた。

「もしあなたが自国民の平和と繁栄を真に望むならば、それは大統領としての義務であるでしょうが、私としては、ソ連の首相として自国人民のことを思います」フルシチョフは続ける。「何よりも世界平和の維持が私たち共同の課題であります。なぜならば、今の状態で、万が一戦争が勃発したならば、二国での損害にとどまらず、世界全体に残酷で破滅的な影響を与える戦争になるに違いないのです」[27]

二つ目の手紙は迫力のない書かれ方で、事実の羅列で、現状の厳しさ、人間性の欠けたものだった。ボビーと側近達はフルシチョフが書いたものではないと判断し、大統領には一つ目の手紙に回答するよう進言した。もし、ケネディとフルシチョフとの間で書簡のやりとりがなかったならば、一つ目の手紙がフルシチョフが実際に書いたものか判別がつかず、危機が続いたかもしれない。

フルシチョフの手紙に対する回答にはいくつかの提案があったが、最も重要なものはキューバからソビエトがミサイルを除去するならば、アメリカはキューバに侵攻しないと宣誓するというものだった。この手紙は奏功し、一時的平和協定に繋がった。数年後判明するのだが、当時4万のソビエト軍と27万のキューバ兵がアメリカ侵攻のため待機していた。[28]

最も緊張の高まった頃、ケネディは週末のホワイトハウスで10代の愛人ミミ・ベアズリーにこう言った。「子供達に死なれるより、共産主義者にされてしまうほうがいい」

ミサイル危機後も両首脳は会話を継続し、平和という目標へ前進した。めざましい成果としては1963年8月の部分的核実験禁止条約がある。これにより大気圏内、宇宙、および海底での核実験が永久に禁止された。それに先立ち1963年7月にケネディはその提案する条約につき全国放送のテレビとラジオでスピーチした。

「今や、初めて平和への道が開けたと言えるでしょう。将来何がおこるか誰にもわかりません。戦いが収まる時が到来したのかどうかもわかりません。しかし、今、私達が望むことを行動により試す努力をしなければ、後世、歴史と私達の良心は厳しい判断を下すでしょう。今こそ始める時期なのです。中国の古いことわざに『千里の道も一歩から』という言葉があります。国民のみなさん、最初の一歩を踏み出そうではありませんか！　できるなら戦争という影から身をひいて、平和の道を求めようではありませんか！　そして、その道が千マイルであっても、それ以上であっても、私達がこの地で、この時期にその最初の一歩を踏み出したと歴史に残そうではありませんか！」[29]

1963年11月22日ケネディの乗る漆黒ブルーのリムジンがラブフィールド空港から待ち伏せされているデーリープラザへ向かい動き出した。ケネディはその日ダラスのトレードマートにて予定していたスピーチの原稿を手にしていた。このスピーチは読まれることはなかったが、その内容は彼の最後の数カ月考え抜いた気持ちを反映している。
そのスピーチでケネディは強大な力を持つ国があわせて負う責任について次のように述べている。

「力は侵略的野望の追求のために使われてはならないのです。常に平和の追求のために使われるべきなのです。挑発するために使われてはならず、紛争の平和的解決を促すために使われるべきなのです。私達はこの国に生まれ、この世代に属して、選択というより運命的に、自由な世界を守る警備員の役を担ってます。それ故、私たちは自問するのです。私たちは保持する力とそれに伴う責任に相応しいのか？　あるいは私達は叡智と抑制をもって力の行使をしているか？　そして、現在、またいかなる時期においても、『地上における平和と人類に対する善意』という昔からの課題を達成しようとしているのか？　これこそ常に私達の目標でなければなりません。私達の動機に正当性があってこそ、常に力の基盤となるのです。古代に書かれた言葉があります。『主が都を治めない限り、警備員の仕事は徒労に終わる』と」[30]

最後の数カ月、ケネディは自分自身の信念を貫く人になっていたが、そのことがかえって、それに反する立場にある権力者達に恐怖を与え、結果として代償を払わされることになる。副大統領のジョンソンはこれを利用し、CIAを暗殺メンバーに組み入れた。

ケネディ暗殺の後、多くの人からケネディ大統領の敵と考えられていた、ニキータ・フルシチョフは悲しみに沈んでいた。

「彼は数日間茫然自失の状態で、部屋の中を歩き回っていた」とソビエト高官はピエール・サリンジャーに言った。[31] 4年後、ロシア情報部（KGB）はリンドン・ジョンソンがケネディ暗殺の首謀者と結論した。[32]

J・エドガー・フーバーは1966年12月21日ジョンソン大統領にこの件に関しメモを作成し、そのコピーをFBIの首脳部、デイク・デローチとウイリアム・サリバンに提出した。このショッキングなメモはその後30年間秘密扱いとされ、暗殺記録検閲委員会の秘密扱い取り消し請求により、一般に公開されることとなった。

FBIは“NY3653-S”というコード名のスパイをニューヨーク市のKGB施設に潜らせていた。この情報提供者は1965年9月にKGBのトップ、ウラジミール・セミチャストニからニューヨークのKGB拠点に重要な電文が送られてきたことをFBIへ報告した。以下がフーバーが説明している文章である。

「1965年9月16日、この情報源からの報告では、ニューヨークのKGB拠点にほぼ同日モスクワのKGB本部から大統領リンドン・ジョンソンに関するあらゆる情報を収集するよう指令があった。具体的には彼の性格、背景、交友関係、家族、そしてアメリカ大統領としての地位を支えているのはどの関係かということまで。なお、我々の情報源はさらにモスクワからの指令文には現在KGBはジョンソン大統領が前大統領ジョン・F・ケネディ暗殺に関わっていることを示す情報を保有していると述べられていたことを付け加えている」

JFK暗殺を最初に調査したのはロシアとキューバであった。両国はリンドン・

ジョンソンとアメリカの情報機関からこの憎悪すべき犯罪の犯人に仕立て上げられる危険があったため誰が彼を殺害したかを見つけ出す必要があった。事実、注意をそらすために、LBJは陰でマスコミ等にフィデル・カストロがジョン・ケネディを殺害したと言いふらしていた。

暗殺の二日前、カストロはケネディから派遣されたジャーナリストのジーン・ダニエルを接待していた。ケネディとキューバの独裁者との間で対話のチャンネルを作るためであった。

「突然、新しい大統領が登場して、今まで無視されていた階級の人々（権力には全く縁のない階級）のことを支えようとしたので、南アメリカ諸国は合衆国は独裁者を陰で支持することなどしないのではという印象を持つようになり、カストロタイプの革命は必要ないと思うようになった」カストロはダニエルに言った。「そしたらどうなる？　カネの出し手はその配当が少しばかり減らされる。（わずかだけど、減らされることには違いない）ペンタゴンはその戦略基盤が揺るがされると考えるだろう。南アメリカの諸国の有力な独裁者達はアメリカのお友達に警告を出す。彼らは新しい政策の切り崩し工作を始める。要するに、ケネディはすべてを敵にまわしたんだよ」[33]

その二日後、ケネディは暗殺された。「ひどいニュースだ！」[34]カストロはその知らせを聞いて三度繰り返した。「すべてが変わってしまった！」[35]カストロは大統領の死を確認して声明を出した。

JFK暗殺の翌日土曜日にカストロは「ジョン・F・ケネディ大統領の悲劇的な死の事実と帰結について」という題目のスピーチをした。そこで間を置かず、暗殺について評価できる分析を行っている。カストロはキューバがその犯罪の犯人に仕立てられる危険性を知っていた。事実それはリンドン・ジョンソンが裏で操作しようとしていたことだった。カストロはまた、アメリカ外交部門がJFK暗殺に主たる役割を果たしていると的確に推量した。

1963年12月22日ケネディ大統領が暗殺されて1カ月後、かつて大統領として巨大な権力をCIAに持たせる法案に署名した元大統領のハリー・トルーマンがワシントンポスト紙に署名入り記事を書き、CIAに関して不信の念を表明した。その記事でトルーマンは当初、CIAは信頼できる加工されていない情報を大統領へ提供する機関と位置づけていたが、現状ではCIAは違う意図をもって機能していると警告した。

「我々は自由な機関として敬意を持ち、自由でオープンな社会を維持することで国家として成長してきた」トルーマンは書く。「しかし、我々の歴史的な位置に関し影を投げかけるような行動がCIAの動きには見られる。それは訂正されるべきだと考える」[36]

大統領顧問のクラーク・クリフォードは1975年のCIAの問題行動に関するチャーチ委員会の証言でケネディ政権時にCIAが海外での数多い衝突事件の結果、巨大化していった状況を述べた。

「世界の現状を見る限り、時間の経過と共に、情報機関の予算削減を進めてもいいのではないかと考えます」とクリフォードは言う。「特にソ連との緊張緩和の状態や、共産国中国を考えても、この方向で考えられると思います」[37]

CIAは自分達を徐々に分解してしまおうとする悪大統領は要らなかったが、平和なんぞもっと要らないものだった。ある時ジョンはボビーを司法省に据えるより、CIAのトップにつかせるべきだったと言ったことがある。そうすれば、CIAの統率はうまくいったし、CIAとマフィアとの不正な提携を防げたし、副大統領のリンドン・ジョンソンが1963年11月22日にこの二つを利用することも防げたかもしれない。

1965年にこの結論に達したKGB以外に、ハイレベルの政治家でLBJがJFK暗殺の犯人と結論した人がいる。アリゾナ州の上院議員バリー・ゴールドウオーターである。彼は1964年大統領選でジョンソンに対抗した。2012年ダラスのJFKランサー会議でのインタビューでジェフリー・ホッフは、1973年10月のアリゾナ州コチセカウンティのウイルコックスでの共和党主催のピクニックで上院議員バリー・ゴールドウオーターに会った時のことを話した。ホッフはその共和党の集会にアリゾナの名士ルイーズ・パーカーに招待されていた。ホッフはJFKの暗殺にひどく興味を持っていたので、ゴールドウオーターに会うや、この話題を持ち出した。ゴールドウオーターはリンドン・ジョンソンがその背後にいたことに確信を持っていると語った。そして、ウオーレン報告は隠蔽工作にすぎないと言った。ゴールドウオーターがそう語った時、どの程度自信がありそうだったかと聞かれ、ホッフはLBJがJFK暗殺の背後にいたという信念にゴールドウオーターは落ち着いた様子だったと答えた。

注釈

1. Talbot, *Brothers*, 30.
2. Evan Thomas, *Robert Kennedy: His Life* (New York: Simon & Schuster, 2000), 179-180.
3. Talbot, *Brothers*, 32.
4. Thomas, *Robert Kennedy*, 208.
5. Talbot, *Brothers*, 31.
6. James W. Douglass, *JFK and the Unspeakable: Why He Died and Why It Matters* (New York: Touchstone, 2008), 33.
7. Ibid.
8. Ibid.
9. Peter Janney, *Mary's Mosaic: The CIA Conspiracy to Murder John F. Kennedy, Mary Pinchot Meyer, and Their Vision for World Peace* (New York: Skyhorse Publishing, 2012), 232.
10. "Inspector General's Survey of the Cuban Operation and Associ- ated Documents," *The George Washington University* 1997, gwu.edu/~nsarchiv/NSAEBB/NSAEBB341/IGrptl.pdf, 1:22.
11. Jean Daniel, "Unofficial Envoy: An Historic Report from Two Capi- tals," *The New Republic* (December 14,1963): 15-20.
12. Ibid.
13. Inspector General's Survey, 1:32.
14. Vernon Loeb, "Soviets Knew Date of Cuba Attack," *The Washington Post* (April 29, 2000).
15. Talbot, *Brothers*, 48.
16. Inspector General's Survey, 1:144.
17. Talbot, *Brothers*, 50.
18. Ibid., 49.
19. Douglass, *JFK and the Unspeakable*, 16.
20. Talbot, *Brothers*, 51.
21. Douglass, *JFK and the Unspeakable*, 12.
22. http://history.state.gov/historicaldocuments/frusl961-63v07/d76.
23. http://history.state.gov/historicaldocuments/frusl961-63v06/d22.
24. Ibid,
25. "Kennedy Assassination Chronicles, vol. 3, no. 3, Current Section: Cuban Missile Crisis: 35 Years Ago JFK on Tape." *Mary Ferrell Foundation* (April-May, 2012), maryferrell.org/mffweb/archive/viewer/showDoc.do?absPageId=222680,450.
26. Shesol, *Mutual Contempt*, 96-97.
27. http://history.state.gov/historicaldocuments/frusl961-63v06/d65.
28. Dan Fisher, "U.S. Far Off on Troop Estimates in Cuba Crisis," *Los Angeles Times* (January 30,1989).
29. "Radio and Television Address to the American People on the Nuclear Test Ban Treaty, July 26, 1963," John F. Kennedy Presidential Library & Museum (March-April, 2012), jfklibrary.org/Research/Ready-Reference/JFK-Speeches/Radio-and-Television-Address-to-the-American-People-on-the-Nuclear-Test-Ban-Treaty-July-26-1963.aspx.

30. "Remarks Prepared for Delivery at the Trade Mart in Dallas, November 22,1963," John F. Kennedy Presidential Library & Museum (March-April, 2012), jfklibrary.org/Research/Ready-Reference/JFK-Speeches/Remarks-Prepared-for-Delivery-at-the-Trade-Mart-in-Dallas-November-22-1963.aspx.
31. Talbot, *Brothers*, 33.
32. "Document Tells Soviet Theory on JFK Death," *Los Angeles Times* (Sept. 18, 1996).
33. Daniel, *Unofficial Envoy*, 15-30.
34. Talbot, *Brothers*, 252.
35. Ibid., 253.
36. *Washington Post* (December 22,1963).
37. Testimony of Clark Clifford, April 16,1975.

第7章

マフィア

1960年ウエストバージニアの予備選に先立ち、町中のバーで誰もが知るフランク・シナトラの声が響き渡った。歌は聞き慣れたものだったが、大統領候補を応援する替え歌になっていた。

K・E・Nが二つで、E・D・Y
ジョンは誰からも愛されるいい男
みんなジョンを支持してる
ジョンは順調だよ～
だってすっごい希望を持って
崇高な希望だよ～
1960年は彼の希望の年
さあ、ケネディに投票しよう
ケネディに投票して
アメリカを強くしよう

本歌はサミー・カーンが1959年のフランク・シナトラ主演映画〈ホールインザヘッド〉の主題歌として作曲した『ハイホープス』だった。替え歌はケネディのキャンペーンソングとして書かれ、ウエストバージニアの選挙民の耳に繰り返しふき込まれた。

「やれやれ、居酒屋のジュークボックスでフランクの歌ハイホープスをかけさせるのに力ずくだったぜ」とムーニー・ジアンカーナは言った。「田舎のおっさん達は東海岸のアイリッシュカトリックの大統領なんてと嫌ってたからな」

替え歌はシナトラのケネディ陣営への貢献ではあったが、彼の最も重要な仕事はジョー・ケネディの誠実性を疑うジアンカーナをなだめることだった。

キャンペーン中のフランクの言うことは保証と見なされた。ボビーがマクレラン委員会でマフィア達を冷酷に起訴していたといっても、シナトラやジョー・ケネディの約束はまだ生きているとジアンカーナやシカゴマフィアからは真剣に受け止められていた。

「ボビーがいることで、JFKを支持することには不安があった」ジアンカーナの財務アドバイザーで、その背後で糸を引いていると噂されたマレー・『ザカーメル』・ハンフリーの名付け子ジョージ・ブラディは言う。「でもいい面もあったんだ。フランクがうまく言いくるめたんだ」[1]

アメリカの政治にマフィアという外部組織が実際どのような影響を与えたかは知られていない。1950年代後半、J・エドガー・フーバーは国内の共産主義勢力がアメリカにとっての唯一の脅威であると言い張った。彼にとって組織犯罪は存在しなかった。

1960年の大統領選挙でマフィアが、両陣営にどれほど関わっていたか、その事実は決して報道されなかったとリチャード・ニクソンは私に語った。ジョー・ケネディはニューヨークの洗練されたギャング、フランク・コステロと長年付き合いがあり、彼らの酒密売ビジネスは問題を起こしていた。コステロとニューヨークのその仲間は昔からニクソンと関係があり、1946年の下院選挙、1950年の上院選挙に資金提供していたとコラムニストのドリュー・パーソンは1968年10月31日の『ワシントンメリーゴーランド』に記載している。ジョー・ケネディはしかたなくシカゴのギャング、ジョニー・ロッセーリの紹介で別のシカゴギャングに頼みに行くことになる。ケネディはフランク・シナトラをも利用してシカゴの親分ジアンカーナ、ハンフリー、ジョー・アカード、ジャック・エブリー、それにジェイク・『脂親指』・グルジックに近づいた。そこでニューオーリンズのマフィア、カルロス・マルチェーロとフロリダのサント・トラフィカンテを紹介される。ジョーにすれば息子の大切な票を確保できることならなんでもするつもりだったので、ジアンカーナにはどうしても会う必要があった。

「ジアンカーナはタータンの大将軍のように選挙区を支配していた」記者のサンディ・スミスは書く。「彼は上級議員を手で払う仕草一つで首にすることができるし、実際1962年にそれをやったんだ」[2]

「ウエストバージニアとイリノイで君の助けが必要なんだ」ジョー・ケネディはシナトラに言った。「わかるだろ。フランク、俺は行けないんだ。彼らは友達だけど、俺は近づくことができない。君ならできる」[3]

ジョー・ケネディはジアンカーナにも個人的に頼みに行って会ったという証拠がある。シナトラが先に行って盛り上げ役をし、ケネディの素晴らしい面を激賞し、その後、ジョーがジアンカーナと会って締めくくるという具合である。

ジョー・ケネディは酒の密売ビジネスで最も成功した一人であるが、卑劣な人物と知られていた。彼の言うことを信じる人はいないのである。フランク・シナトラはカムバックしたばかりだった。シナトラは1950年代に流星のごとく現れ、アカデミー賞を得て、レコード売上トップのアーティストだった。カムバックはジアンカーナの盟友ジョニー・ロッセーリの尽力によるものだった。シナトラの立ち直りのきっかけになったのが、映画だった。ロッセーリはコロンビア映画社長のハリー・コーンと揃いの指輪をするくらい仲が良く、[4]「地上より永遠に」という真珠湾戦争映画の強気なしゃべりをする兵士アンジェロ・マジオ役をシナトラにやらせるよう依頼した。このやりとりは後に映画ゴッドファーザーでジャック・ウオルツ（コーン）、トム・ハーゲン（ロッセーリ）、ジョニー・フォンタナ（シナトラ）として描かれている。

「マジオ役はシナトラには行かないことになっていた」ロッセーリの関係者ジョー・セイドは言う。「彼はニューヨークの友達からその役をもらったんだ。ジョン・ロッセーリはその仲介さ。ジョニーがハリーに頼んだ。ハリーが役割を決める。厳しいビジネスだからね。君はこれを僕のためにしてくれ。でも我々はこれを君のためにしないかもしれないといった感じだね。誰が主役を張るかなんて問題じゃないんだ。いろんな影響力が関係しているんだ」[5]

ロッセーリはシナトラと同じく合法企業と犯罪企業の両方と関係していた。ロッセーリはジョー・ケネディの冷酷さを充分に承知していたので、ジアンカーナにケネディを推薦するようなことはしなかった。

対照的にシナトラはジアンカーナと親しかったこともあって、ケネディのイメージを売り込む理想的な推薦人だった。ジョー・ケネディがアメリカ中にジョンを『石鹸を売るように』売り込む一方、彼はケネディの父の約束をマフィアへ売り込んだ。シナトラはケネディ家族の一員になったように思っていた。しかし、間もなく、シナトラはジョーの言いなりになりながら、その仲間から追い出されてしまう。

「フランクは実際、大それたことを考えていたんだ。例えば大使になるとか」ロッセーリは後にジアンカーナに言う。「ピエール・サリンジャーとか、あの連中知ってるだろ。彼らはフランクなぞ要らないんだ。娼婦みたいに扱われているぜ。ファックして、カネ払って、おしまいさ」[6]

ケネディはかなりの献金を集めたが、ジアンカーナの経理マレー・ハンフリーからは一銭ももらえなかった。彼は共和党員で、ジョー・ケネディのことを糞の塊と評し、上院のマクレラン委員会での公聴会で労組への組織犯罪に関してボビー・ケネディが評議員としていかにギャング達を追求したかを指摘している。ケネディに献金する代わりに、マレーはニクソンに10万ドル送金した。他方、そのマフィアグループの中西部と南西部の構成員は（ニューヨークのボナノスからの資金を入れて）100万ドル以上をケネディに献金した。そして選挙の投票も力ずくで軍団を動かす約束をした。

選挙日のケネディ応援のギャング達の活動は『デュバルの帝王』ジョージ・パーも顔負けのものだった。架空票の投票、あるいは正当な選挙人が投票できなくされたり、票数のカウント操作が行われた。ニクソン側の選挙監視人により投票場の外での現金のやりとりがポラロイド写真に撮られた。投票者は脅迫され、骨折者も出た。

サム・ジアンカーナとそのシカゴの部隊がシカゴ票をJFKへ持って行ったことは間違いない。ジアンカーナは後に、「俺がいなかったら、ケネディはホワイトハウスに行けなかった」と言った。

しかし、マフィアは両サイドに深く関わっていた。

バートン・ハーシュはその最初の書物〈ボビーとJ・エドガー〉で、ジミー・ホッファーがその組合資金からニクソンに100万ドル献金し、他方東海岸のマフィア、フランク・コステロとマイヤー・ランスキーがやはり100万ドルニクソンに渡していることを明らかにしている。

リチャード・ニクソンには独自のマフィアとの付き合いがあった。ハリウッドのギャング、ミッキー・コーエンはマイヤー・ランスキーの西海岸での支部隊長だったが、1946年のニクソンの下院議員選挙でオレンジカウンティで大規模農園を経営するマイフォード・アービンを通じて資金援助している。1950年の上院選挙でもニクソンに援助し当選させた。

ニクソンの選挙マネジャーでギャング専門弁護士のマレー・チョトナーはその所属する弁護士事務所でコーエンの数多くの競馬違法賭博の弁護に携わり、1950年のニクソンの出馬を応援するようコーエンに資金を要請していた。

コーエンはハリウッド北イバール通りのキッカボッカホテルで会議を開催した。

賭博ビジネスの関係者数百人を招待し、ラスベガスから飛んでくるものもいた。コーエンはあとで言った。「会場には合法な人物は一人もいなかった」出席者はメイヤー・ランスキーの代理人達、ロスアンゼルスのマフィア、ジャック・ドラグナ、クリーブランドのマフィア代表のジョン・スカリッシュ、ユダヤマフィアのビル・プレッサーらであった。プレッサーの息子ジャッキーはロナルド・レーガンとの関係を活用して、国際労働者組合の会長に納まることになる。

コーエンによるとその夜の献金予定額は75,000ドルだった。それはニクソンの金庫に入る犯罪、賭博関連者からの収入予定金額だったが、予算より2万ドル足りなかったため、コーエンは会場のドアを閉めさせ、目標額が献金されるまで、誰も外へ出ることを許さなかった。

ニクソンがコーエンと最初に出会ったのは1946年、オレンジカウンティの鮮魚レストラン、グッドフェローズグロットであった。当時は個室があり、政治のことが自由に話せた。コーエンは1950年の選挙でニクソンを手助けするよう東から命令が来たことを告げた。それはニューヨークのボス、フランク・コステロとメイヤー・ランスキーのことで、二人とも全国シンジケートマフィアのボスだった。

皮肉なことに、ジョー・ケネディは当時上院議員のジョー・マカーシーと非常に親しく、信じられないのだが、リベラルであった時（シカゴのギャング、ジェイク・アービーを介して大統領候補のアドレイ・スティーブンソンに資金提供していた）、同じ時期にランスキーグループがニクソンの資金を担当しているところへ、25,000ドルを現金送金していた。

その後、1962年コーエンが収監されている時、民主党弁護士が彼に長年ニクソンを資金面で支えたこと、およびその何千ドルの資金はギャングの仲間から集めたことを宣誓のうえ証言させることに成功した。民主党は1962年のカリフォルニア知事選挙に出馬するニクソンにダメージを与えるために、その宣誓供述書をリークしようとした。現職の知事は民主党のエドムンド・G・『パット』・ブラウンだった。コーエンによる宣誓供述書はリークされなかったが、その選挙期間終わりの週にキューバミサイル危機が影響し、有権者がケネディ大統領の支持デモをしたこともあり、ニクソンは5%以上票を失って、敗れた。

もしも、マフィアと取引したあの尊大な父親が脳卒中で倒れることがなかったとしたら、司法長官のボビー・ケネディが組織犯罪に対する撲滅作戦を続けたかどうかはわからない。明らかなことは、シカゴの連中は何十万ドル（今のお金で何百万ドル）の資金をケネディ－ジョンソン陣営に渡し、1960年の予備選の西バージニアとウィスコンシン、1960年の本選挙のシカゴで運動員を派遣したことで、その後の安全の保証を買ったと考えていたことだ。

ジョー・ケネディとジアンカーナは予備選の前にまずシカゴ郊外フォレストパークのジアンカーナの本部で会い、その後大統領になるための素案作りをした。

「後に聞いたことですが、ジョー・ケネディはムーニーと区の委員であるパット・マーシーに息子の選挙でどのような協力をしてくれるのかを聞いていたといいます」その歴史的な会議に同席していた弁護士のロブ・マクドネルは言う。「ジョーは息子の選挙のことで頭がいっぱいだった。全く憑かれたようだった。そこでどんな契約が交わされたか、どんな約束がされたのか、知らない」[7]

そこで約束されたと推定される保証の一つは追放されたギャング、ジョー・アドニスに米国への帰国を許すということだった。アドニスはニューヨークのチャールス・『ラッキー』・ルチアーノの仲間のギャングで移民法違反の罪で1953年に国外追放されていた。

ジョー・ケネディはそのほかにも約束を保証するために、彼の所有するカルネバ・リゾートの持ち分をジアンカーナの関係者に譲渡したと言われている。そのリゾートはカリフォルニアとネバダの州をまたいで存在し、ネバダ州で賭博が認められなかった時代に、違法賭博を警察に踏み込まれたりすると、室内を設備移動させ、隣の州に移して、検挙を免れたりしていた。

そのリゾートのジョーの持ち分はバート・『ウインギー』・グローバーが表向き持っていることになっていた。

「ウインギーはジョーの昔からの手下で、あの施設の管理を任されていた」とガス・ルッソの書くシカゴギャングの物語〈ザ アウトフィット〉での現地人の回想である。[8]

ジョーとジアンカーナの間の怪しい取り決めに関するFBIの捜査メモが1962年に司法長官のボビーに送付されてきた。

この大統領選挙の直前、ジョセフ・P・ケネディ（ジョン・F・ケネディ大統領の父親）は賭博に関係する多くのギャングの訪問を受けた。取り決めの結果、タホ湖のカルネバ・ホテルの繁盛している賭博施設を、ピーター・ローフォード、フランク・シナトラ、ディーン・マーティン、その他のものが所有することになった。これらのギャング達は当時ケネディが滞在していたカルネバでジョセフ・ケネディと会ったと報告されている。[9]

カルネバに関する取り決めの詳細ははっきりしない。確かなことは、シナトラ、彼のマネジャーのハンク・サニコラ、友達の歌手ディーン・マーティンそれにアトランティックシティのギャング、スキニー・ダマートがリゾートの持ち分57%を買い取った。ジョン・ケネディが民主党の予備選に勝った1960年の7月13日にこの取引が公表された。

ディーン・マーティンはその夜、サンドでショウに出ていたが、「マフィアのすることにもいいことがあるんだよね」[10]とジョークを言って観客を唖然とさせた。ディノ（ディーン・マーティン）はごまかした。

ジアンカーナはケネディ兄弟が彼らの約束を守るだろうと考えていた。彼にすれば確かに、ケネディの父親はマフィアと強い絆のある悪徳資本家であり、裏社会の人間と変わりは無かった。マフィアには掟があり、ジョー・ケネディはジアンカーナのような人間との約束がどれほど重大な意味を持つか知っていた。

「花はそれぞれ違って咲くが……根は一つさ」ジアンカーナは弟に言った。「うわべに騙されるな、チャック。一度泥棒した奴は死ぬまで泥棒なんだ。ケネディの奴らはすまして、貴族出のふりをしてるが、やつらも俺も真実を知っている。俺たちはもとは同じなんだ」[11]

ホーボーケンで育った頃から仲間だったシナトラがケネディのことなら任しておけと確約してくれたことで、ジアンカーナは有頂天になり、彼は誰にでもそのことを得意になって話した。ジアンカーナの父親はシカゴのリトルイタリーの通りで手押し車を押して物売りをしてカネをつくったが、ジアンカーナ自身、シカゴでトップのマフィアに上り詰め、今や大統領をも自由にできると信じていた。ジアンカーナはイリノイ州の票をジョン・ケネディに持って行くのに苦労した。彼はシカゴのマフィアが統制している区の票をジョンへと振り替えるというやり方で8から20パーセントの差をつけた。[12]

「サム・ジアンカーナはいつもケネディ兄弟のことを話していた……、いつかの時点で兄弟2人と会っていたに違いない。ローフォードとジアンカーナはケネディ家とのおふざけを好んでしゃべってたし、ケネディ兄弟のためにムーニーが手配した女の子のことをよく話した。ジアンカーナはそれが自慢だったし、ケネディとのコネについても自慢だった」[13]

ジアンカーナはケネディ親子の約束を真に受けただけでなく、付き合いも変えた。シナトラはこういう影響を与える役回りにぴったりだった。彼の芸歴はマフィアとの繋がりで成り立ったが、ジョン・ケネディの義理の弟であるピーター・ローフォードとの付き合いが大統領になるケネディとの関係をさらに発展させた。

ジアンカーナの周辺はギャング稼業の先行きに暗雲が立ちこめ出したため、心配し始めた。ジアンカーナは堅気の面を強調し始め、ケネディ家との関係が急速に悪化し始めた時ですら、戦うべきときに供宴し、黙秘すべきときに話し出すことがあった。

「新聞の連中と関わるな」とハンフリーはジアンカーナに言った。「表に出るんじゃない。ムーニー、裏でいるんだ。おれならそうする」[14]

ジアンカーナの判断力が狂い出しているのがわかる逸話がある。マリリン・モンローがその早すぎる死を迎える1962年に彼はロッセーリ、シナトラ、ローフォード、それにマリリンとカルネバで週末を過ごした。ケネディが大統領になってすでに1年半経っており、組織犯罪への摘発が盛んに行われていた。ジアンカーナはマフィアへの攻勢が強まっている事を無視するわけではなかったが、セレブとの付き合いを止めることができなかった。1962年の7月27日から29日の週末については多く語られている。

「フィルムを現像したんです。いくつかの画像に、9個かな、マリリンがそれぞれの4人の上に乗ってるのが写ってました」写真家のウイリアム・ウッドフィールドは言う。"彼女は具合悪そうでした。彼女に馬乗りでセックスしてたり、起こそうとしてたり、ただ、どれがサム・ジアンカーナかはわかりませんでした。フランクが写真をどうしようと僕にたずねるので、僕なら燃やすよと言ったんです。彼はライターを出して、火をつけ、それでおしまいでした」[15]

モンローは当時ボビー・ケネディと関係していたが、彼が約束をすっぽかしたため、落ち込んでいた。ボビーはその週末カルネバで彼女と会う約束をしていたが、司法長官がキャンセルしたため、フランクとサムが横滑りしてきた。

「62年のカルネバにピーターとフランクがモンローと一緒にいた時、俺もいたんだ」とジェノベーゼ犯罪グループの一員ビンセント・『青い瞳のジミー』・アロは言う。「奴ら、彼女を毎晩薬漬けにしてたんだ。胸くそ悪いぜ」

モンローはマフィアの連中の気晴らしにされていた。「ジョニー・ロッセーリが週末にあそこに居たので、マリリンにケネディ達に好かれるように仕込むためのS&Mマフィアグループセックスの噂があったんだ」とシナトラの運転手ジョージ・ジャコブは言う。「彼女は奴らの女で、あのアイリッシュの兄弟の女じゃなかったんだ」[16]

ケネディ兄弟は簡単には言いなりにならなかった。ボビーは父が約束した契約を守るつもりは無かったし、ジョンも同じだった。ケネディ政権の始めから、選挙前に組織犯罪と築いた関係は直ちに切るというのが明らかだった。シナトラはケネディの父の約束を売り込むのがうますぎたといえる。今やボビーは司法長官となり、自分の父親の罪をあがなうためにマフィア撲滅に全力を尽くした。

「ボビーは何が何でもジアンカーナを逮捕しようとしていた」と司法省の弁護士ビル・ハンドリーは言う。

ケネディ兄弟はジョー・アドニスを合衆国へ帰国させるという約束を守らなかった。アドニスはイタリアで死ぬことになり、司法長官は合衆国に不法滞在している他のギャング達も国外追放しようとした。賭けはすべて外れの状態で、人気歌手シナトラの立場がなくなった。

「シナトラはあんな二股かけて、アホな奴だぜ」とスキニー・ダマートは言う。「ムーニーを騙す？　なにそれ、冗談じゃないぜ。もし歌があれほどうまくなかったなら、あんな裏切りをしてて、ただですむわけないだろ。俺たちの仲間内では、迷惑かけた奴は、殺られるんだ……サムに嘘つく？　そりゃないで。フランクがサムに言ったような話をして、その後息をしてた奴なんぞ、思いつかないぜ」[17]

シナトラは選挙の終盤、ケネディ兄弟に約束を守るよう念を押そうとしたが、無駄だった。ジアンカーナと手下のジョン・フォルモサとの会話が録音されていて、フォルモサがシナトラが言ったことを語る。「俺はサムの名前を紙に書いて、ボブ・ケネディに言ったんだ。『これは俺のダチなんだ。ここんとこよくわかって欲しいんだ。ボブ』」[18]

シナトラがその役割を果たした頃に、まもなく、彼はケネディファミリーから縁を切られる。

「奴ら（ケネディ）、奴（シナトラ）をカネ集めに利用しただけなんだ」とギャングのビニー・テレサが言ったところをFBIが盗聴している。「その後、手のひら返して、自分たちは犯罪と戦っていると言うんだ。マフィアと一緒にいる連中を批判するんだ。奴らは偽善者だよ」[19]

フランクは仲間と一緒にショーでジアンカーナに代償を払うようになる。彼とラットパックグループはジアンカーナ所有の劇場にただで出演したりした。それでも、ジアンカーナの『友達ら』はシナトラがマフィアのボスに恥をかかせたということで、彼を殺そうとしていた。

「奴（シナトラ）はこう言ったと思えば、1分もすれば、違うことを言う」ジアンカーナがロッセーリに話しているところをFBIが盗聴している。「で、奴と最後に話したのは、奴が行く1カ月前にフロリダのホテルで話した時さ、俺に言うんだよ、『心配すること無いって。オヤジさん（ジョー・ケネディ）と話せなかったら、あいつ（ケネディ大統領）に話すから』って。ロバートと話したと言ったと思えば、いや彼とは話してないと言う。だから奴は彼とは話していないんだ。たわごとだぜ。なんで俺に嘘言う？　こんな気分の悪いことないぜ」[20]

ジアンカーナがフランクに甘いのは、シナトラからケネディ達の約束の話を聞き、しかも信じてしまったところに現れているが、その後、ジアンカーナがシナトラ殺害の指示を取り消したところにも見られる。

「ある晩、シナトラのレコードをかけながらフィリス（マクガイアー）とやってたんだけど、その最中ずーっと考えてたんだ。『神様、この美しい声を抹殺することなどできるでしょうか？　世界で一番の声なんです』フランクはいい声持ってラッキーだぜ。それで命拾いした」[21]

選挙のあと、ジアンカーナは約束を反故にされ、まわりのものからの尊敬をも失った。

「関わった連中はみな関わるんじゃなかったと思ったわ」マレー・ハンフリーの妻ジーニは書いている。「すべてムーニーのせいにされたの。ジアンカーナは面子を失い、勢いを失いはじめた」[22]

ジアンカーナには二つの選択が残された。賭けを確実なものにするため、肩入れするか、あるいはカジノを閉鎖するかだった。ジアンカーナは二つの方法を用いて二つともやろうとする。一つ目はケネディ達が同意した約束を守らせるために、脅迫することだった。FBIのフーバーがやってたこととあまり変わらないもので、ケネディ兄弟に関わる低俗なことからすべての情報を集めて、支配しようとした。

「俺はケネディ兄弟のことを何でも知っているんだ」ジアンカーナは形勢が不利になりつつある政権初期にいらいらしながらFBIに話した。「いつか、すべてばらしてやる」と。[23]

選挙の前のことであるが、ジアンカーナは劇場を好みのものに変えようと、カジノの内部管理ができるジョニー・ロッセーリに目をつけ、ラスベガスの劇場を任せた。ロッセーリは映画会社の撮影所を恐喝した罪で服役した後、1950年代の始めにラスベガスに来てカジノにおけるマフィアの利益を守る仕事をしていた。間もなくラスベガスで、承認が必要なこととか、何かする必要が生じた場合、ロッセーリに会わないと話が進まなくなった。彼がカジノの建築、増築の財務を手配し、そこで興行するタレントも取り扱った。[24] 彼はまたサンド、トロピカーナ、リビエラの各ホテルの警備も請け負った。[25]

ジョン・ケネディが1960年2月にシナトラのコンサートに出席したのは偶然ではない。またそこでジュディ・キャンベルに彼が会ったのも偶然ではない。シナトラ、ジアンカーナ、ケネディらがキャンベルと関係を持つ前から、彼女はロッセーリと友達で、親密な関係にあった。

「ジョニーはジュディ・キャンベルが子供の頃から知ってるんです」とワーナーブラザーズのプロデューサーでバーニー・フォイの姪、マデリーン・オドンネルは言う。「彼女の最初の亭主はビル・キャンベルで、ビルはワーナーブラザーズで働いていて、二人はとても若く、ロッセーリのすぐ近くに住んでいたの」[26]

ジアンカーナはその後、キャンベルを愛人にし、ジョン・ケネディの脅迫に使うことになる。ジアンカーナはキャンベルを使ってケネディ兄弟を意のままにできると思っていたが、そうはいかなかった。

ケネディ脅迫がうまくいかず、ジアンカーナはジョニー・ロッセーリ、サント・トラフィカンテと一緒になってマフィアを隠密行動に利用しようとする政府内メンバーを見つける。フィデル・カストロ暗殺計画がその一つである。

ジョン・F・ケネディの選挙でただ働きさせられたジアンカーナは地下社会の掟を重視すると思われる男と大統領を取り替えることにことのほか興味を持った。CIAと共同で活動するにつれ、その男副大統領リンドン・ベインズ・ジョンソンとマフィアが接触するようになった。

マレー・『ザキャメル』の妻ジーン・ハンフリーは1960年の選挙におけるマフィアの強い影響を回想して次のように書いている。「ニクソンが選ばれるはずだった。そうすれば暗殺はなし、ウオーターゲート事件もなし、何よりも司法長官のボビー・ケネディもなかったはず。1960年以降それからの合衆国の歴史はニュージャージー出身の歌手の歌で感動させようとしたシカゴ西部のギャングが作り出したのよ」[27]

注釈

1. Russo, *The Outfit*, 373.
2. Hersh, *Bobby and J. Edgar*, 299.
3. Ibid., 193.
4. Rappleye and Becker, *All American Mafioso: The Johnny Rosselli Story*, 59.
5. Ibid., 133.
6. Rappleye and Becker, *A11 American Mafioso: The Johnny Rosselli Story*, 253.
7. Russo, *The Outfit*, 371.
8. Ibid., 377.
9. Ibid.
10. Nick Tosches. *Dino: Living High in the Dirty Business of Dreams* (New York: Doubleday, 1992), 329.
11. Sam Giancana and Chuck Giancana, *Double Cross*. (New York: Warner, 1993), 373.
12. Becker, *The Johnny Rosselli Story: All American Mafioso*, 206.
13. Russo, *The Outfit*, 387.
14. Ibid., 415.
15. Jay Margolis, *Marilyn Monroe: A Case. for Murder*. (Bloomington: iUniverse, 2011), 102.
16. Ibid., 102.
17. Russo, *The Outfit*, 423.
18. Goldfarb, *Perfect Villains, Imperfect Heroes*, 137.
19. James W. Hilty, *Robert Kennedy: Brother Protector*. (Philadelphia: Temple University Press, 1997), 208.
20. Rappleye and Becker, *All American Mafioso: The Johnny Rosselli Story*, 234.
21. Russo, *The Outfit*, 423.
22. Ibid., 407.
23. North, *Act of Treason*, 100.
24. Becker, *All American Mafioso: The Johnny Rosselli Story*, 169.
25. Ibid., 167.
26. Becker, *All American Mafioso: The Johnny Rosselli Story*, 208.
27. Russo, *The Outfit*, 403.

第8章
接点

ワシントンポスト紙のジャック・アンダーソンはジョニー・ロッセーリへの最後のインタビューでケネディ暗殺につき多くの事柄を聞いた。アンダーソンの記事内容はマフィアがジャック・ルビーに命令し、オズワルドを殺させたということだった。[1] ロッセーリは以前からアンダーソンに匿名で情報をリークしていた。多分、71才になってロッセーリは今までのギャングの寿命を超えてきたので、殺されるリスクがなくなったと思ったのかも知れない。多分断罪される時期が過ぎていたのだろう。彼はその前年、アメリカ上院の情報に関する特別調査委員会で、CIAとの共同活動での自己の役割につき二度証言しており、1976年夏に再度証言するよう働きかけられていた。

数年にわたり、ロッセーリは仲間内で厳しく隠匿されていた秘密を漏らしていた。ケネディ暗殺の共謀者達についてヒントになることをしゃべったりしていた。彼自身の関与も多く語った。ジョー・ボナンノと共に1970年始めにターミナル島に収監された時、ロッセーリはダラスでの襲撃における自分の役割についての異様な物語を語っている。

「サム（ジアンカーナ）と俺は、俺が撃つ役ってことで了解してた」とボナンノの説明によるとロッセーリが言った。「俺にはベストのチャンスだった。俺の持ち場はエルム通りの雨水排水溝で、パレードの運行ルートに面していた。車は俺の所から10フィートまで近づくはずだった。犯人役にされるカモを含めて4名だったが、カモ以外のサムや他の奴は俺が撃つ役だとわかっていた。全員が事前に二度集まった安全な家があった。サムは撃ったあと、どう動くことになってるか俺が理解してるか確かめたいと思っていた。俺は前日予行演習してたんだ。トリニティ川へ3ブロック行ったところに車があるんだ。

ところがよう、ビル、本番では車がなかったんだ。くそったれ、車がねえんだ。俺は溝の鉄パイプの上に立って、車の列がこっちへ向かって入ってくるのを見てた。奴の頭が10フィートぐらいのところかな、そのくらいまで近づいた。これを俺がはずすか？　わかってる？　俺はミスせんで。奴の頭が上に跳ねた。トンネルの中をネズミみたいに走りながらずーっと考えてたんだ。近かったなあ。奴らには銃口の火花が見えたぜ。あんなこと二度とできないぜ。俺の心臓は大砲みたいにばくばくしてたんだ。それがよう、くそ、バックアップがなかったんだ」[2]

この話はホラを吹くための偽情報だったか、あるいはロッセーリの妄想が飛躍したものだったのかもしれない。どちらにせよ、あまりにも生々しい。

1976年7月ロッセーリはタンパのギャングのボス、サント・トラフィカンテとローダーデールのレストラン、ザランディングで夕食を共にした。[3]この古くからの友人二人が何を話したかわからないが、トラフィカンテがハンマーを打ち下ろした。2日後ロッセーリが行方不明になった。8月7日マイアミ沖ダムファンディング湾で55ガロンの石油ドラム缶が見つかった。ドラム缶は穴をあけられ、チェーンを重しにしていてロッセーリの遺体が中にあった。鋸で半分に切られて詰められていた。遺体の腐敗でガスが生じ、ドラム缶が浮いたのだった。

ロッセーリの1957年型シェビーインパラがマイアミ国際空港の駐車場で義理の弟により発見された。[4]犯人はロッセーリの遺体が見つからないと思い、年老いたマフィアが長旅に出たと捜査機関に思わせたかったのだろう。

ロッセーリは若い時からジョー・ケネディの酒の密売取引を手伝い、ケネディ家と人生を共にしてきた。ロッセーリはラットパックやマリリン・モンローと付き合い、この連中と一緒にケネディ政権の入り口まで来ていた。そして彼はマフィアとCIAとの共謀によりその入り口の門を押し開けようとした。ロッセーリは常に、魅惑の頂点と爪に詰まったゴミの間を浮遊した。結局、彼はその両方に近づきすぎただけの存在だった。

その1年前、ロッセーリのマフィア仲間でCIAと協働していたサム・ジアンカーナも同じようなギャングっぽい仕打ちにあう。1975年6月19日の夜、ジアンカーナはイリノイ州オークパークの自宅地下台所でソーセージを料理していた。翌日には上院の特別委員会での尋問が予定されていた。ムーニーは出席できなくなってしまう。22口径の拳銃から後頭部に7発撃ち込まれたのだ。弾丸はジアンカーナの喉と口を撃ち抜いていた。組織犯罪専門の弁護士フランク・ラガノによるとこれはギャング関係の殺しと推定されるという。喉を撃ち抜く弾丸はジアンカーナがしゃべるべきでないことをしゃべった、口を撃ち抜いているのは二度としゃべれなくするという意味である。[5]

拳銃は近くの住宅地の道脇で発見された。警察はトラフィカンテとロッセーリの自宅のあるマイアミ地区まで捜査した。拳銃のメーカーは1965年6月20日にマイアミのディーラーに納品していた。[6]

ジアンカーナの自宅を絶え間なく監視しているはずの警察等の監視車両が、殺しの時刻には一台もなかった。

「FBI、CIA、それにオークパーク警察の複数車両が我が家の前にいつもあって、多少警護しているのでしょうが、我が家を監視してました」とシカゴマフィアのボスの娘アントワネット・ジアンカーナは記述している。「休憩で離れる時には、車1台だけが行き、そして戻って、そのあとで別の車が行くといった具合でした。この信じられないような手順が何カ月も継続されてました。殺人のあった夜のことですが、使用人のジョーが車3台が一度にうちの敷地から出ていったというんです。多分敷地から離れるよう命令があったのだと思います。父を殺した犯人は地下から侵入したと思います。あのドアはいつも施錠されていなかったから。車3台が敷地から離れたとたん、父は7回も撃たれたんです。一度ではなく、7回も。よほど死んだのを確かめたかったのね。ジョーは父が大丈夫か、降りて行って血の海になっている台所に父の遺体を見つけ、オークパーク警察に電話しました。それで初めていつもの3台の車が戻ってきたんです。この3台の車が父が殺される前に出て行き、死んでから3台一緒に戻ってくるなんて偶然とは思えない」[7]

数十年経って、ジアンカーナの弟チャックと甥のサムが〈裏切り〉という本を出版したが、そこにはケネディ襲撃で『モモ』(ジアンカーナ)が共犯であったことを簡潔に述べている。

「へい」とムーニーは厳しい調子で言った。彼は前のめりになり、両手でゲンコツをつくった。「あのくそったれのFBIのGメンなんか忘れるんだ。俺が言ってるのはCIAの奴のことなんだ。奴らは違うんだ。夜と昼くらいにな。

俺たちはおめえに言う暇がないくらい一緒にパートナーとして仕事してきたんだ。そろそろわかってもいい頃だ」

「俺なんかにはいつまで経ってもわからないことなんだよね」とチャックはムーニーの尊大な態度にむかついて反抗的に言った。

ムーニーは怖い顔をして、椅子から立ち上がり、葉巻を手に、部屋の向こうからやって来た。チャックのところへ来て、声をひそめ不機嫌に言った。「こう言ったらわかるかな」彼はチャックを無表情で、何を考えているのかわからないような目つきで見つめて言った。「俺たちはケネディの始末をしたんだ、一緒にな」彼は葉巻を口にやり、残酷な笑みを浮かべた。[8]

マフィアとCIAの協力はこれが初めてではなかった。1942年にジェノベーゼ犯罪ファミリーのボス、チャールズ・『ラッキー』・ルチアーノと戦時中アメリカ軍の軍港を守るために協力したことがあった。[9] ルチアーノは当時長期間刑務所に収監されていたが、刑期を短くしてもらうために喜んで国に協力したのだった。

二度目のCIA―マフィア共謀はもっと複雑になる。

ロバート・マヒューは元FBI捜査官で1954年に私立探偵事務所を開設していた。表向きで有名な活動は1955年から1970年にかけてエキセントリックな大物ビジネスマン、ハワード・ヒューズのために活動したことだった。マヒューの仕事は時折CIAにより盗聴された。彼は1950年代にジョニー・ロッセーリと会っており、闇社会との取引には完璧な仲介人だった。マヒューはロッセーリの裏社会での実態は知らないと証言しているが、「彼（ロッセーリ）ほどラスベガスでの仕事で何でもまかせられる人物はいない」ことだけはよくわかっていた。[10]

機密解除された文書によるとマヒューは当時CIAの仕事をしていて、1960年9月始めに、ビバリーヒルズのブラウンダービーでロッセーリに面会し、海外の仕事としてカストロ暗殺を持ちかけた。[11]

ロッセーリは、マヒューの言葉によると「プロジェクト参加には気が進まない様子だったが、最後には政府に対し義務があることだしと言って、ついには参加することに同意した」[12]

ピッグズ湾と同様、この作戦はマイアミの亡命者社会の連絡員と、キューバに巨額投資してるマフィア関係者のキューバ国内の連絡員をメンバーとしていた。ロッセーリは『ジョン・ロールストン』という偽名で、キューバに所有する財産を何とかしたいと助けを求めるウオール街のビジネスマンになりすまし、マイアミ連絡員となった。他のギャング、サム・ジアンカーナは『サム・ゴールド』という名前で、サントス・トラフィカンテは『ジョー』という名で参加していた。

トラフィカンテはキューバ国内で活動するのに最適だった。彼はスペイン語が流ちょうで、サンスウチのナイトクラブとカジノそれにハバナのコモドーロホテルとドウビルカジノに投資していた。トラフィカンテは1950年代の観光地としてキューバに目をつけた多くのギャング、金融業者、資金運用者のうちの一人だった。キューバは青々とした自然に恵まれ、賭博についてはゆるい法規制で、投資には悪くない場所だった。当時キューバの独裁者であったフルヘンシオ・バチスタは100万ドルを超えるホテル投資には1ドルにつき、1ドル補助し、しかもカジノライセンスを特典として与えた。海外からの旅行者が持ち込むドルが増え、利益が上がり、持続しそうに思えたため、トラフィカンテの知る範囲では、若い革命家フィデル・カストロは脅威ではなかった。

「彼が政権をとるのは確実だと思っていた」トラフィカンテは言う。「新聞で彼の記事を読めば、盗賊みたいな奴と書かれていた」[13]

カストロは事実政権を奪取し、すべての企業を国有化していった。カジノはやがて閉鎖され、トラフィカンテはトレスコルニア刑務所に収監され、アメリカへ送り返されるのを待つ身となった。

CIAの任務はマフィアに失った財産を取り返すチャンスを与えることになり、それはマフィアと政府の接点を作り出すという珍しい機会を提供することになった。数々の暗殺計画のための人集め、立案および実行は、時には陰謀的であり、時には茶番劇だった。

当初はカストロをギャング風に殺すというアイディアだったが、この作戦の要員を見つけるのは容易でないと気づき、ジアンカーナはカストロに対しては銃器を使わないよう提案した。「襲撃ではなく、ナイスでイージーな」やり方とロッセーリの言葉であるが、毒薬に落ち着いた。カストロの飲料に混入させるのである。[14]

1960年8月の最初の試みは失敗した。カストロの有名な葉巻に液状のボツリヌス菌を注入しようとしたのだった。この毒は筋肉を麻痺させ呼吸困難を引き起こす。毒性が強力なためカストロがその唇を葉巻に触れただけで死に至る。[15]

他の試みでは、CIAの技術サービス部門で製造したボツリヌス菌入り錠剤がロッセーリに渡された。1961年の始めにその錠剤はジアンカーナが任せることができると判断したフアン・オルタに託された。オルタはカストロの私設秘書でマフィアの賭博収益からキックバックを受け取っていた。この金銭の縛りでオルタは実行せざるを得なくなっていた。残念ながら、彼はびびってしまい未遂に終わった。[16]

オルタの代わりにトラフィカンテが見つけた内部者はトニー・ベローナといい、キューバ亡命者のリーダーでカストロ政権転覆に執念を燃やしていた。ベローナはアメリカのギャングとも繋がりがあった。彼らは「カストロ政権が転覆したときには賭博、売春それにキューバでの麻薬取引を独占するために」[17] 反カストロ活動に資金援助していた。CIAはベローナの動機を充分に理解したうえで作戦を実行に移した。ベローナには錠剤と5万ドル、それにカストロがよく訪れるレストランでその食事に毒をまぎれこませる計画書が渡された。ベローナがカストロがそのレストランで食事をしなくなっていることに気づき、その計画は不首尾に終わった。[18]

1962年の2月、マヒューが個人的にジアンカーナのためにコメディアンのダン・ローワンのホテルの部屋を盗聴していることをCIAが発見し、作戦はおもしろい展開となる。ジアンカーナの愛人、歌手のフィリス・マクガイヤーはラスベガスのナイトクラブでローワンと公演していたが、ジアンカーナは彼がマクガイヤーに気のあるそぶりを見せているという噂をきいた。疑いを持ったジアンカーナは彼らの関係がベッドの上までいっているか気になっていた。CIAがこの盗聴を発見し、マヒューは起訴されたが、その後のCIAの要請で事件は取り下げられた。[19]

ボビー・ケネディはカストロのキューバを転覆するためのCIAによる秘密作戦は大いに支持していたが、CIAがマフィアを使っていることを知らされ、驚愕した。これらの二つの組織が共謀している事実が、ローワンのホテルルームの不法な盗聴から明らかになったのだ。ボビーが敵と公言している組織犯罪をCIAが利用しているという事実はただでさえ、CIAへの信頼をなくしてきている彼を怒らせ、多分恐れさせたであろう。

「今後、組織犯罪、ギャング連中と共同活動を行うことがあるならば、司法長官である私に報告するように」ボビー・ケネディはCIAのセキュリティ担当長官のシェフィールド・エドワードと顧問のローレンス・ヒューストンに伝えた。[20]

CIAとマフィアの関係は、司法長官からの厳しい警告とエドワード、ヒューストンらの確約にもかかわらず、終わることはなかった。

ローワンの盗聴事件の3カ月後、CIAの捜査官ビル・ハーベイがロッセーリの担当官となった。ハーベイは1961年以来、カストロ暗殺計画のZR/RIFLEの責任者を務めていた。ハーベイは作戦40とも接点があったと思われる。この作戦は当時のCIA長官アレン・ダレスにより開始され、当初から副大統領のリチャード・ニクソンが責任者だった。CIA認定の暗殺部隊で、失敗したピッグズ湾で世間に知られることになる。この任務に必要なしかも予定された空撃支援を出さなかったケネディ大統領の臆病さが原因と広く思われたことで作戦40のメンバーの憎悪は煮えたぎった。メンバーにはE・ハワード・ハント、フランク・スタージス（別称フランク・フィオリーニ）、デイブ・モラレス、それにバーナード・ベイカーがいた。何人かはケネディ暗殺で登場し、またウオーターゲート事件でも再登場する。ハーベイが着任したことで彼とロッセーリはより綿密に連絡しあい、CIAとマフィアの暗殺メンバーが堅く結ばれた。

『アメリカのジェームズ・ボンド』との触れ込みがあったハーベイに関するジョン・ケネディの第一印象は想像とはかけ離れたものだった。ケネディはジェームズ・ボンドのファンだったので、一度作者のイアン・フレミングに彼ならカストロをどう始末するか聞いたことがあった。太鼓腹で甲状腺の異常からはれぼったい目をした髪がくしゃくしゃのハーベイは洗練された超スパイとは全く違ってた。

ハーベイが007に比較されたのは、敵に知られず完遂する彼の仕事ぶりによる。一例は1953年のベルリントンネル作戦で、CIAでの若い頃の偉大な成果であった。現場責任者として、ベルリン南部の地下を掘り、ソビエト占領下の東ドイツとソビエト連邦の他の地域との通信を傍受する作戦を統括していた。[21] 敵国の地下で目立たずに実行できたため、トンネルによってソビエトに関する軍事および外交についての重要な情報をアメリカは入手することができた。

ケネディのCIAに対する評価、特にハーベイに対する評価は悪化した。ケネディ大統領にとって、ハーベイはCIAという組織の問題点そのものだった。ハーベイ自身ケネディ兄弟に最初から敬意を持っていたわけではなかった。私語では、ますます干渉してくるボビーのことを当たり前のように『あの糞やろー』[22]と言っていた。ハーベイは、しかし、CIAとマフィアの共謀にぴったりの男だった。スパイ小説のような作戦だったので、秘密性が求められた。1962年5月セキュリティ担当長官のエドワードに電話でハーベイは「今後、ロッセーリを使う作戦は止めます」[23]と伝えた。これについてハーベイは彼が『継続中の作戦』を自分が引き継いだのだと主張する。[24] この電話の会話はエドワードをわざと勘違いさせるものだった。作戦は継続していた。ただ目的は違うものになっていて、小隊のメンバーのみが知っているだけだった。

「私は他のメンバーを外したかっただけなんです」とハーベイは後にチャーチ委員会での調査官に回答した。[25]

同じ月にキーラーゴ島にロッセーリのための基地が建設され、スナイパー養成の目的で軍の一隊が彼に任された。[26]

国外指導者のいわゆる暗殺計画に関する1975年のチャーチ委員会での公聴会での問題点、CIAの誰が責任者で、どの職位が関わっていたかにつき、CIA内で結論の出ない責任のなすりつけあいが続いた。ペンシルバニア州の上院議員のリチャード・シュワイカーは、委員会のメンバーであったが、ハーベイへの尋問でこう言った。「ハーベイさん、あなたの前回の尋問のあと、何人も、何人も、何人も証人を呼び出し、証言してもらった。彼らは言うんですよ。あなたが間違ってたんだと。CIAは管理不能の状態になっていて、下士官は発狂してたんだと」[27]

CIAとハーベイはNSC10／2の承認により認められた権限で活動していた。ハーベイは停止するよう命じられた作戦を継続して実行していた。なぜなら続ける権限が彼にあると信じていたのである。ハーベイは国外に転勤させられたあと、作戦を続けようとした。

1963年ミサイル危機の時期に、政府内では秘密であったが、侵攻のため軍をキューバに派遣したあと、ハーベイはボビー・ケネディによりローマの出先機関にほうり出された。遠くへ派遣され、フロリダのカストロ作戦に関わらないよう命令されているにも関わらず、ハーベイは何度もフロリダのキー島へロッセーリに会いに戻っていた。ロッセーリのCIAとの仕事はすでに解除されていたにも関わらず。ハーベイはロッセーリ、CIA士官デイビット・アトリー・フィリップ、それに作戦40のメンバーデイビット・モラレスと密会している。[28]

ハーベイは1963年中何度もロッセーリと会っている。1963年の4月18日、19日にはハーベイとロッセーリはボートをチャーターし、監視の届かないプランテイションキーの沖で私的事柄を会話した。

「過去どう生きてきたかは別にして、私との関わりでは、彼は誠実だった」とハーベイはマフィアの友であるジョン・ロッセーリのことを話した。[29]

作戦40とマフィアメンバーの協力はジョン・ケネディ暗殺に不可欠だった。リンドン・ジョンソンにとって古くからのテキサスの仲間内の取り決めでは不十分で、より精巧な計画が必要だった。CIAとマフィアメンバーも同じように場所、命令系統、それに証拠隠滅を効果的に管理するのにLBJを頼ることになる。

「俺にはハーベイとLBJが一種の盗賊同盟を結成しているのが目に浮かぶよ」作戦40の要員で、ウオーターゲートの要員集めと組織化担当だったE・ハワード・ハントが言う。「LBJはチャンスを逃がさない男で、自分にとっての障害物は平気で取り払う奴だ」

「CIAほど、内密不法行為と言っていいのか、この点で恵まれている組織はない」とハントは付け加える。「奴らは何か実行し、終わって背を向けて離れ、次の何かに着手するんだ」[30]

ハントが告白したのは臨終の時だった。彼はある筋から『ビッグイベント』という触れ込みの暗殺の『補欠』をしないかと連絡を受けた。ハントは1963年11月22日にダラスにいたのだろうか？　1974年のロックフェラー委員会の結論では、ハントは暗殺の前の2週間の期間にCIAで11時間の病気欠勤届を出している。ハントの息子セント・ジョン・ハントによると彼の母親が1963年の11月22日にハワードがダラスに出張だと彼に言ったことを覚えているという。後にフロリダ地裁での宣誓のうえでの証言で、証人マリタ・ロレンツはケネディ暗殺の前夜ダラスでハントが暗殺チームといるのを見たという。「家の中で彼（E・ハワード・ハント）がよく言ったセリフは『さあ仕事を終えよう！　テッド（ケネディ）を撃って』だった」セント・ジョン・ハントは言う。

ハントが死ぬ間際まで告白しなかった理由は彼自身と家族が殺される恐れを抱いていたからだと息子のセント・ジョン・ハントは説明する。ハントの妻ドロシーは1972年にシカゴの45名の死者を出した飛行機事故で死亡していた。ハントは事故ではないと信じていた。

「後にこのベッドでの告白で彼は涙を溢れさせてこう言ったんです。『セント、俺は奴らがおまえの母さんにやったこと、おまえの子供達にしかねないことを心配してるんだ。身の毛がよだつんだ』これは父がパイロットの過失とは全く異なる何かが行われていたと考えたことを初めて語ったのでした」とセント・ジョン・ハントは言った。[31]

ハントの考えでは、ジョンソンと会ってた男とは、「大組織を仕切り、完全に秘密にしておける人物」CIAのコード・メイヤーであった。

暗殺の時点でメイヤーの元妻メリーはジョン・ケネディの愛人の一人であったので、メイヤーはジョンソンに近づきやすかった。

「ジョンはメリーを愛していて、大統領職を終えたら、将来メリーと一緒になり、ジャッキーとは離婚したいとケニー・オドンネルに打ち明けていた」と調査ジャーナリストのレオ・ダモレは言う。ダモレはケネディ大統領とメリー・メイヤーとの情事について本を書いていたが、1995年に不可解な自ら撃ったとされる銃撃で死亡した。[32]

コード・メイヤーは妻をケネディに奪われ、すべてを失った。ケネディの死後1年経って、メリー・メイヤーは何者かに暗殺された。2001年ワシントンの介護施設でメイヤーはメリーを殺した連中は「ジョン・F・ケネディを殺したのと同じくそったれやろーどもだ」と作家C・デイビッド・ヘイマンに語った。[33]

リンドン・ジョンソンもテキサスの石油マネーを通じてCIAと多くのコネがあった。その中でメインはテキサス教科書倉庫ビルのオーナーでLBJの石油業仲間のD・H・バードだった。彼は上院議員のハリー・F・バードの従兄弟で、その政治マシーンは1920年半ばから1966年までバージニアの政界を牛耳っていた。

1960年の民主党予備選でバージニアのハリー・バード上院議員はリンドン・ジョンソンの要請を受けてヒューバート・ハンフリーの応援のため西バージニアまで入り込んでいた。LBJはケネディの飛躍をブロックしたかったが、予備選に参戦できていなかった。H・L・ハントは反ケネディを繰り返し唱え、彼を法王やカトリックに結びつけ州を回った。1964年上院の仲間J・ストルム・サーモンドがゴールドウオーター支持のため民主党を離党したのとは異なり、バードはジョンソン—ハンフリーを支持して、レディ・バード・ジョンソンを同伴してバージニアを選挙運動でまわった。

これとは対照的に1960年にはバードは「黄金の沈黙を守る」と言ってケネディ支持を保留した。事実、バードはジョンソンと共に新しく誕生したCIAを当初から監督する立場の議員のメンバーだった。

リンドン・ジョンソンは機密情報部と軍に深い関わりを持っていた。ジョンソン上院議員と彼の片腕ウオルター・ジェンキンスは二人ともQクリアランス、特に原子力関係の原料についてのエネルギー部門の最高レベルの秘密情報取扱資格を与えられていた。

暗殺計画にCIAを引き込むコネクションとして石油業界の大物クリント・マーチソンの存在がある。マーチソンは長年テキサスの石油業界のためにCIA、FBIそれにマフィアの連中と共謀してきた。彼はリゾートにあるラ・ホーヤ、カリフォルニアデルマール競馬場、それに近くのホテルデルチャーロを所有していたので、そこでこれらのグループのメンバーを接待し、紹介しあっていた。カルロス・マルチェーロとジャック・ルビーはデルマール競馬場の常連だった。

ハリー・ホールは組織犯罪グループの関係者で、ジャック・ルビーの賭博仲間だったが、よくデルマールでルビーと一緒に賭をして遊んでいた。彼はある時LJBのビジネスパートナーでJFK暗殺の資金提供者である石油業者H・L・ハントとコットンボウルとローズボウルの賭をして、かなりの金額をせしめたと言われている。[34]

マーチソンの闇深い関係を通じて、リンドン・ジョンソンが大統領になるメリットを持つ者達が連合することになる。

マーチソンなら簡単にメイヤーとジョンソンを引き合わせ、CIAとマフィアの暗殺部隊を組み入れることができただろう。ハービーのCIA―マフィア殺し部隊はプロであるが故に暗殺には欠かすことができなかった。JFKの除去のためには彼らは従順な兵士となり、記録からも外された。事実、5月14日の司法長官、シェフィールド・エドワードそれにローレンス・ヒューストンらの会議では暗殺のための小グループはもはや存在しないことになっており、CIAの上層部でもそういう理解だった。

アレン・ダレスの後任となったCIA長官ジョン・マコーン自身、グループの存在を知らなかった。

副大統領と深い関係を持つマーチソンはマフィア、CIA、それにFBIはジョン・ケネディ暗殺の前夜それぞれ4グループからメンバーを集めて接待していた。マーチソンはいろんなルートでCIAに繋がっていたので、CIAの中の多くの捜査官、オズワルド担当のCIAジョージ・ド・モーレンシルトや後にCIA長官になるジョージ・H・W・ブッシュとも関係していた。この二人はマーチソンのハイチへの投資を守るために活動していた。CIAやテキサスの石油資本、LBJ、それにジョンソンの右腕ボビー・ベーカーらもマーチソンのハイチビジネスの利益を守るよう活動させられていた。[35]

ハントが名を挙げたもう1人の男がCIAの暗殺担当デイビット・『エルインディオ』・モラレスだった。

「デイブ・モラレスはCIAの汚い仕事を担当していた」とカストロ前のハバナでモラレスと仕事をしたウェイン・スミスは言う。「もし彼がマフィアの人間だったら、殺し屋と呼ばれただろう」[36]

酒飲みで凶暴という性格は暗殺契約にぴったりだった。彼は命令に忠実な兵士だった。グアテマラで民主的に選出されたジャコボ・アルベンツ・グズマン大統領を1954年のクーデターで倒した時のメンバーで、エルネスト・『チェ』・ゲバラを追跡して殺害したメンバーにも属していた。[37] モラレスはピッグズ湾侵攻の失敗はケネディ兄弟の裏切りが原因と考えて憎悪を抱いていた。

「もしあのボケナス（ジョン・ケネディ）のために（ピッグズ湾で）彼らが全員死んだんなら、奴は死んで当然や」とルーベン・カルバハールは言う。彼はモラレスの親しい友人の一人で彼やモラレスがあの作戦をどう考えていたかを説明する。「国民とか部下に嘘ついたらあかんわな。言うたことは守らんと。俺の父ちゃんがおせえてくれたんや。もしも父ちゃんがやな、俺に嘘ゆうたとせんかいな、死んでもらうことになるがな」[38]

モラレスの弁護士ロバート・ウオルトンはエルインディオがJFK暗殺に荷担したと告白したと何度も言った。モラレスはウオルトンに言った。「俺達があのくそったれ野郎を殺った時、俺はダラスにいた。俺達があのちび野郎を殺った時、俺は（ロバート・ケネディが殺害された）ロスアンゼルスにいた」[39]

1978年5月、暗殺に関する下院の特別調査委員会に召喚されていたモラレスは他の多くの注目の人物と同様、ケネディ暗殺に関する証言の直前に突如死亡した。52才で心臓病であっさり死んだのだ。

1975年のチャーチ委員会での証言のあと、ビル・ハーベイは暗殺にCIAの荷担があったかについて知っていたかと質問を受け、曖昧なメッセージを残した。「彼らは的確な質問をしなかった」と。

ハーベイは1年後心臓麻痺で死亡しているのを発見された。

JFK暗殺研究者のジェイムス・レサーはJFK暗殺の取調において『最後まで残った、解明されていない流れの一つがこの暗殺におけるビル・ハーベイの役割』であったとコメントしている。[40]

HSCA（下院の暗殺に関する特別調査委員会）においてコネチカット州の上院議員トーマス・ドットからケネディ暗殺時のCIAの隠密活動に関し質問を受けたリチャード・ヘルムは、暗殺当時彼はCIAの計画担当副長官だったので、作戦40やマフィアの利用などに詳しいはずであったが、簡単には回答しなかった。

ヘルム氏：あのうですね～ある特定の計画の他の計画との相互関連性と言いますか、事実の発生過程に与えるその影響をですね、公正に評価するということは私の立場からしますと非常に困難なことでありまして、そのことはご質問されているあなたにとっても同様に困難なことと考えられます。仮にですよ、私が具体的に発言して、そうです。我々はこうしようとしてたんですと言ったとしても、それがウオーレン委員会のやり方による結論を変えるようなことがあったと言えるでしょうか？

ドット氏：そこのところを解明するのがウオーレン委員会の仕事だったのではないですか？

ヘルム氏：全くおっしゃるとおりだと思いますが、明白なことですが、そのチャンスがなかったんでしょうね。[41]

ワシントンポスト紙のジョージ・ラードナーはこのHSCAでの証言の休憩時間にリチャード・ヘルムが記者団に話したことを報道している。

ヘルムは休憩中に記者達にリー・ハーベイ・オズワルドが何者か、どの関係者か今後誰も知ることはないだろうと言った。記者からの質問で、オズワルドがKGBと繋がっていたのか、それともCIAと繋がっていたのか、CIAは関知しているのかとたずねられ、ヘルムは苦笑いして少し考え、覚えていないと言った。更に問い詰められると、「君たちの質問は、委員会の質問とおなじでひどいもんだ」と言った。

注釈

1. Jack Anderson, *The Washington Post* (September 7,1976).
2. Bill Bonanno, *Bound by Honor: A Mafioso's Story* (New York: St. Martin's Press, 1999.), 263.
3. Ragano, *Mob Lawyer*, 325.
4. *Tri City Herald* [Kennewick, Washington] (September 26,1976).
5. Ragano, *Mob Lawyer*, 325.
6. *Sarasota HeraldTribune*, December 31,1975.
7. Antoinette Giancana, John R. Hughes, and Thomas H. Jobe, *JFK and Sam: The Connection between the Giancana and Kennedy Assassinations* (Nashville: Cumberland House, 2005), 69-70.
8. Chuck Giancana, *Double Cross*, 457.
9. Becker, *All American Mafioso: The Johnny Rosselli Story*, 153.
10. "AARC Public Library - Interim Report: Alleged Assassination Plots Involving Foreign Leaders," (April 10,2012), aarclibrary.org/publib/contents/church/contents_church_reports_ir.htm.

11. www.foia.cia.gov/docs/DOC_0001451843/DOC_0001451843.pdf.
12. *Alleged Assassination Plots*, 75.
13. HSCA Report, vol. 5:35.
14. *Alleged Assassination Plots*, 80.
15. "Report on Plots to Assassinate Fidel Castro" (1967 Inspector General's Report), *HSCA Segregated CIA Collection, microfilm* (November 10,2012), maryferrell.org/mffweb/archive/viewer/showDoc.do?docId=9983.
16. Central Intelligence Agency, "Family Jewels," foia.cia.gov/docs/DOC_0001451843/DOC_0001451843.pdf.
17. *Plots to Assassinate Fidel Castro*, 29.
18. *Plots to Assassinate Fidel Castro,* 32.
19. Central Intelligence Agency, "Family Jewels," 46-47.
20. Talbot, *Brothers*, 86.
21. Bayard Stockton, *Flawed Patriot: The Rise and Fall of CIA Legend Bill Harvey*, (Washington: Potomac, 2006), 72.
22. Hersh, *Bobby and J. Edgar*, 310.
23. Ibid.
24. Ibid.
25. Church Committee testimony of William K. Harvey.
26. Stockton, *Flawed Patriot*, 179.
27. Testimony of William K. Harvey, 45.
28. Phillip Nelson, *LBJ: The Mastermind of the JFK Assassination* (New York: Skyhorse Publishing, 2011), 102.
29. Talbot, *Brothers*, 170.
30. The Alex Jones Channel, "Exclusive Interview with E. Howard Hunt: The JFK Cover-Up," youtube.com/watch?v=DbD_u7nUB_c.
31. Paul Joseph Watson, "Son of JFK Conspirator Drops New Bombshell Revelations," *Prison Planet* (May 3,2009).
32. Janney, *Mary's Mosaic*, 230-231.
33. Richard Gilbride, *Matrix for Assassination: The JFK Conspiracy* (Bloomington: Trafford Publishing, 2009), 204.
34. Dale Scott, Peter, Deep Politics and the Death of JFK, pg. 205.
35. Miller, David, The JFK Conspiracy, pg. 175.
36. Talbot, *Brothers*, 398.
37. Ibid., 399.
38. Ibid., 400.
39. Ibid., 399.
40. Stockton, *Flawed Patriot*, 193.
41. HSCA testimony of Richard Helms.

第9章
ウオーターゲートへの道

ニクソンは作戦40に深く関わっていたので、E・ハワード・ハント、フランク・スタージス、それにデイビット・モラレスをメンバーとするCIA暗殺チームのことを充分認識していた。

ニクソン政権時の司法長官だったジョン・ミッチェルが私に言ってくれたことだが、副大統領ニクソンがカストロ殺害計画でCIAが組織犯罪グループと手を組むことを承認した1971年にミッチェルはそのことを知ったという。ニクソンが1960年11月に大統領選で意外な負けかたをした少し前の頃、CIAは元FBIの捜査官だったマヒューにジョニー・ロッセーリを通じてマフィアに接触させた。マヒューの接触活動はまだニクソンが監督していた頃に行われており、当時誰もがニクソンが次期大統領になるものと信じていた。ニクソン自身マヒューとは長期にわたる個人的繋がりがあり、マヒューはヒューズからの政治献金をニクソンに環流させていた。ニクソンはCIA主導の作戦の責任者だったので、彼がそのマフィアへの働きかけを知らないはずがなかった。当時ニクソンはCIAだけでなくヒューズとマヒューとも関係を持っていた。これらは後に彼を悩ますことになる。

ニクソンの弟ダンが南カリフォルニアに『ニクソンバーガー』というハンバーガーチェーンを設立した時、ヒューズはダンに205,000ドル貸し付けた。ニクソンの母ハンナ・ミルハウス・ニクソンがその借入の担保として彼女の家を提供した。この借入のニュースは1960年の終わり頃にマスコミに出たため、あまり問題視されなかった。[1]

カリフォルニア知事のパット・ブラウンとカリフォルニア民主党はニクソンが1962年にカリフォルニア知事選に出たとき、この借入金問題をうまく蒸し返し、ニクソンは敗退することになった。ある時、民主党の策略家ディック・タックがサンフランシスコのチャイナタウンで行われたニクソン応援集会に中国語で書かれた巨大な垂れ幕を掲げた。それには「ニクソン！　ヒューズから借りた借金はどうなった？」と書かれていた。ニクソンがスピーチするたびに、彼がわかっていないと聴衆は笑った。確かにニクソンはヒューズやマヒューをよく知っていたが、その代償も払わされていた。

ウオーターゲート事件はニクソン政権を転覆するためCIAが主導したクーデターだと私が信じる理由を述べたいと思う。まず私はウオーターゲート事件の犯人が民主党本部に押し入った理由は、マヒューが民主党会長のラリー・オブライアン（元ケネディの部下）を内密のロビイストに雇ったからだと考えている。ニクソン周辺の誰かがオブライアンがニクソンとマヒュー、それに孤高の事業家ヒューズとの関係を示す資料を持つか、関係を知っているか知りたかったのだと思う。別の説として、ホワイトハウス顧問だったジョン・ディーンがコールガールの組織に関する記録を盗む目的でウオーターゲート侵入をもくろんだという見方もある。民主党はこの組織を高官の来賓や大物を集めたパーティで接待のため女性を派遣するのに利用していた。ディーンの女友達で後に妻となるモリーン・『ビッグ　モー』・バインダーはこのエスコートサービスで働いていた。この説を排除するわけではないが、私はニクソンが1962年にヒューズとの金銭問題で追及されたことから、ヒューズとの問題が頭から離れず、侵入に繋がったのではないかと考えている。

調査ジャーナリストのラマー・ウオルドンはその著書〈ウオーターゲート：隠された歴史〉で注目すべき説を述べている。侵入目的は、CIAがフィデル・カストロ暗殺にマフィアの殺し屋を採用することを副大統領ニクソンが承認した文書を入手することだったというのである。ニクソンはこのカストロ暗殺計画が迷走し、結局ケネディ暗殺に繋がったことを充分理解していたと思う。これらの作戦に関わったメンバーの顔ぶれは偶然とはいえないほど一致している。番組『60分』の制作者ダン・ヒューウィットは上院議員のハワード・ベイカーが明かした逸話を述べる。ベイカーがニクソンに本当は誰がケネディを殺したのかきいた。「君は知りたくないだろう」とニクソンは素っ気なく答えたという。

大統領になった当初からニクソンはピッグズ湾の古兵とケネディ暗殺との関連性を示すCIAの記録を探っていた。ホワイトハウスの主任スタッフH・R・“ボブ”・ハルドマンはJFK暗殺の再調査とその関係資料の収集をニクソンに提案したが、退けられたと語った。他方、ニクソン政権国内政策アドバイザーのジョン・アーリックマンは、ニクソンがケネディ暗殺に関するCIAのすべての記録を要請したが、CIAに拒絶されたことを明らかにしている。弁護士資格をもつニクソンが弁護士でないハルドマンよりも、同じ弁護士仲間であるアーリックマンに記録入手を頼むのは当然といえる。

ニクソンがJFK暗殺の記録を入手しようと努めたのは、このごろつきCIAに対し対抗力を持つがためであった。これはニクソンのCIAへの『保険政策』といえる。もし脅されることがあっても、ニクソンはケネディ暗殺にCIAが関わったことを暴露すると抵抗することができる。暗殺当時、ニクソンは政治的追放の状態にあり、政府内での影響力を全く持たなかった。

私がウオーターゲート事件がCIAの作戦だったと考えるのは次の点にある。彼らはG・ゴードン・リディ、再選委員会の選挙委員長ジェブ・マグルーダー、それにジョン・ディーンのアホさ加減と未熟さを利用したのだ。この3名のニクソン側近はウオーターゲートの侵入計画を進め、それをCIAにリークしたのである。

ケネディ暗殺のCIAの文書は決してニクソンに提出されることはなかった。それでも、ウオーターゲート事件が発覚し、問題が広がりそうになったころ、それを押さえるため、ニクソンはCIAとケネディ暗殺、及びピッグズ湾関連につき知っていることを持ちだし、CIA長官のヘルムズを恐喝しようとした。

ニクソンはホワイトハウスの主席補佐官H・R・ハルドマンに命じて、CIA長官リチャード・ヘルムズにウオーターゲート事件をこのまま調査継続するなら、ピッグズ湾事件の全貌を暴露してやると言わせた。そして、ヘルムズに国家安全機密の公表に繋がるためFBIに対してもウオーターゲートの調査を止めさせるよう要請させた。[2]

「我々はヘルムズを多くのことから生じる地獄の苦しみから守ってあげたのだ」と侵入からまだ6日目の6月23日にニクソンは言った。「もちろんハントがいろんな事を明らかにしていくのだが、このまま進めるのは非常に好ましくないと我々は考えている。この件にはキューバ人、ハントが関わり、あとは我々とは全く関係のないくだらないことばかりなんだ」[3]

私は次の発言の時、ニクソンはJFK暗殺のことを話していると思う。

「大統領と致しましては、この事態が進むならば、ピッグズ湾事件の全貌が明らかになる事に繋がり、えーっと、これらのメンバーの活動目的は……それで……彼ら（CIA）はFBIに呼びかけるべきであり、我々の考えるところでは……我が国の利益を考えるならば、この事案はこれ以上捜査を進めるべきではないと。終わり！」[4] とニクソンはハルドマンに口述した。

ハルドマンはこのニクソンの脅迫を受けて、CIAのヘルムズ長官がビックリ仰天した状況を記録している。ヘルムズは顔を紅潮させ、椅子の肘掛けを堅くつかんで叫んだ。「ピッグズ湾とこれとは関係ない！　ピッグズ湾なんて知らん！」事実は1961年ヘルムズは副長官で、ピッグズ湾侵攻計画の責任者だった。[5] 彼はキューバ侵攻、JFK暗殺それにウオーターゲート侵入のメンバー全員を把握していた。

ヘルムズをピッグズ湾の件で脅迫するためにハルドマンをやったのは、ヘルムズをびびらせ、E・ハワード・ハントがプレッシャーを受けてJFK暗殺やピッグズ湾の作戦についての秘密を白状するかも知れないと思い込ませたいとニクソンが考えたからであった。[6]

確かにハルドマンはウオーターゲート後についての自著でこう言っている。「今から思うと当時のニクソンのピッグズ湾についてのコメントはすべて実際はケネディ暗殺を暗示していたんです」「事実、彼（ニクソン）に『アーリックマンにこのキューバ人（ウオーターゲートの泥棒）は全員ピッグズ湾に関係している奴らだと言ってこい』と言われたとき、何のことかわからず、少し間をおいて、『ピッグズ湾ですか？　それがこれ（ウオーターゲート侵入）となんの関係があるんですか？』と聞いたんです。でもニクソンは単に、『アーリックマンなら私の言ってることが解る』と言って話題を変えました」[7]

全国公共ラジオの記者ダニエル・ショールはニクソンの敵リストに記載された一人であるが、CIAへのあの脅迫は、「何か闇深く隠されたスキャンダル……暗殺のような重大な事であり、どうもCIAとケネディ大統領についてのものと考えられる」と言った。[8]

事実、ニクソンのCIA長官ヘルムズに対する脅迫は幅広いものだった。ニクソンはCIAとマフィアの関係を暴露すると脅したが、それはケネディ暗殺に繋がることだった。

ニクソンは4度大統領選挙に出馬したこともあり、民主党本部に政治的価値のある情報が存在しないことは知っていたし、彼の対抗馬ジョージ・マクガバンの情報はマクガバンの選挙本部にしかないことも知っていた。ウオーターゲートの侵入者はニクソンとマヒューを結びつける文書とハワード・ヒューズからの借入の文書を探していたに違いない。ニクソンは民主党党首のラリー・オブライアンがヒューズから高額報酬をもらうフィクサーであり、特にロビイストの登録のないままヒューズエアロスペースのロビー活動をしてケネディ政権時に防衛関連の契約を要請していたことを知っていた。ニクソンはオブライアンがどこかに証拠を保管しているのではと気にしていたと思われる。[9]

ウオーターゲートはCIAによるクーデターであった。それはJFK暗殺がCIAの不正な一部が組織犯罪と協力してリンドン・ベインズ・ジョンソンの指揮の下なされたクーデターであったことと変わらない。1972年の評判の悪い大統領再選委員会（CREEP）の最年少メンバーであった私はウオーターゲート侵入者でCREEPの安全責任者であったジェイムズ・マッコード、CREEPの財務委員会の統括であったG・ゴードン・リディの昼の顔と、夜は密かに諜報活動に関わっていることを知っていた。

実際のCREEPのメンバーを秘密活動に使えば、直ちに大統領再選委員会に繋がることなど素人でも解ることだが、これがウオーターゲート侵入の本質だった。侵入者がホワイトハウスの電話番号が記載されたアドレス帳を持参していることなどは、仰天するほどの愚かさか、あるいはニクソンを陥れる意図によるものかのどちらかである。事実、ウオーターゲート侵入でのミスは数多い。

興味深いことにE・ハワード・ハントは1970年4月にCIAを退職したと言うが、彼はすぐにハワード・ヒューズの機械工作器具会社の広報担当会社に採用される。この会社は実はCIAのフロント企業だった。ロバート・R・マレンカンパニーはリチャード・ニクソンの長年の友人で支持者でもあり、モルモン教の長老だったユタ州のウオレス・ベンネット上院議員とその息子ロバート・ベンネットが経営していた。

ベンネットは後にCIAの担当官マーティン・ルコウオスキーにメモを書いている。そのメモはヘルムズ長官宛てでウオーターゲートへのCIAの関与をワシントンポストとワシントンスターの記者に記事にさせないようにしたと報告していた。ベンネットはワシントンポスト紙の記者ボブ・ウッドワードの情報源であったことを後に認めるが、ウオーターゲート事件へのCIAの関与をごまかし、ニクソンにその責任をかぶせた本人であった。

ハントは1971年6月にニクソン政権に入るが、マレンカンパニーのコンサルタントのままであった。ホワイトハウスで勤務する一方、ハントはマイアミに出張してピッグズ湾侵攻で一緒だった二人のキューバ亡命者と会っていた。この二人バーナード・ベイカーとユージニオ・マルチネスはハントと共に、ケネディ暗殺時のカストロの反応を知っているという女に会いに行った。ホワイトハウスの顧問チャールス・コルソンはハントは彼の指示でマイアミに行ったが、それは女が大統領宛てに書いた手紙に対するものだったと私に語った。

「僕はその手紙を大統領のとこへ持って行ったんだ。彼は背を伸ばして座り直し、『誰かを行かせろ』と言ったんだ」コルソンは私に言った。「ニクソンはケネディ暗殺についての情報には旺盛な食欲があったからね」[10]

女はカストロが陰鬱だったと言った。ハントはこの情報をホワイトハウスとCIAに報告した。カストロがライバルの死に大喜びでなかったことはもちろん、J・エドガー・フーバーの主張どおりにケネディが『共産主義者』に殺されたのではないというニクソンの信念を裏付けるものだった。またそれはLBJが後にニクソンに言ったようなキューバ人による計画でもなかった。ジョンソンはこの虚構をジャーナリストのレオ・ジャノス、法務省のアール・ウオーレン、ウオーレン委員会のメンバーリチャード・ラッセル、それにTVジャーナリストのマイク・ウオレスに繰り返し吹き込んだ。

ハントとスタージスのへま、それにウオーターゲート侵入者の無能さ加減、そして警備員が侵入者を発見したとき直ちに私服警官が駆けつけた事実から、私はニクソンが昔の作戦40の連中に嵌められたと直感した。ケネディ殺害に関するCIAとLBJの関与における彼らの役割につき再調査されることを妨害したかったのである。

CIAのベテランハントはウオーターゲートビルの通りの反対側にあるハワードジョンソンモーテルの見張れる部屋に宿泊し、自分の名前が記載された洗濯のレシートをその部屋に残していた。この熟練諜報員はホワイトハウスの大統領顧問チャック・コルソンの電話番号を記載したアドレス帳を持っていた。これらのミスの怪しさから私はニクソンは嵌められたと確信した。

ホワイトハウスの配管工G・ゴードン・リディの民主党本部に押し入り、ファイルを探し、盗聴機器を設置するという大層な計画は疑いもなくCIAに報告されていた。リディが昔からのCIA要員だったジェイムズ・マッコードをCREEPのセキュリティ担当責任者に採用したのだった。私は彼らがニクソンによってJFK暗殺における彼らの役割が暴露されるリスクを除去するチャンスとみたと思う。マッコードがウオーターゲート事件の裁判官ジョン・J・シリカ判事に手紙を書き、隠蔽工作を暴露し、ホワイトハウスの上層部とCREEPの関わりを示唆したのは偶然ではない。

マッコードは二重スパイみたいな存在で、ウオーターゲートにこっそり侵入するのに意図的にへまをしている。ウオーターゲートの事務所のドアにテープが貼り付けられているのを警備員が見つけ、それを取り外した後で、またテープを貼ったのがマッコードだった。ドアが鍵なしで開き、施錠されておらず、ドアのテープは不要だった。しかしテープは侵入者がいないという安全さを示すだけの目的で張られていた。侵入後、マッコードは他のドアにもテープを貼った。マッコードは自宅の暖炉でCIAの捜査官に見守られながらすべての書類を燃やした。[11]

ニクソンは西海岸で、ジョン・ミッチェル、CREEPの選挙責任者ジェブ・マグルーダー、選挙代理のロバート・マルディアンそれにミシシッピの共和党有力者でミッチェルの友人フレッド・ラルエらアドバイザーやスタッフに囲まれている時に初めてこの侵入について知らされた。

ウオーターゲート侵入者らのミスがあまりにはっきり残されていたのは、彼らの仕業は昔の作戦40の仲間のためであり、意図的にへましたのはもう一つのターゲット狡猾ニクソンを視野においていたからだった。共謀者達がいかに上手に捜査機関の証拠になる一連のミスを残したかを考えれば解ることだ。

侵入チームはそのうちの犯人でしかも作戦40のメンバーだったバーナード・ベイカーを雇用しているマイアミの会社名義で予約したハワードジョンソンの部屋で、侵入前夜にミーティングしている。ベーカーがその後逮捕されたとき、彼はポケットにホテルの鍵を入れていた。これで捜査側はこのグループを有罪にできる更なる証拠を見つけることになる。

計画では押し入りのための資料の写真を個人的に現像することになっていたのに、そうせず、ベテランのスパイであるハントは町の写真屋に持ち込んで現像を頼んでいた。

ジェイムズ・マッコードはウオーターゲートホテルの対面にあるハワードジョンソンに会社の名義で予約していた。

侵入の二日目、G・ゴードン・リディは目立つ緑色のジープに乗ってむちゃな運転をして遂には警察に尋問される始末だった。その後リディはウオーターゲートホテルまで運転し、その前にジープを駐車した。

ハントもリディもその多くの知り合いを使って、マッコードが刑務所に入らないですむようにしようとした形跡がない。その後彼がCIA関係者であることが明らかにされた。

侵入後、ハントは侵入に使った電子用具、アドレス帳、侵入に関わったメンバーについての情報を記載したノートブックなど有罪証拠の山をホワイトハウスの金庫にしまった。

侵入前、各メンバーは100ドル札で、200ドルから800ドル与えられていた。すべての札は連続番号の新札だった。侵入したメンバーが逮捕されたことを見届けたハントとリディは彼らのホテル内の証拠を取り除いたが、連続番号の新札4,600ドルが入ったブリーフケースを残していた。これは侵入者に与えられたカネに直接結びついた。

バーナード・ベイカーとユージニオ・マルチネスから押収されたアドレス帳にはE・ハワード・ハントに結びつく情報があった。

この侵入の監視担当だったアルフレッド・ボールドウィンはその後侵入についての内容をメンバーの名前と共に民主党支持者の弁護士ジョン・カッシデントにリークした。

ウオーターゲート侵入に関わった二重スパイは決してのろまな犯罪者ではなかった。彼らは円熟したプロであり、隠密作戦に長けていた。ウオーターゲート事件はへまな仕事であると同時に成功した隠蔽作戦でもあった。

ここで弁護士のダグラス・キャディについての疑問が生じる。なぜハワード・ハントのようなベテランのスパイが窃盗罪で起訴された事件をキャディに頼んだのかということだ。キャディとハントは共にロバート・R・マレンカンパニーに雇用されており、この会社はCIAのフロント企業で表面化させたくないはずだった。キャディがウオーターゲート事件で表に出てくれば、その隠蔽が暴露されるだけであり、実際公に知られることになってしまった。スパイの立場からは、これはおかしなことで、ハントの意図は何だったのか疑問が残る。

1972年6月私はCREEPのスケジュール管理の代理として働いており、ニクソンの娘達や閣僚メンバーの選挙スケジュール、それにニクソン再選のための議員達の選挙スケジュール管理を担当していた。ウオーターゲート侵入のあった週末、私はCREEPでの上司であるハーバート・L・『バート』・ポーターの自宅で留守番をしていた。ポーターは元海兵隊の勇敢な男で南カリフォルニア大に行き、ハルドマンによってニクソンのスタッフに採用されていた。カリフォルニア出身のポーターは上級スタッフの会議に出席するため西海岸に出張中だった。私はその電話がかかってきた時、テイクアウトのピザと缶ビール6個パックを買ってきて落ち着いたところだった。

「ポーター宅ですが」と私は言った。

「バートいる？」そのドラ声からマッコードだとわかった。

「いえ。ポーターさんは奥様と出張中です」と私は言った。「僕留守番のロジャー・ストーンです。(大統領再選)委員会で働いてるものです」

「オッケー、ジム・マッコードから電話があったと言っといてくれ。俺が閉じ込められたと。釣り針は上がったと言ってくれ」

今日のこの日まで、マッコードの言葉の意味がはっきりわからない。しかし、私は19才であっても当時大統領広報官のロン・ツイーグラーとCREEP広報官のデバン・『バン』・シュムウェイーがウオーターゲート侵入事件はホワイトハウスや選挙委員会と関係ないと公式否定しているのは嘘だとわかっていた。

マッコードのシリカ判事へ書いた手紙でウオーターゲートの隠蔽工作が破綻し、ニクソンは辞任し、その司法長官が大陪審に起訴され、首脳陣の数名が起訴されることになる。ニクソンは長年にわたり注意深く指導したマサチューセッツ州法務長官のエリオット・リチャードソンに二つの指名(防衛省長官と米国司法長官)で褒美をあげたにもかかわらず、リチャードソンはウオーターゲート事件の特別調査官にハーバードの教授アーチボルト・コックスを指名した。

コックスはケネディ政権で法務長官を勤め長年のケネディ配下でありニクソン嫌いの一人だった。コックスがウオーターゲートの音声テープの提出を求めることを止めないため、ニクソンは彼を首にし、有名な『土曜の夜の虐殺』となる。リチャードソンは即座に辞任した。司法長官代理のウイリアム・ラッケルズハウスまで辞任した。彼はインデアナ州上院議員選挙で敗退し、ニクソンに拾われて司法長官代理に指名され、合衆国の環境保護庁の初の長官になったのだった。結局は首席検事のロバート・ボークにコックスを解任させることになった。

信じられないことだが、コックスのあと釜に座ったのが、ヒューストンの弁護士レオン・ジャオスキーだった。ジャオスキーはCIAのフロント企業であるM・D・アンダーソン事業団の役員の一人だった。ジャオスキーはウオーレン委員会の調査でも参加し、オズワルドとCIAの間に関係があるかを調べる担当になっていた。言うまでもなく、ないという結論だった。オズワルド殺害犯ジャック・ルビーが「もし真実を知りたいなら」ダラスからワシントンに連れっていってくれるよう懇願したとき、三名しか立ち会わなかった。主任のアール・ウオーレン、下院議員のジェラルド・フォード、それにウオーレン委員会の弁護士レオン・ジャオスキーだった。[12]

CIAはウオーターゲートとJFK暗殺の秘密は秘密のままで守ろうとした。ニクソンのCIAとの権力闘争であり、ケネディ暗殺の資料を詮索しようとした努力がニクソン自身の破滅をもたらした。ニクソンは意図的にへまをおかした二重スパイによって足をすくわれた。

E・ハワード・ハントは2007年1月に88才で死ぬ。ハントはJFK暗殺に関与した者として、デイビッド・アトリー・フィリップス、コード・マイヤー、ビル・ハーベイ、デイビッド・モラレス、それにフランク・スタージスの名前を挙げた。彼はまたリンドン・ベインズ・ジョンソンがその共謀の首謀者だと言った。

1974年3月にはCIAはニクソンを更に暴き、大統領が裏切った他の者の情報をリークし始めた。ニクソンは巨大な石油資本に関してケネディと同じ過ちを犯したことが明白となった。このことはラス・ベイカーの本〈秘密のファミリー〉にうまく記載されている。

> 連邦調査官と下院議員からなるグループが反トラスト法違反の可能性があるとして複数の石油会社の役員に同時に就任している者を調査しようとするニュース報告があった。
>
> 1973年12月下院メンバーの報告に対し司法長官代理はニクソン政権の司法省がこのいわゆる相互関連取締役に注目していることを確認した。

このようにニクソンはJFK暗殺に利害関係をもっていた同じ石油豪商達を裏切ったことになる。

ウオーターゲートは更なる隠蔽工作を明らかにすることになる。ニクソンは自身が退任に追い込まれる前に、下院議院のジェラルド・フォードを副大統領にしておいた。「フォードはニクソンの保険だった」と1968年の元側近であるジョン・シアーズは私に言った。「ニクソンはフォードがアホと知っていたので、彼を告発することはないだろうと考えてフォードをホワイトハウスに入れたんだ」

シアーズはその後レーガンの選挙陣営に入り、1972年の共和党の予備選でフォードに、1980年にはブッシュに対抗した。フォードはウオーレン委員会でJFK暗殺の隠蔽に重要な役割を果たし、大統領になっていくが、委員会の長に副大統領のネルソン・ロックフェラーを指名し、ここで再びケネディの死とCIAの関わりを隠蔽するのだった。信じられない事であるが、ロックフェラー委員会は責任者にデイビッド・ベリンを選ぶ。ベリンはウオーレン委員会の法律顧問でアーリン・スペクターの友人だった。ベリンはケネディ暗殺の単一弾丸論の声高な支持者である。[13]

注釈

1. Anthony Summers, *The Arrogance of Power: The Secret World of Richard Nixon* (New York: Penguin, 2000), 154,158.
2. Fulsom, *Nixon's Darkest Secrets*, 129.
3. Gilbride, *Matrix for Assassination*, 198.
4. Jesse Ventura, *American Conspiracies: Lies, Lies and More Dirty Lies that the Government Tells Us* (New York: Skyhorse Publishing, 2010), 87.
5. Lamar Waldron, *Watergate: The Hidden History* (Berkeley: Counterpoint, 2012), 722
6. Fulsom, *Nixon's Darkest Secrets*, 127.
7. H. R. Haldeman, *The Ends of Power* (New York: Dell Publishing, 1978), 187.
8. Fulsom, *Nixon's Darkest Secrets*, 127-128.
9. Waldron, *Watergate: The Hidden History*, 620.
10. Interview with Charles Colson.
11. Jesse Ventura, with Dick Russell, *American Conspiracies*, 214.
12. Ibid., 91.
13. Baker, *Family of Secrets*, 243-244.

第10章

カルロス

下院の暗殺に関する特別調査委員会に召喚されたサント・トラフィカンテはニューオリンズのギャングのボス、カルロス・マルチェーロとの関係を述べるよう質問された。ごまかすのがうまいトラフィカンテはロッセーリとの長いつきあいも委員会には隠していた。証言前夜、ロッセーリと食事していたにもかかわらず。彼のマルチェーロについての記憶は同様に曖昧なものだった。

「ただの友達ですわ」トラフィカンテは言った。「仕事の関係は一切なし。どんな形のものもなしです。ニューオリンズに行ったら、会うこともありますね。彼は、一度、確か、大陪審に出廷するため、マイアミに来たことがあります。その時会いました」[1]

なぜトラフィカンテはマルチェーロと仕事上の関係があるのか？　ニューオリンズをギャングのボスとして支配するにあたり、彼は自分はトマトを売って月1,600ドル稼いでるだけと言うことにしていた。[2] 実際は、フランス外交官[3]を通じて海外から大量のヘロインを調達し密売しており、もう一つは国内外の賭博の管理で稼いでいた。

ボビー・ケネディの組織犯罪撲滅の戦いで、カルロス・マルチェーロほど厳しく追及されたギャングはいない。1910年チュニスに生まれ、イタリア出身の北アフリカ人の両親のもと、アメリカには幼児のとき連れてこられた。不法移民であったが、全国で最も恐れられるギャングの一人に成長し、ニューオリンズとダラスを完璧に支配した。

多分、司法長官のルイジアナのギャングへのしつこい追求はケネディの選挙に献金を求められたときに、ほかの組織犯罪の連中が応じる中、マルチェーロが断ったことを根に持っているからだと思われる。1960年の予備選で兄がジョンソンに対抗して出馬したとき、ボビーはマルチェーロに献金を求めたと言われている。マルチェーロは金庫番のジョン・ハルフェンを通じてジョンソンと繫がりがあり、彼への支持を明確にしていた。LBJの典型的なやり方であるが、ハルフェンがジョンソンに現金を渡し、ジョンソンは都合のよい立法で、特に賭博に関する法律でお返しをするパターンであった。[4] マルチェーロの賭博企業からのあがりおよそ5万ドルが毎年ジョンソンへ渡された。[5] マルチェーロはジョンソンから得るものを、それは現金で特権を獲得するということだが、よく理解していた。ケネディ兄弟に関してはカネを渡して何を得ることができるか不明だった。そして彼は慎重だった。

作家リチャード・マホーニーはうまく説明している。

> LBJが上院議長でその主席補佐だったボビー・ベーカーを通じてマルチェーロと関係ができたのは1950年代の始めにさかのぼる。マルチェーロのテキサスのフィクサージャック・ハルフェンはギャングが経営する競馬とスロットマシーンの利益を一部吸い上げ、LBJの上院選挙資金にまわしていた。ジャーナリストのマイケル・ドーマンによるとこの献金にたいし、LBJは反闇商法法案の法制化を停止した。大統領になったジョンソンはFBIの盗聴（主としてマフィアに対する）を停止させた。その理由はボビー・ベーカーの収賄に係る上院の調査がマフィアとの繫がりを明らかにすることになりかねないためだった。特別調査官のウイリアム・F・ロマーはシカゴのギャングへの攻撃の先鋒であったが、こう結論づけた。「人をその実績で判断するならば、この男（LBJ）は犯罪に立ち向かう政府捜査官の戦いを歴代の大統領やリーダーの中で誰よりも妨害した人物だ」

言い換えれば、リンドン・ジョンソンはロバート・ケネディが猛烈に破壊したいと思っていたギャングでまみれていたことになる。LBJがマフィアの盗聴を止めさせたのは不法なスパイ行為とかプライバシー侵害といった信条的な反感によるわけではなかった。彼は1964年の民主党全国大会で黒人活動家の『ミシシッピー自由民主党』を完璧に盗聴しアトランティックシティでの大会で何が行われるかの報告を入手していた。

ジョン・ケネディが民主党の大統領指名でジョンソンに競り勝つ前、民主党大会の頃ボビーは再度マルチェーロに資金要請をしたと言われている。マルチェーロはまたもそれを断り、リチャード・ニクソンに50万ドル献金した。

ボビーはケネディ政権になるや、直ちにマルチェーロにたいし行動を起こし、不法移民として国外追放しようとした。具体的には、1938年マルチェーロがマリファナ税法に違反したということだった。マルチェーロは23ポンドの課税されていないマリファナを売ったとして短期の懲役と巨額の罰金を命ぜられた。ボビーが責任者である司法省はマルチェーロを受け入れるようイタリア政府と交渉した。[6] 国外追放が切迫していると知ったマルチェーロは離れたイタリアから仕事の指示はできないことがわかっていた。部下のカール・ノルをグアテマラにやり、地元のフィクサーと交渉させて、サンホセ ピヌラの小さな町の出生記録台帳の空きスペースにマルチェーロの名前を記入させた。この策略はうまくいき、1961年4月4日マルチェーロはグアテマラへ追放された。ニューオリンズの入国管理の部署に現れたマルチェーロは直ちに手錠をはめられ、何台ものパトカーに囲まれたまま、モイサント国際空港につれていかれ、搭乗させられ送り出された。

「俺が出国すると言うより、大統領が着いたような騒ぎだったぜ」とマルチェーロは回想した。[7]

追放されて、間もなくグアテマラの地元新聞エルインパルシアルはマルチェーロがグアテマラ市民というのはでたらめであると報道した。グアテマラの大統領ミゲル・フエントスは直ちにマルチェーロを国外に追い出した。

バートン・ハーシュはその著書〈ボビーとエドガー〉でグアテマラから追放された後マルチェーロがアメリカの地に戻るまでの冒険的な旅を描いている。

> マルチェーロの家族はルイジアナへ帰った。彼は長年の友人でもある弁護士のマイク・マロウンと共にボロのステーションワゴンでサン・サルバドールへ向かった。彼らはすぐに略奪兵の一軍に出くわし、ステーションワゴンを捨て、つぶれそうなバスに6時間も乗って、エル・サルバドールとホンジュラスの間の荒涼とした山をぬけた。この絹のシャンタンスーツを着たずんぐりした二人は歩いて進むことになる。飢えながら、文明のかけらにでもたどり着きたいと、彼らは破けた鰐皮の靴底に3千ドルを隠していた。ガイドに雇った二人の若いインディアンの男に、そのナタで殺されるのではないかとビクついて、マロウンとマルチェーロは棘の密集する峡谷に飛び降り、マルチェーロは岩と銃剣草の間を転げ落ちた結果、肋骨を3本折った。
>
> 「もしも俺が帰れなかったら、マイク」とマルチェーロは友人で弁護士のマイク・マロウンにルイジアナ訛りで言った。「帰ったら、俺の兄弟に言うんだ。

あのガキ、ボビーが俺たちにどんなことをしやがったか。あいつらがすべきことをやれと言ってくれ」[8]

マルチェーロは傷つき、疲労困憊でホンジュラスにたどり着いた。そして偽造書類を使って1961年5月28日に合衆国に再入国できたが[9]、ある傷は癒えることはなかった。

マルチェーロの弁護士は彼を乗せた飛行機がグアテマラに着地する前から、不正な追放であるという申し立ての準備をしていた。マルチェーロは帰国するやいなや、彼のグアテマラ出生の確認書類をケネディ政権が偽造したと、そして「もし事実が明らかにされておればグアテマラは彼を入国者として受け入れなかっただろう」と法廷で主張してケネディ政権に戦いを挑んだ。[10] これは法廷での動きをマヒさせる巧妙な作戦だった。

イタリアもマルチェーロが彼自身グアテマラ人だと主張したことを理由に受入を渋った。その主張は本人がアメリカの法廷で必死に取り消すのであるが。彼は以前ローマの民事裁判で「イタリア市民ではない事及びイタリア政府に対し彼に旅券を発行することの禁止」を宣言されていた。[11] グアテマラも彼を受け入れたくなかった。マルチェーロは制度をいじくりすぎて、追放自体の対処を誤ってしまった。彼の主張は「彼は以前グアテマラにいたことはなく、そこの慣習、言葉には不慣れで、彼に関して述べられ、適用された追放の承認制定は憲法違反であり、適法手続と残酷、異様な罰の禁止条項に違反している」というものだった。[12]

マルチェーロは憲法5条権利宣言、8条過大刑罰の禁止及び、移民及び国籍法の243条(a)には追放する国は「その外国人が最後に合衆国に入国したときの元の国」または「その者が出生した国」と記載されていると主張した。[13]

ボビーは二度目の追放命令を出す準備をしていたが、マルチェーロは1回目の適法性を問題にして、法律の枠外での戦略を計画する時間をつくろうとした。

1962年の後半には、ケネディ暗殺計画にマルチェーロが関わっているらしきことがFBIの情報源であるエドワード・ベッカーに漏れ出していた。1962年9月、チャーチル ファームというマルチェーロ所有の沼地で開催されたニューオーリンズビジネス会議で、酔っ払ったマルチェーロがボビー・ケネディの名前を口にして陰謀論の一部になる発言をしたことをベーカーが耳にした。“Livarsi na petra di la scarpa!” マルチェーロはイタリア語で叫んだ。「俺の靴から石ころを取り除いてくれ！」[14]

「あんなクソちびなんか心配するな」マルチェーロは大声で言った。「奴は始末してやる」

「でもボビー・ケネディを殺るわけにはいかないでしょ」ベッカーは言った。「もし殺れば、えらいトラブルになりまっせ」[15]

「そんなことを言ってるんじゃないんだ」マルチェーロはさらに暗示するように言った。「シシリーに諺がある。犬を殺したかったら、しっぽを切るな。首を切れとな。しっぽを切っても、犬はお前を嚙みついたままだ。でも首を切れば犬は死ぬ。しっぽも全部な」[16]

マルチェーロはひとりぼっちのまぬけを利用するんだ。「シシリーでやるようにな」と言った。[17]

フーバーはこの会話のことを疑いもなくきいている。そして1962年の秋を通じてベッカーに対するスパイ活動は活発になった。[18] ところが、フーバーはマルチェーロとベッカーの会話を知ってからベッカーを情報源として信用できないと無視しようとした。[19]

1962年10月の終わり、FBIはベッカーが「話をでっちあげ、この偽情報で利得できるようあらぬ噂を作り出している」という報告書を出した。

数年後、ベッカーはマルチェーロから聞き出したことを回想する。「チャーチルヒルズでカルロスが私の前で言ったこと覚えてますか？　彼がシシリーでやるやり方で、ぼんくらを雇って仕事させるってこと。そう、それがシシリーのマフィアがやる方法なんです。時には彼らは知恵遅れの読み書きできないような子供をそそのかして、殺しをさせるんです。そして話される前に殺しちゃうんです」[20]

この知恵遅れの読み書きできない奴ら、ジアンカーナ、ロッセーリそれにトラフィカンテは、マルチェーロと同様にマフィアとCIA両方と関係をもっていた。リー・ハービー・オズワルドの叔父チャールズ・『ダッツ』・マッレーはHSCAの調査ではオズワルドの親代わりをしていたが、裏社会での賭博師であり、マルチェーロ犯罪グループに関係していた。[21]

これも後にわかったことだが、オズワルドはケネディ暗殺の時までマルチェーロの飛行機の操縦士をしていたデイビッド・フェリーと繋がりがあった。オズワルドが民間航空パトロールの部隊に所属していたとき、フェリーはその教官だった。

民間航空パトロールの創設者の一人が石油業者のD・H・バードで、彼はJFKを射殺した銃が撃たれたと言われる教科書倉庫ビルのオーナーでもあり、リンドン・ジョンソンの親しい友人で事業利益を共有していた。[22]

フェリーはCIAとマフィアをつなぐ接点であり、1963年の夏ニューオーリンズの郊外のCIA訓練場でキューバの亡命者達の訓練に関わっていたとされる。[23]

大統領殺害の当日、フェリーはマルチェーロの国外追放についての評決をニューオーリンズ裁判所でマルチェーロと共に待っていた。

ジョン・ケネディの暗殺後、ウオーレン委員会により調べられることのなかった多くの手がかりがマルチェーロに明確に繋がっていくことがわかった。彼こそケネディ暗殺の共謀での数多い当事者を結びつける人物となっている。オズワルド、ルビー、テキサスの石油資本、CIAそれに最も重要なリンドン・ジョンソンはすべてマルチェーロに繋がる。

1979年マルチェーロはFBIの情報提供者ジョセフ・ハウザーにCIAのカストロ暗殺計画にも協力したことを認めた。

HSCA（下院暗殺選択委員会）はその報告書で全国レベルの犯罪シンジケート全体が暗殺に関わったわけではないが、「犯罪組織のトップか、いくつかの組織の複合体が」計画を企てた可能性があると述べた。[24]

委員会はまたリー・ハービー・オズワルドとジャック・ルビーは、「はっきりとはしないが、マルチェーロの犯罪組織に関係ある人物と確かな繋がりがあった」と詳細に報告している。[25]

マルチェーロがHSCAに尋問されたとき、彼はケネディ暗殺について知らないし、関わってもいないと証言した。またケネディ大統領にたいし、脅しをかけたこともないと否定した。[26]

1970年代半ば、政府はマルチェーロとCIAの関係に関心を持つようになったが、それにより同時にマルチェーロとケネディ暗殺の関係も当然対象となった。ジアンカーナとロッセーリも証言するよう呼び出されたが、ジャック・アンダーソンの報告では、ロッセーリは自分の関与を否定しなかった。

ニューオーリンズにあるタウン&カントリーモーテルのマルチェーロの事務所のドアには表札が架かっていて、彼の考え方が表れている。

三人は秘密を守れる
但し二人が死んでたら[27]

犯罪を企て、実現するには裏社会と政府の関係が重要なキーとなる。そこでは判事と陪審員、訴追側と被告、告発者と被告が同一だからだ。最後に犯罪のパラメーター、犯罪現場、証拠と調査をコントロールする人物が必要になる。1963年11月の時点でそれをせざるを得ない人物が合衆国の副大統領であった。

1979年、ロナルド・レーガンがニューヨークで大統領選に出たとき、私は北東部の州での選挙運動に参加した。レーガン知事夫妻の『ニューヨークにおける友人達』の名刺ファイルを与えられた。協力してもらえるかもしれない人脈だった。その中にサックス、ベーコン＆ボラン法律事務所のロイ・M・コーンの名刺があり、コーンの事務所に電話し面会を求めた。

コーン自身はケネディ兄弟と仲が悪かった。彼が上院議員のジョセフ・R・マカーシーの委員会でボビーと共にスタッフだったころボビーともめ事があった。ロバート・ケネディは司法長官としてニューヨーク地裁のロバート・モルゲンソーに命じてコーンを二度起訴させた。コーンは自己弁護し、二度とも無罪を勝ち取った。彼がケネディを嫌っていることはわかっていた。

約束の朝、私はアッパーイーストサイドの高級住宅地にあるコーンの弁護士事務所に着いた。1時間ほど待たされた。やっとコーンが会ってくれるというので二階のダイニングルームに行くよう言われた。彼は絹のガウンを着ていた。前夜どんちゃん騒ぎをしたような充血した目でまぶたは腫れていた。コーンの横には顧客と思われる重量級の紳士が面会を終わった様子で座っていた。

「こちらトニー・サレーノ」とロイは言った。

私は当時のジェノベーゼ犯罪組織のボス『太っちょトニー』サレーノと面と向かうことになった。1986年10月号でフォーチュンマガジンはこの75才のサレーノをアメリカの『力、富、影響力においてトップのギャング』と評した。

「ロイが俺らレーガン支持でいくゆうてるから、俺はそれで了解や」とトニーは言った。サレーノは「ジョン・ケネディがカネと票取るだけ取って、あとはかましやがったんや」と言い、1960年以後、大統領選の政治には関わらないようにしていると言った。

私は我慢できず、質問した。「JFKを殺したのは本当は誰なんですか？」

「カルロスとLBJやがな」ギャングは答えた。「自業自得や」

コーンはサレーノの言い分を確かめるよううなずき、二人は笑った。

サレーノのコメントは、ダラスの石油資本でLBJの内部グループの一員クリント・マーチソンがジェノベーゼグループと親密なビジネス関係にあったことを考えると、興味深いものである。上院委員会の1955年の調査でピット・ジェノベーゼとその家族はマーチソン石油リース会社の20%を所有していたことが判明している。クリント・マーチソンはケネディ兄弟に特に憎まれていたマフィア、カルロス・マルチェーロとも親密なビジネス関係にあった。

1963年クリント・マーチソンはダラスにおいて、ビジネスと裏政治において突出したリーダーだった。息子のクリント・マーチソンJr.は1960年に創設されたダラスカウボーイのオーナーであった。クリント・マーチソンはまた、国政の上層部と交流があった。1963年の夏、彼はジョン・J・マックロイを牧場に招待し、共に白鳩狩りを楽しんだ。マックロイは1953年から1970年にかけて外交評議会の会長を務め、長年外交政策に関する重鎮であった人物である。マックロイの伝記作家のカイ・バードは記載する。「その夏は、例年になくマックロイはリラックスすることができた。彼はクリント・マーチソンと、このテキサスの石油マンのメキシコの牧場で白い翼の鳥狩りをした」

アラン・ダレスとジェラルド・フォードのあと、ウオーレン委員会による隠蔽工作の主役になったのが、このジョン・マックロイだった。

マーチソンの長年の秘書だったアーネスティン・オーリック・バン・ブレンは〈クリント〉という表題の彼の伝記を書いている。バン・ブレンによると、マーチソンは1960年民主党がジョン・ケネディを大統領候補に指名したことにものすごく失望し、その後リンドン・ジョンソンがJFKの副大統領候補として出馬することになった時『怒りを覚えるほどの不信感』を持ったという。

バン・ブレンによる。

1963年12月ジョン・F・ケネディ暗殺の後、リンドン・ジョンソンが大統領になってすぐの頃、クリントが昼寝をしている寝室のドアに軽くノックの音がした。グラッドオーク農場の執事ウオーレン・ティレーだった。「マーチソン様、ワシントンから電話でございます。大統領（LBJ）がお話ししたいということでございます」

しばらく沈黙が続いた。そして、閉まったドアの内側からクリント・マーチソンの小さな声が聞こえた。「大統領に今でられないと言ってくれ」クリントは昼寝を続けた。

いったい、どのような人物が合衆国大統領からの電話にでないで、昼寝をするだろうか？　多分、大統領よりも重要な人物なんだろう。

注釈

1. HSCA Testimony of Santos Trafficante.
2. Goldfarb, *Perfect Villains, Imperfect Heroes*, 76,
3. Scott M. Deitche, *The Silent Don: The Criminal Underworld of Santo Trafficante Jr.* (Fort Lee: Barricade, 2007), 120.
4. Hersh, *Bobby and J. Edgar*, 252.
5. Davis, *Mafia Kingfish*, 154.
6. Goldfarb, *Perfect Villains, Imperfect Heroes*, 74.
7. Hersh, *Bobby and J. Edgar*, 255.
8. Ibid.
9. Ibid.
10. Jack Wasserman and Paul L. Winings. *Carlos Marcello, Petitioner v. Robert F. Kennedy, Attorney General of the United States, et al. U.S. Supreme Court Transcript of Record with Supporting Pleadings* (Making of the Modern Law Print Edition, n.d.), 5.
11. Ibid., 2.
12. Ibid.
13. Ibid., 4.
14. North, *Act of Treason*, 200.
15. Davis, *Mafia Kingfish*, 122.
16. Ibid.
17. Ibid., 122.
18. North, *Act of Treason*, 200.
19. Ibid., 221.
20. Davis, *Mafia Kingfish*, 231.
21. "HSCA Final Assassinations Report," *History Matters*, June 2012, history-matters.com/archive/contents/hsca/contents_hsca_report.htm, 170
22. Baker, Russ, *Family of Secrets*, 97-98.
23. Waldron and Hartmann, *Ultimate Sacrifice*, 171.
24. HSCA Fina Report, 166.
25. Ibid., 169.
26. HSCA Final Report, 172.
27. Hersh, *Bobby and J. Edgar*, 180.

第11章

関係

ボビー・ケネディと司法省は1963年に至るまで、ジョンソン副大統領に追い込みをかけていた。ジョンソンは取り巻き連中との不正な取引によるカネをもらうことで、通常の公務員とはかけ離れた裕福な生活をしていた。ボビーはケネディ大統領の二期目までにはジョンソンを閣外に追い出し、できれば刑務所送りにしたいと考えていた。ジョン・ケネディは表向きジョンソンを支持しているような振りをしていたが、密かに入れ替えを計画していた。計画ではケネディが辞めさせることはせず、ボビーの協力によりジョンソンが自業自得で追い出される事になっていた。

ダラスへの旅の少し前、ケネディ大統領は秘書エブリン・リンカーンの部屋で揺り椅子に座り、雑談していた。彼は政府の改革を大幅に進め、第二期をどうやって行くか、そしてこの移行を提唱するのにジョンソンがふさわしくない人物であることなど彼女に話した。

「テキサスへ行く。しなければならないことがあるんだ」とケネディはリンカーンに言った。「この党内のもめごとは僕がおさめることができないんだ。彼らが自身で解決しないと。僕が行くと言ったんで行くんだけど。それに二期目の副大統領候補者の公表はまだ早過ぎるしね。多分大会まで待つことになるよ」[1]

リンカーンに誰と出馬するのかきかれ、ケネディは「今回はノースカロライナ州知事のテリー・サンフォードを考えている。リンドンではないよ」[2]と答え、その理由をいくつか挙げて説明した。

ジョンソンの親密な関係者であるビリー・ソル・エステスとボビー・ベーカーに関わる二つのスキャンダルが表面化しつつあり、副大統領はそれらの汚職に関与していた。

ボビー・『小型リンドン』・ベーカーは上院議長の事務局長を経て、ジョンソンの個人秘書をしていた。ジョンソンは1948年に上院議員になったときベーカーに面談を求めた。彼は上院で6年間働き、上院の裏も表も、更にメンバーも知り尽くしていた。

「ベーカーさん、あなたは上院の裏の裏までご存じと思っています」ジョンソンは最初の電話でこう切り出した。「一度、私の事務所にお越しいただければ有難いのですが」[3]

二人の関係は相互に利益を生み出した。ジョンソンはエネルギーと野望に溢れ、ベーカーは上院でその連携プレイを加速させる内輪の知見を持っていた。

ジョンソンはベーカーを時折『俺の息子』と称して使い走りにした。電話で話すのも、メモをとるのも、人と会って握手するのもすべてジョンソンの代理としてだった。ジョンソンはベーカーをレセプションパーティに連れて行き、主流派の首脳陣の飲み物をチェックさせた。ジョンソンが政治的に働きかけるつもりのひとの飲み物はアルコールが濃いめになるようさせていた。[4]ジョンソンは上院議員時代と副大統領の頃ベーカーとほとんど毎日接触し、かけがえのない子分とみなしていた。

ベーカーはジョンソンを通じて政治のテクニックとカネを動かす技を学んだ。

当時、影響力のあるテキサスの政治家とビジネスマンが大勢、ヒューストンのラマーホテルに定期的に集合してた。[5]この集まりはハーマン・ブラウンが借りていたホテルの部屋であったことから『スイート8F』と呼ばれた。ブラウンの会社、ブラウン＆ルートはジョンソンの選挙活動を支援し、政府の契約の獲得、有利な法制化の見返りに彼にカネを渡し、金持ちにした。

このグループが好んだのは、「健全な事業環境。具体的な特徴としては、最小限の政府による規制、労働者運動の抑圧、事業投資に有利な税制、開発が必要な分野への政府補助金制度、そして社会保障サービスには保守的姿勢であることなど」だった。[6]究極的には、これは欲深いビジネスオーナーと利己的な政治家の不健全な共謀といえる。

ここに集まる人物はジョンソンの長年の愛人であったマデレーン・ブラウンに言わせると、『テキサスの偉大な白人オヤジ達で、石油屋であり、大金をばくちに賭ける連中』だった。[7]彼女はそれを知る立場にいた。

マデレーン・ダンカン・ブラウンはジョンソンと21年間関係があり、男子をもうけ、ジョンソンの妻や娘達が見たことのない彼の側面を知っていた。それはジョンソンが秘密にした生活であり、理由があった。燃えるような赤毛の彼女は売春婦だった。

ブラウンは若い娘だった頃、テキサスの最も金持ちで権力をもつ男達と夜を過ごした。後年、研究者のケーシー・クインランにどのようなつきあいがあったか質問を受け、彼女は昼は広告宣伝会社の重役をし、夜はコールガールをしていたと答えた。

1948年頃からシングルマザーだった彼女は当時テキサスの下院議員だったジョンソンからしょっちゅう電話で呼び出された。会う時間は長くなく、ブラウンによると30分が普通で、場所はオースティン、ドリスキルホテルのジョンソンのスイートだった。彼女は時にはジョンソンと出張したようだが、彼らの密会はたいてい短時間で、甘美で、しかも純粋に肉体的なものだった。

「あの頃激しく燃えたわ。彼はそれなりに荒々しさを持ってたわ。そこが好きだったわ、わかるでしょ。彼のいいなりになるの」とブラウンは1987年8月号のピープルマガジンで話している。「女は誰でもベットでは娼婦のように振る舞えと言われてたので、私はそうしてたの」

ジョンソンの親友ジェッシー・ケルマンが密会の管理を担当し、ブラウンは秘密を守るよう約束させられていた。1950年の4月、ジョンソンが上院議員になって間もなく、彼女は妊娠したことを打ち明けた。最初は怒っていたが、ブラウンのおなかが大きくなるのを見ていて、やがて取り決めをすることになる。スティーブ・ブラウンが生まれたとき、母子はメイドつきの家をあてがわれ、沢山のクレジットカードを与えられた。生活の支援は何年も続いたが、LBJは決して父親であることを認めなかった。

ブラウンはオースティンで二度目のデートでジョンソンと一緒の時、J・エドガー・フーバーにあったことを記憶している。彼女がそのことをジョンソンにたずねたとき、その後何度も繰り返し言われたセリフを初めて言われた。「彼はこう言うのよ。『可愛い女の子は大きな目と大きな耳をもってはいけないのだ。そして見ざる、聞かざる、言わざるだよ』と」彼女は彼の希望を1980年の終わりころまで守った。その頃から彼女は暗殺研究者たちに答えるようになっていた。その後、彼女の息子スティーブンはジョンソンの財産につき親子関係の補償を求める訴えをおこした。彼は1990年不可解な状況で死亡した。

ブラウンのインタビューには思わず顔を赤らめるようなことがあちこちにあり、彼女が手に負えない子供であって、ベッドでは奔放で、いつでもどこでも言われたらついていく女であったことがわかる。彼女はジャック・ルビー所有のカルーセルクラブで一時働いていた。それはダラスの売春婦が集まるので有名なクラブだった。JFKの時代のテキサスの金持ち有力者についての彼女の話は真実味がある。テキサスの石油実業家達はコールガールと遊ぶことで知られていたのだ。

マデレーン・ダンカン・ブラウンは高級売春婦だった。そしてリンドン・ベインズ・ジョンソンはそのお気に入りの客だった。そして彼女がジョンソンに仕えていた間に見聞きしたことと人物像は今も納得できるものである。事実、彼女の個人的記憶はケネディ暗殺における情報の空白部分を埋めるものである。

スイート8Fのメンバーには、石油実業家のクリント・マーチソン、H・L・ハント、教科書倉庫ビルの所有者であるデイビット・ハロルド・バード、それにジョンソンの政治的ビジネス上の取引には必ず出てくるジョンソンの弁護士エド・クラークがいた。これらのメンバー全員がケネディからジョンソンへの移行に影響を与え、しかもそれからの利益を得たのであった。『影の政府』[8]と呼ばれるこのスイート8Fの男達はビジネス、政治それに権力を思いのままにすることができた。

ブラウンによると、スイート8Fのグループがケネディ暗殺の前夜、マーチソンのダラスの邸宅でのパーティに全員集まるのを彼女が見たと言う。ほかのゲストで彼女が見たのはリチャード・ニクソンで、彼はその会合を普通の交際のためのパーティと思っていた。もう一人はFBIのJ・エドガー・フーバー長官でスイート8Fの準メンバーであったが、その会合の邪悪な目的がわかっていた。

「彼はメンバー達と打ち解けて話してたわ。特にクリントとは」とブラウンはフーバーのことを話す。[9]

フーバーは長年マーチソンと親交があり、そのカリフォルニアのホテルデルチャーロでの無料休暇を見返りとして受け入れていた。マーチソンのホテルに滞在することで、フーバーは石油業界の大物、CIAそれにマフィアと親しく付き合うことになる。またマーチソン所有のデルマール競馬場でよく遊んだ。ジョンソンとマーチソンの関係と同様、フーバーにとっても相互に利益があったのだ。

「フーバーはデルマールの仲間クリント・マーチソンとシッド・リチャードソンに次の規制省庁の動きとか最高裁の決定などワシントンのロビースト、トミー・ウェッブを通じ情報入手して注意喚起したりした」とカート・ジェントリーは〈J・エドガー・フーバー：人物とその秘密〉の著書で書いている。お返しに、フーバーとトルソンの年に一回の南カリフォルニアの休暇の請求書を肩代わりしてやるほか、二人のテキサスの策士（マーチソンとリチャードソン）はFBI長官に石油株の情報をあげたり、しばしば無償で株を与えたりした。[10]

建設会社ブラウン＆ルートとリンドン・ジョンソンとの関係は1937年のマーシャルフォードダム建設に始まり、スイート8Fの集まりの典型事例となる。

オースチン地区のダム建設の前には、ハーマンとジョージのブラウン兄弟とダン・ルートが創設したブラウン＆ルート社は自動車の利用が急増する時代に主に道路建設をする小企業だった。[11] 大恐慌の時代、仕事が減少し、ブラウン＆ルートは元上院議員で裏の仕事師アルビン・J・ワーツに頼み込みダムの計画を獲得するための協力を求めた。[12] ワーツは後にスイート8Fのメンバーになるが、政府への影響力を発揮し、今までダムを建設したことのないブラウン＆ルートにダム計画の仕事を獲得させるよう説得した。[13] ブラウン＆ルートはその後政府の仕事に関わるようになるが、その契約に最も相応しい資格がない場合であってもしばしば巨大プロジェクトを獲得することがあった。

「道路建設業者になるには、コンクリートとアスファルトを知る必要があるんだ」とジョージ・ブラウンはあるとき言った。「橋のことも勉強する必要があるね。いったんこういうことを学べば、後はやっていくだけなんだ。びびらないで、ダムにコンクリートを流し込むとかね。そしてダムの仕事を取れたら、電力発電についてのたくさんの情報を集めることになる。それぞれ、新しい仕事の構成要素は、今までやってきたことだからね」[14]

ダム計画は障害に乗り上げる。ダムの建設予定地が連邦政府所有でないことが、ブラウン＆ルートの調べで判明したのだ。そのままでは法律違反になる。ワーツは合衆国下院を目指して支援を求めている28才のリンドン・ジョンソンに目をつけ、建設続行できるよう彼に大統領に嘆願させた。[15]

ジョンソンのニューディール政策への熱心な支持とその個性に感銘を受けたフランクリン・ルーズベルトはダム計画に承認を与えた。

「あの若いのにダムをやれ」と大統領は指示した。[16]

後にジョンソンの生涯はマーシャルフォードダムの上に造り上げられたといわれるようになる。同じ事がブラウン＆ルートとその事業にも言え、彼らは政府の仕事をもらうためにせっせと政治家にカネと恩恵を与えた。

ジョンソンに言わせると、それは「ジョイントベンチャーなんだ。ワーツが法律面を取り仕切り、俺が政治面を担当する。そして、会社が事業を推進する……、三者が一体になって問題解決に取りかかり、三者のメリットを高めていくんだ」[17]

1947年ブラウン＆ルートはテキサスイースタントランスミッションを設立する。143百万ドル現金出資されたこの会社は第二次世界大戦中にテキサスからアメリカ北東部へ石油を輸送するために敷かれた『太インチ』と『細インチ』のパイプラインを買い占めた。[18] テキサスイースタントランスミッションの持ち分はスイート8F のメンバーによって買い取られた。メンバーには『テキサスの秘密のボス』として知られた弁護士のエド・クラークがいる。クラークについてはバー・マクレランがジョンソンの犯罪との関係を指摘している。

ジョンソンが上院議員になったとき、ブラウン&ルートは彼を動かして、連邦政府による石油業界の規制をなくさせた。規制緩和はテキサスイースタントランスミッションの事業を民営化することになり、その結果彼らは天然ガス価格を大幅に値上げし、会社とその株主に莫大な利益をもたらした。規制緩和を推し進めるために、ジョンソンは連邦動力委員会（FPC）のトップ、レランド・オールドを排除しようとする。彼は1938年成立の天然ガス法の厳格な推進者だった。

「これ（オールドの敗退）は理解できない出来事だった。もうける奴がいたんだろう」と元テキサス知事のジョン・コナリーは言う。「これはこの石油屋の連中にとって重要な問題だったんだ。これでジョンソンが頼りになるかを証明できるし、また彼がニューディール政策なんて支持していないこともわかる。これはあの石油屋達、ものすごく権力とカネをもっている連中を取り込むチャンスだったんだ。それまでは彼には縁がなく、彼らはまだ彼のことを信用していなかった。だからリンドンにとってはこのチャンスが『こいつを大事にしようぜ』というモードに切り替えるものだった」[19]

ジョンソンは石油業界からレランド・オールドを排除するために、まず、オールドが1949年にFPC委員長に指名されたいきさつを調査する小委員会の議長になった。オールドを陥れる情報探しをするジョンソンを助けたのが、アルビン・ワーツだった。彼はジョンソンとブラウン&ルートの利益のために動いていたが、同時にテキサスの石油業界のロビイストだった。オールドを攻撃する方策として、オールドによって20年前に書かれた記事でニュースサービスにより共産主義雑誌に転載されたものを使って、共産主義者に仕立てるものだった。

「そうです、信じられないでしょうが、皆さん、連邦動力委員会に所属するために上院の同意と承認を求めているこの男レランド・オールドは、実は、我が国の憲法、政府、私たちの議会、政府機関、教会、我が国の国旗、学校そして自由な企業活動の仕組みを信じていない男なんです」[20] とテキサスの下院議員ジョン・ライルは小委員会で述べた。

公聴会の結果、オールドの人格はひどく傷つけられ、彼の経歴は破滅させられた。そしてテキサスの石油業界は求める規制緩和を獲得し、欲しい政治家リンドン・ジョンソンを得た。

石油業界の大物とべったり付き合うことで、ジョンソンはカネとコネを手にした。1948年の上院選挙運動では、彼は石油減耗引当金制度を提唱した。選挙に勝ち、ジョンソンと下院議長のサム・レイバーンは大幅な税制上の優遇措置を求め戦った。

減耗引当金制度はテキサスの石油業者にとって所得にかかる重税を免れる法の抜け穴だった。具体的には、「石油生産者が所得の27.5％を課税所得から控除することを認める特別措置であり、これは減耗する石油埋蔵量を補償する目的である。実際にはこの特別措置により石油（と数少ない他）産業の税率は一般の産業に比較し低くなっている」[21]

ジョン・ケネディは大統領選で活動中この減耗引当金制度を維持する重要性を認識していた。ジョンソンと協力して南部票を確保しようとしていた。しかも父ジョー・ケネディが石油豪商の支持者で、その関係で儲けていた。この引当金に厳しく対処すればケネディ勝利のチャンスは簡単に吹っ飛んでしまう状況だった。

「我々の負けになると俺が言ったのはマジだったんだ」ジョン・コナリーは1960年の大統領選でリンドン・ジョンソンに言った。「もしケネディがあれの廃止を言い出したり、そう取られるようなことになれば、どんなパワーがあってももうダメだわな」[22]

ケネディは選挙運動中、「石油減耗引当金の価値と重要性について私の認識を明確にしておきたい……、いままで石油減耗引当金は役立ってきた」と語った。[23]彼の言葉は石油豪商とスイート8Fの男達を安心させた。

マフィアとCIAの冷酷な戦士と同じように、大統領になると、全く異なる思いもよらなかった人物にケネディが変身するのを石油豪商は見ることになる。1961年1月24日の大統領就任式から1週間も経たないうちにケネディ大統領は議会に法案を提出する。それは「税制に関しての原則、財務上の特恵的税率、不適切な税金の使用及び減耗引当金を問題視するもの」だった。[24]

石油豪商が特恵的な法制によって巨額の利益を得る状態にケネディが危機感をおぼえたに違いない。

「今や、行動の時だ」ケネディは言った。「たじろいだり、ゆっくりしてはいられないのだ」[25]

またもや、ケネディは強大な敵を作ることになる。彼らは巨額の補助金による富の流れを継続したいがために、彼を排除しようとする。

ケネディ兄弟と対照的なのがジョンソンで、いつも自分を助けてくれる人を助けようとした。マーシャルフォードダム計画のあと、ブラウン&ルートは軍事分野に参入し、海軍向けに船の建設を始めた。

「我々は船の船首と船尾の違いすら知らなかった」とジョージ・ブラウンは言う。[26]

ケネディ大統領の死後4日目、ジョンソンは国家保全行動メモ273（NSAM273）に署名した。それは南ベトナムへの援助増額の枠を設定するもので、軍事面だけでなく『政治、経済、社会、教育および情報面』に及ぶものだった。[27]

NSAM273の署名はケネディ大統領の作成したNSAM263、つまり「1965年末までにアメリカ人を引き上げる」と決めたメモを無効にするものだった。ベトナムの混乱についてのケネディの見方は現実的だった。「現地政府がもっと国民の支持を得るよう努力しなければ、あの戦争に勝利することはできないと思う」と1963年9月2日のウオルター・クロンカイトのインタビューにケネディは答えた。「結局は彼らの戦争なんだ。負けるも勝つも彼らの問題なんだ。我々は手助けすることはできるし、設備を与えることもできる。アドバイザーとして人を送り込むこともできるが、彼ら、ベトナムの人々が共産主義者達に勝たなければならないんだ」[28]

ケネディが無益な努力と許されない死者数と見たベトナム案件を、ジョンソンは自分への貢献者へのお返しのチャンスとみた。ケネディ政権下、ジョンソンはタカ派と良好な関係を維持し、JFKへは提出されなかったベトナムに関する秘密情報報告を入手していた。[29]

ジョンソンには『純粋に自己の利益のみ追求する男の魔力』があったとジャーナリストのマレー・ケンプトンは言う。「そのお陰で、彼はある意味で、かつてない真のマルキストの実利主義的政治人間だった」[30]

NSAM273の署名から4カ月たった頃、ジョンソンはNSAM288に署名し、ベトナムでの活動をすべてアメリカが引き受けることを実効させた。そして1964年8月トンキン湾事件が起こり、北ベトナムによるアメリカ船への2件別個の攻撃があったとされ、これをはずみに、リンドン・ジョンソンはベトナム戦争を全面戦争に拡大した。事実は、トンキン湾の事故は嘘で固められたでっちあげだった。8月2日に生じた1回目のにらみあいでは、後に判明したのだが（当初からジョンソン政権からの報告はなかった）、駆逐艦USSマドックスが先に攻撃した。2回目のにらみあいは8月4日であったが、なにもなかった。

「私の知る限りでは、我が海軍はそこで鯨を撃っていた」と後にジョンソンはその事故について語った。[31]

レイモンド／モリソン－ヌードソンとJ・A・ジョーンズ・コンストラクションと並び当時ハリバートンの子会社であったブラウン＆ルートは、ベトナムでの建設事業の約90％を独占していた。[32] 頭文字を並べてRMK-BRJとなるこれらの会社は自分たちを『ベトナム建設』と呼んだ。[33]

ベトナムにおける建設の必要性について、防衛長官のロバート・マクナマラは軍隊が関われば、「このような国では、新しい港、倉庫設備、道路、国の内部に繋がるハイウェイ、海岸線、軍施設、病院、そして全く新しい空港、それに既存空港の改良、通信設備その他」が必要になると説明した。[34]

何十億ドルを超える国費がこれらの建設会社に支払われている事実に、若い下院議員だったドナルド・ラムズフェルドが興味をもち、彼は「30年にわたるLBJの下院議員、上院議員、副大統領、そして大統領としての期間」[35]のブラウン＆ルート社との関係を調査しようとした。公務員としての不正行為の可能性があるとして、「アメリカ政府とこの企業連合との一契約で支払総額が1967年11月現在で少なくとも9億ドルに達すると見込まれてます。……なぜこの巨額の契約が今まで監査されず、今も監査されないのか、私には理解できない。このような契約による無駄と不当利得の可能性は重大なものであります」とラムズフェルドは言った。[36]

ジョンソンの1948年の上院選挙でカネと輸送力を提供したベルヘリコプターはベトナムでも儲けることになる。ベルは偵察用だけでなく兵隊と物資輸送のためのUH-1ヒューイ型対地攻撃用武装ヘリの大量生産契約を与えられ、それが会社の代表的なヘリになる。[37]

「最初は1契約50機のヘリコプターの出荷だったけど、1契約200機の出荷になっていったよ」とベルの元社員は言う。「あれはすごい飛躍だったね」彼は付け加えた。「ベトナムのお陰で今のベルになったんだ」[38]

ジョージ・ブラウンが当初下院議員だったジョンソンに書いた手紙があるが、ジョンソンの忠実さが表れている。

リンドン様、

今まで、私のために便宜をはかってくれるよう、遠慮なく貴君にお願いしてきました。また貴君が私にして欲しいこと、あるいはすべきことを遠慮なく言ってください。私は貴君が正しくても間違っていても貴君のためにいることを忘れないでください。そして貴君が正しいか間違っているかを私がどう思おうとも、関係なく、貴君が求めることを100％私は支持します。[39]

この成功モデルは何十年も継続することになる。1995年ハリバートン（ブラウン＆ルートの親会社）は元下院議員でワシントンのインサイダーであるディック・チェイニーを雇用した。会社に貢献するためチェイニーは「世界に向けてドアを開け、事実上どこへでもアクセスできる」能力を提供することになる。彼が「顧客関係という観点からは、世界中の武器をほしがるところへ繋げる能力を発揮することになった」[40]

注釈

1. Evelyn Lincoln. *Kennedy and Johnson* (New York: Holt, Rinehart and Winston, 1968), 204-5.
2. Ibid.
3. Bobby Baker and Larry L. King, *Wheeling and Dealing: Confessions of a Capitol Hill Operator* (New York: Norton, 1978), 34.
4. Caro, *Master of the Senate*, 336.
5. Dan Briody, *The Halliburton Agenda: The Politics of Oil and Money* (Hoboken: John Wiley & Sons, 2004), 121.
6. Ibid., 133-34.
7. Ross, Gaylon, "The Clint Murchison Meeting" YouTube video, 1:21:24, posted by "Se7ensenses," May 26, 2011, youtube.com/watch?v=POmdd6HQsus.
8. *Houston Chronicle*, August 4,2003.
9. Ross, Gaylon, "The Clint Murchison Meeting" YouTube video, 1:21:24, posted by "Se7ensenses," May 26, 2011, youtube.com/watch?v=POmdd6HQsus.
10. Gentry, *J. Edgar Hoover: The Man and his Secrets*, 383.
11. Briody, *The Hallibuton Agenda*, 25.
12. Ibid., 37-40.
13. Ibid., 40-43.
14. Ibid., 44.
15. Ibid., 47.
16. Ibid., 54.
17. Ibid., 61.
18. Caro, *Master of the Senate*, 246.

19. Ibid., 248.
20. Ibid., 254.
21. James G. Hepburn, *Farewell America* ([Vaduz]: Frontiers, 1968), 217.
22. Bryce, *Cronies*, 91.
23. Ibid., 92.
24. Hepburn, *Farewell America*, 235.
25. Ibid.
26. Briody, *The Halliburton Agenda*, 85.
27. "LBJ Library: NSAM 273." May, 2012, lbjlib.utexas.edu/johnson/ar-chives.hom/nsams/nsam273.asp.
28. Douglass, *JFK and the Unspeakable*, 189.
29. Baker, *Family of Secrets*, 99.
30. *Firing Line*, June 6,1966.
31. Joseph C. Goulden, *Truth Is the First Casualty: The Gulf of Tonkin Affair: Illusion and Reality* (Chicago: Rand McNally, 1969), 160.
32. Prata Chatterjee, *Halliburton's Army: How a Well-Connected Texas Oil Company Revolutionized the Way America Makes War* (New York: Nation, 2009), 23.
33. Ibid., 24.
34. Ibid., 25.
35. Ibid., 27.
36. Ibid.
37. Bryce, *Cronies*, 106-7.
38. Ibid., 107.
39. Briody, *The Halliburton Agenda*, 63.
40. Bryce, *Cronies*, 188.

第12章
策士

もしボビー・『小型リンドン』・ベーカーがリンドン・ジョンソンから学ぶことがあったとしたら、それは自己の繁栄を国よりも優先するということだった。ブラウン＆ルートはジョンソンが政府役人として出世するのを助けた。大統領のとき、同社と彼は共にベトナム戦争の恩恵を受ける数少ないメンバーだった。

スイート8F以来、ジョンソンと直接関わるようになってベーカーはコネをつくり、テクニックを学んで、キャリアを固めていった。彼はジョンソンがテレビ会社の役員達を広告料をはずむことで喜ばせたり、あるいは多くの利益享受者たちから莫大なカネを個人的に受け取るのを見てきた。[1] ベーカーは崇敬するジョンソンを守るためこれらのことを口外しなかった。

スキャンダルでベーカーが追求され、絞り上げられても、ジョンソンの問題ある事件につき口を割らないベーカーにジョンソンは満足していた。

ベーカーによる問題のある財務取引で調査を受けた新規事業はサーブ-Uという事業で、ベーカーが友人のフレッド・ブラックと始めたワシントンの自動販売機の商売だった。サーブ-Uはキャピタルベンディングの社長ラルフ・ヒルにより訴訟攻撃を受ける。ベーカーが防衛予算獲得の手伝いをすると言って彼の自動販売機を入手しているという訴えであった。これは昔ジョンソンがやった手であった。[2] 悪い評判は広がり、ベーカーのやばい行為が次々に表面化し、上院事務所近くのホテルにある社交クラブに政治家のために売春婦を派遣しているという申し立てまででてくる始末だった。

ある年配の上院議員は「女の子達は政府専用電話で連絡をうけ、あるところへ呼ばれ、しかるべきお客をもてなしたんだ」と回想した。[3]

1963年10月7日、ベーカーは合衆国上院の事務局長を退任した。月末にはうるさい連中がジョンソンのまわりに集まってきた。副大統領は最初パニックに陥った。そして彼はベーカーとの関係を断ち切った。

益々大きくなるスキャンダルにつき質問されても、ジョンソンはノーコメントで通した。[4]

1963年11月22日の朝、大統領を乗せた車列がダラスを通る頃、ボビー・ベーカーのスキャンダルの焦点は副大統領に移りつつあった。資産もなく、役人として社会人となったジョンソンは理解できないほどの大金持ちになっていた。その朝、ベーカーの同僚ダン・レイノルズは上院規制委員会で彼がジョンソンのために準備した保険について証言していた。彼はベーカーの指示どおり、彼がジョンソンの家族に500ドル以上するステレオセットを与え、ジョンソンの会社が所有するラジオとテレビ放送局の広告枠を1,200ドル分購入したことを証言した。[5] 彼の証言で更に問題となったのは、ベーカーがスーツケースに10万ドルを入れてジョンソンのところに持って行くのを見たと認めたことだった。そのカネは政府契約をジェネラルダイナミックスに与えたことへの見返りの賄賂だった。[6] このダン・レイノルズは1961年1月20日、ケネディの大統領就任式の時にベーカーが口にした驚くべきコメントにつき1964年にFBIに話した。それは1966年12月号のエスカイアーにジェイ・エプスタインによって報道されているが、LBJがいつも右腕と称したベーカーが「要旨として、あのぼけなす（ジョン・ケネディ）は任期まで生きることはないだろう。それも暴力的な死を迎えるだろう」と言ったという。

「私の場合、クラブのメンバーとしてはつい最近入ったばかりだったし、LBJや他の人達との一体感を強烈に持ちすぎたこともあり、新入メンバーになりきれていなかった」とベーカーは後に書いている。「裏社会の掟を気にしすぎていたと言われるかも知れないが、私としては友人を傷つけたくなかった。そういうことだと思います」[7]

ベーカーはすぐにジョンソンが友人と言えるものではない事に気づく。ジョンソンは退任後、死ぬまでの数カ月、自分の経歴を守るために個人秘書とのコミュニケーションを絶った。『ボビー・ベーカースキャンダル』が問題になった時期、ベーカーとジョンソン家族との間の唯一の会話はレディ・バードがベーカーに電話し、家族は彼を今でも愛していて、支持していると励ましたことだけだった。

「その時、LBJは彼女のすぐそばにいましたが、彼は電話に出ませんでした。多分彼は私を守るつもりはないと言ってしまいそうなので、話さなかったのだと。私はそう考えていました」ベーカーは書く。「ジョンソンは自分が引きずり込まれるのを恐れていたのだと思います。彼はその後、私たちの関係はもっと軽いものだったように見せかけようとしました。そして私が彼の個人的雇われ人というより上院の職員であったように言うようになります」[8]

ジョンソンがベーカーと距離を置こうとしている頃、ボビー・ケネディは証拠を集めていた。

ライフマガジンのレポーターは暗殺の前の週に派遣され、ジョンソンの財産の説明できない金額につき調査していた。彼らの見つけた汚職の規模はジョンソンの経歴を破滅させるほどのものだった。この特集記事はジョンソンとベーカーの共謀に関するものであったが、署名無しで公表される予定だった。記事の内容の出所は司法長官だった。

「すべてはボビーからの情報でした」と元ライフの編集者ジェイムズ・ワーゲンブードは言った。「それはジョンソンを吹っ飛ばすものでした。彼は逮捕されたのも同然でした。終わりでしたね。ボビー・ベーカーがジョンソンの身代わりになっていました。ジョンソンはもう終わりで、1964年の出馬から外され、そして多分刑務所送りになるところでした」[9]

大統領の死亡により、この記事が日の目を見ることはなかった。その代わり、特集の記事はザプルーダーフィルムになった。（ザプルーダー氏が偶然撮影したケネディ暗殺の現場フィルムのこと）暗殺の後、ライフ社はこの権利を買い取り、主たる証拠を政府見解にあわせる形で真実を示そうとした。

ワーゲンブードはまたFBI捜査官がオズワルドを更に罪に陥れる材料を持ち込んでいるところを目撃している。それはオズワルドがニューオリンズで親カストロのチラシを配っているニュースフィルムだった。[10]

「（そのフィルムがライフ社に届いて）1時間後、太った女性がアンコールと叫びました。ジャック・ルビーがオズワルドを射殺した時です」[11]とワーゲンブードは言う。

ジョンソンは大統領になり、ベーカーは刑務所に入れられた。

1972年9月、ベーカーがその罪で服役してた刑務所から出所してから3カ月後、元ジョンソンの側近だったウオルター・ジェンキンから連絡があり、ジョンソン家族が彼を週末に牧場へ招待したいと言っている旨を伝えた。ベーカーは招待を受けた。

「ジョンソン様は体調がすぐれないのです。彼は古くからのご友人とも最近会っておられません」とジェンキンは言った。「今フェンスの手直しをしておられると思います」[12]

結局、彼を助けようとしなかったことや忠実な友である彼との連絡を絶ちきったことへの謝罪は無く、ベーカーへ最後の慈悲的なパーティをしてやるというような扱いをうけたことになる。ジョンソンはベーカーを助けたかったがマスコミやボビー・ケネディが彼を責め苦しめたので、[13] それができなかったこと、大統領になることがどんなに大変なものかをとうとうと話した。

ベーカーは改めて一つ助けを求めた。ニクソンの部下ベイブ・レボーゾがベーカーに政治家の醜聞情報を教えるよう圧力をかけており、もしLBJが電話一つしてくれれば助かるということだった。ジョンソンは受け付けなかった。

「もしベイブ・レボーゾがニクソンに俺が口出しし始めたとか、新聞がそれを聞いたりしたら、それは一面に載せられる。そんなことお互いにとってなんの役にもたたない」とジョンソンはベーカーに言った。

ベーカーにすれば、ジョンソンを敬愛するからこそ、自分の子供二人に彼の名前をつけたのに、この素っ気ない拒否は侮辱だった。

「私はあの午後と夕刻に彼が話したことを思い返してみました。ほとんどがいかに人が彼をひどい目にあわせたかということばかりで、彼の過失や失敗についての言葉は無く、また内容のある心のこもった言葉もありませんでした」[14]とベーカーは記述する。

その週末LBJ牧場を去るとき、ベーカーは来客帳に目をやった。2、3日前にジョンソンの弁護士エイブ・フォルタスが最後に署名していた。[15] ベーカーへの最後の冷遇だろう、彼は署名するようにと言われることはなかった。ジョンソンは普段、来客には注意深く署名を求めることを欠かさなかったにも関わらず。

「ですから、放蕩息子がはるばる家に帰ってきたわけではなかったんです。裏口からコソッと、家に入れてもらえただけなのです」とベーカーは言っている。[16]

ケネディ政権時、同じテキサス出身でスイート8Fのメンバーだったビリー・ソル・エステスの金儲け計画も同様にジョンソンを脅かすことになる。ボビー・ベーカーが詐欺師を求めるやたら愛想のよい政治家ならば、エステスはやたら愛想のよい政治家を求める詐欺師だった。この二人はジョンソンがダラスで実行する破れかぶれの手段に協力することになる。

1953年、アメリカの青年会議所が合衆国で突出した10名の若者のうちの一人としてエステスを選び出したとき、彼は成功するためのコツとしてこう述べた。「木の枝の先に果実が成っているときは、枝の先へ向かって進むしかない。もし枝が折れたら、次にどの辺まで進めるか、わかるようになる」[17]

このコメントはエステス自身を象徴するものである。彼はしばしば枝の先へ行きすぎ、事業を拡大しすぎ、空売りまでしたため、詐欺罪で1962年に告発された。

1950年代の半ば、エステスは低価格の農家向け化学肥料無水アンモニアを販売し始めた。使いやすく手に入りやすいということで販売できるようになっていた。この無水アンモニアの販売のため、エステスは供給元のコマーシャルソルベントに多額の未払債務をもつようになった。供給元はエステスの55万5000ドルの債務に気づかず、またビリーが口がうまかったこともあり、追加アンモニアを12万5000ドル分供給し、彼の新規の穀物保管ビジネスに22万5000ドル貸し付けた。[18] 連邦政府の資金が入ってきたため、エステスはアンモニアの価格を引き下げることができ、競争的な価格付けをして、市場を独占しようとした。

「市場から競争者を追い出せば、あとはすべて自分のものになる」[19]とエステスは言った。

エステスは架空の無水アンモニアの貯蔵施設を西テキサスの農民に売却し、買った農民は見たこともないタンクを彼にリースバックした。エステスはこのペテンで3,000万ドル以上稼いだ。[20]

1958年にはエステスは穀物貯蔵の補助金をもらうため、連邦政府と共同事業を始める。この仕事を通じてエステスはジョンソンと初めて一緒に仕事をすることになる。彼はベーカーのようにジョンソンの友人として扱われた。二人は一緒にウズラ狩りに行き、エステスはジョン・ケネディの大統領就任式に招待された。[21] 彼はジョンソンにたいし、個人的にも、政治資金としても多額の資金を提供した。一方でジョンソンは綿の耕作割当をごまかして他の農民の割当を不当に削り、エステスがより多く割当を受けるよう取りはからった。[22] 規制が厳しくなると、エステスは副大統領の側近クリフ・カーターに助けを求めるのだった。

「今週、家族でワシントンに移動しますので、副大統領のオフィスにお電話ください。なんなりとご要望に応じますので」[23]とケネディ政権の準備期間であった1960年12月27日にカーターは書いている。

この頃では、カネをもらえば、便宜をはかるというジョンソンの典型パターンであった。

「あの頃パパはリンドンに沢山お金を渡していたわ。政治資金だけでなく、ジョンソンのまわりの彼が助けると決めた人達にも」とエステスの娘パムは記載している。「お金はすべて現金で渡していたから、いったいいくらジョンソンに流れたか、そのお金がどうなったか記録がないのよ」[24]

1960年には政府農業省がエステスの詐欺容疑で調査に入っていた。ジョンソンがホワイトハウス入りの活動をしている頃、省の監査官ヘンリー・マーシャルは調査を進めていた。

1961年1月エステスはビリーソルエンタープライズの部長A・B・フォスターに命じて進む詐欺調査をもみ消してもらうために副大統領の側近カーター宛てに嘆願書を書かせた。

「この件に関し調査して頂き、何か対処方法がないかよろしくお願いいたします」[25]とフォスターは書いた。もちろんジョンソンは彼自身とエステスとの取引を調査されれば、疑いもなく、ジョンソンの他のテキサス事業家との取引にも波及すると思われるため、調査を取りやめさせる必要があった。

ケネディ就任の2日前、エステス、カーター及びジョンソンはワシントンのリンドンの家に集まり、マーシャルを『始末』する必要があるという決定をした。[26]

1961年6月3日、マーシャルは彼の農地の草原わきでシボレーフリートサイド(車)の中で死んでいるのを発見された。胸と左腹部を22口径のボルトアクション式ライフルで5発撃たれており、現場での検死でシェリフはあり得ないことであるが、自殺と認定した。血液採取もなく、トラックや銃などからの指紋採取もしないという判断だった。[27] マーシャルの体に一酸化炭素が発見された。これはLBJのテキサスでの殺しの特徴といえる。

この死亡事件は引退して長い、あの有名なテキサスレンジャーのクリント・ピープルの目にとまった。ピープルはこの犯罪の奇怪な点に納得できなかった。証拠はともかく、直感でこれは殺人と確信した。マーシャルは自殺するような人物とは思えなかった。

数年後、マーシャルの弟ロバートはヘンリーには自殺に結びつくような、金銭的理由あるいは個人的理由がないと語った。

「兄夫婦は最初の二人の子供を亡くしているので、この可愛い男の子(ドナルド・マーシャル)が生まれたとき、彼は世界中で一番の幸せ者でした」とロバート・マーシャルは言った。「彼には生きがいがあったんです」[28]この事件は1962年5月に再調査されることになった。マーシャルの遺体は墓から掘り出されて調べられ、この事件はロバートソンカウンティの大陪審にまわされた。5月22日に検死した医師ジョセフ・ジャチムジックはピープルの他殺説を支持した。「私の予備的検死調査の結果によりますと、これは自殺でないと判断します」とジャチムジックは言った。[29]

ジャチムジックによると、もしマーシャルが自殺しようとして排気管から一酸化炭素を吸い込むためにシャツを使っていたなら、シャツに煤がついているはずだが、全く煤は発見できなかった。また、マーシャルの頭部の傷は倒れたときにできたものではなく、強打されたことによるという。

ジャチムジックは「もしこれが自殺だとしたら、私の1万5千件の検死調査経験のなかで、最も異例の事例です」と述べた。[30]

この事件にはワシントンで、特に司法長官が注目し始めた。「私はジョン・ケネディに一度、そしてロバート・ケネディに10回か12回話しました」とW・S・バロン判事は言う。「彼（ボビー）は質問をするだけなんです。今どうなっているかとか、なにが判明したかとか」[31]

ガソリンステーションで働いていたノーラン・グリフィンは殺人事件の起こったちょうどその頃、道をたずねるために立ち寄った男を覚えていた。グリフィンの記憶では、その男は「黒縁の眼鏡をかけ、黒い髪で、顔に傷がある陰気な顔だった」[32]その描写は『ミスターX』と呼ばれ、その似顔絵は全国のマスコミが報道した。

警察はグリフィンによって確認されたという男を取り調べた。その男は嘘発見器のテストをクリアし、無罪とされ、グリフィンの証言の信頼性が著しく損なわれた。グリフィンは後日、警察が誤っていて、ブライアン・ラス判事とシェリフのハワード・ステガルにはめられたんだと言った。

「私がハワードと話してたら、彼はペンを私に手渡し、ブライアンが紙を押しつけてきて、そこに署名しろと言ったんです。何のことかわからず、読みもしなかったんです。彼らとはもともと友達なんで、言われるように署名しました。1分ほどあとに彼らは立ち上がって、私と握手して私は立ち去りました」と言う。[33]

この策略はうまくいき、グリフィンの話の信憑性はなくなってしまった。

「私は決してその男を見た男と同一人物だと確認してません。ただ、彼らに紙を押しつけられた時に署名しただけなんです」と言う。[34]

エステスは裁判で証言を求められるが、彼はほとんどの質問に対し、憲法修正第5条証言拒否権を行使した。この事案は結論がでないままにされ、ヘンリー・マーシャルの不可解な死は10年もの間棚上げされる。レンジャーのピープルは、しかしながら、めげずに調査を続けた。

1963年7月にテキサスレンジャーのトップ、ホーマー・ギャリソンに送付した報告書にピープルはその死の信じがたい要素を詳細に記載し、殺人である可能性が高いことを指摘している。

私どもの調査によると、もしヘンリー・マーシャル氏が自殺したとするならば、次に述べる事項が起こっていたはずだと思料される。
＊マーシャル氏の最初の行動は一酸化炭素を吸い込むことであった。（病理解剖士の報告書では1年後の解剖の時点で15％の一酸化炭素が残っていたが、死後防腐処置により15％が失われていたと推定される。なお致死量は40％である。）
＊マーシャル氏は一酸化炭素を吸い込むときに使った器具を処理したことになる。
＊マーシャル氏は転倒により頭部左側の脳に重大な損傷を受け、同時に頭部左側に傷を受け、左目にも傷があり、目が飛び出している。
＊両手の甲にひどい傷があり、皮膚が裂けている。
＊ピックアップトラックの左右と後ろ側に血痕がある。
＊マーシャル氏はトラックのエンジンを切ったことになる。
＊エンジンが切られた後のトラック内には血痕がない。
＊マーシャル氏のシャツの前側に血痕がない。
＊死人の着たシャツは前がはだけ、前側に弾痕がない。
＊亜硝酸塩はマーシャル氏のシャツの下だけ（後ろ側）に反応があった。
＊現在もそのままのトラック右側の大きなへこみは人間の手や頭でできたものではなく、なにか器具などによって生じたものである。
＊シャツの前側に血痕が無く、しかしながらおびただしい量の血のあとがトラックのまわりにある事実からなぞが浮かんでくる。
＊この調査によるとマーシャル氏が先にけがした上で、右手を伸ばすのは困難であったと思われ、左手で引き金を引くしか、なかったことになる。[35]

ピープルは更にすべての弾痕は正しくバランスのよい姿勢から熟練した専門家により撃たれたものと確証した。撃たれた3発のうち1発は動脈を分断しており、2発は体を麻痺させるもので、自殺はあり得ないことと思われた。[36] テキサスレンジャーはこれは彼が解決できなかった“非常にまれな”[37]殺人事件であり、このケースに関わった多くの者と同様に、これには上層部の権力が作用していると認識した。

ジョンソンは政府という枠内で安全であったが、エステスはボビー・ベーカーと同様に犠牲にされることになる。1962年4月エステスは連邦大陪審により57件の不正行為につき起訴された。[38] 同時にボビー・ケネディは76名のFBI捜査官に命じてエステスのスキャンダルを徹底捜査させた。農業省や政府の他の機関もエステスから仕事や賄賂がなかったか、調査された。[39] この調査は、エステスからカネをもらっただけでなく、彼のビジネスに深く関わっていたジョンソンをびびらせたに違いない。

エステスの公判では、ジョンソンは自分を守るために、個人的な弁護士ジョン・コッファーを雇い自己の利益を守ろうとした。コッファーは以前ボックス13事件でジョンソンを弁護した。この弁護士はエステスがジョンソンとの関係につき証言することがないよう決してエステスを証言人台に立たせないようにした。

「ジョンソンはパパを起訴させたいと思ってたとは思わないわ」とエステスの娘パムは副大統領の意向について述べる。「でも、彼とコッファーが最優先して守るのはリンドン・ベイン・ジョンソンであって、パパの起訴はできたらさせたくないということね。だからうまくいかなければ、パパを波風をたてず一人刑務所へ行かせる。そして結局そうなったんです」[40]

エステスは起訴される前、ボビー・ケネディに司法取引を持ちかけられた。証拠提供し、LBJの犯罪につき証言すれば、逮捕しないというものだった。

「俺はあの取引には応じなかったんだ」とエステスはヒューストンクロニクルの取材に応じた。「30分ほど自由になれたかもしれない。でそこで殺されただろう。すでにそんな結末になった連中が何人もいるんだ」[41]

1971年6年以上も刑務所に服役した後エステスは、彼の服役中に高い地位についていた連中の名前を公表する意欲充分だった。

「大物と言われる人達と一緒にいてもなんの名誉というか、いいことなどないよ」とエステスは言う。「何人かに裏切られたことはわかっている。俺は事業と政治をごっちゃにしていたんだ。テキサスの喩えだが、乳首を乳絞り器に挟まれたんだ。あんなことは二度とごめんだ」[42]

ピープルはまだマーシャルの死が他殺と信じていたので、真実を求めてエステスを追った。1979年エステスは脱税の罪で更に4年間エルパソのラテューナ刑務所に入るとき、ピープルが連行した。ダラスフォートワース国際空港からの飛行中、ピープルはマーシャル殺人事件につき質問した。

「あなたはヘンリー・マーシャルが自殺したのではないのは確実だと信じておられると思うけど」エステスは言った。「彼は殺されたんです」

「ビリー・ソル、どの方向を捜査すればいいのかな？」ピープルはたずねた。

「わかるでしょ、刑務所にいる身であまり話せないことは。でも言えることは、一番失うものが大きい人達を捜査すべきでしょうね」とエステスは答えた。

「ワシントンの方向かな？」ピープルは聞いた。

「ばっちり、その方向だね」とエステスは言った。[43]

1980年の半ばにはエステスはしゃべる気まんまんだった。

1984年ピープルはマーシャル事件をロバートソンカウンティの大陪審に上程し、尋問を開始しようとした。彼はマーシャルの死にジョンソンとクリフ・カーターが密接に関わっており、ジョンソンがその指令をしたという罪でこの二人を起訴した。エステスの証言は関係者の多数がすでに死んでおり、その起訴内容の確認や否定が難しいという理由で否認された。しかし、証言のお陰で、二つのこと、マーシャルの死は自殺から銃による殺人に変わり、新たにジョンソンの眼鏡をかけた殺し屋マルコム・『マック』・ウオレスに焦点があたることになった。

元海兵隊員だったウオレスはテキサス大学の全学生会の会長だったことがあり、政治につよい関心を持っていた。1946年ウオレスはホーマー・レイニーの知事選挙の応援組織の責任者であった。[44] やがてウオレスはジョンソンに取り込まれ、政治に近づく。といっても、ジョンソンとそのテキサスの事業関係者のための人殺しの管理をすることになる。ウオレスこそがノーラン・グリフィンに道をたずねたミスターXだった。

リンドンの愛人マドレーヌ・ブラウンに言わせるとジョンソン御用達の『殺し屋』[45]であるウオレスはジョンソンに関わる殺人の多くに重要な繋がりをもっている。エステスの弁護士ダグラス・キャディはアメリカ司法省のステファン・S・トロット宛てに手紙を書き、その中でウオレスとジョンソンの共謀によるテキサス式処罰方式を明らかにしている。

私の依頼人、エステス氏の承諾がありましたので、1984年5月29日付け貴殿の書面に回答致したく。

エステス氏は1960年代にテキサスで犯罪行為に関わったリンドン・ジョンソンが率いる4人組の一人であります。エステス氏とLBJ以外の2名はクリフ・カーターとマック・ウオレスであります。

エステス氏は以下の犯罪行為に関して知っていることを開示する意向です。

殺人

1．ヘンリー・マーシャル殺害
2．ジョージ・クルティィレック殺害
3．アイク・ロジャーとその秘書殺害
4．コールマン・ウェイド殺害
5．ジョセファ・ジョンソン殺害
6．ジョン・キンザー殺害
7．JFケネディ大統領殺害[46]

7の名前のうち、3つが突出している。ヘンリー・マーシャル、ジョンソンの妹ジョセファ、それに大統領のジョン・ケネディである。ジョンソンの妹ジョセファはリンドンの政治的な重荷になっていた。町の売春宿で働いていたジョセファは『ワーキングガール』[47]という通称だった。1961年のクリスマスイブにジョセファは不可解な状況で死亡したが、州法に規定されているのにも関わらず、死体の検死はなされなかった。[48]

ジョージ・クルティィレックは聞き慣れない名前であるが、彼はエステスの共同経営者で会計士だった。不正容疑でエステスが逮捕された7日後の1962年4月4日、クルティィレックは車の中で死んでいるのを発見された。その二日前にクルティィレックはFBIによってエステス事件の尋問を受けていた。[49] マーシャルの場合とよく似た犯罪状況であるが、彼の死は一酸化炭素による自殺とかたづけられた。

マーシャルの遺体が発見されたとき、最初に自ら命を絶とうとする彼はシャツを頭まで引き上げ覆い、排気管からのガスを吸引しようとしたと理屈つけられた。[50] 本当はウオレスが自殺に見せかけるために一酸化炭素によりマーシャルを殺そうとしたと思われる。その過程でもつれ合いになった。マーシャルの顔、両手、両腕に傷があった。マックはボルトアクションライフルで仕事を完了した。[51]

エステスの他の仲間にハロルド・ユージン・オールとハワード・プラットがいるが、二人とも1964年に一酸化炭素による中毒で死亡しているのを発見された。オールはアマリーオのスペリオール・マニュファクチャリング・カンパニーのオーナーでエステスの不正取引の中心人物だった。オールは10年の懲役刑を言い渡されており、刑の軽減のために上申する可能性があったが、結局刑務所に行くことはなかった。収監される2日前、ガレージで死んでいるのを発見された。[52] オールが車の排気管を交換している最中に事故で死んだとかたづけられた。彼の遺体のまわりに散乱していた工具類はその車の修理に適合しないものだった。[53]

ハロルドの妻、バーバラ・オールは夫は殺されたと信じていた。「ハロルドが自殺したなんて、一度も思ったことはないわ。でも今頃問題にしてどうなるの？」[54] バーバラは数年後こう答えた。

これらの死亡事件はすべて2、3年の間を置いて、不思議によく似た状況で発生しており、しかもエステスの関係者だった。

「彼らは全員一酸化炭素中毒だった」ピープルはオール、クルティレック、プラットの死について述べる。「でも、深く調査しなかったんだ。それぞれ別の地区での事件だったし、各警察が扱っていたから」[55]

リストには別の名前、ジョン・キンザーが挙がっている。彼はオースティンのバトラーピッチ＆パットゴルフ場のオーナーだった。さかのぼる1951年にウオレスはゴルフ場の事務所での昼間の口論のすえ、キンザーを数回銃で撃った。その原因はキンザー、ジョンソンの妹ジョセファ、それにウオレスの三角関係のもつれ、あるいはキンザーがウオレスの不仲な妻メリー・アンドレ・ドボーズ・バートンと浮気していたからと推測されていた。[56] 事実は、キンザーがリンドンの妹ジョセファの秘密を知って、ジョンソンをゆすろうとしたからであった。[57]

殺人罪で逮捕されたウオレスは、オースティン警察の調査官マリオン・リーにこっそりと「彼はジョンソン議員のもとで働いており、ワシントンに戻らなければならない」と告げた。[58] ウオレスは当時、ワシントンの農業省でエコノミストとして働いていた。これはリンドン・ジョンソン議員によってあてがわれた仕事だった。[59]

ウオレスがジョンソンの家族や州の有力な政治家達とのコネをもっていることを知ってからは、クリント・ピープルは「どんな小さいことでも調査対象にする必要がある。というのも至る所に政治の匂いがするからだ」と言っている。

1952年2月の10日間の裁判でウオレスはリンドン・ジョンソンの個人弁護士ジョン・コーファに弁護された。彼は過去にボックス13事件でLBJの弁護人になったし、この数年後ビリー・ソル・エステスをも弁護する。ウオレスは殺人罪で有罪になり、5年の懲役になったが、執行猶予がついた。数年後、ピープルは彼自身法律執行の世界に50年いて、こんな事が起こったのを見たことがないという。[60] 私自身テキサスの判決録を閲覧したが、テキサスの市民で殺人の有罪判決をうけた人物が執行猶予をうけた例はこれ以外にはなかった。

この執行猶予の評決を受けた3カ月後、ウオレスはテムコに就職する。テムコはダラスの軍事企業であり、スイート8Fのメンバーでテキサス教科書倉庫ビルの所有者D・H・バード[61]がオーナーだった。バードは副大統領リンドン・ジョンソンの最大の献金者で、資金調達担当でもあった。

バードは狩り好きで射殺した動物の剝製でリビングルームを一杯にする男であったが、信じられないことに、テキサス教科書倉庫ビルの6階の窓を取り外し、ケネディ大統領の暗殺の記念品として飾るため、自宅へ持ち帰った。

後にTLVという社名になるテムコは、ジョンソンが統括する防衛省から国の主要な防衛契約を与えられた。そして同時に、殺人罪で有罪の判決を受けたウオレスがその会社の『経済コンサルタント』として就職したのである。

グレン・サンプルとマーク・コラムは共著の〈6階の男達〉で1984年5月13日のダラスモーニングニュースの記事がクリント・ピープルが海軍の情報将校からウオレスの新しい仕事に関する信じられないような事実を発見したことを報告していると言及している。

「私はウオレスのような経歴を持つ人間につき適正評価を考える事自体に怒りを覚えました」ピープルは言う。「私は彼（情報将校）にいったいなんでウオレスに適正評価を与えるのか？　と聞きました。彼は『政治だよ』と答えました。私は更に、こんな男に適正評価で合格点を与えるほど強く、かつ権力を持つ人物が政治の世界にいるのかと聞きました。彼は『副大統領だ』と言いました」[62]

5年後の1957年、収監もされない自由なウオレスの罪状は消えることになる。

1960年にリンドン・ジョンソンが大統領候補として活動している頃、ウオレスは取り巻きの一人としてよく見かけられた。ルシアンヌ・ゴールドバーグは選挙運動のメンバーだったが、ウオレスを集会で少なくとも3回目撃している。いつもLBJの側近クリフ・カーターと一緒だった。

「彼のことは知っていたし、覚えているわ。だって来る人全員覚えるのよ。あとでどうなるか全くわからないから。それが仕事だから」[63]ゴールドバーグはワシントンのメイフラワーホテルの歓迎会会場でウオレスを見たことを記憶していると言った。また後にジョンソンの選挙本部のアンバサダーホテルでもウオレスを見たと言う。

「私は受付デスクで座っていたんです。大勢の人達がうろうろ歩き回っているんです。そのときちょうどテキサスの男がよくやる風に両手の親指をベルトに引っかけている彼を見ました」[64]

ウオレスは自身が持つ政治的野望を意識したことはなかったかも知れないが、ジョンソンがそれを実現するのを見ながら手を貸していたのは確かだ。

ケネディ大統領の暗殺後、テキサスの教科書倉庫ビル6階の狙撃者の溜まり場にあった段ボール箱から指紋が検出された。その指紋はオズワルドにはつながらず、倉庫ビルの従業員や、箱を扱った警察関係者のものとも一致しなかった。ウオレスの過去の起訴による指紋と箱のものが一致することが、元オースティン警察の鑑識課のトップだった指紋鑑定の専門家A・ネーサン・ダービーにより明らかにされた。ダービーはアメリカで認定された遺留指紋の鑑定士として最も専門性があり、軍の法化学分野と警察で35年以上の実務経験を有していた。最初の比較検証で、14個の別々の箇所で二つの指紋が一致することが判明したが、ダービーは最終的には、その二つの指紋が32個の一致するポイントをもつことを確認した。[65] それは同一であると鑑識し、起訴するに足る必要条件を遥かに超えていた。

「私は確信してます」とダービーは言った。「インクでプリントした指の持ち主がそのかすかな跡を残したのです。一致してます」

これとは対照的に、「**ダラス警察はオズワルドの指紋の部分的なもの3つしか、そのエリアの二つの箱から見つけることができなかった**」[66]

リンドン・ジョンソンの伝記を書いたロバート・カーロは当初の予定5巻のところ、4巻で苦労しながらジョンソンの生い立ちと性格を再現しようと、権力と何よりも金銭的利益を持とうとする男の人物像を書き上げた。カーロは男のいかさまな性格、動物的衝動それにその政治とビジネスにおける背信を示した。それでも彼の伝記にはジョンソンを造り上げる主要な部分が抜けている。それはマック・ウオレスである。

2012年の書面でビリー・ソル・エステスの弁護士であったダグ・キャディは1980年代半ばにカーロと対面したことを明らかにしている。当時はまだ真実を隠蔽しようとする勢力が存在していた。

2003年にバー・マクレランの著書〈血とカネと権力：いかにLBJはJFKを殺害したか〉が発行される頃、バーと私はそれぞれその出版を阻止、あるいはそのインパクトを押さえようとする5、6件の電話を受けている。電話してきた者は決して名告らず、その電話番号は調べてみると存在しないものだった。その電話の会話のなかで、ロバート・カーロに伝記の中でJFK暗殺にLBJが関与していることに触れて欲しいと私が言い出したところ、電話の男は「俺たちはカーロの心配はしていない。奴は俺たちの仲間だ」と言った。私はこれを聞いて、カーロがLBJの伝記のこれから出る最終巻でLBJの関与を軽視するかも知れないと受け取り、がっかりした。1985年か1986年にロバート・カーロはヒューストン大学で都市開発計画につき講演した。私は父と一緒に講演会場に行った。講演後、彼が5、6人の聴衆からの質疑を受けているところへ行き、彼に質問した。「あなたはLBJの伝記でマック・ウオレスの果たした役割につき触れる予定はありますか？」カーロは仰天して、動揺し私のスーツの襟をつかんで、「あんた誰なんだ？　どうすれば連絡とれる？」と言ったので、私は名刺を渡した。彼はそれをその場でじっくり見て、ポケットに入れた。しかし、彼からは一切連絡はなかった。[67]

カーロはウオレスに触れないことで、ジョンソンの権力への道にある血をふきはらい、死体をゴミ捨て場に埋めてしまったと言える。ジョンソンはウオレスを使って、秘密を守り、彼自身の嫌悪すべき特質から生まれるがん細胞を押さえようとした。ベーカーとエステスはジョンソンと同じように行動した。ウオレスがジョンソンの行為の解決策だった。ベーカーとエステスはその無分別な行為に対し償いをさせられた。ウオレスはジョンソンが決してそうならないよう確実に守るために存在したわけである。

1971年、ウオレスは彼の犠牲者と同じやり方で処分されることになる。排気管が詰められていたため、一酸化炭素が車内に充満し、運転中の彼はテキサス、ピッツバーグ近くで運転を誤り、衝突した。

ウオレスの死を知ってもテキサスレンジャーのクリント・ピープルはヘンリー・マーシャル変死事件、その関連死亡事件、そのウオレスとの関係そして彼のエステスとジョンソンとの関連などの解明調査を止めることはなかった。

1992年、ピープル自身も自動車事故で死亡する。マデレーン・ブラウンは著者ロバート・ゲイロン・ロスとのインタビューでその『事故』の記憶を語る。

私このこと話すの本当に怖いのよ。だってクリント・ピープルは本当に殺されたのよ。クリントは私や友達のビリー・ソル・エステスの言うことを検証するためにカメラで録画するはずだったの。まあ、ともかく、クリントを呼んだの。金曜日だったわ。はっきり覚えているわ。言ったの、「クリント、あなたビデオで私とビリー・ソルを録画するのよ。ちょうど映画の終わりにやるみたいに」私は言ったの。「妹が病気なの。だから今すぐ約束はできないの。よく聞いてね、クリント。来週の金曜に私が行くわ。ランチをおごってあげる。予定しておいてね」と言ったの。私クリントのこと好きだったわ。この会話のあとの火曜日にクリントはテキサスのワッコの道路から転落して、その怪我で死んでしまった。[68]

2013年5月14日に死んだビリー・ソル・エステスはインタビューしたいという私の試みをことごとく拒絶した。彼はもう長い期間、不審な死やそれに関しての事柄につき公的に話すことはしなくなっていた。年を取るにつれ、殺人についてより精神的な解決を祈るようになっていた。

「私は天国に神様がいて、この神様が歴史を正してくださると信じてます」とエステスは言った。「ですから地上では誰もそれができないんです」[69]

私はビリー・ソル・エステスの個人弁護士ダグラス・キャディと話をすることができ、協力を得ることができた。彼はインタビュー、元資料、本書のために記憶している情報などを提供してくれた。エステスが晩年インタビューを避けたことは理解できる。2012年に彼に話を聞いたとき、彼は既にインタビューや、多くの報道媒体でケネディ大統領暗殺の究極の犯人はリンドン・ジョンソンであることを明言しており、他の7件の殺人にも関わっていることを示唆していた。

ボビー・ベーカーもビリー・ソル・エステスも自ら策士、相場師、勝負師と称していたが、二人ともどっぷりジョンソンと深みにはまっていた。結局、彼の政治的影響力のもとでカネを稼いだが、結果的にはその代償を払うことになった。二人とも個人的利得をむさぼりすぎた。多分、リーダーが免罪にしてくれると信じていたに違いない。ジョンソンは彼らを自己の利得のために利用し、重荷になった時点で切り捨て去った。

リンドン・ジョンソンには合衆国大統領になるという強烈な妄念があった。しかしそれが具体化するのは、彼が刑務所に入れられるという恐れから、自己の無分別を隠蔽するために大統領になる必要性が生じた時だった。

ケネディ家の友人ビル・ウオルトンが暗殺に関連して「ダラスはこのような犯罪にとって理想的な場所だった」[70]と述べたのは、一概に顰蹙を買うものとは言えない。ジョンソンにとって、ヒューストンを基盤とするスイート8Fグループのメンバーがいて、ダラスに関係する組織犯罪が存在し、州と連邦政府の諜報部員がいるダラスはいわば縄張りだった。またそこはその環境をよく知る多くの関係者が言う完璧な待ち伏せ攻撃のスポットだった。しかも暗殺を取り巻く事実を操作しやすい環境なのだ。ビリー・ソル・エステスの娘パムがその著書〈ビリー・ソル：キングオブザテキサスウイーラーディーラー〉でその本質を明快に表現している。

リンドン・ジョンソンはマサチューセッツからのぽっと出の二人の手練手管で潰されるような男ではなかった。彼は彼らが想定してたより、影響力を持っていることを証明した。すべての汚職についての公判、調査による証言を通じて、パパが民主党とリンドン・ジョンソンに個人的に与えた巨額の贈り物については注目されることはなかった。

ジョン・ケネディがテキサスの政治家達との関係を修復するためにダラスの通りまで来て射殺されて、1年半くらい後に、パパは言ったわ。「結局はリンドンが勝ったみたいだね」[71]

注釈

1. Baker, *Wheeling and Dealing*, 82-86
2. Caro, *Passage of Power*, 277.
3. Nellor, *Washington's Wheeler Dealers*, 5.
4. North, *Act of Treason*, 322.
5. *Gettysburg Times*, January 13,1964.
6. Janney, *Mary's Mosaic*, 307.
7. Baker, *Wheeling and Dealing*, 185.
8. Baker, *Wheeling and Dealing*, 182.
9. Janney, *Mary's Mosaic*, 307.
10. Ibid., 308.
11. Ibid.
12. Baker, *Wheeling and Dealing*, 261.
13. Ibid., 308.
14. Ibid., 270.
15. Ibid., 276.
16. Ibid.
17. "Investigations: Decline and Fall," *Time* (May 25,1962), n.p.
18. Ibid.
19. Ibid.

20. Ibid.
21. North, *Act of Treason*, 152.
22. McClellan, *Blood, Money and Power*, 125.
23. Bill Adler, "The Killing of Henry Marshall," *The Texas Observer* (November 7,1986), n.p.
24. Pam Estes, *Billy Sol: King of Texas Wheeler-Dealers* (n.p.: Noble Craft, 1983), 47.
25. Spartacus Educational website, «Famous Crimes: Henry Marshall,» entry by John Simkin, September 1997-June 2013, www.spartacus,schoolnet.co.uk/JFKmarshallH.htm.
26. McClellan, *Blood, Money and Power*, 156.
27. Adler, "The Killing of Henry Marshall," n.p.
28. George Kuempel, "Cause of Death Changed from Suicide to Murder," Dallas Morning News (August 14,1985).
29. Adler, "The Killing of Henry Marshall," n.p.
30. Ibid.
31. Ibid.
32. Ibid.
33. Ibid.
34. Ibid.
35. James M. Day, *Captain Clint Peoples: Texas Ranger: Fifty Years a Lawman* (Waco: Texian, 1980), 133-34.
36. Ibid., 134.
37. Ibid., 131.
38. North, *Act of Treason*, 140.
39. "Investigations: Decline and Fall," May 25,1962, n.p.
40. Estes, *Billy Sol*, 66.
41. Mark Collom and Glen Sample, *The Men on the Sixth Floor* (Garden Grove: Sample Graphics, 1997), 120.
42. Kent Demaret, "Billie Sol Estes May Face New Fraud Charges, But He's Never Up the Creek Without a Paddle," *People* 11, no. 16 (April 23, 1979).
43. Ibid., 135.
44. Adler, "The Killing of Henry Marshall," n.p.
45. Madeleine Brown, *Texas in the Morning: The Love Story of Madeleine Brown and President Lyndon Baines Johnson* (Baltimore: Conservatory, 1997), 79.
46. Collom and Sample, *The Men On the Sixth Floor*, 150-51.
47. McClellan, *Blood, Money and Power*, 105.
48. Ibid., 167.
49. Haley, *A Texan Looks at Lyndon*, 137.
50. Adler, "The Killing of Henry Marshall," n.p.
51. Ibid.
52. Haley, *A Texan Looks at Lyndon*, 137.
53. Ibid., 138.
54. *The Reading Eagle* [Reading, PA], March 30,1984.

55. John Gonzalez, "1962 Death of Estes' Accountant to Be Probed," *The Dallas Morning News* (March 29,1984).
56. Ibid.
57. McClellan, *Blood, Money and Power*, 107.
58. *Dallas Times Herald*, April 6,1984, n.p.
59. Day, *Captain Clint Peoples: Texas Ranger*, 81.
60. Ibid., 82.
61. Collom and Sample, *The Men on the Sixth Floor*, 167.
62. Ibid, pg. 169.
63. Adler, "The Killing of Henry Marshall," n.p.
64. Ibid.
65. McClellan, *Blood, Money and Power*, 328.
66. Craig I. Zirbel, *The Texas Connection: The Assassination of John F. Kennedy* (Scottsdale: Wright & Co., 1991), 209.
67. Education Forum Q&A with Douglas Caddy: educationforum.ipb-host.com/index.php?showtopic=18833&st=0&gopid=247779.
68. Ross, Gaylon, "Madeleine Brown Interview, www.youtube.com/watch?v=POmdd6HQsus.
69. Kuempel, "Suicide Ruling Changed to Murder." *Dallas Morning News*, August 14,1985.
70. Talbot, *Brothers*, 32.
71. Estes, *Billy Sol*, 69.

第13章
ダラス

なぜダラスで？　理解する鍵はケネディがパレードのために街に着いたとき、ダラスカウンティの法関係者と当地方政府をジョンソンが仕切っていたことにある。当時ダラス市長はアール・キャベルでチャールズ・キャベルの弟だった。兄のチャールズはCIAに訓練された亡命者を使ってキューバに侵攻しようとしたピッグズ湾事件の失敗でJFKによりCIAから首にされていた。市長とその兄はJFKを憎んでいた。彼らはジョンソン側だった。

市長はダラス警察署長のジェシー・カレーがLBJに忠実な行動をとるよう尽力した。不思議なことに、大統領暗殺のあと、カレーは終日ジョンソンのすぐそばに張り付いていた。ジョンソンがカレーを通してダラス警察を統制していたのは明白だった。

ダラスカウンティのシェリフ部門の千人を超える代理官が11月22日の朝警察署の講堂に呼び出され、はっきりと告げられた。「みなさんにはデーリープラザでは観客として振る舞って頂きます。何を見ても、何を聞いても警察官としての行動は取らないでください。みなさんには合衆国大統領に敬意を表するために、あえて法律の執行官としてではなく、観客として現場にいて頂くことになります」

この事実は大統領射殺後のダラス警察の不思議な行動を説明するものである。テキサス教科書保管倉庫ビルは犯罪現場として封鎖されることもなく、ビルは記者ややじ馬で一杯になり、観光客は騒動を起こしていた。ビル全体が探索されることは無かった。6階の探索はやり損ないだった。証拠品として写真を撮られたものは全く無く、ほとんどが警察関係者の指紋で台無しになっており、厳密な証拠管理のために法的に要請される『体系立った証拠』の文章化手続きが意図的に違反されていた。

同様に、LBJとシークレットサービスの局長ジョン・ローリーの関係についてもJFK暗殺を検証する多くの者からほとんど無視されてきた。

彼らはルーズベルト政権のニューディール政策の一環で作られたナショナルユースアドミニストレーションという組織で働き、40年代当時から友達だった。1963年11月22日のケネディのダラスへの旅でシークレットサービスのあれほどの規律違反が起こった理由の説明はこれとしか言いようがない。デーリープラザへ向かうために120度の角を曲がるには大統領のリムジンは時速40マイル以下に減速することになり、すべてシークレットサービス規則に違反する。エージェントはリムジンのバンパーに乗らないよう指示されていた。通常車の横、後輪の車軸あたりに2名歩くよう配置されるが、不要とされていた。今ではインターネットで驚くようなビデオが広く見ることができるようになっていて、エージェントが上司から通常の配置場所から引きずり下ろされているシーンを写しているものがある。ローリーがジョンソンの言いなりになっていたことは明確である。では射撃犯と言われているリー・ハービー・オズワルドのことを調べてみよう。

オズワルドは1963年10月16日ちょうど24才の誕生日の二日前に、テキサス教科書倉庫で雇用された。その仕事開始の37日後、ケネディ大統領は射撃された。オズワルドはダラス警察の巡査J・D・ティピットを射殺した疑いで警察に逮捕されたが、数時間後単独犯として公表された。

単独射撃犯説を疑問視する共謀説を唱える者にとっての課題はオズワルドが暗殺のたった1カ月前にその仕事についたことをどう説明できるかである。実際、オズワルドの仕事は不仲な妻マリーナが一緒に暮らしているルース・ペインに紹介されたものだった。オズワルドは他ならぬジョージ・モレンシットからペインを紹介されていたが、彼はオズワルドのCIA管理官だった。

「たとえオズワルドがいたとされる6階の窓際の下を大統領の車列が通るとしても、車のパレードの経路は暗殺の4日前、11月18日まで決まっていなかったんです」と〈歴史に異議あり：ジョン・F・ケネディ暗殺〉の著者ビンセント・バグリオーシは言う。「大統領が到着する4日前からの期間でCIAかマフィアがオズワルドと共謀して大統領を殺害したと考えられますか？」[1]

共謀者たちは車のパレードの経路を決める権限を持たないという大方の仮説が誤った議論に繋がる。事実経路は11月22日の朝初めて公表された。ダラス タイムズ ヘラルドが朝刊でその経路を掲載した。

面白いことに、オズワルドは大統領のパレードの経路をタイムズ ヘラルドを介してしか知ることができなかったが、彼はテキサスのアービンからの帰り道で早く現地を出ているため、ダラスにつくまで新聞は見ておらず、到着してすぐ、ジョン・F・ケネディを殺害しようと決心したことになる。

ウオーレン委員会は彼が容疑の凶器、ボルトアクション式ライフルをアービンから長い茶色の紙バックにいれて持ってきたと主張している。その朝オズワルドを目撃した5人の内3人が彼はそんな茶色の紙バックを持っていなかったと証言した。残りの二人は19才のブエル・ウェスリー・フレーザーとその妹であるが、オズワルドがパッケージを持っていたが、それは分解したマンリッヒヤー カルカーノ製ボルトアクション式ライフルの長さより、30センチも短かったと証言した。

バグリオーシが言うように、パレードの経路は11月18日に決められた。ダラス警察署長のジェシー・カレー、ダラスシークレットサービス署長のフォレスト・ソレルそれにシークレットサービスの先行隊のウィンストン・ローソンがその日会議しラブフィールド空港からトレードマートまで予行演習として経路を走行した。デーリープラザに到着して、カレーはメイン通りを指した。

「これから先はフリーウェイだけだ」[2]カレーは二人のシークレットサービスマンに言った。

フランスで1968年にジェームズ・ヘップバーンという名前で出版された〈さよならアメリカ〉には、高層ビルと高速道路に囲まれた箱庭のようなダラスのダウンタウンにあるデーリープラザに到着した時の予行演習走行の様子が詳細に描かれている。

> しかし、11月22日のパレードのようにエルム通りに向かうために右折してヒューストン通りに入らないで、カレーは旧裁判所の前を左折した。ローソンもソレルもパレードの道順を通らなかった。パレードでは90度右折してヒューストン通りに入り、70ヤード進んだ後、120度の角度で左折してエルム通りに入ることになる。もし彼らが予定の経路を走行していたなら、大きなプレジデンシャルリンカーンがその二つ目のターンを曲がりきるのにほぼ停止するくらい速度を落とすことになることがわかったはずだ。このタイプのダブルターンはシークレットサービスの規律規則では禁じられている。大統領の乗った車列が曲がるために速度を落とす場合、「その地域全体を事前に調査し、ビルの屋上から地下まで検査する」規則になっている。しかし、カ

レーは安全管理の観点から認められない（異常事態）ポイントで下見検分を終了したのである。[3]

当初のパレードの経路はケネディの先行隊であるジェリー・ブルーノにより決められており、パレードのあと、ウーマンズビルで昼食をとる予定だった。HSCA（下院暗殺に関する特別調査委員会）によると1979年のパレード経路に関する報告では、「シークレットサービスは当初ウーマンズビルを安全保全の観点から好ましいとし、ケネディスタッフは政治的理由で同様に好ましいとしていた」[4]と記載されている。ウーマンズビルへの経路はパレードの車列がデーリープラザを速い速度で通り過ぎることができ、「プラザに入ったり、まわりを何度も曲がる必要がない」[5]

ジョンソンの手下、テキサス知事のジョン・コナリーはそうはさせなかった。コナリーは昼食会場としてダラストレードマートを主張し、ブルーノと激しく議論した。トレードマートはステモンフリーウェイに面しており、そこへ行くには殺しの現場デーリープラザを経由する必要があった。コナリーのトレードマートを譲らない態度は、ケネディのテキサスの5都市訪問における唯一の論争点であったが、これがケネディ陣営とジョンソン陣営の間での喧嘩を引き起こした。

「言い争いがひどくなったので、ホワイトハウスのビル・モイヤーに相談しました。彼は当時平和部隊の副会長をしており、コナリー、ジョンソンとも親しかったので、大統領と党のためになんとか諍いを治めるようお願いしました」とブルーノは11月14日の日誌に記録している。「本日、（ケネディの予定管理者の）ケニー・オドンネルはマートに行くしかないと結論しました」[6]

翌日、ブルーノは日誌にホワイトハウスはトレードマートを承認し、コナリーの異常な行動が優先されたと記録している。

「オドンネルとモイヤーに会ったけれど、コナリーはどうしようもない奴で、訪問を取り消しするかの瀬戸際だったと言う。彼らは知事に好きにさせることにしたのだ」[7]

ブルーノは大統領の先行隊として仕事をした3年間でこんなことは見たことがないと言う。

「我々がどこで止まってもらうか、どう行ってもらうかを決める。それがいやなら大統領は自宅にいればよい」とコナリーはブルーノに言った。「別に来て欲しくないんだ」[8]

ジョンソンのお飾りであるクリフ・カーターもトレードマートを昼食会場にしようと企んだ。ブルーノによるとカーターは「コナリーはテキサスでケネディにとって最善の人物だから旅程をすべて彼に任せたらよい」と主張し続けた。[9]

地域主催者が特定の場所につきこれほど強硬に主張したことは無く、この態度はトレードマートの安全性に重大な問題があることから、特に疑問が残る。[10]ダラスにおける大統領の安全につき問題があることから、ダラス市自体が選挙運動の訪問場所として適切か否か問われていた。

「ダラスは旅程から除かれたり、また戻されたりなんども修正されていた」とエバリン・リンカーンは記録している。「私どもの先行隊はパレード経路として、一般道と図書保管倉庫横は避けるよう何度も説得していたけど、押し切られた」[11]

コナリーとカーターは単に彼らの親分ジョンソンの希望にそって活動していただけであった。コナリーとジョンソンの政治上の関係は古い。知事はジョンソンの管理アシスタントであった。そして何十年も彼の選挙委員長をしていた。ジョンソンが何かを求めるとコナリーはそれに応じた。

「ジョン・コナリーはよう」ジョンソンは言った。「例えば真夜中に俺がジョン・コナリーに電話するだろ。そんでこっちに来て靴を磨きなと言えば、奴は飛んでくるんだ。これが忠実ってもんだ」[12]

スイート8Fのメンバーとして、そしてジョンソンの選挙参謀としてコナリーは副大統領のビジネスのコネから多くのことを学んだ。

1948年の上院選挙でジョンソン陣営にいたコナリーはブラウン＆ルートや石油業の大物、その他事業関係者からカネを集めたので、巨額の金銭が彼の手を経由した。「それはすごい金額だった」とコナリーは言う。「私がもらってくる。ウオルター（ジェンキンス）がもらってくる。ウッディが行って、もらってくる。もらって運ぶ連中が沢山いたんだ。私は石油豪商テイラーと言われたハリス・メラスキーのところへ3、4回行ったよ。とんでもない額の現金を扱った」[13]

後にコナリーはこれらの付き合いから利益を得ることになる。1950年代彼は石油会社の役員であり、かつデルマール競馬場の共同オーナーであるシド・W・リチャードソンの顧問弁護士になる。彼はリチャードソンのテキサスとジャマイカでの新規事業を手がけ、後にリチャードソンの不動産管理を任されるようになる。[14]

1969年、テキサス知事退任後、コナリーはブラウン＆ルートの取締役に就任する。[15] 同社はジョンソンの政治人生を通じて金銭的に支えてきた会社であり、しかもベトナム戦争で最も利益を得た会社でもあった。後にニクソン大統領はコナリーを外交諮問会議のメンバーに任命する。[16] この恵まれた指名は政府と大企業の癒着を象徴するものである。

ニクソンはまたコナリーを財務長官に指名し、副大統領のアグニューをお払い箱にして、コナリーを使って1972年の共和党選挙を万全にしようとした。

パレード時のコナリーの安全が気になったジョンソンは11月21日の夕刻、ケネディと言い争うことになる。ジョンソンはヒューストンのライスホテルのスイートに滞在しているケネディに呼び出された。そこでの論争はパレードでの車の席順についてであった。

テキサス民主党のリベラル派のリーダー、ラルフ・ヤーボロー上院議員はいやいやジョンソンの言うことをきいていた。ヤーボローは自分がのけ者にされて、ジョンソンとコナリーが組んで、大統領の旅程を立案してると思い込み、副大統領と同じ車に乗るのを拒否していた。大統領暗殺計画を知っているジョンソンはこの拒否を利用して翌日コナリーと同じ車に乗るつもりだった。しかしケネディは民主党の団結を示すためにジョンソンはヤーボローと一緒に乗るのだと、頑として譲らなかった。LBJは友達のコナリーを守るために、ヤーボローを大統領のリムジンに乗らせたかったので、パレードではコナリーを副大統領の車に乗せようとした。大統領と副大統領は席をめぐって、激しい言い争いをしたのである。

隣の部屋にいたジャッキー・ケネディはジョンソンが「ピストルの弾みたいに」飛び出したあと、入ってきた。[17]「すごい剣幕で怒っていたわね」とジャッキーはジョンに言った。

「あれがリンドンなんだ」とケネディは答えた。「彼は困っているんだ」[18]

ジャッキーは衝動的に知事のコナリーが嫌いとジョンに言った。

「でも、お願いだから彼のことひどく言うのやめてくれないかな。私はわざわざ和解させるために来ているんだから」とケネディは言った。「私はあの二人を同じ車に乗せたいんだ。もし彼らが嫌だというなら、二人で乗る人がいなくなる」[19]

ケネディ大統領はその後、ホワイトハウスの側近ラリー・オブライエンにダラスでの車パレードの取り決めにつき厳密な指示をだした。

「ヤーボローをリンドンの乗っている車に乗せるんだ。放り込んでもかまわない」[20]

パレード経路の管理はデーリープラザの安全管理の詳細な取り決めが、結局内部権力の意思に優先される結果となる。「チーフのバッチェラー代理が事前の安全管理につき関係省庁、機関等との間で調整します」と警察署長のカレーは言った。「先行隊のローソンが車のスピードと経路における時間管理を提示し、バッチェラー代理が各交差点に配置する警備の人数を書き出しました」[21]

暗殺当日、プラザにはシークレットサービスは誰一人配置されていなかった。この区域は安全チェックがされないままになっていた。いわば計画されたヘマであった。

「これはあの暗殺事件における最も重大な唯一の手がかりなのです」と元空軍情報将校のL・フレッチャー・プラウティは言う。「大統領が旅する場合に必ず実行される通常の安全警戒手続きをいったい誰が取りやめたり、著しく省略するような権限をもつだろうか？　あの殺人を計画した権力源は内部にあった。彼らには通常の安全手続きを削減でき、危険な経路の選択を許すことができた。しかも、その犯罪行為の犯行後もそれを隠蔽する力を継続して持っていた」[22]

「エルム通りのわずかな距離が暗殺現場となり、テキサス教科書倉庫がパレードの安全管理計画において事実上無視されていたのは、歴史上の奇怪事件である」[23]とカレー署長は後にコメントした。

その『歴史上の奇怪事件』は非常に注意深く計画されていた。殺しの現場にシークレットサービスマンが全くいないように決めたのは、シークレットサービス局長であり、副大統領の親友であるジェイムズ・ローリーだった。ローリーは大統領リムジンを警護するシークレットサービスが反応するのに手間取ったことにも関わっていた。襲撃後の車両を手際よく洗浄し、補修までしてしまった。しかもパークランド病院で検死が行われる前に遺体の引き渡しを要請していた。ダラスからアンドリューズ空軍基地に戻る大統領になったジョンソンを最初に出迎え、歓談したのはローリーだった。[24]

11月22日のラブフィールド空港からのパレードを間近に控え、ジョンソンは自分の終わりが近づいていることに益々血迷った状態になっていた。ヒューストンからフォートワース基地に飛行機で戻った夜、ジョンソンはクリント・マーチソンの邸宅でのパーティに出席した。そこに集まったのは、マーチソン、J・エドガー・フーバー、リチャード・ニクソン、H・L・ハントそれに暗殺者マック・ウオレスで、ジョンソンの愛人マドレーン・ブラウンが証言している。後にマーチソン家の使用人のメイ・ニューマンも確認している。

「みなさん、ワシントンからの特別なゲストを迎えるということでたいそうなパーティでした。そのゲストはブルドッグというニックネームで、後でJ・エドガー・フーバーだってことがわかりました」[25]ニューマンは回想する。このパーティが本当にあったかにつき、フーバーが翌朝遅くではあるが、司法省に戻っていたことを理由に疑問視する批評家がいる。フーバーはパーティに出席出来たわけがない。なぜならそうすれば時間どおりに職場に戻れなかったはずだと。しかし、現実はフーバーは仲間の石油業者のプライベートなジェット機をいくつも自由に使うことができた。ダラスからはいつでも飛んで行き来できたのである。

パーティはジョンソンの到着で不穏な雰囲気に一変した。

「11時だったと思うのですが、その時点でパーティはお開きになり、彼が入ってきて、みんなショックを受けてました」とブラウンは言う。「もちろん、私は彼を見てゾクゾクしたわ。普通なら、彼がテキサスにいれば、なんの用事かわかっているけど、あの夜は彼が来るって知らなかったの。全員会議室へ行ってしまったわ」[26]

ドアは閉められ、集まりの目的が明確になった。彼らはパーティに来たのではなく、葬式の準備にきたのだった。

フーバー、マーチソン、ハントそれにジョンソンはそれぞれ共通の緊急課題―それは生計のための戦い―を抱えていた。もしケネディが権力を持ち続けて2年もすれば、フーバーは退職となり、ジョンソンは投獄され、石油業界は一気に縮小することになると思われた。ハントはケネディ兄弟について、「この裏切り者達を我々の政府から追い出すには、撃ち殺すしかほかに方法が無い」[27]と言ったことが知られている。この会議はまさにそれを実行する計画の最終確認の場であった。

その秘密会議の部屋から出てきたジョンソンはひどく興奮していた。

ブラウンの腕をとり、彼女の耳元に唸った。「明日以降、あのクソ野郎達は俺を二度と馬鹿にはできない。脅しで言ってるんじゃない。約束だ」[28] 翌朝もマデレーン・ブラウンにホテルから電話し、興奮したジョンソンは不吉な脅しを繰り返した。[29]

ファイナルカウントダウンが近づいた。

フーバーをこの計画に巻き込んだうえで、ジョンソンはこのクーデターに気づくような冴えた人物が政界にいないか、抜け目なく思いをめぐらせた。一人の男が気になった。ずるがしこく、大胆不敵で、彼と同じように野望を持つ男。彼に劣らず大統領になりたいという野望が輝いている男、前副大統領のリチャード・ニクソンだった。

ジョンソンはニクソンが独自にマフィアのボス、カルロス・マルチェーロとの繋がりを持つことを知っていた。1960年、マルチェーロはケネディージョンソン陣営への献金を断り、その代わりにニクソンの選挙運動へ50万ドル寄付したのだった。[30] ジョンソンはニクソンが情報を収集する立場にいることを気にしていたと当然ながら推定される。

マデレーン・ブラウンによるとニクソンは暗殺のあった週、ペプシコーラの取締役会に出席するためにダラスにおり、11月21日の午後、ダラスのアドルファスホテルのスイートでLBJと密かに会ったと言う。ジョンソンもニクソンもアドルファスホテルでの会合、そこで語られた内容につき公式に認めていない。実はこの会議でニクソンは意図的にミスリードするための情報を吹き込まれていた。

ニクソンを惑わすためにジョンソンは、ダラスでの反感がひどいので、大統領の安全について心配しているという話をニクソンにした。ジョンソンは暴力的右翼が市内で騒ぎ出していることをニクソンに告げた。1週間前、国連へのアメリカ大使で、前回の大統領候補であったアドレー・スティーブンソンは怒れる群衆に通りで襲われ、つばを吐かれ、殴り倒されたのだった。

ジョンソンはこの手をその前にも使っている。1960年11月4日、彼とレディ・バードはアドルファスホテルでのケネディ支持の集会に出るためダラスにいたが、「**LBJは裏切り者ヤンキー社会主義者、裏切り者を倒せ**」のプラカードをもつ右翼の群衆に囲まれた。

ジョンソンは保守系共和党の議員ブルース・アルジャーがデモを組織したとにおわせた。(アルジャーは後に激しく否定した。)このデモ隊を利用して、ジョンソンは事件を狂想曲にしてしまった。

「LBJとレディ・バードは5分でロビーを通り抜けて、エレベーターにのれたはずなんです」と下院議長の側近D・B・ハルドマンとテキサス人のサム・レイバーンは語った。「でもLBJは群衆の中を30分かけてまわり、その状況がテレビ、ラジオ、新聞に報道されるようにしたわけです。彼はそこのところよくわかっていてうまく立ち回りました。彼はマスコミの使い方を全く理解していないと言われてたのですが、この日はちゃんとやってました」[31]

ジョンソンは『ミンクのコートを着た暴徒』を仕掛けたと非難した同じ議員のことを持ち出して、後にニクソンを意図的に勘違いさせようとした。それは一日後に起こる大統領の死に関してニクソンを嵌める目的だった。ジョンソンはニクソンがダラスでは大統領に対し礼儀正しい態度で接するべきであると意見表明したことにつき、まず謝意を表明した。そしてジョンソンは彼がダラスの右翼の憎悪をかき立てている張本人とするアルジャー議員にコンタクトして、その行動を抑制するようニクソンに依頼した。

この巧妙な歪曲によって、ニクソンがその後右翼の陰謀によりJFKが殺害されたと結論づけるよう基礎固めをしたのである。彼はニクソンに協力させるようにまで持って行った。

事実、ジョンソンはニクソンを誤情報でわざと惑わそうとした。ニクソンとジョンソンがベーカーホテルで密談した後の1時間後、アルジャーはマーチソンのパーティに出席している。強烈な右翼であるにもかかわらず、アルジャーはLBJの資金面の面倒をみてきた同じ石油豪商に対しワシントンでは貢献していたのである。

日中にジョンソンと会議をしたあと、ニクソンはマーチソンの右翼に対する悪態を聞かされ、疑いも無く、反ケネディの雰囲気をすり込まれた。LBJはニクソンが帰った後、しばらくしてパーティに現れた。ダラスにおける右翼の憎悪を増長する彼の策略はうまくいっていた。ケネディの死後、ニクソンがフーバーに電話し、JFKは『右翼のバカ』に殺されたのかときいたのは、当然といえる。

ケネディの死後、しばらくの間、ニクソンは「とても動揺していた」と作家のステファン・ヘスは言う。「彼はダラスの朝刊紙を取り出した。そこには前日の彼の記者発表が掲載されていた。そこで彼はダラスの人々はその政治的対抗者にたいしもっと敬意を払うべきだと言っていた。彼は私に言った。『わかるだろう、私はなにもこの対立には関わっていないんだ』彼はケネディが右翼に暗殺されたものと思いこみ、政治的憎悪を放置したことで責められるのではと気にしていたようだった」[32]

この前副大統領はフーバーから犯人は左翼の単独犯と聞いて、肝をつぶした。

ニクソンのダラスへの旅と暗殺のタイミングが偶然一致していることと、ニクソンが暗殺のことをどこで知ったか彼が語ったことにつき、幾分かの矛盾があることから疑惑が生じている。一説はダラスから戻って空港からタクシーに乗ったニューヨークでのこと。「タクシー内で信号が変わるのを待っていたとき、通りの角から男が走ってきて、大統領がダラスで今撃たれたところだと言った」とニクソンはリーダーズダイジェストに1964年に語った。もう一つの説はやはりタクシーの中のこと。運転手が「どこかでまがるのを間違い、ハイウェイから降りてしまっていて……ある女性が家から泣き叫びながら出てきたので、私は窓を引き下げ、どうしたのかと彼女にたずねたら、私の顔を見て、更に青くなり、そしてジョン・ケネディがダラスで今射殺されたと言った」[33]

三つ目はニクソンが旅からニューヨークの住居に帰ったとき、ビルのドアマンが彼に暗殺のことを告げたという説だ。どこにいたかについてニクソンがこれほど混乱しているのは、LBJの誘導による影響と思われる。

リンドン・ジョンソンは後に、失敗するのだが、1968年のニクソンの再出馬を阻止しようとして、ベトナムへの爆撃停止と南北ベトナムとの三者協議を呼びかけた。事実パリでの北ベトナムとの平和会議はジョンソンの策略どおりにはいかず、何の展開もなかった。

選挙日が近づいても、ニクソンの再出馬の計画は行き詰まっており、現職の副大統領ヒューバート・ハンフリーが民主党指名候補者として勢力を増していた。ジョンソンは民主党のマッカーシーやロバート・ケネディを支持していた層が、平和をアピールできれば、ハンフリーの支持に回り、更なる得票に繫がると読んだ。

ここで重要なのは、ジョンソンの意見表明は表向きは外交政策、実は純粋に政治的動きと考えるべきなのである。ニクソンは彼の二回目の大統領挑戦を阻止しようとする政治的操作と受け取った。ジョンソンは彼の『平和会談』提案にニクソンも支持せざるをえない状況に追い込んだと考えた。

こういう事情があって、ニクソンは選挙責任者のジョン・N・ミッチェルとアンナ・シェンノーを使い、裏ルートでベトナムと交渉したのだった。アンナはドラゴンレディとして悪名高く、亭主はクレア・シェンノーと言い、戦時に稼いだカネでフライングタイガー航空会社を設立していた。シェンノーは南ベトナムの大使と通じていて南はより有利な交渉のために今回の3者会議には応じないようにというメッセージをチュウー大統領に送っていた。

ところが、J・エドガー・フーバーとFBIはシェンノーの裏ルートを知り、ジョンソンにそれを伝えた。ジョンソンは激怒した。怒ったジョンソンはニクソンに電話し、呼び出そうとした。しかし、ニクソンはそんなことは一切知らないと白を切った。ニクソンの側近H・R・ハルドマンは後に回想するのだが、ニクソン、彼、それに旅程管理のドワイト・チャピンはジョンソンと話しているニクソン側の通話をきいていて、ニクソンが電話を切った瞬間に笑い転げたという。

チュウー大統領はLBJの裏切りを感じていたので、喜んで拒否案に従った。彼の意見表明はハンフリーの最後の追い込みにマイナスに作用した。そして、ニクソンはジョンソンとの戦いで最後の王手を指すことができた。

ニクソンは選挙終盤にはリスクを避け安全策をとった。というのはベトナム戦争に終止符を打つという彼の『秘密計画』は、何も具体的事柄を明示しないため、有権者の関心を失いつつあった。彼自身の票読みでは、ハンフリーが急速に支持を広げており、投票直前にもし、ジョンソンから思わぬ手をうたれると致命傷になりかねないことをニクソンは理解していた。結局はニクソンがジョンソンの決定打になりそうな一撃に対し、カウンターパンチをみまったことになる。

リベラルは後にジョンソンの策略がアメリカ政府の方針の枠内のものであることを根拠に、ニクソンを反逆罪で起訴しようとした。ニクソンはパリ会議でジョンソンは平和など念頭においてないことを承知していたので、捨て駒とわかっていた。他方ジョンソンはニクソンの個人的外交は『反逆罪的』だとつぶやいていた。

暗殺の日、ニクソンは混乱させられていたし、ジョンソンは機嫌が悪く、イライラしていた。その日のダラスモーニングニュース紙によると、ニクソンはケネディ政権におけるジョンソンの将来を疑問視していた。ニクソンによると、ジョンソンは政権内で大きく信頼を失っていた。南部州での支持率がひどかった。ジョンソンは北部州での低落と同じく、南部で政治的重荷になりつつあった。

しかし、ダラスの当日の朝刊を見る限り、南部で厳しく見られているのはジョンソンだけでは無かった。

ケネディはダラスモーニングニュース紙のある意見広告を手渡された。それは葬儀の発表に見られるような黒枠内に書かれた大統領の国内外の政策を問いただす広告だった。広告主は『アメリカの真実発見委員会』という組織で、主要メンバーはネルソン・バンカー・ハント、石油業界の大物でスイート8FのメンバーH・L・ハントの息子だった。

広告はダラス市の意見表明だとしている。

＊市は市民がより保守的なアメリカ人二名を政策担当者として選んだにも関わらず、最近のリベラルによる圧力で侮辱されている。

＊市は経済的に『高度成長の都市』である。それは国からの補助によるのではなく、保守的な経済、ビジネスの活動によるものだ。

＊市はニューフロンティア主義に従わないと罰則を与えるような国、政府の圧力に負けず、成長と繁栄を続けるだろう。
＊市は1960年の国の方針と政策に反対表明をしたが、1964年には、以前に増してより強力に反対する。[34]

この広告を見て気分の落ち込んでいるジャッキーを元気づけようと、ケネディ大統領は冗談ぽく好きなスパイ小説をこの広告に絡ませて言った。[35]

「ねえ、昨晩は大統領を暗殺するのにピッタリの夜だったよね」ケネディは言った。「ホントに。雨は降ってるし、夜だし、大勢の人に押されるぐらい囲まれたし。もしブリーフケースにピストルを隠している男がいたら」ケネディは指でピストルを撃つ仕草をした。「そして、銃とブリーフケースを捨てて、群衆の中に消える」[36]

11月22日11時38分、大統領専用機は大統領夫妻を乗せてラブフィールド空港に着陸した。ケネディは窓からダラスの歓迎する群衆を見て興奮していた。

「この旅は素晴らしいものになりそうだ」と大統領はケニー・オドンネルに言った。「さあ、ダラスに着いた。テキサスではすべてがうまくいきそうだ」[37]

朝は霧雨が降って曇っていたが、晴れて日が照りだした。

「ケネディ晴れだね」[38]側近のラリー・オブライエンが言った。

少し遅れて、リンドンとレディ・バードを乗せたエアフォース2が到着した。

ジョンソンは長い夜の後、さらに長くなりそうな一日をぼんやり見つめていた。その朝、彼が陰気で無気力に見えたのは、[39] 理由が無いわけでは無かった。

陰気で無気力という性格は、副大統領として権力のない長い時期の彼に当てはまるものだった。この数カ月、告発され、服役させられる可能性が刻々と迫り、気持ちは落ち込んでいた。この頃ではジョンソンは政治の世界の付け足しにすぎなかった。

この朝、彼は自分への嘲笑、無関心、それに数々の告発が消え去るであろうことを承知していた。晴れるという天気予報にも関わらず、ケネディは大統領用リムジンのトップを取り外す命令を出さなかった。その取り外し命令はジョンソンの側近ビル・モイヤーが行った。彼は大統領の意向だと繰り返した。モイヤーは部下のベティ・ハリスに「雨が土砂降りでないなら、あのクソトップを取り外せ！」と命じた。[40]

その取り外し可能なトップ部分につき、暗殺後の説明で誤解を与えるものがある。それはトップがあたかも透明なプラスティックの覆いのようなものであり、防弾性は無く、暗殺の障害になり得ないというものだ。事実はトップは箱形で、両サイドの窓と後部の小さな装飾的窓をのぞいては黒色のビニールで覆われ、スナイパーにとって高い位置から車内を見るのは不可能であった。トップを取り外すことが銃撃には不可欠だったのである。

暗殺に重要な役割を果たしたモイヤーは事件後、マスコミへの強力な影響力と政治的コネを駆使して、ジョンソンのケネディ殺害への関わりを消し去ろうと動いた。2003年11月にヒストリーチャネルで放映された〈犯人〉は暗殺における中心人物はジョンソンであったと仮定するものだった。モイヤーは直ちに前大統領のジェラルド・フォード、ジミー・カーター、それにジョンソンの未亡人レディ・バードに呼びかけ、ヒストリーチャネルに対し放送中止を迫った。この事件はニューヨークタイムズのブルース・ウェーバーによれば、ほうっておけば自然消滅したかもしれない論議にたいし、あえて大がかりな反対論を述べたと言う点で『不思議な事件』だという。モイヤーは公式の記録を正しくしておくことが重要と主張し、[41] 事実のみを明らかにしたいということだった。「ジェラルド・フォードはリンドンの腰巾着だった」とニクソンは私に言った。フォードはジョンソンが大統領の時、下院マイノリティの議長だった。多分これが理由でフォードはヒストリーチャネルの9回シリーズの放映を阻止しようとしたのだろう。

本書〈ケネディを殺した男〉は〈犯人〉でも取り上げられ、イギリスで放映され非常に大きく称賛された。このシリーズはLBJを犯人と明示している。

ラブフィールドを発つ前、ジョンソンの友達であるシークレットサービスの局長ジェームズ・ローリーは更にもう一段、全方位から銃撃可能になるような手を打った。警察のバイク車両が大統領リムジンの横側の警備を解かれ、後ろへ移動させられた。バイク隊の責任者B・J・マーチンは「彼らは大統領の車両の横を追い越す形で乗ってもらいたくないので、車の後ろに、ちょうど後部バンパーあたりにつくよう指示した」と証言した。[42]

正午近くに、22台の車両の列は800ｍの長さに繋がり、ラブフィールドからトレードマートまでの15kmの行進が始まった。ジェッシー・カリーと2名のシークレットサービスのエージェントは先頭車両に乗車した。奇妙なことに、ジョン・クリフトンの陸軍予備役隊のメンバー2名、警察署長代理のジョージ・L・ランプキン（陸軍情報部分遣第488隊）と東テキサス陸軍予備役司令官であるジョージ・ウイットマイヤー中佐が車列の先頭車両の前400ｍの位置にパイロット車両と称して乗っていた。報道ではこの二人は直前に無理矢理参加したという。クリフトンはリンドンやテキサス石油業者らの親密な友人であり、同志でもあり、1964年にジョージ・H・W・ブッシュと共に出馬した人物でもある。本書後半で彼らが暗殺に関与したことに触れる。

前から5台目が大統領のリムジンで、シークレットサービスによってSS-100-Xというコード名がつけられていた。この車両の補助席にコナリー知事と妻ネリーが座った。ケネディ大統領は知事の真後ろに座り、ジャッキーはその左にいた。

「大統領閣下、ダウンタウンのパレードでは、右側の通りにいる人にだけ手を振るようにしてください」と大統領の補佐デイブ・パワーズはパレードが始まる前にケネディに言った。「ジャッキー、あなたは左側だけ見て、右側は見ないでください。もし、お二人がある有権者を同時に見たら、サービスしすぎになっちゃいます」[43]

大統領のリムジンに続くのは、『クイーンメリー』というシークレットサービスの後続車両で6名のエージェントとケネディの側近パワーズとオドンネルが乗っていた。その次の車両はレンタルの1961年リンカーンコンバーチブルでジョンソン、レディ・バードと上院議員のヤーボローが後部座席を占め、副大統領護衛のシークレットサービスのラフス・ヤングブラッドは前に乗っていた。レディ・バードは副大統領と上院議員の間に座り、この二人の反目する政治家のクッションとなっていた。[44]

車のパレードはダラスのダウンタウンをくねくねと曲がりながら進んだが、ジョンソンの機嫌の悪い状況は続いていた。彼は通りの群衆を見ることもなく、「ただむっつりと前をぼんやり見る」だけだった。[45]パレード中、一度ケネディが通りの人と握手するため行進を止めたことがあった。ジョンソンはあからさまにその停止にいらついた表情を見せた。[46]

車列がメインストリートからヒューストン通りに入り、デイリープラザへ向かったとき、テキサス教科書倉庫ビルの6階で待つマック・ウオレスにとって大統領リムジンを狙う完璧な射撃のチャンスが与えられたことになる。ウオレスは車が待ち伏せのポイントまで行く前に車列が停止しないよう、とどめの一発の射撃をぎりぎりまで待つ必要があった。ウオレスはさらに言うならば、車がエルム通りに入る120度の角を曲がるまで、撃つのを控えなければならなかった。このポイントで大統領リムジンは地面を這うような速度に減速され、倉庫ビルの6階で待つスナイパーにとって最も見晴らしがよく、短い距離の射撃が可能になるのだった。

『クイーンメリー』がエルム通りにさしかかったとき、オドンネルはその日の予定が気になり、時刻をたずねた。

「ちょうど12時30分です」とパワーズは言った。「予定ではすでにトレードマートに着いている時刻です」

「了解」とオドンネルは言った。「ここから5分で着くから、予定より5分遅れているだけなんだ」

まさにこの会話をしたとき、オドンネルとパワーズはデイリープラザに鳴り響く銃撃音を聞いた。そして撃たれた大統領の激しい反応を見た。

一発目は副大統領のリムジンがエルム通りに入ろうとまがる時に発射された。大統領警護に配置された警官のひとりB・J・マーチンは、後にその銃撃音の前に、ジョンソンが席で屈まっていたという奇妙な光景についての報告を車列にいた警官から受けた。「車列のジョンソンの車を警護していた男の話では、我々の新大統領は、びくびくしたクソッタレ野郎か、それともケネディ事件で言えない何かを知っているかのどっちかだ。彼は最初の銃撃のあった30秒か40秒前から車の中にかがみ込んでいた」[47]

通りで鈴なりになっていたパレードの見物人にも同じ記憶を話す人がいる。「銃撃音が聞こえる前にジョンソンが床にへばりつくって、変じゃない？」ある目撃者は回想する。[48]

目撃証言を裏付ける写真がある。AP通信の写真家アイク・アルトゲンは副大統領のリンカーンがエルム通りに入るところを、ちょうど最初の一発が撃たれたときを写している。[49] 写真ではレディ・バードと上院議員のヤーボローが群衆に笑顔をみせているのが明瞭に写っている。その写真にはジョンソンの席も写っているが、副大統領はどこにも写っていない。彼の席のところには通りの見物人がリンカーンの左と後ろで見ることができる。[50]

ジョンソンはその後、事前にうずくまったことにつき、シークレットサービスのヤングブラッドが即座にジョンソンを押しやって守ろうとしたからだと抗弁した。この説明にはヤーボロー議員が異論を唱えている。「そんなことは起こらなかった。小さな車だったからね。ジョンソンは背が高くでっかい男だよ。彼の膝があごのところまでつかえていた。そんなことが出来るほどのスペースはなかったよ」[51]

ヤーボローはそのほかに、銃声音が聞こえたとき弾薬の臭いがしたという。「私はとっさに『爆弾が投げ込まれたのか？』と思いました。するとまた銃撃があったんです」と彼は暗殺研究家のジム・マーに語った。「すると車列は停車するほど、減速したけれど、スピードを上げました。1、2秒して弾薬の臭いがしたんです。銃器の扱いに慣れているので、いつも不思議に思っているのですが、あのビルの高層からライフルで撃たれて、なぜ弾薬の臭いがしたかわからない」[52]

少なくとも4発が大統領リムジンに撃ち込まれた。1発目がケネディの背中の右肩上部に命中し、弾丸はそこにとどまった。「傷口の奥……、短い距離にあり、指で確認できた」[53]とFBIの検死報告にある。

「マイガッド！　撃たれた！」と大統領は叫んだ。[54]

次の弾丸は前から大統領リムジンに向け撃たれ、首の根元を前から貫通した。[55]ザプルーダー氏のフィルムには大統領が両手を喉のあたりにあてる様子が明瞭に写されている。

「ケニー、大統領が撃たれたみたいだ」とパワーズはオドンネルに言った。

「なんでそう思う？」オドンネルは十字を切りながらきいた。

「見ろよ！」パワーズは答えた。「彼は手を伸ばして右側に倒れかけた。今度は彼は喉を押さえてジャッキーの方へ倒れ込んだ」[56]

コナリー知事はショットガンで撃たれたと思える銃声を聞き、異常事態に気づいた。[57] 彼は右側に体を向け、肩越しに大統領を見ようとした。右側をよく見ようとしてもがきながら、反対側に体をねじろうとした瞬間、彼は撃たれた。10年ほど経過して、ネリー・コネリーはその事件をはっきりと思い出して語った。

銃声とは思えない騒音を聞きました。ただ荒々しい騒音で音の発生方向と思った右側へ体を向けました。そして後ろを見ると大統領が両手で首をぐいとつかんでました。何も言わず、席へ倒れ込むような感じでした。夫も右へ体を向けたとき、最初の騒音が聞こえ、“ノーノーノー”と叫びました。そして後ろの大統領を見るため体を後ろへ向ける途中、夫は右へ向けても見えないと思いますが、2発目が発射され、夫に当たりました。彼は振り返る途中だったので、弾は肩を貫通し、このあたりから出てました。振り返る途中の彼の手は体の前か、膝の上あたりで、体を貫通した弾丸は手首を粉砕し、足の中に止まりました。彼は銃弾で跳ね、席に倒れ落ちました。死んだと思いました。大男があのように全く無防備な状況にいるのを、なんとか助けたいと思って出来ることは、ただ銃撃の範囲から引きずり下ろすことでした。私たちに何が起ころうが、彼を引きずり下ろす。そうすれば、これ以上傷つけられることはないだろうと。ですから、私は彼を膝の上に引っ張り下ろしたのです。

その瞬間、大統領リムジンは小高い草むらであるキルゾーンの真横に達した。その日の朝、ダラス住人のジュリア・アン・マーサーは小高い草むらの道路側に緑色のフォードピックアップが一部はみ出して不法駐車しているのを目撃している。[58] そのトラックには『空調設備』と書かれていて、テキサスナンバーだった。一人のがっしりした中年の男が[59]運転席に座り、もう一人「白人でグレイの上着、茶色のズボン、格子柄のシャツ姿の20才後半か、30才前半にみえる男」[60]が車の後ろに立っており、「後部開閉板をあげ銃が入っているようなケースを取り出した」とマーサーは言う。[61] その茶色のケースには持ち手がついており、3.5から4フィートの長さだった。その男はケースを手に小高い草むらを上がっていった。なお、マーサーはこれらはすべて3人のダラス警察の警官が「橋の手前の車の前で立ち話をしている目前で」なされていたと付け加えた。[62]

鉄道の信号係のリー・バウワーJr.は小高い草むらの裏側を見渡せる場所にいたが、ダラス警察によって、封鎖されていた鉄道の操車場に、銃撃の直前に不審な3台の車両が出入りするのを目撃している。1台目は州外プレートを付けたステーションワゴンで奇妙に装飾したゴールドウオーター支持のステッカーをバンパーに貼り付けており、銃撃の約20分前に「あたかも出口を探すように、あるいは周囲をチェックするように移動し、他の出口がないことを確かめた後、入ってきたところから出ていった」[63] 2台目は黒色の1957年式フォードで一人が乗っており、周囲を下見しながら、「マイクか電話か何かを持っている様子で……彼は片手で何かを口のところにあてながら、もう片方の手で運転していた」[64] 3台目はシボレーインパラで、暗殺の数分前に現れ、同様に不審な動きをしていた。[65] バウワーはその車を見失ったが、小高い場所のフェンス近くで銃撃の直前にマーサーが見たという二人の男と全く同じ描写の男達を見たと言う。[66] バウワーによると、「この二人だけがよそ者だった。他の連中は仕事仲間でよく知っている」[67]

ケネディ大統領を殺害した銃撃の直後、プラザのターミナルアネックスビルにいたJ・C・プライスはカーキ色のズボンをはいた男が杭柵の後ろから走り去るのを目撃している。[68] その姿はマーサーとバウワーの説明と合致している。その後の警察による調査ではこれらの3名の目撃者は無視された。バウワー以外にも、S・M・オーランド、ジェイムズ・L・シモンズ、レポーターのシェリル・マッキノン、エド・ホフマンらそのほかの人達も小高い草むらの杭柵から煙が上がっているのを目撃しており、それは銃が発射されたことを示唆するものだった。ホフマンは柵の向こうに二人の男を目撃しており、一人は銃を持っていたという。

大統領の車列行進で護衛していたオートバイのマイクロフォンで録音されたテープを音響的に分析した結果、これはHSCAの調査の結果であるが、小高い草むらに銃撃者がいた証拠となった。音響コンサルティングのボルト、ベラネック＆ニューマン社の科学者ジェームズ・バーガー博士はテープには少なくとも6個の音が録音されており、銃撃音と思われ、そのうち少なくとも1個は小高い草むらから撃たれたものであると結論した。[69] バーガーの分析に続き、クイーンズ大学の教授マーク・ワイスと共同研究者のアーネスト・アシュケナシーはHSCAの依頼を受けて、当時の録音機ディクタベルトを使いデーリープラザに複数マイクロフォンを設置し、テキサス教科書倉庫と小高い草むらから実際に発射実験を行って、音響分析の実験を行った。[70]

「音響再現をなぜするかというと、衝撃波のタイミングとデーリープラザのビルや構築物からのその反響を確かめるためなのです」ポール・G・チェンバーはその著書〈ヘッドショット〉に以下のように記載している。「ライフルによる射撃のように、弾丸が音速を超える場合、衝撃波、圧縮波、一般に言う衝撃波音を生み出します。例として鞭による破裂音です。音速を超える鞭による打撃は独特のスナップ音を出します。時系列の衝撃波の波形は音響的特性と呼ばれ、一つの音源によるものとその領域における構成物からのその反響をふくめたものと別になります。この反響が特徴的なパターンを生み出し、衝撃波がどこで最初に発生したかを決める手がかりになるのです」[71]

それぞれのマイクロフォンの位置は「独自の音の動きのパターン、いわば音の指紋」[72]を生み出す。その記録が録音されたテープと比較されることによって、研究者達は銃弾がどこで発射されたか特定できる根拠を得ることになる。テストの結果、95％の確率でライフルによる銃撃が小高い草むらから発射されたと証明できると結論された。

デーリープラザのこの領域は見物人や警察が当初暗殺現場と信じていた所だった。銃撃後、多くの人がそこへ向かった。警察、FBI、シークレットサービスなどに銃弾はどこから来たかと質問された90名のうち、58名が小高い草むらと答えた。この戦略的な殺しの場所[73]としての小高い場所を指摘する圧倒的な証拠は押さえられた。

小高い草むらの杭柵の裏側に位置した狙撃者はケネディ大統領を生きてデーリープラザを通過させないためのいわば保険であった。しかも倉庫ビルからの銃撃とは異なり、柵とエルム通りはあまりに近いので、最後の簡単な銃撃だった。ケネディが照準に入り、疑いも無く作戦40の訓練された暗殺者はケネディの頭部右側を前から撃ち抜いた。

ザプルーダーのフィルムに明瞭に見られるように、最後の一撃はケネディの頭部を後ろへとそして左へ揺らしている。（このフィルムは1975年まで公表されなかった）これは重要な証拠であり、この殺人のあと何年も意図的に解釈を曲げられてきたのである。当時テキサスのTVステーションで新入りニュースキャスターだったダン・ラザーはこの欺瞞を更に上塗りした。

ラザーは暗殺後、ザプルーダーフィルムを検証した唯一のレポーターだった。この状況において、彼は言論界を代表して重大な目撃者として民衆が信頼できる声となる立場だった。彼はこのフィルムに関して誤った、意図的に虚偽の報告書を出した。最後の一撃により、ケネディの頭部はラザーの報告書によると「かなりの勢いで、前へ倒れた」[74]と記載し、この描写は目の見える人なら、暗殺後50年経って、真っ赤な嘘とわかるものだった。

1993年CBSのアンカーマンに出世したダン・ラザーはHSCA（暗殺に関する下院特別調査委員会）の元副委員長のロバート・タネンバウムに聞かれて告白した。「私たちはケネディ暗殺を台無しにしてしまいましたね」

「彼の頭蓋骨のかけらが落ちてくるのが見えたわ」ジャッキーは暗殺の1週間後ジャーナリストで歴史家のT・H・ホワイトに語った。「彼は手を伸ばしてた。そして完璧できれいなかけらが頭からはがれ落ちるのをはっきり見ることができた。そして私の膝のうえにどさっと崩れ落ちた。彼の血と脳みそが私の膝の上に溜まったんです」[75]

パワーズとオドンネルは『クイーンメリー』からなすすべも無く、友人でかつリーダーが無残に死んでいくのを見ていた。

「私たちが大統領を凝視しているとき、3発目が彼の頭の横部分を撃ち落とした」とオドンネルは記載している。「粉砕された骨と脳の組織と彼の赤い毛髪が一部飛び散った。その衝撃は彼の体をぬいぐるみの人形みたいに宙に浮かせ、引きずるように揺らせた。そして、倒れ込み見えなくなった。後部座席の横へ投げ出された。私はデイブに言った。『彼は死んだよ』」[76]

ウオーレン委員会に出席して、オドンネルは銃声は後ろから聞こえたと証言した。しかし、数年後、長年のマサチューセッツ州の議員で下院議長であるトーマス・『ティップ』・オニールに実際は銃声は小高い草むらの方から聞こえたと認めた。

「それは君がウオーレン委員会で証言したことと違うじゃ無いか」とオニールは言った。

「そうなんです」オドンネルは答えた。「FBIには実際に聞こえたことを言ったのですが、彼らはそんなことはあり得ないと言い、想像してるのだと言うのです。しかたなく、彼らの要求どおりの証言をしたのです」[77]

大統領は完璧に射殺されのに、リムジンはジョン・F・ケネディの命を救うために無駄な手続きをパークランド病院で行おうとスピードを上げた。

「私が叫んだとか、彼が叫んだとかいろんな記事を読んだわ」とネリー・コナリーは言う。「あの恐怖の車のなかで、叫び声は一切無かった。それはただ静寂なひどいドライブだった」[78]

注釈

1. Vincent Bugliosi, *Reclaiming History: The Assassination of President John F. Ken-nedy* (New York: W. W. Norton & Company, 2007).
2. Hepburn, *Farewell America*, 352.
3. Ibid., 352-53.
4. Politics and Presidential Protection: Staff Report, HSCA, second session, 1979: 508.
5. Ibid.
6. Ibid., 518.
7. Ibid.
8. Steven M. Gillon, *The Kennedy Assassination—24 Hours After: Lyndon B. John-son's Pivotal First Day as President* (New York: Basic, 2009), 16.
9. Ibid.
10. Zirbel, *The Texas Connection*, 188.
11. Nelson, *LBJ: The Mastermind of the JFK Assassination*, 374.
12. Caro, *Means of Ascent*, 118.
13. Ibid., 274.
14. Richard Severo, "John Connally of Texas, a Power in 2 Political Parties, Dies at 76," *The New York Times* (June 16,1993).
15. Briody, *The Halliburton Agenda*, 170,

16. Bryce, *Cronies*, 103.
17. Zirbel, *The Texas Connection*, 191.
18. William Manchester, *The Death of a President* (New York: Harper & Row, 1963), 82.
19. Ibid., 82-82.
20. Ibid., 20.
21. Harrison Edward Livingstone and Robert J. Groden, *High Treason: The Assassination of JFK & the Case for Conspiracy* (New York: Carroll & Graf, 1998), 135.
22. Ibid., 134.
23. Nelson, *LBJ: The Mastermind of the JFK Assassination*, 379.
24. Ibid., 429.
25. Turner, Nigel. "The Men Who Killed Kennedy." History Channel.
26. Ross, Gaylon, "The Clint Murchison Meeting," YouTube video, 1:21:24, posted by "Se7ensenses," May 26,2011, youtube.com/watch?v=POmdd6HQsus.
27. Nelson, LBJ: The Mastermind of the JFK Assassination, 321-22.
28. "LBJ's Mistress Blows Whistle on JFK Assassination," YouTube video, 5:14, posted by "onedeaddj," November 22,2006, www.youtube.com/watch?v=791OKs0Kr_Y.
29. "LBJ's Mistress Blows Whistle on JFK Assassination," YouTube video, 5:14, posted by "onedeaddj," November 22,2006, www.youtube.com/watch?v=791OKs0Kr_Y.
30. Hersh, *Bobby and J. Edgar*, 253.
31. David Pietrusza, *LBJ vs. JFK vs. Nixon: The Epic Campaign That Forged Three Presiden-cies.* (New York: Union Square Press, 2008), 387.
32. Summers, *The Arrogance of Power*, 262.
33. Fulsom, Don. "Richard Nixon's Greatest Coverup: His Ties to the Assassination of President Kennedy."
34. *Dallas Morning News*, November 22,1963.
35. Manchester, *Death of a President*, 121.
36. Ibid.
37. O'Donnell, *Johnny, We Hardly Knew Ye*, 28.
38. Manchester, *Death of a President*, 122.
39. Gillon, *The Kennedy Assassination: 24 Hours After*, 23.
40. Nelson, LBJ: *The Mastermind of the JFK Assassination*, 393.
41. Bruce Weber "Moyer and Others Want History Channel Inquiry Over Film That Accuses Johnson," *The New York Times* (February 5,2004).
42. Nelson, *LBJ: The Mastermind of the JFK Assassination*, 387.
43. O'Donnell, *Johnny, We Hardly Knew Ye*, 28.
44. Gillon, *The Kennedy Assassination: 24 Hours After*, 25.
45. Ibid., 27.
46. Ibid.
47. Nelson, *LBJ: The Mastermind of the JFK Assassination*, 471.
48. Fred T. Newcomb and Perry Adams, *Murder from Within: Lyndon Johnson's Plot Again President Kennedy.* (Bloomington: AuthorHouse, 2011), 49.

49. Nelson, *LBJ: The Mastermind of the JFK Assassination*, 477.
50. Ibid., 478.
51. Ibid., 473.
52. Marrs, *Crossfire*, 16.
53. James H. Fetzer, *Assassination Science: Experts Speak Out on the Death of JFK*. (Chicago Catfeet, 1998), 98.
54. Edward Jay Epstein, *Inquest: The Warren Commission and the Establishment of Truth* (New York: Viking, 1966), 49.
55. O'Donnell, *Johnny, We Hardly Knew Ye*, 29.
56. Ibid.
57. "HSCA Testimony of John and Nellie Connally." June 2012, jfkassassination.net/russ/m_j_russ/hscacon.htm.
58. Mark Lane, *Rush to Judgment: A Critique of the Warren Commission's Inquiry* (Greenwich Fawcett Publications, 1967), 29.
59. Ibid.
60. Ibid., 30.
61. Ibid.
62. Ibid.
63. Marrs, *Crossfire*, 76.
64. Ibid.
65. Ibid.
66. Lane, *Rush to Judgment*, 31.
67. Ibid.
68. Ibid., 32.
69. G. Paul Chambers, *Head Shot: The Science Behind the JFK Assassination* (Amherst: Pro-metheus, 2010), 118.
70. Ibid., 121.
71. Ibid.
72. HSCA Final Report, 73.
73. Lane, *Rush to Judgment*, 37.
74. Marrs, *Crossfire*, 68.
75. Gillon, *The Kennedy Assassination: 24 Hours After*, 49.
76. O'Donnell, *Johnny, We Hardly Knew Ye*, 29.
77. John Kelin, *Praise from a Future Generation: The Assassination of John F. Kennedy and the First Generation Critics of the Warren Report* (San Antonio: Wings, 2007), 214.
78. Warren Commission Testimony of Nellie Connally.

ジョンソンの側近ボビー・ベーカーは1961年に「JFKは任期を全うできないだろう」と言った。

ウオーレン委員会のメンバーであったジェラルド・フォードは真実を隠蔽するために検死報告書を書き換えた。

LBJの『手なずけ』は脅しだった。

LBJ は権力の使い方を良く知っていた。

ニクソンは誰がケネディを殺したかを知っていた。

ニクソンは私に言った。「リンドンと私は共に大統領になりたかった。私はそのために殺しはしないという違いがある」

ジョージ・ブッシュに1963年11月22日にどこに居たのか、何度もきいたが、答を得ることはできなかった。

LBJ はボビー・ケネディについて「最後にできることなら、奴ののど笛を切ってやる」と言った。

弁護士のロイ・コーンとそのマフィアクライアント『ふとっちょトニー』・サレーノは、1979年に私に「リンドンが殺った」と言った。

リチャード・ニクソンはジャック・ルビーにジョンソンの連れとして1947年に会ったことを認めた。

ジャクリーン・ケネディは「私はリンドン・ジョンソンが嫌いで、一度も信用したことはない」と書いている。

ロバート・ケネディはLBJのことを「獣」だと言った。

LBJは、1963年11月22日に保護を求め、大統領車からジョン・コナリー知事を別の車両に移らせようとした。

第14章
隠蔽

暗殺後、しばらくジョンソンを悩ませた心配事の一つが、マルコム・ウオレスと他の狙撃手の行くえだった。ウオレスは保管倉庫から気づかれずに逃げおおせることができたのか？　小高い草むらのフェンスの向こうで銃撃したCIAとマフィアの連中は首尾よく逃げ去ったのか？　ジョンソンがやらせた他の殺しとは異なり、今回は多くの共謀者が関わっているため、簡単には言い逃れできない。

ケネディの死後間もない頃、ジョンソンは馬鹿げた田舎くさい陰謀を示唆するような発言を何度かしたことがある。「我々は気をつけないと」彼はあるとき言った。「これは我々リーダーを全員殺害する世界レベルの陰謀かもしれない」[1]

それは必要な一手だった。ケネディとコナリーが運び込まれたとき、パークランド病院は大混乱となっており、デーリープラザで起こった事件のニュースは入っていなかった。この狂った事態が明らかになる過程で、陰謀論が言い出されたとしたら、それはこの結果を起こす力を持っていたジョンソンの仕業といえよう。オズワルドが警察に逮捕されるや、ジョンソンは子分達に命じて陰謀論の話をさせないようにした。

ジョンソンの側近クリフ・カーターはダラス地裁判事ヘンリー・ウェイドにこの目的で何度も電話した。「もし、陰謀論などを唱えたら、外交上の問題になります。立証できるか不明ですが、私はオズワルドを単なる殺人罪で起訴するつもりです」とウェイドは言った。[2] そしてウェイドは付け加えた。「ジョンソンはクリフ・カーターを使ってあの週末3回か4回電話してきたよ」[3]

ジョンソンは表面上、あの午後起こった事件の現実に神経が高ぶっていたように見えるが、内側では実は冷静に計算していたという証拠になる行動をしている。

弁護士のパット・ホロウェイはあの運命の日の午後、ワディ・ブリオンとジョンソンとの会話を耳にした。ブリオンはホロウェイの上司で、ジョンソンの税務担当弁護士だった。ホロウェイの話では、ジョンソンは彼らしく、その日の悲劇を気にするよりも、あの事件が個人的ビジネスの利益と彼自身にどう影響するかに関心を持っていた。

ジョンソンがブリオンに話したのは、「陰謀論や、あの悲劇についてでは無かった」とホロウェイは言う。「私は彼がこう言うのを聞いたんです。『あーあ、あのくそハリーバートン株を処分しないと！』リンドン・ジョンソンは大統領の死が公表されたそのタイミングでハリーバートン株の所有が政治的に問題になることを話してたんです。これにはむかついたし、実際頭にきました」[4]

財務問題は別にしても、ジョンソンは自己の大統領としての正当性を懸念していた。最後のライフルの一撃がジョン・ケネディの頭蓋骨を粉砕した瞬間、リンドン・ジョンソンは新大統領であった。それはその地位に定められた形式であったが、彼は即座にその形式を適用し、大統領として与えられる権力と安全を求めた。

ジョンソンは新しい地位の完全な掌握をしたいという熱望をなるべく見せないよう努めた。大概はケニー・オドンネルを前に出すようにしたが、それは多分オドンネルがあまりに悲嘆に暮れていて、異議を述べることもなく何が起こったかもわからないだろうと考えたからだろう。新大統領はケネディの腹心が承認することで彼自身の信頼性が高まると計算していた。

ジョンソンはオドンネルがケネディの死亡について午後1時20分に彼に伝えたと言っている。「彼は死んでしまいました」[5]とオドンネルが言ったという。事実はシークレットサービスのエージェント、エモリー・ロバーツがケネディの死につきその7分前にジョンソンに伝えていた。[6]

ジョンソンの言うのは数分の違いであるが、公式の話に関し、完璧に統制したいという新大統領の意欲がうかがえる。

オドンネルとの論争に、大統領専用機に関するものがある。

「ジョンソンはケネディ夫妻とは別にエアフォース2、我が党の2番目の707ジェット機でテキサスに来ましたので、これは大統領専用機（エアフォース1）とおなじものですが、ワシントンへ直ぐさま戻るものと思ってました」とオドンネルは回想する。[7]

オドンネルの記憶では、ジョンソンがすぐに飛行機で戻ると言う点で合意していた。ジョンソンは、新大統領がワシントンへ戻るのに大統領専用機を使用すべきである、それにジョンソンの資格から考えて、ケネディ夫人と前大統領の遺体の到着を待つべきだとオドンネルが2回言い張ったと主張した。

オドンネルはこのことにつき、「完全に、全く、決定的に間違っている」という。[8]

「彼（ジョンソン）はワシントンへ向かう前に、空港でジャッキーとケネディ大統領の遺体を待ってもいいなんてことは一切言わなかった。もしそんな提案をしたなら、私は反対してたと思う。彼はエアフォース2の代わりにエアフォース1を使うかどうか、私と話したことなんか無い。全く些細なことでしたから」[9]

ジョンソンがワシントンに戻るのに大統領専用機を使った意味は機体の中身と関係無かった。というのは現行大統領が乗る飛行機はエアフォース1（大統領専用機）と呼ばれたからである。

「大統領が殺されて、その遺体を運ぶ際、ジョンソン大統領はエアフォース2に乗るのを拒否したんです。通信設備がエアフォース1と違うと言う理由で。もちろん間違ってますけど」とケネディの航空関係の側近であるゴドフリー・マッヒュー大佐は言う。「彼はただ大統領専用機に乗りたかっただけなんです。1も2も同じなんですけど」[10]

ボーイング707でジョンソンが違うと主張したのは、インテリアの装備だった。ケネディはボーイングの26000という様式を使って1年前から個人機に仕立て、ニューヨークでの前ファーストレディのエレノア・ルーズベルトの葬儀に出席するため1962年11月に初めて乗ったのであった。キャビンはケネディ家族に関係するもので飾られていた。

「大統領が好きなものが二つあったんです」ジャッキーはマッヒュー大佐に言った。「一つは『大統領万歳』彼はあの歌が好きでした。そしてエアフォース1が好きでした」[11]

ジョンソンにとってまわりの装飾物は落ち着かないものだったに違いない。しかし、必要なことだった。ケネディの個人的雰囲気に浸ることがジョンソンの希望ではなかったし、大統領としての飾りとして大統領専用機を使用したいと思ったわけでもなかった。最も重要な証拠、大統領の死体を監視する必要があった。

シークレットサービスは大統領専用機に乗り安全な場所へ行くようLBJをせかせた。「なぜなら、これが陰謀かどうか不明であり、新大統領も攻撃の的になるかも知れない」からだった。しかし、ジョンソンは落ち着いていた。進行中の陰謀は彼自身が指令しているものだったから。

午後1時26分大統領リンドン・ジョンソンはパークランド病院を出て、ラブフィールドに向かった。彼は搭乗すると、大統領専用機を統括する空軍大佐のジェームズ・B・スウィンダルに遺体の到着を待ってワシントンへ向かう旨を告げた。

いくつかの重要な証拠が既に調査不能の状態になりつつあった。ジョンソンの側近クリフ・カーターはパークランド病院の救急医療室の婦長ルース・スタンドリッジからジョン・コナリーの服を回収していた。カーターはそれをテキサスの議員ヘンリー・ゴンザレスに渡した。彼はそれをワシントンDCの事務所のクローゼットにしまった。[12] その後服はネリー・コナリーに渡され、彼女はそれを水洗いした。調査で服が見つかったときには洗濯され、アイロンをかけられていた。[13]

SS-100-X、1961年型リンカーンコンチネンタル リムジンはケネディが死んだときに乗っていた車であるが、これもパークランドで意図的な証拠隠滅の過程にあった。最初にシークレットサービスは外していたトップを内部が見えないように車に取りつけるよう命じた。そして、病院従業員はバケツに水を汲んでくるよう指示された。[14]

「リンカーンのまわりに監視人がおかれ、シークレットサービス部員はバケツの水を手に車についた血を洗い出した」とタイム誌のヒュー・シドニーは言う。

急いで、体液やその他の関係する証拠を洗い流した後、ダラス警察の調査官の意向を無視してリムジンはラブフィールドに運ばれ、貨物機に積み込まれた。そしてワシントンまで空輸され、ホワイトハウスの駐車場に保管された。[15]

暗殺の数日後、フォード社のデアボン部門の安全対策部のトップ、カール・レナはそのリムジンを運転して、オハイオ州シンシナティのヘス&エイゼンハートに持ち込んだ。銃撃で傷んだクロムメッキのモルディングストリップを取り替えるためだった。[16] ヘス&エイゼンハートは特別車専門の会社でこの車のオリジナルデザインとエンジニアリングの専門であった。搬送中、レナはモルディングストリップが「直撃されており」「かけらが当たったわけでない」ことに気づいた。[17] 彼はシークレットサービスから「口外しないよう」命じられた。[18]

車の内部への損傷に気づいたのはレナだけではなかった。ウオーレン委員会の公聴会で、ダラスの車列によるパレードでSS-100-Xの前の席にいたシークレットサービスのエージェント、ロイ・ケラーマンは損傷の例を挙げて、委員会に3発以上の銃撃が車両に向けてあったことを考慮させるために証言した。彼は委員会の顧問アーレン・スペクターの質問に答えた。

スペクター：ケラーマンさん、3発以上の銃撃があったというあなたの考えに関連して何か付け加えることはありませんか？
ケラーマン：そうですね。車で説明しましょう。
スペクター：よろしい。これに関して車の何が関係するのですか？
ケラーマン：前面ガラスですが、葬式のあとこちらで見たところ、複数のミサイルというか、弾丸によって打ち砕かれていました。[19]

ケラーマンは11月27日にホワイトハウスの駐車場で車を検証していて、クロムメッキのモルディングにへこみを見つけていた。彼は自分が記憶する弾丸の軌道が形成されつつある公式の見解と異なるため、車をみて確認したかったのだ。

ケラーマン：私は車を調べたかったので、ちょっと説明させてもらいます。この車がワシントンに送られるあの夜検査されたわけですが、翌日、前の座席に弾丸の一部が見つかったと報告を受けました。銃撃された頭蓋骨は後部座席にあったわけですから、どんな高い所から撃ったとしても、ケネディ大統領に当たったのが想像できなかったのです。この車両をよく調べたいと思いました。車に当たってイレギュラーに跳ねたのか、弾がまず車に当たり、その後彼に命中したのか、あるいは車にどんな傷跡があるのか、こういう疑問が生じたため、自分自身でチェックしようと思ったんです。
フォード：あなたが自身で調査する前の段階で、このへこみに関し報告はなかったのですか？
ケラーマン：前面ガラスの枠についてはありません。ノーです。
フォード：このへこみを見つけたのはあなたが最初なんですか？
ケラーマン：鉄枠の上のに気づいたのは私が最初だと思います。[20]

証言の後半で、ケラーマンは委員会メンバーから3発の銃弾が発射されたという結論に誘導されようとしたが、それには応じず、決定的な証拠になることを述べた。
「みなさん、貴方たちがフィルムをご自分で見られたら、少し異なる結論になると思いますよ」[21]
1963年12月、ホワイトハウスは不可解にも、リムジンをジョンソン大統領用に改造、ソファー部分の張り替える案を承認し、その後の調査の対象となる証拠を破壊した。

前大統領の遺体は更に管理が困難であった。

パークランド病院の医療スタッフは蘇生させようと無駄な試みをしていたが、ケネディの容体については既にわかっていた。ケネディが外傷病棟1号室に台車つき担架で運ばれた時、医師のチャールズ・クレンショーが大統領の傷を見た。

「私は大統領の腰のあたりの所に立ち、彼の全体の様子を見てましたが、信じられない気持ちでした」とクレンショーは書いている。「彼の頭の傷口から血が流れており、担架の上に落ち、床においたバケツの中に垂れてました。そのとき彼の喉の正面の小さな傷口に気づきました。弾丸が中へ貫通した傷でした。あの傷については疑いがありません。緊急医療室で何度も見てきましたから」[22]

マルコム・ペリー医師はケネディの呼吸を助けるために、気管切開手術を行ったが、暗殺後の記者発表で弾が入ったときの傷につき述べている。

質問：弾が入ったその傷はどこでしたか？

ペリー：首に弾が入った傷がありました。

質問：首の傷になった弾はどの方向からきたものですか？　彼に向かってですか？

ペリー：彼に向かってきたようです。[23]

喉に見られる入り傷はパークランドの他の医師、ポール・ピーターやロナルド・ジョーンズらが確認しているが、公式の検死書には記載されていない。

クレンショーと他のパークランド病院の医師達も大統領の後頭部の上部と右耳の後ろに大きな傷があるのに気づいていたが、これが弾丸の出口と推定される。

FBI特別捜査官ジム・シベールはベセスダ海軍病院で検死を担当したが、頭部の傷は「後頭部の上部」という。[24]

葬式でケネディを棺におさめた葬儀人のトム・ロビンソンはHSCAのメンバーのアンディ・パーディとジム・コンゼルマンに質問されて、後頭部の右側に大きな傷があったと繰り返した。

パーディ：だいたい頭部のどの辺に傷があったのですか？

ロビンソン：後頭部の真後ろです。

パーディ：おおよそ、耳と耳の間か、それより上部でしょうか？
ロビンソン：いえ、耳と耳の間です。[25]

40名以上の目撃者が後頭部に弾の出口傷があったと言う。これは損傷を受けた度合いと領域とに強い相関性がある。[26] ところが、後にウオーレン委員会とHSCAにより主張された公式記録では、目撃者らは勘違いしているという結論になっている。ケネディの頭の傷はウオーレン委員会によれば、「弾丸は大統領の右後ろから頭部に入り、頭部の右サイドから出たため、より大きな損傷となった」[27]

HSCAの再検証では法廷向け病理学の陪審団の助けを受けて実施されたが、その結論は「ケネディ大統領は2発の弾丸により銃撃された。2発だけであり、両方とも後ろから撃たれている。陪審団の結論は大統領は背中を右上方向から1発目を撃ちこまれ、それは喉の前から出た。もう1発は後頭部右側生え際あたりから入り、頭部右側から前方に向けて出た。この2発目の弾丸が出るときに大統領の頭部に多大な傷を作った」[28]

この描写は多くの目撃情報による説明と正反対のものであった。後日検死報告から公表された写真を見ると、目撃したものとは異なる傷があった。検死の問題の写真では、ケネディの後頭部は無傷であった。

「実際、どの目撃者もこれらの写真を見て、当惑しました」とこの暗殺から提供される医療証拠を研究するデイビット・マンティック医師は記述する。「写真によると右側後頭部の頭蓋骨は全く無傷で、これは多くのパークランド病院医師による医療記録と完全に矛盾するものです。1988年に広く放送されたPBSのノバ番組で、4名の医師が頭蓋骨の大きな欠損場所を示すのに、右耳の後ろに手をやってましたが、事後の頭部写真とまったくの矛盾点になってます。ベセスダ病院の補助者の記憶や病理解剖実施時の測定と記録とも矛盾してます。検死の基本手続きは頭蓋骨の傷につき後頭部まで特別に記載することになってます。写真ではしかし、後頭部のかなり上部に傷がみえます。これらの写真が正しいものか、解剖担当者は一度も質問されていません。実際、写真を元に（後頭部の入り傷につき）質問があり、解剖担当者の回答と4インチ（10センチ）もずれていたのです」[29]

パークランドの医療関係者はケネディの検死をするものと思っていたが、遺体はシークレットサービスによって確保されてしまった。パークランドでの検死は管理不能で実施できず、まったく始めることができなかった。

シークレットサービスのエージェント、ロイ・ケラーマンは自分が守るべき人がつい先ほど、殺されるのを目撃して、行動に出た。ローリー局長からの命令だった。遺体は直ちに大統領専用機に移管すべしというものだった。ジョンソンはそれまでワシントンには向かわない決意だった。

パークランドの医師ジェイムズ・クレンショーは前大統領は死んでいるにも関わらず、シークレットサービスがその遺体を守ろうとしていることに違和感を感じた。もし、検死が適切な指導の下、公共の病院で実施されていたならば、ケネディの傷に関する真実は簡単には隠蔽できなかったであろう。

直ぐさま、ケラーマンと医療検査官のアール・ローズ医師との間で言い争いが起こった。

「ここでは殺人事件が起こったわけです」とローズは言った。「遺体を動かすわけにはいきません。検死のために霊安室に移動しなくてはなりません」[30]

「ここでこんな苦労をする必要なんかないと思いませんか」ケラーマンは答えた。「ワシントンに着いたら、この件の始末をつけます」

ローズはきかなかった。シークレットサービスがその遺体を持って行くのは法律に反する。しかし、命令は自分が法律よりも上の存在だと思っている誰かから出ているようだった。

「ダメです。そういうわけにはいきません。遺体をもっていってはなりません」[31]とローズは言った。

ジョン・ケネディの主治医ジョージ・バークレーはすべての旅に同伴していたが、前ファーストレディのことを思って言った。

「ケネディ夫人は遺体がある限りそこに居るつもりでおられます。ずーっとそのままでは……彼は合衆国の大統領なのですから」[32]

「それはそれ、これはこれです」ローズ医師は答えた。「証拠を手放すわけにはいきません」

ローズはパークランドから遺体を移動してしまえば、検死もできず、全体の調査も不可能になることがわかっていた。

彼は地区裁判所のセロン・ワードを探し出し、シークレットサービスがケネディの遺体を管理しようとするのは法律上問題があると言わせた。

しかし、ケラーマンは法律を無視して遺体を持ちだそうとした。

「遺体を移動出来ないという法律以上のものを何か準備してもらわないとね」[33]

とケラーマンは言った。

シークレットサービスの連中はピストルで威嚇しながら、パークランドから遺体を持ち出した。

午後2時少し前に、シークレットサービスはワシントンへの行程を早めるため、パークランドからの出発を強行した。ジョンソン大統領はケネディの遺体を確保したこともあり、ダラスを慌てて出ることもなかった。大統領は自分の職位を正当化するために宣言が必要と感じた。

大統領専用機からジョンソンがロバート・ケネディにかけた電話が公式記録と食い違う論争点になっている。

ケネディはその40分前に兄の死を知らされ、そして、少し前にJ・エドガー・フーバーから電話連絡を受けた。

「大統領が亡くなりました」[34]とフーバーは電話を切る前に無感動に言った。

ジョンソンの電話は別のことだった。

「最初、彼は悔やみの言葉を述べた」とケネディは言う。「それから彼は言ったんだ。……これは世界規模の陰謀の一部かもしれない。私には理解できないが……そして彼は言ったんだ。『こちらでは早く大統領宣誓をすべきだと大勢が言ってる』」[35]

ジョンソンは特に宣誓について誰が管理し、どのように、どこですべきか具体的事項を知りたがった。

司法長官はあきれ果てた。まだ兄の傷が癒えないその時に、ボビーが忌み嫌う男が直ぐさま入り込んできて、ケネディの座に座るとは。ジョンソンはボビー以外に宣誓に関してたずねることができたはずであるが、ボビー・ケネディはちょうど、ジョンソンがオドンネルを利用したように、正当性を確保するのに利用できたのである。もし殺害された大統領の弟である司法長官の承認を得ることが出来れば、ジョンソンはアメリカ国民からは圧制者には見えないという計算だった。

ケネディは、「その瞬間あっけにとられました。大統領が撃ち殺されてまだ1時間、なんで急いでいるのかわからなかった。私はその時、多分、大統領、ケネディ大統領がワシントンに帰ってくればと思いました。でも個人的感情だったと思います」[36]

ボビーは感情を抑えて、「調べてみます。また電話します」[37]とジョンソンに言った。

ジョンソンのゆがんだ歴史上の説明としては、ボビーは彼に出来るだけ速やかに宣誓するよう促した。ジョンソンによるとボビーは「宣誓式はワシントンへの出発前に、直ちに私が実施すべきところですができないので、現地の合衆国の司法省役人によって実施されるべきでしょう」と勧めてくれたという。[38]

事実は、宣誓は形式的なもので、いつでも実施出来ることだったが、ジョンソンにとってはいつでもよいものではなかった。オドンネルによれば、ジョンソンは「もしすぐに手続きしないと、誰かに取り上げられるかも知れないと言う恐れにとらわれ」ダラスの地で宣誓をしたかったのだという。[39]

ジョンソンはサラ・T・ヒューズ判事を宣誓の立会人に選んだ。ヒューズはトレードマートで大統領の車列を待っていたので、ジョンソンに10分で行けると答えた。[40]ここにも重大なことがある。JFKはジョンソンが推薦したにも関わらず、ヒューズの司法機関での昇進に反対してたのである。

ジョンソンが電話で式の手配をしているとき、ジャッキー・ケネディが大統領の遺体と共にスタッフに囲まれ到着した。オドンネルは早く飛行機を飛ばして、JFKの遺体をワシントンに運びたかった。しかし、ケネディのスタッフが感じたのは、ジョンソンの意向はそうではなく、少なくとも半時間、エアフォース2の前に放置された。

「オドンネルに彼はもう最高指揮官じゃないと言ってやれ」と広報の助手が叫んだ。「ジョンソン大統領が搭乗されている」[41]

ゴドフリー・マックヒューはそこで停止させられる理由がわからず、混乱した。「ケネディ夫人はとてもいたたまれない状態でした。帽子とコートは血だらけで、脳みそが帽子にくっついてました。それは恐ろしい光景でした」[42]とマックヒューは言った。

マックヒューはパイロットのジェームズ・スウィンドルに何とかするようお願いしたが、ジョンソンの荷物をエアフォース2から移していて、新大統領の宣誓のため、出発が遅れていると言われた。

「俺には大統領は一人なんだ。彼はキャビンの中に横たわっている」[43]とマックヒューはケネディ大統領の遺体のことを大声で言った。

ボビー・ケネディは回想して、「マックヒューはリンドン・ジョンソンのことを―彼の使った言葉を覚えているが―汚らわしい奴と言った」という。「それは彼の目撃した最低のやり口だった」

ジョンソンはまわりの者が、新しいボスの権限を疑うかも知れないと感じ、巨匠のようなパフォーマンスを演じた。彼は大統領専用機の乗組員が彼がこの悲劇で正気を失ったと思うような演技をして個室に隠れた。もし新大統領として、絶え間ない、難しい要請に対処出来ない場合に、同情してもらえるよう考えたのだろう。マックヒューがジョンソンを探したところ、新大統領が風呂場で隠れているところを発見した。

「私はトイレ、化粧室に入ると、カーテンを引いて彼が隠れてました」とマックヒューが言う。ジョンソンは狂乱状態を装ってました。「奴らがやってくる。陰謀だ、陰謀だと」ジョンソンは言ってました。マックヒューによると、ジョンソンは「興奮状態で便器に座りこんでいた」と言う。[44]

マックヒューはジョンソンに近づき、ぴしゃっと叩き、「しっかりするよう」大統領を促した。[45]

ジョンソンは我に返り、サラ・ヒューズが到着すると、新大統領はもう一つケネディ達をいらだたせることを言い出した。もう一度オドンネルを呼び出し、ジョンソンは宣誓式にジャッキーを横に立たせるよう頼んだのだ。

この会話はC・デイビッド・ヘイマンの〈RFK〉に詳細に記述されている。

> ヒューズ判事が到着すると、新大統領はケン・オドンネルに向かって「ケネディ夫人に言って私の横に立ってもらうようたのんでくれないかな」と言った。
>
> 「そんなことできないですよ！」とオドンネルは叫んだ。「可哀想に、今日一日こんなに酷いことがあったのに。そんなことさせるわけにはいかないです。大統領！」
>
> 「でも、彼女そうしたいと言ってたけどな」
>
> 「信じられない」
>
> しかし、オドンネルが元ファーストレディに会ってみると、彼女は夫の後継者の横に立つことに同意した。「少なくとも、国にこれをする義理があるわ」と彼女は囁いた。ジャックの砕けた頭蓋骨の血と血のりで汚れたピンク色のウールスーツを着て、彼女はリンドン・ジョンソンが右手を挙げて36代合衆国大統領になる宣誓を見たのだった。[46]

ジャッキーには式に立ち会う彼女なりの理由があったのかも知れない。式の前レディ・バードに血で汚れた服を着替えないのかと聞かれ、ジャッキーは断固として着替えなかった。「ジャックに彼らがどんなことをしたか、見てもらいたいのです」[47]ジャッキーは言った。しかし、彼らがどんなことをしたのかまだ公にはなっていない。

検死結果は公式記録に沿った形で作られた。大統領専用機がワシントンへ飛行しているとき、ホワイトハウスの統合本部は乗員に、共謀はなかったと発表した。大統領が殺害されてたった4時間で犯人を逮捕した。リー・ハーベイ・オズワルドである。[48]

「あれは合衆国政府の高官による犯罪であることの決定的証拠なのです」とフィラデルフィアの弁護士ビンセント・J・サランドリアは記載する。「まず最初、全く証拠がない状況で、オズワルドが単独犯であると発表があり、状況的に共謀である驚くほどの証拠がそろった時点で、ホワイトハウスの統合本部からの発表がでたのです。暗殺に関わった者しか、証拠がない時点でオズワルドが暗殺犯だと宣言できない」[49]

メリーランドのアンドリュー空軍基地に到着後、ジョン・ケネディの遺体はすぐに救急車に乗せてベセスダ海軍病院に運び込まれた。ベセスダではボビー・ケネディが完全検死手続きを命じていたが、[50] 手の込んだ茶番劇になる。

軍の管理の下で、病理解剖者、J・ソートン・ボズウェル、ジェームズ・J・ヒューム、ピエール・A・フィンクの3名が特定の傷を「移動させ」、記録に適合するよう他を無視した。頭蓋骨後頭部の弾の出口になる傷は今や入り口の傷になった。

喉の傷はないことになり、病理解剖者達は背中上部に撃ち込まれた弾丸の後を追跡することはなかった。1969年ニューオーリンズ地区判事ジム・ギャリソンによるクレイ・ショーの犯罪を起訴する裁判で証言を求められたフィンク医師は、当時軍関係者から圧力を受けていたことを認めた。

質問：当時、あなたは背中に傷があり、出口がわからないのに困惑したのではないですか？　弾丸はどこにあるのか、どう抜けたのか、考えたのではないですか？

フィンク：はい。

質問：そのときですよ、先生！　なんでパークランドの医師に電話で聞くなり、パークランドの医師達がどんなことをしたか、確認しようとしなかったんですか？　大統領の遺体が検死テーブルの上にあり調べることができる状況で！

フィンク：前にも言いましたが、私、検死の責任者でもなんでもないんです。

質問：あなたは検死報告署に署名してますよね。先生！

フィンク：待って。私は傷口を見るコンサルタントとして呼ばれてまして、ですから私が責任者だということにはならないんで。

質問：ヒューム医師が責任者なんですか？

フィンク：えーっっと、ヒューム先生がこう言ったんです。彼は「ここでの責任者は誰なんだ？」そしたら、ある陸軍将軍が、名前は忘れたんですけど、言うんです。「私だ！」と。こんな状況で。わかってくださいよ。警察の偉いさんはいるわ、軍隊のえらいさんが一杯いるわ、言われたとおりやるしかないじゃないですか。

質問：しかし、あなたは検死テーブルに呼ばれた3名の資格のある病理解剖者の一人であることには違いないですね。先生！

フィンク：はい、そうです！

質問：その将軍は病理解剖の資格のある方でしたか？

フィンク：いえ。

質問：彼は医師でしたか？

フィンク：いえ、私の知る限りでは。

質問：その将軍か大佐の名前を教えてくれますか？

フィンク：いえ。知りません。[51]

ジェームズ・カーチス・ジェンキンスは技術者で当時検死テーブルに立ち会っていたが、ケネディの後頭部の一部が吹き飛ばされた銃撃跡を目撃している。彼はこれが検死報告に記載されていないことに愕然とした。「彼が後ろから撃たれたことにしたいのだと気がつきました。でもわかるでしょ、信じられないですよ。今でも信じられない」

ジョージ・バークレイはジョン・ケネディのかかり付け医であったが、パークランドの医療スタッフと立ち会い、またベセスダで病理解剖者達とも立ち会った。しかし、公式の調査で証言を求められたことは一度もなく、シークレットサービスやFBIから質問されたこともなかった。[52]

1967年にウオーレン委員会報告に記載される大統領に撃ち込まれた弾丸の数について同意するかと聞かれ、バークレイの回答は明瞭だった。「私の意見とは違う」[53]

バークレイは決してウオーレン委員会に呼ばれることはなかった。なぜなら彼の証言は他にも多くあった証言と同様に、上から造り上げられた物語をぶちこわすものだったから。委員会はまたメンバーや証言しようとする目撃者の写真やX線フィルムの使用を認めなかった。その代わり、委員会は総合的な証拠として様子がわかるようなスケッチを使用した。

「医師達は証言するにあたり、ほとんど全員写真を出すことを求めました。特にヒューム医師は」暗殺研究者のハロルド・ワイスバーグは言う。「そして、こんなことが3回、4回起こった後、委員会は質問しました。『そしたらですね、もし写真がここにあれば、あなたの証言は違ってくるっていうわけ？』気の毒なお医者さんはどうするのだろう？　無能な証言をしたとか、間違って証言したとか。と心配したのですが、彼はきっぱり言いました。『いいえ、しかし』と。彼は『しかし』をはさんで、写真があればベストだと主張したのです。そして、検死手続きでは写真とX線写真が基本であり通常の手続きであると主張しました。それは一般の検死でいえることで、特に大統領の場合は必要だと」[54]

あの日多くの命令が上からやってきた。

「これは政治的暗殺であり、裏に多くの権力が潜んでいる」とビンセント・サラアンドリア、初期のケネディ暗殺研究家の一人が1967年に言った。「多くの権力です。裏にいる人物を見つけるには、視野を上へ上げなければならない。勇気をだして立ち向かう必要があります。J・エドガー・フーバーとFBIより上を調べる必要があります」[55]

注釈

1. Nelson, *LBJ: Mastermind of the JFK Assassination*, 412.
2. Ibid., 485.
3. Ibid., 372.
4. Baker, Russ, *Family of Secrets*, 132.
5. Gillon, *The Kennedy Assassination: 24 Hours After*, 80.
6. Ibid., 82.
7. Ibid., 89.
8. Manchester, *The Death of a President*, 234.
9. Pat Speer to The Education Forum, October 25,2012, educationforum. ipbhost.com/index.php?showtopic=19632
10. Gillon, *The Kennedy Assassination: 24 Hours After*, 90.
11. Ibid.

12. Warren Commission Testimony of Ruth Jeanette Standridge, March 21,1964.
13. Newcomb and Adams, *Murder From Within*, 138.
14. Ibid., 131.
15. Ibid., 132.
16. Charles A. Crenshaw, *Trauma Room One: The JFK Medical Coverup Exposed* (New York: Paraview, 2001), 81.
17. Ibid.
18. Ibid.
19. Warren Commission Testimony of Roy H. Kellerman.
20. Ibid.
21. Ibid.
22. Crenshaw, *Trauma Room One*, 62.
23. Crenshaw, *Assassination Science*, pg. 45.
24. Aguilar, Gary L. MD, "The HSCA and JFK's Skull Wound", March 30, 1995.
25. Ibid.
26. Ibid.
27. HSCA Final Report, 41.
28. Ibid., 43.
29. Fetzer, *Assassination Science*, pg. 109.
30. Gillon, *The Kennedy Assassination: 24 Hours After*, 119.
31. Ibid.
32. Crenshaw, *Trauma Room One*, 89.
33. Gillon, *The Kennedy Assassination: 24 Hours After*, 119.
34. Manchester, *Death of a President*, 257.
35. Gillon, *The Kennedy Assassination: 24 Hours After*, 112-13.
36. Ibid., 113.
37. Manchester, *Death of a President*, 269.
38. Ibid., 271.
39. Gillon, *The Kennedy Assassination: 24 Hours After*, 132.
40. Ibid., 118.
41. Heymann, *RFK*, 348.
42. Ibid., 125.
43. Manchester, *Death of a President*, 316.
44. Gillon, *The Kennedy Assassination: 24 Hours After*, 127-28.
45. Christopher P. Andersen, *Jackie After Jack: Portrait of the Lady* (New York: William Morrow, 1998), 11.
46. Heymann, *RFK*, 348-49.
47. "Selections from Lady Bird's Diary on the Assassination." June 10, 2012 pbs.org/ladybird/epicenter/epicenter_doc_diary.html.
48. Kelin, *Praise from a Future Generation*, 5.
49. Ibid.

50. Talbot, *Brothers*, 16.
51. Clay Shaw trial testimony of Pierre A. Finck.
52. Ibid., 16-17.
53. Oral history interview with Admiral George G. Burkley; 10/17/1967. jfkassassination.net/russ/testimony/burkley.htm.
54. Kelin, *Praise from a Future Generation*, 280.
55. Kelin, *Praise from a Future Generation*, 338.

第15章

身代わりにされた男

「金持ちが死ぬと、罪人が鎖で繋がれているように、所有物を背負わせられるんだ」リー・ハービー・オズワルドはあるとき言った。「俺は自由に死ぬんだ。死は俺にとって容易いものさ」[1]

この発言は現実のものとなった。

ウイリアム・ボボ。これはオズワルドの墓名である。この偽名はマスコミや墓荒らしを防ぐために付けられた。ボボとはバカ、カモを意味するスラングでこれほどぴったりのものはない。

リー・ハービー・オズワルドは生涯でいくつかの別名を持ったと言う説がある。彼は大統領を狙撃するためにイタリア製カービン銃を注文するのにA・ヒデルという名前を使ったとされている。O・H・リーという名前は北ベックリー通り1026で最後に家を借りる際に登録した名前と報告されている。

オズワルドにまつわる名前より興味深いのが、オズワルドの名前をかたる人物がいたことだ。

1961年にさかのぼるが、詐称者はオズワルドの名前と個人情報を使った。ニューオリンズで、反カストログループの『民主主義の友』の関係者と名のる数人の男達がフォードのトラックを何台か買うためにオズワルドの名前を使い、車両購入書類に署名した。[2] 1963年9月には別のオズワルドがキューバ亡命者のシルビア・オディオのダラスのアパートを訪問した。このオズワルドはピッグズ湾事件の後、ケネディを暗殺しないキューバ人を意気地無しとオディオに怒鳴り立てたという。[3] 1963年11月9日彼は妻マリーナの友人ルース・ペインの家で一日過ごしたが、オズワルドの名をかたる者らがいろんなところで目撃されている。あるオズワルドはダラスサウスランドホテルに求職に訪れ、他の者はダラスのリンカーンマーキュリー車のディーラーで無謀にも試乗した。[4] 3人目のオズワルドはダラスのライフル射撃場に現れた。このオズワルドはずば抜けた射撃の技量と同時に嫌な気性を見物している人に見せつけた。

ケネディ暗殺の翌日J・エドガー・フーバーとリンドン・ジョンソンの電話会話が録音されており、フーバーはメキシコシティのオズワルドの詐称者を知っていると話した。

「ソ連大使館でオズワルドの名前を使った男の音声テープと写真がここにある」とフーバーは言った。「写真とテープは男の声と外見に一致しない。言い換えると、ソ連大使館に別の男が訪れたことになる。オズワルドが実際にここワシントンにあるソ連大使館に出した彼の妻への迫害についての苦情と彼の妻に対するFBIの調査についての質問を書いた手紙のコピーを我々は持っている。もちろん、この手紙も含めてソ連大使館に行くすべての郵便物は我々が処理している。これは極秘活動だ。大使館へいく郵便物はすべて検査され、開封されているので、なんでもわかっている。……本件は今のところ、起訴するに足るほど強くない……メキシコシティのソ連大使館にいたこの男が誰か判明したら……このオズワルドと自称する男は今のところすべて否定している。」[5]

この電話会話の内容でわかるのは、オズワルドを装う人物が実在することだけでなく、陰謀があることをフーバー、ジョンソンが認識していることと、陰謀については今後この二人により無視されるということだ。フーバーとFBIは50年代後半からオズワルドのことを知っていた。

「オズワルドに関する調書は、新聞が1959年に彼がロシアに亡命したときに公表された。彼がアメリカに帰ったときに安全上のリスク要因になる可能性があることを考慮し、関係情報とした」とフーバーはウオーレン委員会に報告している。[6]

もっと驚くべきことに、フーバーは1960年6月の時点でオズワルドの個人情報盗用の可能性につき個人的に知り、国家安全保障局に報告しているのだ。

「詐称者がオズワルドの出生証明を使っている可能性があるので、このオズワルドに関する最新情報を要請する」とフーバーは書いている。[7]

オズワルドに目を付けているのはFBIだけでなかった。CIAもまたこの若い亡命者に興味を持ち、広範囲の情報を集めていた。オズワルドが残酷に殺害された後、これらの多くの資料はウオーレン委員会の要請にも関わらず、保留されるか、ごまかされ、訳のわからない状態になってしまった。CIAによると、オズワルドは興味の対象ではなかった。その後彼に関する資料は局内でばらまかれ、人目につかないいろんな場所にしまわれてしまった。

ジェーン・ローマンは退職したCIA管理職であり、暗殺前のオズワルドに関する書類を多く承認していたが、ジャーナリストのジェファーソン・モーレーと元アメリカ陸軍情報部管理職ジョン・ニューマンのインタビューを受けた。このインタビューはオズワルドの真実を嘘で固めたCIAの闇を再構築する試みであった。質問は暗殺前のオズワルドをローマンが知らないと主張することから始まった。否定するローマンに対し、ニューマンは1959年から暗殺までの期間、オズワルドに関してローマンが署名しているCIAファックス書類のコピーを目の前に出した。[8] そこからローマンはオズワルドを暗殺前から知っていることを認め、質問に答えることに同意した。ニューマンとモーレーは特に、オズワルドが1963年の9月後半から10月始めにかけメキシコシティに居た間のCIAの不可思議な行動に興味を持った。

ニューマンは1963年9月のCIAの回付書類に署名された大勢の捜査員の名前を読み上げた。

「これが退屈で、面白みのない人物に関する書類の署名なんでしょうか？」とニューマンはたずねた。「それとも誰か違う人物……」

「いいえ、我々は本当にこの人物に注意を絞っていたのです」とローマンは答えた。[9]

ニューマンはそこでCIAのメキシコ支局の職員シャーロット・バストスが作成した1963年10月10日付の書類を持ち出した。書類にはオズワルドに関わる『最新本部情報』[10]は1962年5月の報告と書かれていた。ローマンはこの書類にも署名しており、それはオズワルドに関する報告は1年以上なかったことを意味するが、その数日前の彼に関する書類にもローマンは署名していた。

「ちょっと違うんじゃなく、全く嘘の報告だね」とニューマンは言った。[11]

インタビューのこの時点で、ローマンは何人かのエージェントはオズワルドに関する真実を胸の中にしまい込むようになったと認めた。

「しかし、問題はここなんだ」とニューマンは『最新本部情報』の用語を指さしながら言った。「そう、つまり真実でないと知りながら、署名したのよ」[12]と彼女は認めた。「これを悪意のあるものと考えるべきだと言ってるわけでない。そこを誤解しないでほしい」とニューマンは付け加えた。「私が何も言わないというのが一つのありかた。『あなたには知る必要がない』と言うことになる。しかし、もし真実でないと私がわかっていることについて、あなたに言ったなら、ある目的をもった行動ということになる。ここであなたに真面目に取り組んでもらいたいと思っていることは、これがオズワルドの資料となにかの作戦の上で関係があるのかということなんです」

「そうです」とローマンは答えた。「私にはオズワルドに対する明確な関心がもたれていたため事細かく常に知ることが出来るようになっていたように思われるのです」[13]

質問のこのポイントでローマンはCIAでの業務知識を駆使して、驚くようなことを言い出した。

「オズワルドに関する最新情報を保留する意向はないはずですが、メキシコシティからの情報を保留する意向はあるはずなんです。私が予想もつかない明確な立ち位置というのは、彼ら（そのファックスに関する事項の最終権限を有する人達）がオズワルドをどう利用できるか考えていたということです」[14]とローマンはコメントを付け加えた。

ダラスでのオズワルドのCIAコンタクトはジョージ・モーレンシルトだった。彼は自称石油地質学者でコンサルタントだった。彼はダラスのCIA局員J・ウオルトン・モーアからオズワルドに接触するよう急かされた。[15] 1962年10月から1963年4月までの期間モーレンシルトはリーとマリーナ・オズワルドの親しい友人であり、彼らの監視人だった。

モーレンシルトはウオーレン委員会の証言で、オズワルド夫妻を外出するのを助けたり、彼らとかなりの時間共に過ごしたことを語った。モーレンシルトのように学歴があり、世界的に働いている人物がオズワルドみたいな人物と知り合い、付き合うのはおかしいと委員会では思われていた。というのはモーレンシルトはオズワルドを「中途半端な教育を受けた田舎者で、まともに取り合うことが出来ない人物でした。彼が言うことは教養のないものだったし」[16]と発言していたからだ。1977年に死ぬ前にはモーレンシルトのオズワルドに関する評価はかなり変化していた。

「私の意見では」とモーレンシルトは記載する。「リーは、天才とは言わないけれど、非常に聡明な人物でした。彼の英語は完璧とは言えないけれど、あの難しい言語を学んだのです。私は大きな大学でいろんなレベルでロシア語を教えましたが、最も優秀な上級の生徒のなかでも彼ほど熟達した人はいなかった。しかもいつもロシア語のテープを聴き、ロシア人の友達と話しているのです。実際の所、アメリカ生まれのインストラクターでリーほどロシア語をマスターした人はいませんでした」[17]

モーレンシルトの証言で大きく変わったのが、暗殺に対するオズワルドの動機である。ウオーレン委員会で述べた動機の説明は社会的なものだった。「私の考えでは、もしもリー・オズワルドが本当に大統領を殺したとするならば、その理由はこれかもしれない。彼はケネディに信じられないほどの嫉妬心をもっていた。彼はものすごく成功しており、若く、魅力的で、美しい妻を持ち、お金もたっぷりもっていて、世界に知れ渡った人物だ。可哀想にオズワルドはまさに正反対の存在で、何も持たず、あばずれの妻を持ち、カネもなく、何をやっても惨めに失敗するだけの男だった」と証言した。[18]

後年、モーレンシルトはオズワルドの性格を政治的理想主義者であり、物欲で妬むようなことのない人物と言い換えた。「リーは元海兵隊員で組織的殺人の訓練を受けており、殺人は出来るけれども、それはものすごいイデオロギー的動機に基づくか、自己防衛に限られる」と述べた。

これによるとケネディ大統領暗殺におけるオズワルドの動機にはなりえない。モーレンシルトもオズワルドの妻マリーナも、オズワルドがケネディに対し感謝の気持ちを持っていることを知っていた。特に大統領がロシアとの政治的あつれきを無くすよう努力していることへの感謝だった。会話中、モーレンシルトとオズワルドの話題が冷戦を終わらせるためのケネディの実績に移った時の事。

「素晴らしい！　グレートだぜ」とリーは感嘆の声を上げた。「彼がもし成功すれば、この国の歴史上最高の大統領になるよ！」[19]

なぜオズワルドに対する感情が変わったのか？　モーレンシルトによるとウオーレン委員会の顧問のアルバート・ジェンナーから当初から圧力をかけられ、特定の回答をするよう誘導された。しかし、彼はオズワルドに対し不当な評価をしてしまったと感じた。「リベラルで愛される大統領、特にマイノリティから愛される大統領を射殺してもヒーローにはなれません。それにマリーナはあばずれでもなかったし、ジャックリーンはさほど美人でもなかった」とモーレンシルトは記載する。

死が近づいた頃、監視するよう指示された男を自分が当初に説明した描写にモーレンシルトは罪悪感を感じていたのだろうか？　証拠から、モーレンシルトはオズワルドを暗殺の犯人に仕立てるよう誘導されたと推定される。

1963年4月オズワルドを世話したモーレンシルトはワシントンへ向かい、そこでCIAの職員と会議し、ジョンソン副大統領との面会を求めた。

4月18日にリンドン・ジョンソン事務所からモーレンシルトに書かれた手紙は彼のワシントンへの旅の中身を示す。

モーレンシルト様、

あなたの手紙は副大統領の留守中に届きましたので……、今度来られるときには、空軍の副大統領付きのハワード・ブリス大佐に面会されることをお勧めします。もしあなたの滞在中にジョンソン様に時間がありましたら、お互いに都合のよい時間を見つけて、お会いしたいと思っております。

敬具

ウオルター・ジェンキンス　副大統領主席補佐官[20]

なぜモーレンシルトは副大統領のジョンソンとの面会を求めたのだろうか？モーレンシルトはCIAとテキサスの石油関係者だけでなくジョンソンの他の関係者ともコネを持っていた。彼の不可思議な死のあと、公表されていないブリス大佐の電話番号がモーレンシルトの住所録に記載されているのが見つかった。[21]ジョンソンの軍事アドバイサーとしてブリスは1961年にベトナムへジョンソンに同行した。二人はゴ・ディン・ジェム首相に米軍兵士をさらに16,000人送るようケネディに依頼するよう説得したが、大統領はそれを拒否していた。[22]

より多くの兵士を送る要求はジョンソンが諜報機関と練って作られたもので、ケネディはそこから遠ざけられていた。ブリスによると「ジョンソンはCIAと裏連絡網を持っており、このような情報が通知された」[23]ブリスこそがこの『裏連絡網』の中心人物だった。

ブリスにとってモーレンシルトと個人的に繋がることで、石油や諜報、それにジョンソンとの不可欠な連絡網が増えることになった。孤独な変わり者と言われたオズワルドにしては年長のモーレンシルトという非常に興味深い友人を持ったと言える。確かにモーレンシルトはウオーレン委員会で、商用で1959年にメキシコシティに行ったときのことを話した。それはテキサス東部会社[24]の依頼で、天然ガス契約に絡みメキシコ政府関係者を接待する目的のものだった。

テキサス東部会社とはジョンソンの資金提供者であるブラウン&ルートが所有する石油パイプラインの会社で元のテキサス イースタン トランスミッション会社だった。モーレンシルトもテキサスに同じようなビジネス、政治の関係者を持っていた。彼はまたテキサス教科書倉庫ビルのオーナーであるD・H・バードと親しかった。1950年モーレンシルトはエディ・フッカーと石油投資会社を設立した。エディはマサチューセッツ州アンドーバーにあるフィリップアカデミーでジョージ・H・W・ブッシュとルームメイトだった。このブッシュとモーレンシルトとの奇妙な関係はここで終わるわけではなかった。ケネディ大統領暗殺後数年経った1976年、困り果てたモーレンシルトは当時CIAの長官だったブッシュに助けてくれるよう嘆願書を書いた。

手紙はHSCAの公聴会が開かれ、暗殺に関して新しく調査が再開され、関係した人物が次々と死んで行くときで、つきまとうことをやめてくれるよう依頼するものだった。ブッシュは、政府の重要なポジションに居たことから、返事を書くのを遅らせた。多分、監視の行き過ぎでモーレンシルトとその妻を過度の不安に陥れていると批判されることを恐れるあまり用心したのだろう。

> 「私のスタッフの調べでは、最近の連邦政府によるあなたの活動に関する調査では重要なことはみつけることはできませんでした」とブッシュは書いている。「ウオーレン委員会でのあなたの証言で、突然注目されることになりましたが、それも収まってしばらくになります。ケネディ暗殺が再注目される中、あなたが再び、ニュースの対象になるのではと拝察しますが、まあ、この点でマスコミの人々から注目されているのでしょうね」[25]

ブッシュがなだめたのにも関わらず、モーレンシルトの状況は悪化した。1977年、オランダ人ジャーナリストのウィレム・オルトマンとの会話で、モーレンシルトは長年秘密にしていたものを漏らし始める。

「私はリー・ハービー・オズワルドの行動につき責任を感じている……、私が導いたからだ」とモーレンシルトは言った。「私が彼に指示して仕組んだのだ」[26]

モーレンシルトは過去の関わりに罪悪感を感じながら、そして確実に恐れながら秘密をほぐしだした。彼は国外に連れ出してくれるようオルトマンに頼んだ。彼はそれに応じてオランダへ連れて行った。この旅の過程でモーレンシルトは暗殺に関する機密事項をさらに話し出した。

「この旅の過程、ヒューストン、ニューヨークを経由し、モーレンシルトは意識して情報の細切れを話し出した」とブッシュ家を調査ジャーナリズムとして告発する書物〈秘密の家族〉の著者ラス・ベイカーは記述する。「彼はジャック・ルビーを知っていると言った。そして、彼はテキサスの石油マンが諜報機関とグルになって大統領暗殺を計画したそのシナリオを断片的に話し出した」[27]

モーレンシルトはその時、計画に関わった者の名前をオランダのマスコミに提供したと言われている。殺されるかもしれないことを察知した彼は話し出した。1カ月経ち合衆国に戻り、HSCAはモーレンシルトへの調査を継続していたが、長くは続かなかった。インタビューの二日目、モーレンシルトは滞在していたホテルの部屋で頭部を銃で撃たれた状態で発見された。その死は後に自殺とされた。[28]

モーレンシルトの死は、彼が調査官にCIAが自分とオズワルドとの接触を承認したとほのめかした数時間後に訪れた。[29] 彼が死んだとき近くでテープレコーダーが回っており、その録音は暗殺研究者のマーク・レーンにより研究され、述べられている。

> 彼は自殺したということにされた。しかし、テープを聴くと以下の音が聞こえる。小さな騒音が聞こえ、やがて静まり、その後「ビー、ビー、ビー、ビー、ビー」小さな騒音が聞こえる。その後銃撃音が聞こえる。この「ビー、ビー、ビー、ビー、ビー」は防犯システムの警戒音で中モードのものである。もう一つのモードはもしセットされていたら、誰かドアか窓を開けて侵入した場合、サイレンが鳴ることになっており、警察に通知される。もう一つのモードはオフである。しかし、中モードで「ビー、ビー、ビー、ビー、ビー」と鳴れば、誰かがドアを開けて侵入したことになる。モーレンシルトが撃たれる直前これが起こったのだ。[30]

モーレンシルトは死ぬ直前、〈私は身代わりだ！ 私は身代わりだ！〉という出版されなかった回想録を書いており、彼はそこでオズワルドは「多分、ケネディ暗殺で無罪」だと記述している。[31]

CIAがオズワルドを利用したやり方のまったくの複製が元海兵隊員のトーマス・アーサー・バレーを彼らが利用しようとしたケースに見られる。この二人のケースの類似性は驚くほどのものだ。オズワルドと同様、バレーは海兵隊にいた頃、CIAの活動拠点、日本のU-2基地に配属されていた。海兵隊のあと、オズワルドとバレーはCIAキャンプでキューバの亡命者を訓練した。オズワルドはポントチャトレーン湖で、バレーはニューヨークだった。[32] バレーはその後1963年8月にニューヨークからシカゴへ移動し、西ジャクソン通り625にある倉庫で印刷工として雇われた。その倉庫は11月2日のケネディの車によるパレードの経路にあった。

「バレーのいたリソ版印刷業の社内での場所は、11月22日ダラスのパレードでのオズワルドのいわゆる『スナイパーの巣』よりも、11月2日のシカゴのパレードで実際にはより近く、よりはっきりと見通せる場所だった」とジェームズ・W・ダグラスはその著書〈JFKと話せないこと〉で述べている。「オズワルドの仕事場は6階で、バレーの仕事場はそれより3フロア下で、下を通る大統領を直接邪魔されずに撃つことができる所だった。同時に、シカゴの計画では別のスナイパー達が隠れたもっとよい場所でケネディを狙撃し、逃走して、バレーに罪をかぶせることが可能だった」[33]

ケネディは陸軍と海軍のフットボールの試合に出席するためにシカゴへ行くことになっていたが、直前にキャンセルされた。そのほぼ直後、バレーはシカゴ警察の諜報関係者により逮捕された。[34]

暗殺計画の情報は10月30日にFBIの密告者リーという名の男から得られた。翌日ある女家主からシカゴ警察に電話があり、4名の男に部屋を貸しているが、そのうちのある1室で望遠鏡付きのライフル4丁を発見したと告げた。[35] 男達は尋問されたが、けっして逮捕されることはなかった。シカゴでも身代わりがいて、ダラスでの実際の暗殺のリハーサルをしたように思われる。

ダラスでは共謀者達があらゆるレベルで注意を払っていた。オズワルドのロシア人の妻マリーナですら、単独ガンマン説にふさわしく表現された。マリーナ・オズワルドは英語が話せず、ダラス警察が配属した通訳者イリヤ・ママントフの通訳を快く思っていなかった。何年も経って、彼女はその通訳を軽蔑したと言った。興味深いことに、ママントフはサン石油の地質学者だったが、暗殺の5時間後にスパイと石油男爵のコンビ、ジョージ・H・W・ブッシュとジョン・クリフトンから彼女の通訳をするよう電話で依頼を受けたと言う。

オズワルドは確かに人生を転落した男に仕立てられた。ケネディ大統領の射殺を追ってみると、目撃者が描くオズワルドの当初居た位置とその時の様子は大統領を実際に射殺した人物と一致しない。暗殺後1分経った時に、彼は教科書倉庫の管理人ロイ・ツルリーとダラス警察のマリオン・L・ベーカーと出くわす。オズワルドは銃撃が行われた場所から4フロアー下の2階の食堂にいて、静かにコカコーラをすすっていた。この状況は後のウオーレン委員会の証言でルイジアナ州のヘイル・ボッグズによって詳述されている。

ツルリー：（襲撃後直ちに）バイクで来た若い警官がビルの入り口の階段を走って上がるのを見ました。彼は私の横を走り抜けました。他の人を押しのけてました……私も走りました……中のロビーで彼に追いつきました……彼の前を走って……階段を駆け上がりました。2階についた時、警官は1階の時より、だいぶ遅れ、2、3フィート後ろでした、私は左に向きを変え、3階へ向かって駆け上がりました。2、3歩行ったとき警官がついてきていないことに気づき……2階へ戻りました……食堂の方から声が聞こえました。走って行きドアの内側を見ると警官が食堂の出入り口でリー・ハービー・オズワルド と向かい合ってるのを見ました。彼はドアから2、3フィート中にいました。……警官はオズワルドに拳銃を向けてました。
ベーカー：2階についたとき、ドアから歩いて行くこの男がちらっと見えました。ドアの窓からたまたま見たのです。彼は食堂のなかで私から20フィートほど先を歩いてました。コカコーラを飲みながら……私は彼に大声で「こっちへ来い」と言いました。彼は振り向きこちらへまっすぐ歩いてきました。
ボッグズ議員：この男が疑わしいと思ったのですか？
ベーカー：いいえ。
ボッグズ議員：彼は息を切らせてましたか？　彼は走ってきたような感じがありましたか？
ベーカー：そのようには見えませんでした。普通に見えました。わかるでしょう。
ボッグズ議員：では彼は冷静で落ち着いていたのですか？
ベーカー：そうです。彼は一言もしゃべりませんでした。事実、顔色一つ変えませんでした。
ツルリー：警官はこちらを向いて言いました。「この男はここで働いているのか？」私は「はい」と言いました。オズワルドは興奮したようにも、怖がっているようにもみえませんでした。彼は驚いていたかもしれません。誰かにああやって向かわれたら、私だって驚きますよ。でも彼の表情には変化がなかったと記憶します。そして我々は立ち去り、オズワルドはすぐに階段を駆け上がっていきました。[36]

オズワルドは次に教科書倉庫の事務課長のロバート・リード夫人に目撃される。彼女はオズワルドが2階の彼女の事務所を、まだコカコーラを手にしながら歩いて行くのを見た。オズワルドは彼女によると「ただ静かでした。彼はゆっくりのペースで歩くんです。彼が急いで動いているのを見たことがないわ」[37]

オズワルドはリードと対面したあと、まもなく12時33分に教科書倉庫を出て、自分の部屋へと向かった。

「あの混乱があったため、あの午後には仕事がないと思ったので、家に帰ることにした」オズワルドは拘留されている間、調査官に答えた。

家政婦のイアレーン・ロバーツはオズワルドが午後1時に家に入るのを見たとき、テレビで暗殺の報道を見ていた。オズワルドがまだ部屋にいるとき、ロバーツはパトカーが下宿の前に止まり、警笛を鳴らすのをみた。ロバーツは何人か警官を知っていたが、見知らぬ警官だった。

「車には誰がいましたか？」と委員会の弁護士ジョセフ・ボールはたずねた。

「知りません」ロバーツ夫人は答えた。「知ってる人がいなかったので、気にもとめませんでした。知りません」[38]

パトカーが去り、オズワルドが部屋から出てきて、3、4分して外出した。それから彼は10番通りとパットン通りの方向へ0.9マイル歩き、そこで警官のJ・D・ティピットを殺害したと言われている。ティピットを殺害したあと、オズワルドはジャック・ルビーの家の近くを通ることになる帰り道をそれてテキサス劇場へ向かった。そこですぐにダラス警察に逮捕された。

「彼はあのときルビーの家に行こうとしていたのではないかと思わざるをえない」と長年ダラス警察の主査をしていたジェシー・カレーはインタビューに答えて言う。「彼はそんなに近くにいたのだし、彼はテキサス劇場に行くために家を出たのではないと思う。そこで、ティピットを撃ったあと、恐怖心から映画館で隠れようと考えたのだと思う」[39]

カレーはオズワルドとルビーの関係を真剣に熟考したことは一度もないし、少なくとも表向きはそうだった。「なぜなら、共謀があるなんて真面目に考えたことなどありません。でも偶然の出来事が多く、共謀があったのではないかと思うようになってきました。立証はできないけれど、両者の間になんらかの関連があると。もし関連があるとしたら、それは地域的なものではないと思います。これらの中で共謀があったとしたら、それは国際的な共謀が関係していると思います」[40]

カレーの『地域的なもの』から『国際的な共謀』への論理飛躍は、警察や国の暗殺事件関与の可能性から距離を置くための言い逃れかもしれないが、真実はこの暗殺作戦を実行するには双方のメンバーが必要だったのである。もしカレーがルビーのことを知っていたならば、彼は自分の世界と裏社会を結ぶ経路を見つけていたに違いない。

注釈

1. George De Mohrenschildt, "I Am a Patsy! I Am a Patsy!" jfkassassination.net/russ/jfkinfo4/jfkl2/hscapatsy.htm.
2. North, *Act of Treason*, 62-63.
3. Ibid., 313.
4. Ibid., 354.
5. Michael R. Beschloss, *Taking Charge: The Johnson White House Tapes, 1963-1964* (New York: Simon & Schuster, 1997), 23.
6. John M. Newman, *Oswald and the CIA* (New York: Carroll & Graf, 1995), 19.
7. Ibid., 144.
8. Jefferson Morley, "What Jane Roman Said," August 10, 2012, history-matters.com/essays/frameup/WhatJaneRomanSaid/WhatJaneRomanSaid_l.htm.
9. Ibid.
10. Ibid.
11. Ibid.
12. Ibid.
13. Ibid.
14. Ibid.
15. Baker, *Family of Secrets*, 99.
16. Warren Commission testimony of George de Mohrenschildt.
17. De Mohrenschildt, "I am a Patsy! I am a Patsy."
18. Warren Commission testimony of George de Mohrenschildt.
19. Ibid.
20. Baker, *Family of Secrets*, 107.
21. Nelson, *LBJ: Mastermind of the JFK Assassination*, 506.
22. Gilbride, *Matrix for Assassination*, 166.
23. Nelson, *LBJ: Mastermind of the JFK Assassination*, 506.
24. Warren Commission testimony of George de Mohrenschildt.
25. Ibid., 270.

26. Ibid., 273.
27. Ibid.
28. Ibid., 277.
29. Nelson, *LBJ: Mastermind of the JFK Assassination*, 341.
30. Richard Belzer, *Hit List* (New York: Skyhorse Publishing, 2013), 236-37.
31. De Mohrenschildt, "I am a Patsy! I am a Patsy!"
32. Douglass, *JFK and the Unspeakable*, 205.
33. Ibid., 206.
34. Ibid., 213.
35. Edwin Black, "The Plot to Kill JFK in Chicago," *Chicago Independent* (November, 1975).
36. North, *Act of Treason*, 388-389.
37. Ibid., 390.
38. Kelin, *Praise from a Future Generation*, 86.
39. Seth Kantor, *The Ruby Cover-up* (New York: Kensington Publishing, 1978), 385-86.
40. Ibid.

第16章
ルビー

ダラスのナイトクラブオーナーであるジャック・ルビーは11月22日の暗殺後の夜7時にダラス警察本部に到着した。彼は急いで3階の317号室、殺人課へ向かった。そこではリー・ハービー・オズワルドが留置されていて、ケネディ大統領とダラス警察のJ・D・ティピットを殺害したという疑いで尋問されていた。[1] オズワルドはどちらの殺人も明確に否定しており、午後1時45分にテキサス劇場で逮捕されたときから揺るがない姿勢だった。シークレットサービスのトーマス・J・ケリーがオズワルドにインタビューした記録はほとんど失われている。ジョンソンの仲間シークレットサービス局長のジェイムズ・ローリーの指示で尋問は記録されていなかった。

後にローリーはウオーレン委員会に対し、オズワルドを適切に尋問出来なかったのは混乱と暗殺による時間制約があったためと弁解した。

「テープレコーダーがあったかどうか知らない」とローリーは言った。「でもあのときの状況で、ケリー氏が駆けつけ、たとえテープレコーダーをレンタルするカネがあったとしても、その時間がなかったと思う。なによりも誰も経験しないようなこんな混乱のなかで予想できなかったと思う」[2]

尋問の様子がほとんどわからない中、オズワルドの不安な状況が垣間見える。

「私は憲法上の権利を主張します」部屋に監禁されたオズワルドは言った。「あんた達の扱い方はロシアでの扱いと同じだ」[3]

部屋の外でルビーはチャンスをうかがっていた。彼は入ろうとしたが、ガードから入室を妨げられた。彼は部署の多くの警官と友達付き合いをしていたが、その殺人課のガードに配属された警官、クライド・F・グッドサンは後にルビーの写真を見せられても彼のことを知らなかった。[4]

ルビーのことをよく知っていたのは殺人課から廊下を隔てた強盗窃盗課の刑事

オーガスト・マイク・エーベルハルトだった。ルビーはエーベルハルトのタレコミ屋として動いており、小切手偽造や麻薬取引が専門だった。その部屋には少なくともほかに二人ルビーが個人的に付き合っている刑事がいた。[5]

ルビーは強盗窃盗課のドアを開けて入り、挨拶してエーベルハルトと握手した。彼は記者や職員達のためにコーンビーフサンドウィッチとコーヒーを持ち込んでいた。そしてノートを手にエーベルハルトに新聞の通訳に来たと言った。

「もちろん彼がイディッシュ語が話せることは知ってました」[6]とエーベルハルトは言う。

ルビーはサンドウィッチを差し入れしたり、イスラエルの新聞に協力する以外に目的を持っていた。オズワルドに近づきたかった。彼は10分くらいそのへんをうろついたが近づけないとわかると、帰って行った。

「えーっと、彼は言うんですよ。私のミドルネームを呼びながら、『信じられないよ、こんな埃みたいな奴、全くのゼロがケネディ大統領みたいな人を殺すなんて』」とエーベルハルトは回想する。「彼は言いました。『こんな完璧にゼロみたいな存在の奴がやるって理解出来ない』と彼のことを『完璧なゼロの存在がこんなことをする』と言って、出ていきました。どこへ行ったのか知らないけれど」[7]

オズワルドは完璧にゼロの存在とは言いがたい人物だったが、ルビーは確かにそうであれと思ってたようだ。ケネディがオズワルドによって殺されたという主張は、事件の繋がりとしてルビーがその後フォローすることになる。

ルビーの大統領暗殺後の動きは、自分が運命づけられていることを知ってたとしても、でたらめとしか言いようがない。

レポーターのセス・カンターはルビーがダラス警察本部に現れる前に、パークランド病院の緊急医療室で彼を目撃している。ルビーはカンターの注意を引くため、後ろから彼のコートを引っ張った。カンターによると、ルビーは「惨めで、不快な感じで、青白かった。目には涙が溢れそうだった」[8]

ルビーはカンターに彼の所有し、経営するナイトクラブ、カルーセルクラブを3日間閉めるのはどうだろうと聞いた。カンターはルビーにそれはいい考えだと思うと言い、記事をまとめに急いで去って行った。[9]

ルビーはパークランド病院でカンターに会ったこととその夜遅くオズワルドの尋問室の前に現れたことを否定した。ウオーレン委員会は彼の意見を受け入れ、カンターとエーベルハルト刑事は勘違いをしていると結論した。もしルビーが目撃者が言うようにその時その場にいたならば、その後全国版のテレビ放送が行われる中、警察が総動員している場所でオズワルドを射殺したのは、計画的だったという説に信憑性があるように思える。

オズワルドとルビーの関係は不明瞭であるが、二人がカルロス・マルチェーロと関係があったことは明瞭である。1963年8月オズワルドは公共騒乱の罪で逮捕された。保釈の手続きをしたのは「マルチェーロの関係企業のうちの二つに関係する代表者」だった。[10] HSCAはその代表者のうちの一人ノフィオ・ペコーラが1963年10月30日ルビーから電話連絡を受けていることを突きとめた。[11] オズワルドはルビーを知っていたのか？　目撃者によると射殺の数カ月前、オズワルドはカルーセルクラブに行っていた。少なくとも1回はルビーと一緒にいた。

カルーセルの常連ウィルバー・ワルドン・リッチフィールドはオズワルドを覚えている。彼はクラブに来て、ルビーの事務所に入り、約20分後にルビーと出てきたという。事務所から出て、リッチフィールドの近く2フィートのところを通っていったので、よく見ることが出来たと言う。[12] カルーセルの芸人ビル・ドマールとストリッパーのカレン・カーリンもオズワルドがクラブに来ていたのを覚えている。ドマールはAP通信社にオズワルドに間違いないと言った。[13]

ローズ・シェラミーは11月20日にルイジアナ警察にケネディ暗殺計画とジャック・ルビーの関与を通報していたが、彼女もオズワルドをルビーのクラブで目撃している。[14]

1970年代の半ば、コメディアンのウオーリー・ウエストンもオズワルドがカルーセルクラブに少なくとも2回姿を現したと回想する。

ウエストンによるとオズワルドは「クラブの真ん中を歩いてきて、（ウエストンが実演している）舞台の前まで来て、意味もなく、彼は『お前は共産主義者だと思う』と言ったんです。私は『お客様、私はアメリカ人です。座って頂けませんか？』と言いました。彼はまだ、『お前は共産主義者だと思う』と。それで、舞台から飛び降りて、彼を殴りました。彼を殴ったとき、後ろにジャックが立っていました。彼はジャックの方へ倒れ込み、ジャックは彼を抱えて、『おまえ、ここに来るなと言ったろう』と言い、彼をドアの方へ連れて行き、階段の下へ突き落としました」[15]

ウエストンはこの情報を長い間、恐怖のため、誰にも言わなかったと言う。「あまりにも多くの（この暗殺調査の）関係者が死んだり、行方不明になるので」[16]

ウエストンがカルーセルクラブで見たオズワルドは暗殺前にダラスや他の場所で見られたオズワルドを装った人物の性格、激高しやすく、暴力的で、共産主義者であることを強調してる点で一致している。

ジャック・ルビーの気性も激高しやすいものだった。ルビーの前の店、シルバースパークラブにウイリス・『ダブ』・ディッカーソンというミュージシャンが居たが、あるとき彼が椅子を出していて、廊下が通れなくなっていた。ルビーが彼にどけろと言うと、ディッカーソンは「地獄へ行きやがれ」と言った。[17] 喧嘩になり、ルビーがディッカーソンを壁に押さえつけた。ルビーは左腕で彼の顔を押さえながらディッカーソンの股間を膝蹴りし続けた。ディッカーソンはルビーの指に嚙みつき、一本切断した。その指先はその後手術で取り除かれた。[18]

これがルビーの経営していたビジネスの実態だった。彼は酒をちょろまかしているのではとストリッパーを身体検査したりした。顧客に個人的なサービスをしているのではと疑えば嘘発見器にかけることで知られていた。

「ここはベッドルームじゃねえんだ！」[19]とルビーは働く女性に言ったことがある。

このクラブは常連もでたらめなことで有名だった。

「ジャックのとこでは1週間に7回喧嘩がある」と競合しているクラブオーナーのバーニー・ワインスタインは言う。「私のとこでは30年間で3回だけだった」[20]

クラブの荒々しさはオーナーが生まれ育った犯罪的環境の成果とも言えよう。ルビーはポーランド移民の息子としてシカゴで育った。彼はユダヤ人ギャングのなかで、空軍で、そして遂には自分のクラブで戦いながら、育った。1939年シカゴの廃棄物処理組合の組長レオン・クーク殺人の罪に連座した。彼は組合の黒幕だった。[21] シカゴトリビューン紙には殺人の関連でルビーの写真が出てくるが、彼の逮捕歴は消えている。[22] ルビーの組合での公式職位は組合事務局長だったが、実際にはゆすり屋として活動してた。

ルビーの人生は1967年に刑務所でガンで死ぬまでの間、低レベルのマフィアの関係者として続いた。1947年彼はシカゴからダラスへ移るが、その時の関係者がポール・ローランド・ジョーンズであり、彼はシカゴマフィア組織のメンバーでダラス警察への賄賂係だった。その後10年間は二人の間では連絡のやりとりはなかったが、ジョーンズは暗殺の1週間前に現れる。

ウオーレン委員会はルビーがマフィアとの確固たる連携はもっていないと結論したが、その後、HSCAの調査により、この結論に誤りがあることが判明した。

「当委員会はジャック・ルビーがカルロス・マルチェーロの裏社会での活動に関

係する数名の関連当事者と繋がっていることを確認した」とHSCAの最終報告で述べられている。「ルビーはマルチェーロの関係者でダラスの犯罪組織を率いていたと言われるジョセフ・チベーロと個人的付き合いがあった。彼は他にも組織犯罪に繋がる個人を知っており、ニューオリンズのナイトクラブの経営者もその一人で、1963年の秋に提携しようと計画していた」[23]

犯罪、石油、政治が渦巻くなか、チベーロは暗殺前夜のマーチソンの自宅での会合にマルチェーロの代理人として出席していた。

ルビーはマルチェーロ犯罪グループの少なくとも8名のメンバーと繋がりがあり、チベーロはその主要メンバーだった。ボビー・ジーン・モアは以前チベーロの雇われ人だったが、時にはラスベガスのルビーのクラブでピアノを弾いたりしていた。彼は暗殺の数日後、オクラホマのFBI事務所に行った。モアはルビーの同僚がテレビでダラスのナイトクラブオーナーとギャングとの関係について否定する発言を聞いていた。モアはFBIに「ジョセフ・チベーロとそのパートナーのフランク・ラモンテが不正行為をしているのではと」疑うようになり、「チベーロとラモンテは麻薬密輸に関わっていると思う」と報告した。[24]

モアはまた、FBIにジャック・ルビーは「チベーロとラモンテの関係者で、よく会いに来ている」と報告した。[25]

ジョー・カンピシは悪名高い組織犯罪の巣窟、エジプトラウンジのオーナーであるが、ルビーと親密で、別のダラスでのマフィア関係者だった。彼はマルチェーロ兄弟と仲が良く、一緒によくゴルフや賭博を楽しんだ。毎年のクリスマスにカンピシは260ポンドの手作りソーセージをマルチェーロに送っていた。[26] カンピシはオズワルドを殺した後のルビーを最初に刑務所に訪問した男だった。この二人は10分間話をしたが、ダラス警察はそれを録音していなかった。[27] ルビーはまた暗殺前夜にマルチェーロ犯罪グループの一員と夕食を共にしている。[28]

ルビーはマルチェーロと繋がりがあっただけでなく、マフィアのようにネットワークを作っていた。彼はトラフィカンテの関係者のノーマン・ルースマンを通じてタンパのトラフィカンテと関係するようになり、彼はルースマンのキューバからの銃密輸を手伝った。[29] 表向きはトラフィカンテはルビーのことを知らないと言っていたが、ギャング仲間であることはわかっていた。[30] ルビーのロスでの弁護士であるメルビン・ベリがトラフィカンテの弁護士フランク・ラガーノが名誉毀損で訴えられているのを弁護したことがある。サントはその時こう言ったという。「何をするにしても、決してジャック・ルビーのことは聞くな！　関わるな！　関係ないことだからな！」[31]

ルビーはまた、「ムーニー・ジアンカーナの手下」[32]として知られたルイス・マックウィリーとも近しかった。ルビーはマックウィリーと1959年にキューバに数回目的不明の旅行をしている。これについてはウオーレン委員会で彼は虚偽の証言をしており、「渡航記録では1959年に2回行ったことになっており、CIAの記録ではアメリカ人がキューバ渡航禁止になって以降、少なくとも2回行っていることが明らかになっている」[33] ルビーはトラフィカンテをトリスコーニアから解放する手伝いのためにキューバにいた。それはマフィアの利益を守るための使命だった。

「それは悪い予兆だな」とサム・ジアンカーナは弟のチャックにキューバでのマフィアの運命につき話した。「マルチェーロは奴の麻薬密売のことを心配してるんだ。俺たちはあそこで賭博だけでなくいろんなものを失うことになる。サント・トラフィカンテもな。でも奴はなんとか救い出すぜ。ルビーが今やってくれている。カネはかかるけどさ。サントが昔からのガードと仲いいこと、カストロは知ってるからな。俺がハバナまで行く必要があるかもしれん。しゃーないで。なんせ投資は守らないとな。そだろ」[34]

HSCAでルビーの訪問につき問い詰められて、トラフィカンテは再度ルビーのことは知らないとしらを切った。

「この男が俺に会いに来る理由がないぜ」トラフィカンテは断言した。「この男は一度も見たことはない。俺はダラスに行ったこともない。彼とは連絡なんか取ったこともない。彼が俺に会いに来る理由がさっぱりわからない」[35]

オズワルドを殺害するのに先駆けて、ルビーには所得税などの税金39,000ドル以上の未払が政府に対してあった。11月19日、JFK暗殺の3日前、ルビーは税務担当の弁護士グラハム・コークの事務所に現れ、ある契約があってこの未払金を払えそうだと話した。そして委任状に署名し、政府への支払に関する事項を弁護士に任せることにした。[36]

オズワルドを身代わりに仕立てたのは、CIAであったが、マフィアが彼を消すためにルビーを使ったことになる。

抜け目のないルビーは何年も警察の機嫌をとった。情報を提供したり、付き合ったり、また飲み物を持って行ったり、カルーセルクラブの女達とデートさせたりした。少なくともルビーが名前を知っている警官は70名を超えていた。[37]

ダラス警察の職員はルビーが世界中が見るなかで、警察本部の地下でオズワルドを殺すのを手助けしたことになる。オズワルドはダラスカウンティの刑務所の最も警備の厳しい牢に移転することになっており、武装車両が地下室に横付けされる予定だった。彼の移送は午前10時に予定されていたが、実際のところルビーが到着するまで、オズワルドの死の行進は始まらなかった。

ルビーは午前11時すぎ、警察近くのウェスタンユニオン銀行でナイトクラブのストリッパーに25ドルを送金しようとしていた。送金は11時17分に終わり、ルビーは銃弾の込められたスノッブノーズ銃を右尻ポケットに入れて警察へ向かった。[38]

「ルビーがあそこへ行けたのは神の仕業としか思えない」警察の主査ジェッシー・カレーは述べる。「あれについては何百回も考えてみました。我々は元から追ってみたり、実際に距離を測ったりしました。あらゆる角度から調査しました」

あの朝ルビーが警察本部に入るのが難しかったと考えるのはお笑いぐさである。彼は警察官でもないのに、警察内をしょっちゅう出入りしていたのだ。用事があって出かけて、その日使う予定のない、たまたま弾を込めた銃を持っていて、一時的激怒の結果、彼がちょうど着いた時間に報道陣の前に連れ出されたオズワルドを撃った、それも「愛された大統領への借りを誰かが返すべきと考えて」というルビーの説明はバカらしく信じられないものである。[39]

FBIのタレコミ屋エドワード・ベッカーによると「ルビーはオズワルドを始末するのに理想的な男だった。私の見るところでは元のゲームプランではオズワルドを刑務所で終わらせるつもりだった。マルチェーロらはジャック・ルビーのことをよく知っている。冗談じゃない。彼らは奴が警察ともコネがあるのを知ってたので、適当な時間に牢屋に入れることも知っていた。ルビーにしたら、多分やらせてもらうのが嬉しかったんでは。これでオジキのカルロスに大っきいことをしてあげられる。ルビーが衝動で、感情的になってオズワルドをやったというのは馬鹿げてる。これはね。プロの仕事なの。ルビーは20年間の経験を発揮している。素晴らしいもんだ」[40]

ダラス警察はルビーが警察本部へ入るのを手伝ってはいないという見解もある。ダラスの警官は単にしくじっただけで、ドタバタ喜劇のキーストーンコップのテキサス版だと言うのである。

「そこでダラス警察がやってきたが、その時点で、彼らは田舎者の集団なので、何をしたらよいのかわからなかった」とビル・オーライリーは自署〈キリングケネディ〉の最近の販促で述べている。「明らかに、彼らは見す見すオズワルドを殺させてしまった」

真実は、ダラス警察の無能さではなく、腐敗がオズワルドの殺害の原因なのだ。

ルビーの侵入とオズワルドの処刑を手助けしたと思われる二人の警察幹部、L・D・ミラーとW・J・『ブラッキー』・ハリソンがいる。この二人はオズワルドの公開処刑の朝、ダラスのダウンタウン、コマース通りのデラックス・ディナーでコーヒーを飲むため外出していた。ミラーはその日の朝以前にハリソンとの付き合いはなく、外で食事などしたことはないと認めているが、ディナーの店で二人が何を話したか、全く覚えていないと言う。[41] ハリソンも質問に対し、同様に答えをはぐらかした。[42]

ハリソンとミラーがディナーに行った件で確かなことは、オズワルドの移送に係る情報を伝える電話が彼らにかかっていたことだ。

その後、ルビーの家にも不明番号からの電話があった。[43] ハリソンとミラーはその電話の後警察に戻った。戻るとき、ちょうど午前11時前でオズワルドの移送の時間だったが、ハリソンは一人で地下2階の自販機にたばこを買いに行った。その地下2階には4台の公衆電話があり、オズワルドの移送に関する最新情報をルビーに伝えることは可能だった。1978年のHSCA公聴委員会でダラス警察のジャック・レビル署長補佐は、コネチカット州上院議員のクリストファー・ドットからオズワルドの移送とルビーが署に着いた時間の偶然としか言いようのないタイミングについて質問された。

ドット氏：リー・ハービー・オズワルドを撃つ前、実際たった数分前にジャック・ルビーはウェスタンユニオン銀行から送金してます。特別班はジャック・ルビーがこの送金手続きを利用して地下に入り、その後オズワルドを撃ったことを偶然の出来事のように見せかけた可能性を検討しましたか？

レビル氏：それにつき議論しました。

ドット氏：それで結論は？

レビル氏：その場合、ルビー氏には警察内に協力者がいたことになります。特にオズワルドが何時に移送されるかを正確に知るには。

ドット氏：捜査部はジャック・ルビーが —— あなたの先ほどの質問への回答で答えたとは思いますが、 —— 彼が署内に協力者を有していたと想定しましたか？　あなたはその協力者がいたかどうかの可能性につきどの程度調査しましたか？

レビル氏：地下に配属された職員全員と面談しました。我々はマスコミの人達とも面談し、ルビーと警察内の職員や、その他の者との間に共謀がなかったか調査したのですが、解明できませんでした。[44]

オズワルドがバンに乗せられるために地下へ移動させられた時、ルビーはハリソンの真後ろに立っていたが、オズワルドが記者や職員の集まる中を歩き出したとき、ハリソンの横から突進してオズワルドを射殺した。

ウオーレン委員会は後にダラス警察の警部に、警察の職員とルビーとの共謀の可能性につき、職員を調査するよう依頼した。委員会がもともと腐敗しているかもしれない警察に自己調査を依頼するのは馬鹿げているが、それでも効果があったかもしれない。この調査はCIA、シークレットサービス、FBIで使う自己検査手続きと同様のものだった。

「これは、1919年、八百長疑惑のあった野球チームシカゴホワイトソックスで選手がワールドシリーズで賭博師と共謀したという疑念につき、自己調査するよう頼むのと同じことだ」[45]とセス・カンターは記述する。

ハリソンとミラーは二人ともウオーレン委員会の顧問バート・グリフィンの質問に対し、非協力的な態度をとった。

ミラー氏：その理由がいまだに理解出来ない。あんたはこのことで俺を起訴するつもりか？

グリフィン氏：いいえ。

ミラー氏：何のためにこんなことをしてるんだ。

グリフィン氏：私どもにはこの委員会での偽証以外については起訴する権限はありません。えーっと、手続き書では、そうそう、いくつか解決法があります。ジョンソン大統領の署名による大統領令での解決、下院決議による解決があります。そのほか、当委員会の規則と委員会総評議議長ランキン氏の1964年3月20日のメモにより、あなたの宣誓とあなたの取り扱いについてはヒューバート氏と私に一任されてます。そこでですわ。あなたはしたいことは何でもできるし、ここで圧力をかけられていると思って欲しくない。そこで、これを渡しますので、別室にて何度も読んで頂き、これにつき熟考して好きなだけ考えてもらっていいです。私は警官のモンゴメリーさんを呼び出して質問を続けますので安心してください。あなたの処分やその他のことはまだ完了していないことにつき彼には言いませんので。ここでの手続きは全く通常のことなんで。あなたがどう決断しようと、できる限りのことは保証しますので」

ミラー氏：俺が知りたいのは、これの目的なんだ。[46]

ハリソンがオズワルド殺害に関し嘘発見器にかけられた朝、彼がしこたまトランキライザーを飲んで、正しい検査結果が出ないようにしていたと、現場の警官仲間の間で噂になった。検査結果は要領を得ないものだった。[47]

ルビーはオズワルドを殺害したあと、ダラスカウンティ刑務所に収容されていた。しかし、ウオーレン委員会と特にアール・ウオーレンに何度か、本当の話が出来る安全な場所に移送して欲しいと請願していた。

「ワシントンに私を連れて行くことはできませんか？」とあるときルビーは聞いた。

「できないと思う」とウオーレンは答えた。

「とても重要なことなんだ」とルビーは言った。[48]

ウオーレン委員会のメンバーはいつでも、どこへでもルビーを移送する権限をもっていたのは確かである。特にルビーが危険な状況にあるとか、そのために彼が危害を恐れて証言をねじ曲げているという状況であれば、なおさらだった。彼らがルビーにいて欲しいと考えたところに居させただけなのだ。

「これ以上証言するのに、明日まで生きていないかもしれない。したいことはただ一つ、公の場にでて、ここでは言えないけど、確信を持って真実のすべてを正直に話すことなんだ。なぜ俺があんなことをやったか。ここでは言えないんだ」とルビーは言った。[49] そして彼はウオーレンに自分の家族が危険な状態にあるとほのめかした。

ルビーは刑務所でやつれていったが、一時は自分がマフィアとダラス警察と繋がる仲間だと信じていた。しかしオズワルドを殺した後は、自分自身が身代わりにされていると思うようになった。彼の死後、しばらくして、ダラスタイムズヘラルド紙は刑務所から密かに持ち出されたノートにルビー自身が『恐ろしい政治的計画的でっちあげ』に荷担させられていたことを認めたと記載されていたと報道した。[50]

ルビーがオズワルドを殺害した後の数年、唯一、記者ドロシー・キルガレンだけが彼のインタビューを認められていた。キルガレンはケネディ暗殺につき、特にオズワルドとその殺人者との関係につき見解を唱えていた。

「ワシントンの政府はリー・ハービー・オズワルド について ダラスや他の人達には知られたくない何かを知っていたように思われる」とキルガレンは1964年2月に書いている。「リー・ハービー・オズワルド はあの恐ろしい報いを与えられただけでなく、政府の一部の情報要員しか知らないような不可思議で『極秘』扱いされた人達の世界に結びついている。なぜオズワルドはできるだけ何者か不明な影の存在にされたのか。他方、彼を殺したとされる男についてはFBIの情報なども駆使して助けようとしているのか？　いったいオズワルドとは何者なのか？」[51]

キルガレンは暗殺に関する謎につき、いくつかの手がかりを持っていた。特にテキサスの石油男爵 ―― リンドン・ジョンソンの金庫番H・L・ハントとカルロス・マルチェーロが計画に絡んでいるとみていた。ジャック・ルビーとのインタビューのあと、キルガレンは友人にルビーのインタビューで知った情報は流れを変えるもので、「JFK事件を空高く吹き飛ばす」ようなものだと語った。新情報は〈マーダーワン〉というタイトルで出版される予定だった。そこで彼女は暗殺に関する共謀と隠蔽工作を最終的に暴くつもりだった。

この本はしかし、出版されることはなかった。キルガレンは1965年11月8日ニューヨークの自宅で死んでいるのを発見された。その日の早朝に薬を誤って飲みすぎたことによる結果だった。死因はアルコールと催眠剤の飲み過ぎだった。しかし、あまりに多くの人達が暗殺関連で死んでいるため、キルガレンの突然の死は疑わしい。その死は自然死に見えるようにされているが、彼女が殺され、死後移動させられた証拠は数多くある。彼女の遺体は、決して使わないベットの上で見つかった。彼女の横には彼女がすでに読んだ本が置かれていた。そして部屋は彼女が夕方には決して使わないエアコンで冷やされていた。[52] キルガレンが最後に身につけていた服がまた奇怪なものだった。彼女はあたかもこれから街に繰り出すような洋服を身につけていた。

「彼女は今まで見たことのないような、奇妙なドレスを身につけてました」と遺体を発見した友人は言う。「彼女はいつもパジャマ姿で、古い靴下をはいて、メイクも落として、ヘアもぐしゃぐしゃでした」[53]

キルガレンがルビーとのインタビューでメモした暴露記事の資料は無くなっていて決して見つからなかった。どういう内容だったかは、憶測するしか無いが、ルビーが投獄されたときに記者達に意見表明した中にそのヒントになるものがある。

「わたしは愛されているリンドン・ジョンソン大統領がこの件をより深く調査してくれ、私の言うことを聞いてくれて、私が有罪か無罪か状況証拠だけを受け入れるのでは無く、私に関する真実を質問を通じて見いだしてくださること、特にそれを特定の人達に対する特定の権力を手放す前にしてくれることを希望します」とルビーはウオーレン委員会で述べた。「私はある目的のために利用されたのです」[54]と付け加えた。

ルビーがジョンソン大統領を持ち出したのはこれが最後では無かった。

「実際起こったことに関連するすべてのことはまだ一つも表面に出ていない」とルビーは記者団に語った。「世界は事件の真実、私の動機を知ることはないだろう。このことで多大な利益を得た人達、私を今の状態に置くように隠れた動機を持つ人達は、決して真実が世の中に出るようなことはさせないだろう」

「その人達とは、高い地位に居る人達なのですか、ジャック？」と記者が聞いた。

「そうだ」とルビーは答えた。

ルビーはその後付け加えた。

「以前副大統領について言ったことを訂正したいんだ」とルビーは言った。

「えっ、副大統領？」記者は質問した。

「私がアドレー・スティーブンソンのことを言った時のことだよ。もし彼が副大統領だったなら、我々に愛されたケネディ大統領は決して暗殺されることはなかった」とルビーは答えた。

「もう一度説明してくれますか？」記者は聞いた。

「その答えは今ホワイトハウスにいる男だよ」とルビーは冷たく答えた。[55]

注釈

1. Kantor, *The Ruby Cover-Up*, 96.
2. Warren Commission testimony of James J. Rowley.
3. "The Last Words Of Lee Harvey Oswald", compiled by Mae Brussell," May, 2012, ratical.org/ratville/JFK/LHO.html.
4. Kantor, *The Ruby Cover-Up*, 98.
5. Ibid., 96.
6. Warren Commission testimony of August Mike Eberhardt.

7. Ibid.
8. Kantor, *The Ruby Cover-Up*, 89.
9. Ibid.
10. HSCA Final Report, 170.
11. Ibid., 170.
12. North, *Act of Treason*, 345.
13. Ibid., 361.
14. Nelson, *LBJ: Mastermind of the JFK Assassination*, 364.
15. Kantor, *The Ruby Cover-Up*, 390-91.
16. Ibid., 391.
17. Bugliosi, *Reclaiming History*, 1117.
18. Ibid.
19. Garry Wills and Ovid Demaris, *Jack Ruby* (New York: New American Library, 1968), 6.
20. Ibid., 13.
21. Dan E. Moldea, *The Hoffa Wars: The Rise and Fall of Jimmy Hoffa* (New York: Shapolsky, 1993), 152.
22. Kantor, *The Ruby Cover-Up*, 199.
23. HSCA Final Report, 171.
24. Davis, *Mafia Kingfish*, 157.
25. Ibid.
26. Ibid., 449.
27. Ibid.
28. Ibid.
29. Deitche, *The Silent Don*, 157.
30. Ibid., 160.
31. Ibid.
32. Deitche, *The Silent Don*, 156.
33. Ibid., 102.
34. Giancana, *Double Cross*, 388.
35. HSCA testimony of Santos Trafficante.
36. Kantor, *The Ruby Cover-Up*, 62.
37. Davis, *Mafia Kingfish*, 156.
38. Kantor, *The Ruby Cover-Up*, 139.
39. Warren Commission testimony of Jack Ruby.
40. Davis, *Mafia Kingfish*, 232.
41. Warren Commission testimony of L. D. Miller.
42. Warren Commission testimony of W. J. Harrison.
43. Kantor, *The Ruby Cover-Up*, 126.
44. HSCA testimony of Jack Revill.
45. Ibid., 118.
46. Warren Commission testimony of L. D. Miller.

47. Kantor, *The Ruby Cover-Up*, 127.
48. Ibid., 29.
49. Ibid., 27.
50. *The News and Courier* [Charleston, SC] (Sept. 27,1978): 14-D.
51. Belzer, *Hit List*, 79.
52. Ibid., 82-83.
53. Ibid, pg. 88.
54. Warren Commission testimony of Jack Ruby.
55. Dreamslaughter2. "Jack Ruby Talks." YouTube, January 25, 2011, youtube.com/watch?v=omnpQBalEuc.

第17章

ブッシュ

ケネディ大統領が射殺された日、その後大統領になるジョージ・H・W・ブッシュほど不可思議な行動をとった人物はいない。20年以上もの間、ブッシュはその日どこに居たか記憶に無いと主張した。事実、彼はアリバイを作るために動き回り、1963年11月21日と22日にどこに居たかを隠そうとした。

私はジョージ・H・W・ブッシュと特別の経験をしている。1980年に彼が大統領選への承認を得るときに邪魔をしたのである。ブッシュの変わらない礼儀正しさ、親しみ、愛想のよさ、そして時には間抜けな感じを優しさととるのは大きな間違いである。退屈さや不明瞭さに心を許してはいけない。内には痛烈な政治的野望、鉄のような決意、限りないエネルギー、それに政治目的のためにどこまでも旅するための卓越した肉体管理の意思が隠されている。バーバラ・ブッシュは執念深い性質で、彼女は夫を支持しなかった人を決して忘れない。『ナイスガイ』のイメージとは裏腹に、ジョージ・ブッシュは高圧的な、打ち解けることのない、高慢ちきな人物なのだ。

彼はまた自己管理がよくでき、非常にバランスのとれた人物だった。彼は政治家のモデルみたいなもので、常に旅行し、人と握手し、ノートに書き留め、友達リストを作成した。いつも収集したのは、人、住所、支持者それにカネだった。選挙キャンペーンで彼ほど疲れを知らないタフな人間はリチャード・ニクソンくらいだった。

私がジョージ・ブッシュに会ったのは、共和党若者全国会の議長だったときで、彼が全国リーダーシップ会議の基調講演をしてくれた。真心のこもった演説だった。後で、私が彼を「ジョージ・ヒューバート・ウオーカー・ブッシュ」と紹介したことに対して、軽すぎる、あたかも私が彼の4つの名前を貴族的別称のように茶化しているように受け取られたと言っていたと耳に入った。そんなつもりは無かった。

私はブッシュ家がまだグリニッジに住んでいた頃、コネチカット州のフェアフィールドカウンティで育った。上院議員のプレスコット・ブッシュ（父親）が1966年の共和党州大会で演説するのを見たことがある。1970年の上院議員選挙でジョージ・ブッシュを応援したことがある。その時私の部屋には3つのポスターしかなかった。上院へ、ジム・バックリー（ニューヨーク）、上院へ、ジョン・ラプトン（コネチカット）、それにジョージ・ブッシュ「彼はテキサスのためにもっとできる！」の3つだった。私はそのほか、ローウェル・ワイッカーとの内輪もめの原因を知っているが、それは1980年代に終結した。

ブッシュは保守ではなかったが、ニクソンと同じように、保守のように見せかけるべき時というのをよくわきまえていた。彼はハリスカウンティの共和党の議長として、変わり者の世話をし、時には一緒に活動した。彼は誰とも気さくに接した。彼は時流にあった言葉を知っており、例えば、国連、銃所有者、市民権などの単語を必ず繰り返した。1988年の選挙が終わったとき、メイン州のケネバンクポートの自宅のテーブルにあったビル・バックリーのナショナルレビューを放り出し、「もうこんなクソいらないぜ！」と言ったという有名な話がある。

1980年の大統領選挙の期間、東北部で彼と対抗する仕事に就いていた私はジョージ・ブッシュを間近で観察することができた。ロナルド・レーガンの陣営として私が担当した州はまだ東部穏健派により支配されており、ブッシュが基盤を持っているものと考えられていた。ブッシュの選挙マネージャーのジェイムズ・A・ベーカーが後に言ってくれたが、当時私は実際のところブッシュの悩みの種だったという。

ベーカーによるとブッシュはニューヨークとニュージャージーの代議員票を頼りにしていたが、レーガンがそこの代議員票をすべて押さえ、ブッシュを圧倒したのだった。ブッシュの地元コネチカット州の3つの下院議員地区でのレーガンの勝利はブッシュの35の代議員票を半分にする結果となった。

「バーバラは君のことを嫌っているよ」とリー・アトウオーターは私に言った。彼はブッシュの選挙マネージャーで、後に共和党全国本部の議長になる男で、20年来の私の友人でもある。

ジョージ・W・ブッシュ（息子）が知事選挙に出たとき、私はニュージャージーで資金集めの協力者として財務的に支援していたが、彼に会ったとき、「私の父は君がニュージャージーでの代議員票を盗った奴だといつも言うんだ」と私に言った。

アイゼンハワー内閣の事務局長でニュージャージー共和党委員会委員長のバーナード・『ベルン』・シャンリー（彼はニュージャージー上院議員選に出馬）は私に「ブッシュは君のことを嫌っている」と言った。ドナルド・レーガンに仕えた一兵卒として、私は今でも彼らの侮蔑を誇りに思う。

ブッシュの1980年の大統領選が阻まれた頃、選挙陣営では彼の長年の愛人ジェニファー・フィッツジェラルドをスケジューラーとして雇った。フィッツジェラルドが情報をため込んだため、陣営で権力闘争が起こった。リムジンの後部座席でフィッツジェラルドがブッシュの膝を触ったとき、バーバラ・ブッシュが彼女に怒りを爆発させたというのは有名な話である。選挙陣営の古参がフィッツジェラルドを辞めさせようと画策したが、遂には、ベテランの選挙参謀ジェイムズ・A・ベーカーⅢがブッシュに「私をとるか、彼女をとるか」と最後通牒をつきつけるに至った。フィッツジェラルドは選挙陣営から抜けることになるが、後に副大統領のスケジュール管理担当として雇われることになる。（彼女はホワイトハウスではなく、儀式的な副大統領の連邦議会事務所にいることになった）フィッツジェラルドは副大統領からのラブレターを山ほど持っていると言って、どこにも行こうとはしなかった[1]

ジョージ・ブッシュは二つの上院選挙に敗れた後1980年の大統領選に敗れ、政治的隠遁状態に陥っていた。ロナルド・レーガンによって副大統領に引き上げてもらい、やっと大統領になれるチャンスが手に入った。レーガノミックスは歴史上最大の景気拡大をもたらしたが、彼はそれを支持しようとしなかった。それはレーガンに対する驚くほどの裏切りだった。

多分、ジョージ・H・W・ブッシュは確固たるイデオロギーを持ち合わせていなかったからだと思えるが、自身が共和党内で評価されることは無かった。ニクソンとキッシンジャーはブッシュのことを軽量級と評価した。〈ポピーであること〉の著者リチャード・ベン・クラマーはその著書で、ニクソンはブッシュには「圧倒的な力強さが欠ける」と述べたと言う。下院でブッシュがバースコントロールにあまりに熱心であるため、同僚達は彼のことを『ゴムちゃん』と名付けた。1970年の上院選挙で彼は「これが政治的に微妙な問題であることは認識しています。しかし、女性は選択する権利を持つと思うのであります。これは個人的な問題なのです。究極的には、憲法上の問題なのです。私は妊娠中絶法など支持しません」と訴えた。レーガンと共に副大統領候補として出馬する代わりに、中絶法反対へ切り替えたのだ。レーガンの税率カットを『ブードゥーエコノミクス』と嘲笑しながら、彼自身は1988年にノーニュータックスという公約を掲げ、すぐさま公約を破った。

ジョージ・H・W・ブッシュは上院議員プレスコット・S・ブッシュの息子である。息子と同様、プレスコットはイェール大学を卒業している。大学ではスカルアンドボーンという秘密結社のメンバーだった。彼はブラウン ブラザーズ ハリマンの投資銀行パートナーであり、またアイゼンハワーのゴルフ友達であり、東部体制派の一翼を担っていた。

背が高く、押しが強く大酒飲みのプレスコットは敵にまわしたくない男だった。1950年の上院選挙で惜しくも敗れたが、それはカトリックが強いコネチカット州で彼ら夫婦が家族計画に熱心だったことによる。1952年に急死した上院議員のブライアン・マクマホンの補欠選挙でプレスコットは勝つことができた。彼はジョン・フォスター、アレン・ダレスやブラウン・ブラザーズらのウオール街の弁護士達と仲が良かった。

1952年ジョージ・ブッシュはドレッサーインダストリーで働くために引っ越したテキサス州ミッドランドカウンティでアイゼンハワーとニクソンを支援する団体の副会長となり、その後、同地でゼパタ石油会社とゼパタオフショアーを設立した。ラス・ベーカーは〈秘密家族〉と言う書物の著者であるが、彼によるとドレッサーもゼパタもCIAのフロント企業であることが確認できたという。

1975年11月29日付けCIA内部メモによると、ゼパタ石油は1953年にブッシュとCIAの職員だったトーマス・J・デバインの二人が設立した。デバインは同年にCIAを退職し、民間ビジネスに移ったが、表向きでは事業をしながら、CIAの活動を続けた。[2]

ジョージ・ブッシュはアイビーリーグの友人達からは『ポピー』と呼ばれたが、1953年から既にCIAと関係があったかも知れない。ファビアン・エスカランテは1950年代後半から1960年代前半のキューバ対情報機関の部隊長だったが、当時副大統領だったリチャード・ニクソンが主催した国家安全評議会により実効化されたいわゆる『作戦40』について述べている。エスカランテによるとニクソンは代表会長となってテキサスの石油業のジョージ・ブッシュとジャック・クリフトンを筆頭とする重要なビジネスマンをまとめてメンバーとし、作戦に必要な資金を集めようとした。作戦40はCIAの暗殺部隊からなり、後にピッグズ湾侵攻のメンバーに繋がる。面白いことに、CIAの役員フレッチャー・プラウティはグアテマラのエージェントに侵攻用の海軍船三隻を送った。プラウティによると彼は船をジョージ・ブッシュという名前のCIAエージェントに送ったと言う。エージェントブッシュは船の名前をバーバラ、ヒューストン、ザパタにした。[3]

1963年、ジョージ・『ポピー』・ブッシュはハリスカウンティ（ヒューストン）の共和党委員会の会長をしていて、1964年の上院選挙に備えていた。そこでは地域共和党として、ヒューストンに移入してきた穏健なグループと反共極右組織ジョンバーチ協会のグループがあり彼はその断絶を調整した。ブッシュ家族は長年ロックフェラー家と近しかったが、ブッシュは1964年同じテキサス人のバリー・ゴールドウオーターに加わることとし、上院議員である父親にロックフェラー支持を差し控えるよう頼んだ。[4]

1964年の共和党上院の予備選でブッシュはジャック・コックスとロバート・モリスに阻まれた。コックスは1962年の知事選に堂々と出馬した共和党候補で、モリスは国内治安に関する上院法律副委員会の諮問員を1950年代にやっていた。モリスは1964年、1970年と共和党の予備選に出たが、二回とも敗退した。ブッシュはコックスに62対38で勝ち、共和党の指名を勝ち取ったが、モリスがコックスの支持に回りブッシュは敗れる。

ブッシュは精力的にどぶ板選挙を続けた。彼の名誉のために言うと、彼はアフリカ系アメリカ人やメキシコ系アメリカ人の票を切り捨てることはしなかった。ブッシュは右の道を進んだ。彼は国連を非難し、市民権についてケネディに反対すると唱えた。バリー・ゴールドウオーターと同じように、市民権を連邦政府が強要するのは州法に違反するという立場をとった。ブッシュは州でバリー・ゴールドウオーターより20万票も多く獲得し、共和党員としてはかつてないものだったが、テキサス人は地元出身のリンドン・ジョンソンに投票した。ブッシュは上院議員のラルフ・ヤーボローにコテンパンにやられた。

1985年に1963年11月29日付のFBIフーバー長官のメモが明らかになった。そのメモでJFK暗殺に対するキューバ人亡命者の反応を述べている。フーバーは述べる。「CIAのジョージ・ブッシュは以下の件に付き報告を受け……」

1988年〈ザネイション〉の記事のため、ジョセフ・マックブライドは副大統領のジョージ・ブッシュ事務所にコメントを求めた。事務所の代表は「あなたが何を言っているのか彼は解らなかった」と答えた。ブッシュはまた「それは違うジョージ・ブッシュのことに違いない」と言ったと言う。

当初、CIAは1963年のCIAにはジョージ・ブッシュという名前の雇用者はい

1 - Rosen
1 - Liaison
1 - Rasca

Date: November 29, 1963

To: Director
Bureau of Intelligence and Research
Department of State

From: John Edgar Hoover, Director

Subject: ASSASSINATION OF PRESIDENT JOHN F. KENNEDY
NOVEMBER 22, 1963

Our Miami, Florida, Office on November 23, 1963, advised that the Office of Coordinator of Cuban Affairs in Miami advised that the Department of State feels some misguided anti-Castro group might capitalize on the present situation and undertake an unauthorized raid against Cuba, believing that the assassination of President John F. Kennedy might herald a change in U. S. policy, which is not true.

Our sources and informants familiar with Cuban matters in the Miami area advise that the general feeling in the anti-Castro Cuban community is one of stunned disbelief and, even among those who did not entirely agree with the President's policy concerning Cuba, the feeling is that the President's death represents a great loss not only to the U. S. but to all of Latin America. These sources know of no plans for unauthorized action against Cuba.

An informant who has furnished reliable information in the past and who is close to a small pro-Castro group in Miami has advised that these individuals are afraid that the assassination of the President may result in strong repressive measures being taken against them and, although pro-Castro in their feelings, regret the assassination.

The substance of the foregoing information was orally furnished to Mr. George Bush of the Central Intelligence Agency and Captain William Edwards of the Defense Intelligence Agency on November 23, 1963, by Mr. W. T. Forsyth of this Bureau.

1 - Director of Naval Intelligence

VHN:gc (12)

DEC. 9 1963

62-109060-1396

FBI
RECD READING ROOM
NOV 29 1 31 PM '63

フーバー長官のメモのコピー

なかったと言っていた。マックブライドが記事を書いた後、CIAは話を変える。1963年に他の省庁からジョージ・ウイリアム・ブッシュという人物が派遣されてきたが、それにつきCIAは見つけることができていなかった。マックブライドは難なく、彼を見つけ出した。彼はまだ勤務中だった。ジョージ・ウイリアム・ブッシュは他からただCIAへ移籍されただけで、反カストロのこととか、ケネディの暗殺で彼らが何かをするかどうかについて、何も知らないと話した。事実、ジョージ・ウイリアム・ブッシュは下級事務員だった。CIAはこのジョージ・ブッシュを利用して本当のジョージ・ブッシュを隠そうと企んだのだろうか？

1988年に二つ目のFBI書類が公表された。ヒューストンFBIの主席エージェントであるグラハム・キッチェル（彼の兄ジョージ・キッチェルはブッシュの支持者で友人でもあった）の書いたメモで、そこには1963年11月22日午後1時58分、ウオルター・クロンカイトが世界にJFKが死んだと報道して6分後に、ジョージ・ブッシュがヒューストンのFBI事務所に通報してきたことが書かれていた。このメモは1963年11月22日にどこに居たか記憶にないというブッシュの主張を疑わしくする。

ダラスへ出発する前、ブッシュはヒューストンのFBI事務所に午後1時45分に電話を入れ、直ぐさま自分の名前を明らかにしテキサス、タイラーに居ることを知らせた。「ブッシュは極秘にして欲しいが、ある噂を数日前に聞いたので、その情報を提供したいと述べた。……彼が言うにはジェイムズ・ミルトン・パロットという男が大統領がヒューストンに来たら殺してやると話していたそうだ」

ブッシュは元空軍兵士で精神科医の勧告で名誉ある退役をした24才の失業中の男を密告したのであった。尋問でパロットは彼がテキサス共和党青年会のメンバーでケネディ政権にたいするデモに積極的に参加していたが、大統領の生命を脅かすようなことはしていないと主張した。

パロットは極右のジョンバーチ協会のメンバーで、ハリスカウンティの共和党議長へのブッシュの就任に猛烈に反対していた。ブッシュの地方組織での活動に対する反対だった。彼は自分に対する反対者を決して忘れないのだ。FBIがパロットを尋問するため、家に行ったときパロットは **ブッシュを上院へだって？** というプラカードを書いている最中だった。皮肉にもパロットは1988年の大統領選挙でジョージ・ブッシュの応援ボランティアとして再登場する。パロットはもう一人の身代わりだったのか？

UNITED STATES GOVERNMENT

Memorandum

TO : SAC, HOUSTON DATE: 11-22-63

FROM : SA GRAHAM W. KITCHEL

SUBJECT: UNKNOWN SUBJECT; ASSASSINATION OF PRESIDENT JOHN F. KENNEDY

At 1:45 p.m. Mr. GEORGE H. W. BUSH, President of the Zapata Off-shore Drilling Company, Houston, Texas, residence 5525 Briar, Houston, telephonically furnished the following information to writer by long distance telephone call from Tyler, Texas.

BUSH stated that he wanted to be kept confidential but wanted to furnish hearsay that he recalled hearing in recent weeks, the day and source unknown. He stated that one JAMES PARROTT has been talking of killing the President when he comes to Houston.

BUSH stated that PARROTT is possibly a student at the University of Houston and is active in political matters in this area. He stated that he felt Mrs. FAWLEY, telephone number SU 2-5239, or ARLINE SMITH, telephone number JA 9-9194 of the Harris County Republican Party Headquarters would be able to furnish additional information regarding the identity of PARROTT.

BUSH stated that he was proceeding to Dallas, Texas, would remain in the Sheraton-Dallas Hotel and return to his residence on 11-23-63. His office telephone number is CA 2-0395.

ALL INFORMATION CONTAINED HEREIN IS UNCLASSIFIED DATE 10-15-93 BY 9803 RDD/ICSL (JFK)

GWK:djw
(2)

62-2115-6

SEARCHED ___ INDEXED ___
SERIALIZED ___ FILED ___
NOV 22 1963
FBI - HOUSTON

グラハム・キッチェルのメモのコピー

ブッシュが隠蔽したその日の彼の足取りは以下の通りである。ジョージはバーバラ・ブッシュと共に11月21日、22日ダラスシェラトンに連泊でチェックインした。11月22日の朝、ダラスの一夜を過ごしたあと、自家用機で約100マイル離れたテキサスのタイラーへ飛んだ。そこで地元のキワニスクラブのランチで共和党候補者として演説することになっていた。

目撃者証言として、キティ・ケリーの著書〈名家ブッシュの真実〉によると、ブッシュが演説を始めようとしたちょうどその時、射殺のニュースがクラブに届いた。「私はクラブの会長ウェンデル・チェリーにそのニュースを伝えました。彼はジョージの所へ行き、ダラスからの電信によるとケネディ大統領が暗殺されたことが確認されたと耳打ちした」と本の中でオーブリー・アービーが回想している。

「ジョージは演説を中止し、聴衆になにが起こったか告げました。『大統領の死亡ということですので』と彼は言いました。『ここで政治的なスピーチを続けるのは不適切だと思います。御傾聴ありがとうございました』そして彼は着席したのです」

誰がこの状況を忘れるだろうか？　もっと重要なことは、なぜブッシュはこのことにつき嘘を言うのだろうか？　CIAのエージェントが訓練されているように、自分の痕跡を隠そうとして、個人的な関わりをもっともらしく否定できるようにしたのか？

1994年、『バー』と呼ばれていたバーバラ・ブッシュは〈バーバラ・ブッシュ：メモワール〉を出版した。そこにはケネディが撃たれたその日の、まさにその時彼女が書いた『手紙』が掲載されている。手紙には様々な詳細な出来事が書かれているが、奇妙なことにジョージ・H・W・ブッシュがヒューストンのFBIに電話したことには触れられていない。

1963年11月22日ジョージと私はいくつかの街を回る途中でした。私はテキサス、タイラーの美容院にいて、家へ手紙を書いてました。

「家族のみんなへ、水曜日　ドリス・ウルマーを誘ってランチに行きました。彼らはイギリスから来ていて、ギリシャではジョージにとても良くしてもらったの。その夜は私たち……へ行きました。……」

これを今美容院で書いてます。ラジオで大統領が撃たれたって言ってます。あーテキサス、私のテキサス、神様、本当でないことを祈りましょう。みんなもそうだけど、うんざりだわ、こんなこと。本当みたい。知事も撃たれたって。憎むべき人達だわ。

美容院を出たけど、大統領は死亡したわ。私たちまた飛行機に乗ります。今回は一般機。ポピーが私を美容院でピックアップしてくれて、空港に行き、フォートワース基地まで飛び、そこでゼッポさんを見送って、（私たち彼の飛行機に乗ってたの）ダラスへ戻りました。エアフォース2が飛び立つ間、私たちの飛行機は待機してました。ポピーはすぐにヒューストン行きのチケットを買い、それで今帰る途中です。心から胸が痛みます。ラジオのレポーターが伝えるジャッキー・ケネディの話、こんな勇敢な女性聞いたことないわ。恐ろしい暗殺者の噂が飛び交ってます。極右のアホではなく、共産主義のアホであればと思ってます。どちらにしても馬鹿者だけど、テキサス人でなければと、そしてアメリカ人でなければと思います。

でも迅速な思考と計画によりすでに実行されてしまっているのに驚いてしまうわ。LBJは大統領になって何時間、そう2時間経過してる。まだ4時30分なのに。

みんなに愛を込めて。
バー

この手紙が誰宛に投函されたのかは不明で、手紙の原本が存在するのかも不明である。

LBJへのジャブに注意して頂きたい。バーは全くわかっていない。JFKのベトナム政策を転換する草案が彼が死ぬ前に起案されており、11月23日に実効された。[5]

1963年11月21日の夜、『ポピー』はダラスの石油業界の会合に出席しており、そこで飲んでいた。このことから彼はクリント・マーチソンの自宅での会合には出ていなかったと推定される。マーチソンの会合はオリバー・ストーンの映画〈ニクソン〉で写象的に描かれている。マーチソンの件は本当にあったと考えている。そしてニクソンが出席してたが、早く帰り、その後にLBJが来たのが事実だと考える。マデレーン・ブラウンによるとジャック・ルビーがビジネス界、政治の偉い方を接待するのに女性を提供したという。

バーバラは彼らの友人ゼッポの個人飛行機に乗ってタイラーまで行ったという。このゼッポとは海底石油掘削会社のオーナーのジョー・ゼッポで、ブッシュの友人ジョン・アルストン・クリフトンと共同経営者だった。向こう見ずな右翼の石油屋ジャック・クリフトンは陸軍情報部と深い関係があり、1963年11月22日の事件に関係している。ファビアン・エスカランテは1950年代後半から1960年代前半にかけてキューバ対情報機関の部隊長だったが、ジョージ・ブッシュとジャック・クリフトンは二人ともテキサスの石油業者で、カストロ暗殺作戦のための資金を集めた。事実、クリフトンはケネディ暗殺のグループの一員だった。

ブッシュがスパイとその妻を接待したというのは、もう一つの奇妙なスパイとの関係を示している。バーバラ・ブッシュによるとブッシュ夫妻は長年のCIAの諜報部員アルフレッド・ウルマーとその妻ドロシーと11月22日の週にランチを共にしている。このようにジョージとバーバラはJFK暗殺の数日前に暗殺とクーデターの専門家と一緒にブラディメリーを飲んでいたのだ。この事実からしても、1975年にCIAのディレクターになる前の時期でのCIAとの関わりをブッシュが否定するのは不可思議なことである。

1966年、テキサスの共和党は選挙区画改正で裁判所命令を勝ち取るというラッキーな出来事があった。新しいヒューストンの地区はブッシュのために開拓された。そこはいわば、『カントリークラブ』みたいなところで、共和党員が多い地区だった。ジョージ・H・W・ブッシュは下院議員となり、早速石油業界を擁護し、石油減耗引当金を守り、テキサスの軍事企業の支持者となった。プレスコット・ブッシュは裏で動き、息子が力のある下院歳入委員会に指名されるようにした。この任命により、上院選挙への資金集めのパワーがアップすることになる。

ブッシュとその父はリチャード・ニクソンが1968年にカムバックしようとしたとき、全面的に支持した。テキサスの事業仲間ヒュー・リークとロバート・モスバッハーと共にブッシュ親子はニクソンへ大きな資金を調達した。ニクソンが指名されるや、ブッシュを副大統領候補にするよう動き出した。下院でまだ4年の経験しかなかったが、ジョージとプレスコット・ブッシュは党の大物に働きかけ、ニクソンに『ポピー』を副大統領候補として出馬するよう持ちかけた。プレスコット・ブッシュはニクソンが自身で副大統領候補を選ぶのに役立つようにと、トム・デューイを若いテキサス人として推した。テキサスの上院議員ジョン・タワーは1961年のジョンソンが抜けた後の補欠選挙で選出されていたが、ニクソンにブッシュを推した。同様に、チェースマンハッタンの頭取も、J・P・スティーブンも、ペンゾイル石油も、ブラウンブラザーズハリマンも荷担した。

ウイリアム・ミッデンドルフⅡは長年の共和党資金調達者でバリー・ゴールドウオーター、ニクソン、ジェラルド・フォード、それにレーガンを支援し、後に海軍長官となり、1968年には共和党の全国大会でブッシュ支援で動いたという。ニクソンが指名された翌日、ミッデンドルフは彼の友人のニューヨークの金融業者ジェリー・ミルバンクがニクソンのホテルに副大統領候補について話しに行ったと言う。「それは朝の早い時間で7時半頃だったと思うが、彼は寝室で朝刊を読んでいたと思う。ジョージを推薦する人が多くてね、推薦人の中で、彼が人気があっていいチョイスになると思いますと言いました」とミッデンドルフは回想する。「そうしたら、彼はこう言ったんだ。『おや、まあ、君たち、僕はこのスピロ・T・アグニューと出ようと思うんだ』」メリーランドの知名度の低い知事で、後にスキャンダルで辞任する人物だった。[6]

プレスコット・ブッシュはニクソンがポピーを無視して、知られていないアグニューを選んだことで激怒した。彼のその怒りを手紙でアイゼンハワーを「作った」東部のキングメーカー、トム・デューイに伝えた。[7]

ヤーボローとの再戦に満を持して、ブッシュは機嫌取りのためLBJに会いに行った。というのはLBJは大統領職を終えた後、彼の憎き敵ヤーボローをテキサスのバーボン民主党を挙げて攻撃するのではという計算だったからだ。1969年にニクソンの大統領就任式に出席しないで、アンドリュー空軍基地にLBJの見送りに行ったテキサスの下院議員のうちブッシュは唯一の共和党員だった。ブッシュはLBJの牧場まで行って、下院議員を辞めて、ヤーボローに挑戦することに関しジョンソンの『アドバイス』を求めた。ジョンソンは上院に出馬することを勧め、下院と上院の違いを『チキンサラダとチキンの糞』の違いに喩えた。彼が下院の歳入委員会に席を得てから、LBJを財務的に支援してきた石油豪商達の多くはブッシュの献金者になった。1964年の実績どおり、ブッシュは東部でも関係者から数十万ドルを調達することができた。

1970年ブッシュの上院挑戦は楽勝と見られていた。歳入委員会に所属することで、巨額の資金を調達することが可能になり、テキサスが右傾化し、テキサスの共和党が力を付け、ヤーボローの新しいテキサスでの地盤が崩れてしまった。ブッシュはまたも共和党予備選でロバート・モリスの挑戦を受ける。今回は予備選で完敗だった。ブッシュは当初96,806票（87.6%）で勝ち、モリスは13,654票（12.4%）だった。モリスはかつて1958年に上院共和党予備選でロバート・W・キーンに対戦したニュージャージー州に戻った。キーンはベテランの下院議員で後のニュージャージー州知事のトム・キーンの父親だった。モリスは再び1982年に出馬するが、優秀なモンクレアの市長、ハンガリー系アメリカ人のメリー・モカリーにまたも敗れた。

ブッシュは指名を受けるが、LBJとその子分ジョン・コナリーが彼をボコボコにするために待っていた。

ロイド・ベンツエンは保守派民主党員で下院でジョンソンに仕え、ペダーナーレ川の近所に住んでいたが、民主党の予備選に参入した。ジョン・コナリーは30秒のTV広告でベンツエンを支援した。LBJはブッシュに自分は『中立』だと言っていたが、ジョンソンの仲間は彼の指示どおりに動いた。ヤーボローは民主党予備選で逆転で敗れた。

ポピーは対ヤーボローの選挙のために6年間準備してきた。今や、穏健なバーボン民主党をどう取り込むかだった。民主党リベラルをブッシュに引き込む企ては失敗した。ベンツエンはメキシコ系アメリカ人や黒人層とうまくやりながら、ヤーボローを見切った保守的民主党を離さなかった。

ブッシュはハリー・トリーレベンと腕の良いロジャー・エイレスを雇い、1968年のニクソンのテレビイメージを作り替え、素晴らしい成果を上げた。トリーレベンは結構モダンなメディアキャンペーンを繰り広げ、ブッシュのハンサムで、親しみやすく、エネルギーに溢れ、そして魅力的なイメージを売り込んだ。この「ケネディっぽい」アピールは中身が無く、そのためニクソン支持の保守層とヤーボローの敗退にガックリしているリベラルを取り込むことができなかった。ブッシュの「彼ならもっとやれる！」のスローガンは彼の『コネ』自慢に終わった。ブッシュはあちらへダッシュ、こちらへダッシュの姿や、上着を肩にかける様子、タッチフットボールをやる姿を流した。彼はベンツエンを超えるカネを使った。ニクソンでさえ、彼の秘密のタウンハウスファンドから10万ドル送金した。この献金が後に「ポピー」を苦しめることになる。

ブッシュの弟ジョナソン・ブッシュはジョージが「大統領選にでるいい位置についた」[8]と言った。ピーター・ロウセルは1970年から1974年のブッシュお気に入りの広報担当でこう言った。「このレースではかなりの期待がもてる。今年の重要なレースの一つで、多くの人はブッシュが上院選に勝つと予想しており、多分大統領選に出馬する足がかりになるいいチャンスになるだろう」と。[9]しかし、ブッシュは敗れた。

私はニューヨーク、カトナーのジョン・ジェイ高校出身で、『ピーター』・ピアスと呼ばれたマービン・ピアスⅡも同窓だった。彼は狂ったみたいな嫌な奴だった。ジョージ・H・W・ブッシュはピーターの伯父で、彼の父親ジム・ピアスはバーバラ・ブッシュの兄だった。私は『ピート』と一緒によくしこたまビールを飲み、しこたまマリファナを吸い、車を無茶に乗り回した。彼は1970年のテキサスの上院選挙で伯父を精力的に応援していた。

私は当時ジム・バックリーのニューヨークでの上院選挙運動のボランティアをしていて、選挙日の夜、ピートと過ごしたことを覚えている。彼の車の中でビールを飲みながら選挙状況をラジオで聞いていた。私は保守政党の指名者ジム・バックリーが共和党リベラルのチャールス・グッデルと民主党のリチャード・オッティンガーとの三つどもえ戦で勝っていることで有頂天になっていた。ビル・ブロックはテネシーで勝っていた。J・グレン・ビールはメリーランドでかろうじて上院の席を手に入れた。ローウェル・ウェイカー（当時ニクソンの手下）はコネチカットで極左、反戦の民主党員レバレンド・ジョー・ダフィーと現職の無所属トム・ドットを抑えて勝利した。その後テキサスのニュースが入った。ブッシュがLBJとコナリーの応援を受けたロイド・ベンツエンに敗れたのである。

ピーターは落ち込んでいた。「伯父はLBJはひどい奴だと言ってた。長年機嫌とってたのに、彼は昔の恨みをはらすと決めたら、ジョージ・ブッシュを肝心な時に欺すんだ」と彼は言った。私も当時はブッシュの応援をしていた。そしてその夏上院選挙応援のボランティアにテキサスに行きたいと彼に手紙を書いたが、アシスタントのトム・ライアスから断りの返事をもらった。それで、その夏はバックリーのボランティアをしていた。

「伯父はいつか大統領になるよ」とピートは言ったが、当時私はそうは思わなかった。ピートはその後、自動車事故で重傷を負い、同乗していた女性は死亡した。彼は2012年に亡くなった。

二度の上院選挙に敗れ、ブッシュの政治的将来は暗いものだった。次の18年間は彼は自分の政治キャリアを思い通りに進めることができなかった。彼は管理職として他の人のために働くことでキャリアを伸ばすのにむいている人物だった。でもそれでは展開が期待できなかった。ニクソンが彼に大統領の重要ではない補佐的な仕事をオファーしたとき、ブッシュはそれ以上のものを求めた。

ニクソン政権の財務長官デイビット・ケネディが退任するとき、彼は大統領にその職につけるよう頼んだ。天敵であるジョン・コナリーがその職に就くことを聞き、彼はショックを受けた。「ブッシュはコナリーを嫌っていた」と1980年にブッシュの政治責任者だったデイビッド・キーンはあるとき私に言った。ブッシュは自らニクソンに頼んで、国連大使になった。ポピーは外交政策の資格を磨き、連夜カクテルパーティに参加することになる。彼はノートにメモり、友人をつくり、時期を待った。

キッシンジャーとニクソンは二人ともブッシュを軽量級と見ていた。彼には決して共産中国との裏連絡網について知らされなかった。彼は国連では、台湾国民党政府には強硬派として、しかも反共産主義という立場をとっていた。ポピーはそのためニクソンの中国訪問について、蚊帳の外におかれていた。ジョージとバーバラ・ブッシュはお気楽に、無知なまま、ウオルドルフタワーの大邸宅に、名士のミルドレッド・ヒルソンやダグラス・マッカーサー未亡人のご近所として暮らしていた。

ボブ・ドールは共和党全国委員会の会長としてニクソンに良く仕えた。日常の仕事は副委員長のトーマス・B・エバンスJr.により行われた。エバンスは後にデラウェアの議員となり、1980年のロナルド・レーガンの初期の重要なサポーターとなった。ニクソンは理由も無いのにドールを首にすることを決めた。理由とはニクソンの代わりに民主党を攻撃し、コテンパンにやられたことくらいだった。大統領はブッシュにドールの代わりをやらないかと持ちかけた。「ドールはいまだにあのことを文句言ってる」とカンサスのドール上院議員の1996年の選挙マネジャーだったスコット・リードは2013年に私に言った。

ブッシュは副大統領候補として2度目の挑戦をしようとしていた。ネブラスカの共和党全国委員会のリチャード・『ディック』・ハーマンがもぐりで経営していた証券ブローカーの仕事部屋がワシントンのスタットラー ヒルトンホテルのスイートに設置されていた。そこでリチャード・ハーマンと二人のアシスタントがジョージ・ブッシュの厚い電話帳にある人達に電話をかけまくった。上院議員ハワード・ベーカー、エリオット・リチャードソン、知事のウイリアム・スクラントン、メルビン・レイヤード、知事のダン・エバンス、ドナルド・ラムズフェルド、知事のネルソン・ロックフェラー、上院議員バリー・ゴールドウオーターらが対象だった。

友人で雑誌のコラムニストであるロバート・ノバックは「新大統領が就任したことで、ロックフェラーの今後の見込みは、テネシー州のハワード・ベーカーや、共和党全国委員会の社交的で親譲りのテキサス参入者ジョージ・ブッシュよりかなり小さくなってしまった」と記載した。ブッシュが伸びそうだと思われた。

8月10日、フォードが共和党全国委員会の共和党員にたいし、投票動向を調査をすると公表した。ブッシュを好ましくないと考える共和党員の大半はジョージとバーバラが執念深いという噂があるため、ブッシュにそのことを言おうとしなかった。ところが共和党全国委員会のメンバーと下院の共和党員は圧倒的にポピーを支持した。調査そのものが苦情の対象になった。デラウェアの共和党全国委員会のトーマス・B・エバンスJr.は新聞で調査を攻撃し、フォードにたいし抗議文を書いた。元RNCの副会長のエバンスは、「自分のポジションを求めてキャンペーンをするべきではない。私がなぜこんなことを言うかというと、ジョージ・ブッシュが行った積極的なキャンペーンは共和党の考えを適切に反映していないからだ。確かに、我が国が直面する重大な問題の一つに経済とそれに関連するインフレーション、失業、それに高金利がある。この分野で実質的に仕事のできる人を選ぶことを私は謹んで提案したい。ジョージはPRに長けているが、実質的な仕事はさほどすぐれているとは思えない。この私の意見は全国委員会の主要ポストの方々によって検討して頂きたい」

ロックフェラーの支持者は即座に反撃に出た。ウェブスター・G・タープレーとアントン・チャイトキンは著書〈ジョージ・ブッシュ：非公式伝記〉で以下のように記載している。

8月19日フォードが予定どおりの意見表明をした夜、ホワイトハウスの匿名者がニュースウィーク誌にブッシュの副大統領選が、「1970年のテキサス上院選挙での不祥事により大失敗に終わった」と伝えたとワシントンポスト紙が報道した。ニューズウィークによるとホワイトハウスの情報源は「4年前にブッシュが上院選で民主党ロイド・ベンツエンに敗れた時、ニクソンのホワイトハウスが秘密資金、いわゆる『タウンハウス作戦』からブッシュに10万ドル横流ししたとんでもない事件があった」という。ニューズウィークはこのカネのうち4万ドルは選挙法に則って正しく報告されていなかった可能性があると付け加えた。ブッシュはこの日意見表明することはできず、友人のジェイムズ・ベイレスとC・フレッド・チェンバーが集まり、もっともらしい否定文を公表したが、問題は収まらなかった。

1970年選挙運動でのブッシュへの特別な扱いが厳しい追及の的になったが、特にフォードは上院共和党員として張り切っていた。1970年にさかのぼると、オレゴンの上院議員マーク・ハットフィールドはなぜジョン・タワーがブッシュに他の共和党上院議員の2倍にちかいカネを配ったのか、知りたいと追及したことがある。タワー議員はえこひいきではないと説明したが、ハットフィールドとマサチューセッツのエドワード・ブルックをなだめることはできなかった。そこで、もしこのまま、ブッシュが議会の公聴会で延々と質疑されるとなると、タウンハウス事件全体が再びあからさまにされる恐れがでてきた。ある情報筋によると18名の共和党上院議員がタウンハウスからカネを受け取っているが、その名前は公表されていなかった。このままブッシュを副大統領へとごり押しすれば、これらの上院議員の名前が追及される可能性もあり、また知らん顔をして逃げおおせた連中が強い反感を持たれることも考えられる。ウオーターゲートの傷跡のカサブタを引きむしるのはフォードの「治療のための時間稼ぎ」戦術、これはウオーターゲートの膿を蓋で密閉するために考え出されたが、それに反することになる。いずれにしろブッシュはフォードにとって危険すぎた。ブッシュを選ぶことはできなかった。

ポピーはフォード政権で中国特命全権大使になるが、保守グループがロックフェラーを嫌っていることを知り、やがて1976年の副大統領候補指名を目指すようになる。この動きはフォードからCIA長官就任を求められ、中断する。ブッシュはホワイトハウスの主席補佐官ドナルド・ラムズフェルドが防衛長官になる予定であることから、ブッシュをCIAのポストに追いやり、1976年のフォードの副大統領候補から落とす企みだと考えた。事実、上院の民主党はブッシュが上院での追認を得ない限り、フォードはブッシュを選ばないとフォードに確約させていた。1980年のブッシュ陣営のデイビッド・キーンは後に全国ライフル協会の会長になるが、私に「ブッシュはラミー（ラムズフェルド）にしてやられたと考えていた」と言った。

ラムズフェルドによると、ブッシュは1975年の始め頃から、当時ジェラルド・フォード大統領の首席補佐官だったラムズフェルドが彼をCIAへ追いやり、その結果フォードの1976年選挙に副大統領候補として出られないようにされたと愚痴を言い出していたと言う。

ラムズフェルドはこの事情を彼の著書〈知られたことと知られなかったこと〉に詳細に記載している。「ジョージ・H・W・ブッシュのCIA長官指名に係る状況は私がフォード政権のスタッフ再編成を監督するにあたり、特に扱いにくい出来事でした」と〈ポリティコ〉によると彼は書いている。「記録をまっとうなものにする代わりに、作り話を繰り返すことで、ブッシュは結局それを是認することになった」と。

ラムズフェルドとジョージ・H・W・ブッシュの対立は2006年になっても続いていた。サロン紙によると以下の通りである。「元大統領のジョージ・H・W・ブッシュは今年数カ月も早く、防衛長官のドナルド・ラムズフェルドを退任させる秘密キャンペーンを始めた。ブッシュはラムズフェルドの代わりになる人物をリクルートするために、ある退役4つ星将軍に個人的に会い、長官ポストを受けるかどうかたずねたとその将軍に近い筋が私に伝えた。しかし、元大統領の努力は実らず、それは明らかに現大統領が阻止したからと思われた。イラク戦争で司令官だった7名の退役将軍が4月にラムズフェルドの辞任を要求したのに対し、息子ブッシュは彼を守る立場をとった。『私が決定者だ。私が何がベストか決めるのだ。ダン・ラムズフェルドにとってベストなこととは残留することだ』と彼は言った。彼のラムズフェルド支持は将軍達と彼の父にたいする非難でもあった」

11月22日の事件とブッシュとの関係を示す2つのメモは問題であるが、もっと不可思議な問題がある。リー・ハービー・オズワルドの『扱い人』、ジョージ・モーレンシルトが1978年に翌日に下院の暗殺に関する選択委員会での証言を前に自殺した時、モーレンシルトの個人電話帳にジョージ・『ポピー』・ブッシュの名前と電話番号が書かれているのが発見されたのだ。事実、ブッシュは、1963年にほぼ毎日オズワルドと接触のあったジョージ・モーレンシルトと数十年の付き合いがあった。モーレンシルトとオズワルドはオズワルドがソ連から帰国した後に知り合った。1977年にモーレンシルトはエドワード・ジェイ・エプスタインのインタビューを受けている。エプスタインはアメリカ人の調査ジャーナリストで、ハーバード、UCLA、MITで政治学教授をした経歴があり、ケネディ暗殺に関する3冊の本をかいており、論争を引き起こした。後にこれらの書物は〈暗殺の歴史：検討、対抗策、そして伝説〉にまとめられた。モーレンシルトはCIA捜査官のJ・ウオルトン・モアの命令を受けてオズワルドに会ったが、そのような命令がなければ会うことはなかったとエプスタインに言った。

もっと問題になるのが、モーレンシルトとCIA長官になっていた頃のブッシュとの手紙のやりとりである。

この手書きの手紙をお許しください。もしかしたら今の私の絶望的な状況をあなたが解決してくださるかもしれません。私と妻は常に何者かにつきまとわれています。電話は盗聴され、どこへ行っても尾行されてます。FBIが関わっているのかもしれませんが、彼らは苦情を受け付けてくれませんでした。こんな状態で気も狂いそうです。娘のナディアが包嚢性線維症で3年前に亡くなってから私はバカなことばかりしてきました。私はリー・H・オズワルドのことを愚かにも書こうとしましたが、できず、多くの人を怒らせたのかもしれません。でも私のような老人ととてもびくびくしてる病気の妻を虐めるのはあんまりです。私たちのまわりの網を何とかしてもらえないでしょうか。これは私の最後のお願いです。もうこれ以上迷惑をおかけすることは致しません。あなたの重要なお仕事で良いことがありますようお祈りします。ありがとうございます。[10]

ジョージは返信を書いた。

まず最初に言っておきたいことは、あなたの手紙に書かれた状況につき私の助けを求めにくかったであろうことを理解しております。あなたの娘さんの数年前の悲劇的な死を悲しむあなたの気持ち、それに現在の奥さんの病状についてのあなたの気持ちを察します。その状況を聞き、非常にお気の毒に思います。あなたの手紙に書かれている注目度であなたや奥さんがどれほど影響を受けているか想像できます。しかしながら、私の部下の話では連邦警察サイドではあなたの動きに注目している事実はないと言うことです。ウオーレン委員会でのあなたの証言で突如注目されたあの事態も静まって久しいです。どうやらケネディ暗殺について、改めて注目されだしたことから、あなたが報道価値があると見られるようになったため、マスコミの注目を浴びているのではないかと推測します。この手紙が少しでもあなたの気持ちを和らげることを希望します。

ジョージ
あなたの質問にすべて答え切れていないことを自覚しつつ。[11]

下院の暗殺に関する特別調査委員会の調査官ゲートン・フォンチはモーレンシルトの死後、その鞄から住所録を見つけた。住所録には「ブッシュ、ジョージ・H・W（ポピー）、1412西オハイオ。ザパタ石油、ミッドランド」と書かれていた。親しい者しかジョージ・ブッシュをポピーと呼ばなかった。

またもブッシュの記憶が途切れることが起こる。彼はJFKの暗殺に関するCIAのファイルと記録を要求したことは一度もないと主張していた。「しかし、CIAは（情報公開法の規定に基づき）18の文書を公開した。それにはCIAの長官としてブッシュがケネディ暗殺に関する広い範囲の質問のために、庁のファイルにある情報を一度ならず、数回にわたり求めたと明示されている」

ジョージ・ブッシュはCIAのケネディ暗殺ファイルに自分の名前があるかどうかを調べようとしたのだろうか？

1963年11月22日のブッシュの行動が不可解というのであれば、彼の友人で1964年に共和党から共に出馬したジョン・アルストン・クリフトンのケースはどうであろうか？

彼は第二次大戦当時のスパイで、冷戦における軍事諜報オフィサーであり、しかも石油ビジネスでの億万長者だった。

1916年ルイジアナで生まれたクリフトンは卒業後陸軍に勤務し、その後CIAの前身である戦略サービス局に移った。第二次大戦後彼は情報部とビジネス上の人間関係を活用して国際的な企業ネットワークを築き上げた。その一つの典型が当時の石油大企業だった。

クリフトンは1964年に現職で人気のある民主党ジョン・コナリーJr.の当て馬として共和党の指名をもらって知事選に出たとき、初めてポピー・ブッシュとも対決したと言われている。ブッシュは上院選への指名をもらっていたが、二人とも敗れた。しかし、彼らはその後テキサス中でいろんな政治的舞台で協力し合い、友情をはぐくんだ。

ファビアン・エスカランテは1950年代後半から1960年代の前半にかけてキューバの対情報活動機関部隊の隊長だったが、1995年に彼が書いた本に国家安全評議会の計画で『作戦40』と呼ばれるCIAの暗殺部隊をピッグズ湾でデビューさせたことを記載している。エスカランテの説明によると、副大統領のリチャード・ニクソンが重要な企業を集め、ジョージ・ブッシュとジャック・クリフトンを中核として作戦のための資金集めをさせた。当時クリフトンはキューバの石油利権に巨額の投資をしていた。

クリフトンは数え切れないほど多くの企業を所有し、投資もし、役員にもなっていたので、テキサスのどんな大物でも知っていたし、ビジネス関係にあった。彼はまたダラス民間防衛団の設立者としてテキサスで勢力を増やしていた右翼の人気者でもあった。彼はD・H・バードと共にドルチェスターガス生産会社の取締役であったし、バードはテキサス教科書倉庫のオーナーでリンドン・ジョンソンの親密な友人だった。クリント・マーチソンSr.は関係する石油マンで暗殺前夜にダラスの豪邸でパーティを主催したが、クリフトンの会社の役員でもあった。

クリフトンは1956年に陸軍情報部の488分派、ダラスの陸軍予備役部隊の司令官になった。彼によるとこの部隊の多くがダラス警察に勤務していた。そのうちの何名かは11月22日にデーリープラザにいた。

私たちが先に見たように、クリフトンはケネディ大統領のダラス訪問の手配に実際に関わっていたと思われる。彼の親しい友人で警察副署長のジョージ・L・ランプキンはクリフトン率いるダラス陸軍情報部のメンバーであり、ケネディの自動車行進の先頭を走っていた。その車には東テキサスの陸軍予備役隊司令官のジョージ・ウィットマイヤー大佐が乗っていた。クリフトン自身はクリフトン陸軍情報部隊の司令官陣地のトップと考えられていた。

オズワルドが逮捕されて、ダラス警察はクリフトンに連絡し、ひどく動転しているマリーナ・オズワルドの通訳を紹介するよう頼んだ。ウオーレン委員会の報告書によると、夫が逮捕された直後から何時間も尋問をうけた彼女の通訳はイリヤ・ママントだった。〈秘密の家族〉の著者ラス・バーカーによるとこの通訳は「彼女のロシア語の翻訳とはほど遠いもので、彼女の夫がケネディの死に関係するような含蓄をもたせる効果があった」

信じられないことだが、クリフトンはウオーレン委員会から一度も聞き取りされていない。

JFK暗殺の話がどう展開しようと、必ず、空威張りクリフトンの妖怪に出くわす。公の人として、そして地域の支えとして、彼は2007年に死んだ。91才だった。

現在、ジョン・アルストン・クリフトンに関する資料はテキサスのカレッジステーションにあるジョージ・ブッシュ大統領図書館に保管されている。これらは極秘扱いである。

注釈

1. Interview with Beverly Tipton.
2. Baker, *Family of Secrets*, 12.

3. Brad Steiger and Sherry Hansen, *Conspiracies and Secret Societies: The Complete Dossier* (Canton: Visible Ink Press, 2006), 69.
4. Baker, *Family of Secrets*, 61.
5. NSAM, 273.
6. John William. Middendorf, *Potomac Fever: A Memoir of Politics and Public Service* (Annapolis: Naval Institute Press. 2011), 75.
7. Baker, *Family of Secrets*, 161.
8. Ibid., 171.
9. *American Experience: George H. W. Bush*, PBS, 2008
10. Baker, *Family of Secrets*, 268.
11. Ibid., 270.

第18章

善良な人もいた

1906年GGA（良き政府を求める会）というグループがボストンで結成された。調査して不必要な課税、支出、汚職をやめさせるために市長のジョン・F・フィッツジェラルドを調査する権限を州法律に制定するよう議会に嘆願したのである。市長は被後見人的政治はしない、ひいきする者に仕事を与えることはしないといった約束の下で、選ばれていたが、長年汚職で追及されていた。フィッツジェラルドは大口献金者に市の仕事を与えたが、多くは仕事の資格のない者ばかりだった。フィッツジェラルドの選挙運動で働いたバー経営者のジェイムズ・ドイルは街の管理者に指名され、他のバー経営者は衛生課の医師に指名された。[1] 酒の卸売業のジェイムズ・ノーランは公共建物の管理者に任命された。[2]

行政における内輪の身びいきや不正を独立組織に調査される危険性を予想したフィッツジェラルドは市によって作られた独立委員会を提案することでGGAを切り捨てようとした。この委員会の目的は市の行政における汚職を『総合的に調査』[3] 実行することだった。

「この提案によって」トーマス・H・オコーナーは〈ボストンのアイリッシュ：政治の歴史〉で書いている。「フィッツジェラルドが共和党の攻撃をかわそうとしたのは明らかで、手続きを協力して作り、委員会メンバーは彼が決め、調査そのものを操作して、自分が最も好ましい形で示されるようにした」[4]

60年後にまさか同じ状況で委員会が作られるとは、フィッツジェラルドが歴史の皮肉にユーモアを感じたかは疑問である。この第二委員会、まさにウオーレン委員会が彼の孫、ジョン・F・ケネディ大統領の死に関する証拠を操作するために形成されたのは笑い事ではない。フィッツジェラルドなら、しかしながら、このような委員会の目的は理解できたであろう。

リー・ハービー・オズワルド の公判は開かれなかったが、オズワルドが有罪でないという証拠が出てこないよう、連邦と州でのレベルで行われていた暗殺に係る調査は取り消されることになった。しかし単独ガンマン説はどう見ても薄っぺらいものだった。

「私どもはもちろん彼を大統領殺害の罪で起訴しました」J・エドガー・フーバーは暗殺の翌朝ジョンソンに言った。「証拠は今のところあまり強力なものではありません」[5]

大統領職を奪い、殺害に手を染めたジョンソンとフーバーは見通しを知り、共謀に荷担していることから、とても仲が良かった。

「俺とお前はこれからは兄弟みたいにやっていくんだ」とジョンソンはフーバーに言った。

フーバーとジョンソンは審問をコントロールする重要性を認識していた。

「私はこの件に関し、あまりに性急な調査は非常に良くないと思います」とフーバーは言った。

「そうだな、調査を止めるにはお前の報告書を評価するハイレベルの官僚を指名して、俺が選べるそういうのが得意な奴をあてがうことだな」[6]とジョンソンは答えた。

暗殺に関するFBI報告がオズワルドを単独ガンマンと決めつけているのは明確で、それがウオーレン委員会の原版として使われることになった。しかしながら、報告書に示された2、3の事実はつじつま合わせのため変更されることになる。

FBI報告では、2つの弾丸がケネディ大統領を殺し、一つがコナリー知事を傷つけたとなっている。大統領とコナリーが3つの別々の弾丸で被害を受けたという説はジェームズ・タークにより完全に覆された。彼は当時歩道近くで立っており、車のパレードを見ていて流れ弾で怪我したのだった。弾丸はケネディの致命的銃撃場所から200フィート以上離れた歩道の縁石に当たり、コンクリートの破片が飛び散り、一部がタークに当たった。[7]シェリフ代理のエディ・ウオルサーによると「弾丸はガード下の道路近くに当たったので、多分、最後の銃撃で、それが上に行きすぎ、大統領の車の上にいったと思われます」[8]と言う。

一人の暗殺者がその行動をする時間上の可能性からいうと委員会は2発の弾丸を1発にしなければならなかった。1発の弾丸がケネディとコナリーに致命的ではないが重傷を負わせた。[9]もう一つ修正されることになる事実は大統領のストレッチャーで弾丸が見つかったというものだ。FBI報告ではその弾丸は大統領の背中上部の傷跡から落ちたものと結論した。その傷跡は当初の報告では『出口のない』[10] 傷だった。弾丸の通った経路が公式な検死で追跡されなかったので、その傷は銃撃による貫通傷、入り口があるが、出口のないものという主張から背中上部から撃ち抜かれた傷で、首の根元を弾丸が通過したという主張に変わった。

弾丸がこの経路をたどるには、ケネディの骨によって2回方向が変わったことになる。「もし、弾丸にコナリーの背中をぶち抜く十分な速度が残っていたとしたら、その弾はその後、彼のあばら骨を折り、手首の骨を粉砕し、太ももにまで到達したのでコナリーを撃ち抜く前にケネディの体の中の骨で方向が変わるという弾丸の速度は考えられるものではない」とG・ポール・チェンバーズは〈ヘッドショット〉で記載している。「弾丸がケネディの骨を砕いたように、別の弾丸がコナリーの骨を砕き、弾道どおり進んだと思われる。ケネディが朝食に鉛を食べたのでなければ、あるいは彼の骨が劣化ウラニウムでできていないなら、あるいは彼がバイオニックマンでなかったなら、軍事用ライフルから撃たれた6.5ミリ口径の完全被甲弾は彼の体の中でパチンコ玉のように弾むわけがない」[11]

事実を歪曲し、破棄し、あるいは作り出すためにはケネディの死の調査は管理された状況でなされる必要があった。

ジョンソンは核戦争の恐怖を煽ることで、連邦のすべての支所と州政府と法部門での独立的調査を停止することを正当化した。

「我々は証言をさせないんだ」とジョンソンは下院議長のジョン・マコーマックに言った。「ある男がダラスからやってきて言うんだ『フルシチョフがこの計画をしたと思うんです。彼が私らの大統領を暗殺したんです』と。こんなことで今後どうなると思う？　君には下院のことを私のためにしっかりやってもらいたい」

「この連中達をどうすればよろしいんですか？」とマコーマックはたずねた。

「調査させるな！」とジョンソンは断言した。[12]

ロバート・ケネディが信頼するアドバイザーのニコラス・カッツエンバッハはウオーレン委員会がどうなるか、本当の目的をメモにした。

「国民はオズワルドが犯人で、共謀者がいないということで納得するでしょう。共謀者は捕まらず、自由にしています。そして証拠については、彼は公判で起訴されたはずだということで、うやむやになるでしょう」とカッツエンバッハは書いた。「一つのやり方として、大統領が申し分のない人物を集めて委員会を指名し、証拠を検閲、調査させ、その結論を公表するのです。国民に憶測をさせないようにし、間違っても議会での公聴会などさせないことです」[13]

委員会の興味は入手可能な証拠を利用、操作してオズワルドの罪を確定させることにあり、他の証拠はすべて使われず、無視された。

7名からなるウオーレン委員会のメンバーは、最高裁長官のアール・ウオーレン、上院議員のリチャード・ラッセルJr.、とジョン・シャーマン・クーパー、下院議員のジェラルド・フォード、ヘール・ボッグス、ジョン・マックロイ、それにCIAの代表としてアレン・ダレスだった。

ウオーレン委員会のメンバーを拾い出して、配属させる話がフーバーとジョンソンの間で行われたが、それはマフィアがトップ同志で話しているようだった。政府内の暗殺に関わる部署から代表が出されることになった。ジョンソンの仲間、CIAの関係者、それにFBIの関係者だった。彼らは各省庁と委員会の間で情報をやりとりし、それぞれの省庁の利益を守ろうとした。

前CIA長官アレン・ダレスは委員会でのCIA代表だった。彼とJFKは互いにピッグズ湾侵攻失敗につき叱責しあった。ダレスは批判され、無様な作戦のあと、大統領により首にされた。ダレスはいまだにケネディへの恨みをもっていた。

「アレン・ダレスのことどう思う？」とジョンソンは聞いた。

「いい人だと思いますよ」[14]とフーバーは答えた。

ダレス自身CIAをオズワルドと暗殺から距離を置きたいがため、委員会に入りたいと無理強いした。彼は委員会であまりに熱心で、常に存在感を発揮したので、批評家のマーク・レーンはこの委員会を『ダレス委員会』[15]に改名すべきだと言った。

「もうCIAから給料をもらっているわけでもないのに、さげすまれた元長官は委員会でCIAの覆面捜査官のような役割を果たした」[16]とデイビッド・タルボットは〈兄弟〉という著書でケネディ暗殺におけるCIAの大々的な告発をしていて、述べている。

委員会の最初のミーティングでダレスは各委員にアメリカでの暗殺は協力者無しの単独犯により実行されたという事例を詳細に述べた本を配った。[17] メッセージは明かだった。オズワルドはCIAの手先だったが、彼との関係は取り合わず、隠し通すべきものだった。

「アレン・ダレスは一度も委員会を欠席しなかったんじゃないかな」[18]とウオーレンは言う。

ダレスはあらかじめ決めたアジェンダを押し通した。その一方委員会メンバーの前では自分の潔白を示そうとした。速記用タイプライターの記録にダレス、ヘール・ボッグズ、それに委員会の法律顧問のJ・リー・ランキンらの私的会話が残っており、彼の猫かぶり的な誘導と数人のメンバーがその決められた方向へ諾々として従っている様子がわかる。

ダレス：オズワルドが明らかに単一犯であると主張してるけど、それはFBIにどう都合いいのかな？
ランキン：彼らは我々に終わらして欲しいんだ。でやめたいんだ。
ボッグズ：これで終わりにする。ということやな。
ランキン：彼らは男を見つけた。それ以上することはない。委員会は彼らの結論を支持する。そんで私ら家に帰る。おしまい。
ボッグズ：取り上げるべきでなかったとさえ、思うな。
ダレス：そう、この記録は破棄しておくべきだ。
ランキン：こんなことも言えるんじゃないかな。この事件での問題はみんな気がついていると思うけど、FBIがオズワルドのこと犯人だとものすごく明確に決めつけているでしょ。彼らはそれに、共謀はないとこれまた、ものすごく明確なんだよな。それでいて、調査は継続していると言っているんだよね。私の経験では、約9年なんだけどね、まず、もし誰かを充分起訴できると証拠のそろった事件があったとしても、この人物が実行犯だと彼らに言わせるのはとても難しいんだ。FBIと関わった経験から言うと、彼らはこうはしないんだ。彼らは状況評価して結論に至るなんてしないと言っているんだ。私の経験から言うと彼らはしないんだよね。二つ目の問題は、メキシコやロシアでの手がかりをすべて調べていないんだ。今のところね。彼らは多分……まあ、私らの知ったことやないけどね。
ダレス：それはなぜかな？
ランキン：彼らは情報の手がかりをすべてはつぶしていないんだ。多分、言うだろね。俺たちの知ったことやないって。
ダレス：そう。
ランキン：でも彼らは手がかりを検討もしないで、共謀はないって結論してるんだよね。まあこれは、私の今までのFBIとの経験だとは言えないものだけどね。
ダレス：そうだ。君は全く正しい。私は今まで沢山の報告書を見てきたからわかる。[19]

この会話記録から明らかになるのは、暗殺を調査しないというFBIの陰謀があると信じながら、委員会メンバーはFBIに対し尋問しないと決める敗北主義的立場をとっていることだ。FBIの暗殺に関する公式報告をみると委員会への対応策はメンバーにプレッシャーをかけ続けることになっていた。

ウオーレン：みなさん、正直言って、FBIの報告書を何度も読んでみましたが、新聞で書かれていることしか書かれていない。
ボッグズ：FBI報告書を読めば、疑問がきりなく出てきますよ。
マックロイ：なぜFBI報告は検死報告書と矛盾したことを書いているのでしょうか？
弾丸のことなんぞ、訳がわからなくなっちゃいますよ。
ウオーレン：まったく要領を得ないもんだよ。
ボッグズ：そう、FBI報告ではなにも解明できていない。
ウオーレン：なにもできていないよ。
ボッグズ：新しい疑問点がどんどん出てくるんです。このルビーって奴にはほとんど触れられていないし、彼の動機も気になるし、何してたのか、ダラスの牢屋までどうやって入ったのか。これってすごいよね。[20]

委員会メンバーのジェラルド・フォードはジョン・F・ケネディがデーリープラザで殺されたとき弾丸が彼の体に入った当初の委員会の記録をペンで変えてしまった。

ウィリアム・C・サリバンはFBIのナンバー2だったが、彼の書物〈フーバーFBIでの私の30年〉で回想している。「ジェラルド・フォードがウオーレン委員会に指名されてフーバーは喜んでいた。長官はフォードが『FBIの利益をちゃんと守ってくれる』ことを局は望んでいると内部メモに書いた。彼は非公開の会議で行われていることを逐一連絡してくれた。彼は我々の仲間で、ウオーレン委員会における我々の密告者であった」

サリバンによるとフーバーは最初からフォードに注意を払っていた。「FBI捜査官は現場で常に地方の選挙を注視しており、勝った者が味方か敵かをフーバーに報告していた。フーバーは下院議員となる各人につき完全な資料を作成した。彼は彼らの家族関係、学歴、フットボールをしたか、しなかったか、（フォードはミシガンでフットボールをしていた）その他後々会話で使えそうな些細なことなどを知っていた」サリバンは言う。「ジェラルド・フォードはフーバーの友達だった。彼は下院に登院して間もなく、フーバーの給料を上げるよう推奨することで友達であることを証明した。彼はまたフーバーの敵、最高裁判事ウィリアム・O・ダグラスを弾劾しようとした」

不思議なことに、サリバン自身、下院暗殺に関する特別調査委員会での証言の数日前に『狩猟の事故』で死亡する。彼は1977年11月9日にニューハンプシャー州シュガーヒルの自宅近くで射殺された。裁判では狩猟仲間のロバート・ダニエルにより誤って撃たれたものと判決され、ダニエルは罰金500ドルと狩猟ライセンス10年間停止処分を科された。

保守的論評家でレポーターのロバート・ノバックは2007年8月に言った。「ウィリアム・サリバンは最後に会った時、私とここでランチ食べていたんだけれど、フーバーに首にされたので、退職することになるということだった。そして彼は言ったんだ。『いつか、俺が事故で死んだと言う記事を読むかもしれないが、信じるなよ。俺は殺されているんだ』これはショッキングだったね」[21]

サリバンは1977年の下院特別調査委員会で証言することになっていてその6カ月前に死んだFBIの幹部6名のうちの一人だった。他の5名は以下の通り。フーバーの特別補佐官だったアラン・H・ベルモント、もう一人の特別補佐官でウオーレン委員会におけるフーバーの連絡係だったルイス・ニコラス、ジョン・F・ケネディ暗殺に係る書類の専門管理者ジェームズ・カディガン、オズワルドのライフルとピストルを両方テストしたFBI法科学研究所の元所長J・M・イングリッシュ、それにJFK事件で検証したFBI指紋科学者であるドナルド・ケイラーである。

2006年に公表されたFBIの書類はFBIの密告者、エージェントとしてのフォードの役割をより詳細に示している。FBI副長官のカーサ・『デイク』・デローチはフォードと定期的に極秘に会い、ウオーレン委員会の調査の状況を把握しようとした。「フォードは委員会の活動内容を完璧に伝えると言っている」とデローチは内部メモに記載している。「彼はこれは極秘になされるべきで、必要なことだと言った」

AP通信社の報道によると、デローチは他にもFBIメモを書いている。それには、「フォードは暗殺に関するFBIの極秘報告をスキー休暇に持って行きたいと言いだし、『完全に安全な方法』では難しく、デローチがFBIの鍵つきブリーフケースを貸すことを推薦したと言う。このメモの下部にはフーバーのイニシャル『H』、これはメモに彼がコメントするときに通常使うもので、その上を手書きで『OK』と記載されている」忠実さのお返しとして、FBIはフォードに完全な恩恵を与えている。彼は何でも欲しいものを与えられ、いつでもそれは可能だった。

AP通信社の別の報道によると、デローチが1963年12月17日にフォードとの面談のメモを書いている。そこで副長官は一つ問題を提起した。それは「委員会のメンバーのうち2名がまだ大統領がテキサス教科書倉庫の6階の窓から撃たれたということに対し納得していない」と言うことだった。デローチは書く。「このメンバーは大統領を殺した銃弾の弾道を理解できていないのだ。フォードはこの問題はもう少し議論される予定だが、もちろん、問題にはならない。と述べた」

まさに、フォードが問題にならないと言った意味がわかるのだ。

ここでもっと具体的にデローチが指摘した問題を検討しよう。ウオーレン委員会報告の当初原案はこう書かれていた。「弾丸は彼の背骨の右側、背中の少し肩の上部から入った」この記述は海軍大将バークレーの検死報告と一致する。ケネディのかかりつけ医師のバークレーはベセスダ海軍医療センターでの検死に立ち会い、「傷は背中上部の第3脊椎骨の横」と記載された。

事実、検死写真での背中の傷は首から2、3インチ下にある。バークレーの描いた図はウオーレン報告書に入っており、この位置を確認するものである。ウオーレン報告書の最初の草案に示される物理的証拠の示すものは本当に正確だった。ケネディの着ていたシャツとスーツ上着の弾丸跡写真では、襟のトップから6インチ下に跡があり、背中右側上部の傷の場所である。

アメリカ史の教授マイケル・L・カーツは〈JFK暗殺論議〉の中でこう指摘する。「もし銃弾がリムジンよりほぼ6フィート高い位置にある保管倉庫ビルの6階の窓から撃たれ、大統領が座っている姿勢の背中に命中したならば、彼ののど仏のすぐ上あたりの喉から弾が出て、その後突然方向を変えて、コナリー知事の背中に当たったなどと考える事はできない」

フォードはフーバーの指示に従った。彼の手書きの修正はこう書かれている。「1発の弾丸が彼の背中首の近く少し背骨の右に入った」この修正は後にウオーレン委員会の全般顧問が最終報告として受け取った機密文書が公表されて初めてわかった。

数十年後の1997年、それが明らかになったとき「些細な変更ですよ」とフォードはAP通信社に語った。

フォードは1発暗殺説の支持者であるが、彼の修正は歴史を変えるためではなく、意味を明確にするために編集したと主張した。しかし、彼の修正の影響は明白で、この『些細な変更』が委員会の誤った結論を推し進めることになり、単発の弾丸がケネディの身体を通り、コナリー知事に当たったという、いわゆる『魔法の弾丸理論』を強固なものにすることになる。確かにAP通信社の報道のとおり、フォードの『些細な変更』が『決定的要素』となり、リー・ハービー・オズワルド が単独襲撃犯だと決定することになった。

フォードの協力は他の要因で動機付けされたかもしれない。ボビー・『リトルリンドン』・ベーカーが書いていることであるが、ワシントンのロビイスト、フレッド・ブラックはベーカーとLBJの仲間で秘密のビジネスパートナーであるが、ワシントンにあるシェラトンカールトンホテルにスイートを持っていた。そこで、彼はしばしばコールガールを集めて議員連中の接待に使っていた。FBIはそれを内緒で盗撮していた。

ベーカーによるとフォードはその常連客だった。

アメリカ国民がフォードの改ざんを初めて知ったのは1997年で、ケネディ暗殺から30年以上経過しており、この情報はARRB（暗殺記録調査会議）の要請により公表された。興味深いことにARRBはオリバーストーンの映画〈JFK〉の反響により形成された。何十年も経って初めて国民は何が真実で、何がフィクションで、何が隠蔽されているのか明らかになるようしっかりした解明を求めたのである。1992年下院はJFK暗殺記録収集法を承認し、ARRBにJFK暗殺記録の秘密文書を解除する権限を与えた。

フーバーはFBIの1965年の内部メモでフォードの役割を回想して述べている。「ウオーレン委員会のメンバー全員といろんないざこざがあったけれど、フォードだけはFBIに本当に協力的だったなあ!」

究極の皮肉というか、2001年4月にボストンにて、元大統領のフォードはケネディ図書館のディレクターからジョン・F・ケネディの勇気の人賞を授与された。彼はジョン・F・ケネディの死の真実を隠蔽したことで表彰されたのか？

ティム・ミラーはフォードの2007年の回想録の著者であるが、本の中でフォードはオズワルドが単独犯であるという信念は持ち続けたが、個人的にはオズワルドに協力者が居たと信じていたという事実を明かした。[22]

「大統領のジェラルド・フォードは疑いもなく、JFKの死についてもっと知っていた」[23]とミラーは言う。

ジョンソンとフーバーが描いた筋書きに従わせる圧力に屈したもう一人の委員会メンバーがいる。ジョンソンの昔からの助言者であったリチャード・ラッセルだ。

公の場ではラッセルは委員会の動機や結論に喜んで従っているようであったが、内輪ではジョンソンや委員会に対し、気がかりなことをはっきり発言していた。ラッセルの一番重要な議論は『魔法の弾丸理論』で委員会のすべてはこの説を基盤にしていた。

「ううむ、どの弾丸がコナリーに当たったかって、それにどんな意味があるんだ？」ジョンソンはラッセルに聞いた。

「それが重要な意味合いを持つんです。でも彼らはそう言っているし……委員会はケネディを撃った同一の弾丸がコナリーに当たったと信じていますが、私には信じられない」[24]

『魔法の弾丸理論』はしかし、重大な違いをもたらした。1発以上の弾丸がケネディ大統領とコナリー知事に致命的ではない傷すべてを負わせたとしたら、少なくとも4発撃たれたことになる。もしそうであるなら、一人のガンマンがあの暗殺の時間枠内で大統領を撃つのは不可能なのだ。

「彼らが別の弾丸で撃たれたと言えば」と委員会の弁護士は言う。「それは二人暗殺者がいたというのと同じ意味なんです」[25]

もう一人狙撃者がいたとなると、それは共謀があったことになり、ウオーレン委員会の筋書きに合わなくなる。

1963年12月のラッセルの手書きノートには委員会の戯言から目覚めた彼の考えが詳細に記載されている。「ウオーレンとキャッツエンバッハはFBIを熟知している。彼らは精神科医やその他を通じてオズワルド単独と見せるつもりだ。これを私は支持できない。外部の助言を得るよう主張しなければ」[26]とラッセルは書いている。

1970年に死ぬ前にラッセルは最後のインタビューでこう述べた。彼は「リー・ハービー・オズワルドが他の助力なくして、ケネディ大統領を暗殺したとは決して思ったことはない。これが委員会の多数のメンバーが発見したいと思っていたことだった。私は誰かが計画段階で彼と作業したと考えている」[27]

暗殺の目撃者で証言する人は委員会が決めた結論に当然従うものと決めつけられていた。もし目撃者がそれに反する証言をすれば、違う形で表現するよう誘導されるか、強いられた。もしそれでも従わない場合、証言そのものが書き換えられたり、廃棄処分された。

ジョージ・モーレンシルトは、彼の証言で、オズワルドを肯定的に評価したものが意図的に書き換えられて残されているのを見ている。「私たちがリーについて好意的に述べた事項はすべて、後の印字された報告書では誤って書かれたり、全く記載されてなかったりした」とモーレンシルトは記載している。[28]

モーレンシルトはまた、委員会で行われたインタビューの多くは、わざと証拠から遠ざけて、国民を意図的に低俗な答に導くように行われているように感じた。「なんで委員会は暗殺のずーっと前からリーとマリーナをダラスで知っている人達の証言に注意をはらうのか、理解できなかった。その解答は、ただ報告書のページを埋めて、アメリカ人大衆を鎮静するためだった」[29]

筋書きはできており、ウオーレン委員会はただ俳優を見つけてその役をさせるだけだった。どこから射撃があったかを証言する目撃者がまさにこのケースだった。暗殺当日及びその後に銃撃がどこからなされたかにつき、宣誓供述した目撃者25名のうち、22名は小高い草むらと答えた。[30] 委員会が集めた121名の目撃者の供述証拠で保管されているもののうち、51名は銃撃は小高い草むらのエリアから撃たれたと答え、32名がテキサス教科書倉庫ビルから撃たれたと答えた。[31] ところがウオーレン報告書は、「三段交差の鉄道橋、近くの鉄道の置き場、その他、テキサス教科書倉庫ビル以外には銃弾が撃たれた場所と思わせる信用できる証拠がなかった」[32] と結論する。大多数の目撃者は別の場所を指摘するのに、教科書倉庫が筋書きにピッタリ合ったのだ。

委員会にとって、銃弾は他の場所から撃たれることがあってならなかった。「いったい、51名の宣誓証言とそのほか多くの目撃者の証言が傲慢にも『信頼できる証拠がない』と却下されるような殺人事件が他にあるだろうか？」[33] この委員会を批判するハロルド・フェルドマンは書いている。

他にも棄却されたものがある。ダラス警察の3名の警察官、セイモア・ワイツマン、D・V・ハークネス、それにジョー・マーシャル・スミスが暗殺直後にシークレットサービスに扮した男達と遭遇したという報告書である。スミス巡査はある女性から銃声がしたと小高い草むらを指さされ、行ったとき、シークレットサービスの身分証を提示した男に出くわした。[34] これは偽捜査官であったとしか言えない。なぜなら、車両パレードについていたすべてのシークレットサービス捜査官は直ぐさまパークランド病院に直行したからである。委員会の弁護士ワイスリー・リーベラーにインタビューされたスミス巡査はその証言内容を変えることはなかった。

リーベラー氏：エルム通りから鉄道線路側へ向かって、この小高い草むらの向こうに駐車場がありますね。あなたはその駐車場に降りていって、そのあたりを調べたのですか？
スミス氏：イエスサー。すべての車を調べました。すべての車の中をのぞき込み、草むらもチェックしました。もちろん私一人ではありませんでした。あるシェリフ代理が一緒でした。そこに一人のシークレットサービスマンと思われる人物がいました。ここで証言しておく必要があると思いますが、私はすごく馬鹿らしいと思いつつ、銃撃のあとで、しかも女性の言ったこともあり、ホルスターからピストルを抜いてました。で思ったのですが、これはおかしい、私は誰を探しているんだと思い、ピストルを戻しました。その時彼はシークレットサービスのエージェントである証明書を見せました。

ゴードン・アーノルドは軍人でダラスで休暇中であったが、大統領の車のパレードを見ようとしていて、銃撃の直前に小高い草むらのフェンスの向こう側にシークレットサービスのエージェントと名告る男を見ている。その偽エージェントはバッジをちらつかせ、この地域に所属しないんだとアーノルドに告げた。アーノルドは暗殺研究家のジム・マーズに暗殺者との遭遇を回想して答えた。

私はわかったと言って、フェンスに沿って歩いて戻ろうとしました。彼が私の後をついてきているように感じ、少し言葉を交わしました。歩いて、フェンス前あたりに土のマウンドができている所を見つけ、車のパレードはそこに立てばよく見えると……ちょうど車がエルム通りにさしかかり、私の方へと来始めたとき、私の左肩越しに一発撃たれたのです。音が聞こえたというより、弾丸を感じました。それはちょうど左耳あたりを通過しました。……私は基礎訓練を終えたところでした。実際の銃弾が発射されたとわかりました。それは私の頭越しに撃たれたのです。私はそこへ倒れ込みました。

エージェントに関するアーノルドの話はちょうどケネディ大統領が致命的に銃撃された時に写真を撮ったメリー・モールマンにより確認された。その写真はアーノルドが陸軍キャップをかぶり、軍役のメダルを首にかけてパレードを撮影している映像を示している。写真は興味深いことにもう一人の姿を写している。いわゆる『バッジマン』として知られる男が小高い草むらのフェンスの向こうにいる証拠になるものだ。暗殺当時、同時刻に異なる角度から撮られた写真を目撃者でもあるオービル・ニックスとジャック・ドラングが分析した結果、次のように述べた。「二つの角度から撮影された被写体は、疑いもなく同一人物です。……被写体は男で細長いものを抱えています」[35] ドラングは商業写真家で合衆国陸軍の調査写真の仕事の経験もある。

1980年代に暗殺研究家のゲリー・マックとジャック・ホワイトはその写真を研究し、もっと分析を進めようとしてニュース業界の注目を引いた。グループはMITの最新コンピューター技術を駆使してモールマンの写真を分析した。その結果、写真は明確に人物がライフルを撃っていることを表示していた。[36]

アーノルドは後にその写真を見せられ、当時を思い出し、度肝を抜かれた。「なんで私がそのとき身体を曲げて立っていたのか、理解できなかったんです」アーノルドは写真をよく調べて気づいた結果、言った。「もし、あれが銃の発射だったなら、あそこにいたら、馬鹿でないかぎりまっすぐ立っていることはできないでしょう。熱風を避けるために反射的に動いたんです」[37]

アーレン・スペクターは当時フィラデルフィアの州検察官助手だったが、暗殺の事実を確認するために参加した唯一の法律専門家だった。信じられないことだが、暗殺の前、ロバート・ケネディはスペクターのファンだった。彼はフィラデルフィアのトラック組合を告訴して勝っており、それを知ったボビーは1963年にトラック組合会長のジミー・ホッファに対して司法省が戦いを挑むため、スペクターに助けを求めた。スペクターはその申し出を断った。6カ月後彼は全く異なるオファーを受けることになる。

ウオーレン委員会の法律顧問の職だった。スペクターが決定した『事実』には『魔法の弾丸理論』があり、銃弾の弾道、どこから撃たれたか、そして一連の事件の流れと暗殺者の数が含まれる。[38]

スペクターはデーリープラザで暗殺の現場検証を実施したが、大統領専用車と異なる作りの違うモデルの車を使った。（大統領のリムジンは1961年型リンカーン。他方現場検証では1956年型キャデラックだった）小さい車なので、ジャンプシートはなく、そのかわり1961年型リンカーンより後ろのベンチシートは高めだった。[39] この代わりのモデルでは現地検証の全体を正当化できなかった。不思議なことに知事のジョン・コナリーの役はFBI副長官のマーク・フェルトが行ったが、彼は後にウオーターゲート事件で『ディープスロート』だったことが明かされる人物だった。フェルトはワシントンポスト紙のロバート・ウッドワードとカール・バーンスタインの有名な匿名情報源だった。

私はスペクターが1980年の上院選挙に出るときにコンサルタントとして関与した。彼は1976年の上院選挙に敗れ、フィラデルフィアの市長選挙、州検察官、知事、などにも失敗し、ワシントンに来ていた。彼の忍耐力はニクソンと同じ、彼を駆り立てたのは野望だった。

私がスペクターをよく知るようになったのは彼の上院議員の時代で、彼の1996年の大統領選で選挙運動の代表を務めた。選挙は宗教色のない共和党全体の広いテーマを問う、象徴的姿勢をとるものだった。

私は上院議員に『魔法の弾丸理論』は戯言だと思うと言った。彼はいつも微笑み、論争はカクテルの時間に先送りされた。飲みながら、彼はJFKの銃弾による死について熱中して議論した。スペクターは政治的論議に強い興味を持ち、公共政策の具体化に熱意を持っていた。彼は選挙運動が好きで、スカッシュのゲームが好きで、ローストビーフにこだわりを持ち、氷の入ったグラスを横に、冷たいマティーニを好んだ。彼はマティーニに氷のかけらを加えながら、冷たくキープしてゆっくり楽しんだ。

スペクターはしつこく、イライラさせる男で、ぶっきらぼうにも、下品にもなるような男だった。彼はやると決めると戻ることはなかった。彼がトラック組合を容赦なく追及しているのをロバート・ケネディが気づいたとき、ペンシルバニアの世論調査の得票は彼にとって最高点だった。スペクターのやり方は旋風のような質問と命令を投げかけ、スタッフにきつかったので評判が悪かった。しかし、30年の付き合いがあったせいか、彼は私に一度もきつい言葉を投げかけなかった。

銃撃後のケネディ大統領の治療に当たったある医療スタッフは証言の際、虐められ、困らされ、時にはその証言を記録から削除された。ロナルド・ジョーンズはパークランド病院勤務の地元の医者であったが、ケネディの身体を検査して、喉に入り口となる傷を見た。これをスペクターに述べたところ、ジョーンズはその意見を精査されることになった。

ジョーンズ医師：穴はとても小さく、比較的明瞭なもので、それは弾丸が患者から出たときのものではなく、入ったときに見られるものでした。もしこれが出たときの傷なら、それは非常に遅い速度で出て、損傷を与えないものと考えられます。もしこれが高速度の弾丸であれば、出るところで破壊的な傷が想定されます。皮膚は表面目視検査によるものよりも、もっと破壊されたものになったと考えられます。
スペクター氏：そうであれば、出口傷であるなら、それは遅い速度だったと言えるわけですね。
ジョーンズ医師：そうです。とても遅い速度で、この弾丸はかろうじて柔らかい組織を通り抜け、ちょうど反対側の皮膚から転げ落ちた感じです。[40]

後ろから撃たれた弾丸が出口の喉に小さな傷を残すには、弾が非常にゆっくりした速度で動かなければあり得ないという信念は、『魔法の弾丸理論』と矛盾する。というのは大統領の喉から出た弾丸はそのあとコナリー知事の胸を撃ち抜き、腕を貫通し、彼の足まで達したことになっているのだ。スペクターはジョーンズの証言に納得せず、彼に意見を変えるよう迫った。
30年以上経過して、ジョーンズはARRB（暗殺記録閲覧委員会）での質問に答えてウオーレン委員会証言の後でのスペクターとの会話を物語った。

私が証言を終えると、アーレン・スペクターは廊下まで私を追いかけ言いました。「あんたに口外して欲しくないってことを言っておきたいんだ」ジョーンズは回想した。彼は言ったんです。「大統領が前から撃たれたのを見たと証言しようとしている人達がいるんだ」私は、「何かを証言しようとする人はいるもんですよ」と言いました。しかし、彼はこう言いました。「我々は彼が後ろから撃たれたと確信しているんだ。それからすると、我々のうち誰かが、あれはもともと入り口傷だったと考えたりしたら、わかるだろ。そこで話は終わってしまうんだ。それに実際そういうふうに証言する予定の人がいるんだ」と。これを圧力と解するべきかはわかりませんが、彼にこの事につき誰にも話すなと言われたのには正直驚きました。31才の若い研修医で、この話を今後誰にも話すなと言われて。あの頃、皆そうだったと思うのですが、国全体がそんな感じで、言ってみれば、ジョークなんか全く言えない雰囲気で、それでいて、あの暗殺では何が起こったかというジョークが広まったりしていて。でも私たちはあのことについては真剣でした。異常だったと思います。[41]

スペクターは魔法の弾丸を発見したパークランド病院の技師ダリル・トムリンソンを脅し、コナリー知事に当たった弾丸と関係させるためか、彼がストレッチャーの上に弾丸を見つけたように証言を変えさせた。スペクターは暗殺の目撃者であるジーン・ヒルをも困らせた。彼女はウオーレン委員会の説明の銃撃弾数より多くの銃撃音を聞いたと証言した。それも銃撃は複数箇所から撃たれており、その一つは小高い草むらであったと言った。

ヒルはスペクターの嫌がらせを暗殺研究家ジム・マースに詳述する。

> 彼は私の話、特に銃撃弾数について、なんとか変えさせようとしました。彼は、私があそこで何発の銃声があったか聞かされたんだと言いました。あの暗殺の直後シークレットサービスが私に言ったことを話しているんだと思いました。彼の言い方や態度は、あんたは言うべきことがわかっているんだから、なぜそれを素直に言わないんだという感じでした。私は彼に聞きました。「それでは、あなたは真実を知りたいのか、それともあなたの都合に合うことを言って欲しいのか？」と。彼は真実を言って欲しいと言ったので、私は「真実は、私は4発から6発の銃声を聞きました」と言いました。「嘘を言うつもりはありません」と。そこで彼は記録をとるのを止めました。彼は私の生活、家族のこと、そして私の結婚生活がうまくいっていないことまで言い出しました。私は「そんなに私のことを知っているんだったら、インタビューは何のためにしてるんですか？」と言ってやりました。彼は益々怒り出しこう言いました。「いいか！　我々はあんたをマリーナ・オズワルドみたいなキチガイ女だとすることができるんだ。誰もが彼女がどれだけおかしいか知ってるだろ。我々に協力しないんなら精神病院にほうりこむことだってできるんだ！」[42]

この脅迫は目撃者の証言が統一見解と矛盾しないようにするため、必要なことだった。実際には政府ですら矛盾のない統一見解を形成することができなかった。

1964年、スペクターはフィラデルフィア法曹協会で、FBIは『魔法の弾丸理論』を採用していないと述べた。当時、一般にはFBIはケネディとコナリーが別の弾丸により傷ついたという意見であることが知られていた。このFBIの結論は委員会証拠資料399として後に公開された文書にある。それによるとJFKに撃ち込まれた魔法の弾丸は、「彼の肩の下、背骨の右側に、25度から60度の角度で下方へ入っており、その出口はなく、弾丸は体内に発見されなかった」[43]

スペクターはその後、HSCAとチャーチ委員会の調査官であるゲートン・フォンジに対し、当初は否定していたのだが、ウオーレン委員会が検証したザプルーダーフィルムは重要な局面において「映像フレームが失われていた」ことを認めた。彼らが一緒に映像を見たところ、ザプルーダーフィルムのフレーム207から212までが接合されている事実をフォンジはスペクターに指摘した。「おやまあ、あなたの言うとおりだ」とスペクターは言った。「207から212？　間に入るフレームがあるんだ！　意図的に抜いていたことは絶対にないと思うけど。こんなことは知らなかった。いや驚いたね」[44]

フォンジから弾丸跡のある服を突きつけられ、背中上部右側の弾痕と喉の弾痕が繋がらないと問い詰められ、スペクターは茫然自失になり、銃撃されたときケネディは手を振っていたが、完璧に仕立てられたスーツの上着とシャツは身体の上部にゴロゴロになってせり上がっていたことになるという馬鹿げた理論を言わなくなった。

スペクター：えーと、うしろの穴はですね。シャツを広げてみたら、あの、その、どこから入ったかは忘れたんですが……確かにさほど高くないですね。えっと……わかるんですが……その……下方の角度は、あの……

フォンジ：シャツの後ろ側の弾痕はシャツの前側、首のところの穴より、低くはないですか？（大統領はネクタイを貫通した弾丸で喉を傷つけられており、シャツの前、喉のあたりに穴ができていた。）

スペクター：ええっと、思いますに、シャツが引き上げられていた可能性は置いておくにして、一線に並ぶか、若干低めになりますなあ。

フォンジ：若干低めですって？

スペクター：多分。でも明言は避けたいですね。良く覚えていないので。そのシャツよく見てみないと。

スペクターはフォンジから追及されて、委員会が検死報告の写真とX線写真を見なかったことを認めた。そして、重要な証拠を要求したかどうかの質問には答えなかった。

「私があなたの質問をはぐらかしているって？」とスペクターは言った。「そう、あなたの質問をはぐらかしています」[45]

スペクターが誤魔化しきることができなかったのは、ケネディに当たったその弾丸がコナリーに当たり、怪我をさせたと証言する目撃者がいなかったためである。法病理学者のシリル・H・ウェヒトに言わせるとこの理論は「無知で、非科学的なペテン」であるという。[46]

奇妙にも、ウェヒトはその後の経歴でスペクターと何度か出くわすことになる。彼はピッツバーグの聖フランシス病院でスタッフとして勤務したあと、1965年にアレゲーニカウンティの副検死官になる。4年後アレゲーニカウンティの検死官に選出され、1970年から1980年、その後1996年から2006年にその職に就いた。

1978年、彼はアレゲーニカウンティ民主党代表に選ばれた。1年後彼はアレゲーニカウンティの行政理事会の議員に選出された。1982年には上院議員のジョン・ハインツに対抗するため民主党から指名を受けた。ハインツはその6年前に共和党予備選でアーレン・スペクターを破っていた。結局、その選挙ではハインツが59%を得票して勝った。

1978年HSCAがジョン・F・ケネディ暗殺を再調査するとき、HSCAはウオーレン委員会と同意見で、『魔法の弾丸理論』も認めていたが、ウェヒトはその法的病理学の検討会9名のメンバーのうちただ一人異議申し立てをしていた。ケネディ暗殺の4つの公式検査のうちウェヒトが『魔法の弾丸理論』とケネディの頭部の銃撃傷が矛盾しないという結論に異議を唱えた唯一の法病理学者であった。

ウェヒトは被害者の衣服、射撃者が使ったと言われるライフル、X線写真、それに検死報告の写真と実際の弾丸を調査した結果、『魔法の弾丸理論』で述べられる弾道は科学的にあり得ないという明確な結論に達した。[47]

「弾丸を使って実際にやってみるといいんだ。何十万回やっても、誰もこの状況は作り出せない」[48]とウェヒトは言う。他のほとんどの研究者達と同じ意見なのだが、この理論は委員会の誤った結論に結びつけるのに必要なものだった。「単一弾丸理論がない限り、単独犯説が成り立たない。オズワルドであれ、他のだれかであれ」[49]とウェヒトは言う。

ジョン・コナリー自身彼は別の銃弾で傷ついたと証言している。「ちまたでは、『単一弾丸説』や『2弾丸説』と言ってるけど、私にとって理論なんかない」コナリーは言い放った。「これは断言できるが、妻のネリーも同意見だ。1発の銃弾は大統領に最初に当たり、全く別の銃弾が私に当たった」[50]しかしながら、コナリーは熱烈なジョンソンマンであったせいか、ウオーレン委員会の最終結論に満足していた。

「コナリーはウオーレン委員会の結論に満足していると表明した」と暗殺研究家のペン・ジョーンズは言う。「これは狂気の沙汰ですよ。自分は別の銃弾で傷ついたと主張すれば、ウオーレン報告を完璧にぶちこわすことになります。なんで、委員会の結論に従うと言うのでしょうか」[51]

その理論をさらに揺らがすのが委員会報告の添付資料399である。それは委員会が関係づける回収された弾丸のことである。発見された弾丸の問題点はそれが全く傷がなく、完全に新しいものだったことだ。それでもスペクターは彼の理論にこだわった。オリバー・ストーンの映画JFKが公開されたとき、スペクターは映画が委員会の発見したことを支持することになるという意見を発表した。「奇妙なことだが、誰もまともに取り合っていないこのアホな映画でも、見れば事実を知ることになるし、そのお陰で、人がウオーレン委員会報告書を読み、広い範囲の分析を納得し、その健全な結論を受け入れるかもしれない」とスペクターは言った。[52]

自分の回想録を公表して、スペクターは益々大胆になった。「私は今から単一弾丸論と名付けます」スペクターは愚かにも2000年に書いている。「それは理論として始まった。そして理論が事実に裏付けられて、結論と呼ばれるにふさわしいものになった」[53]

委員会にとってもう一つの難儀な仕事がオズワルドが撃ったという証明だった。逮捕されたときに実施されたパラフィンテストではオズワルドの頬には硝酸塩が発見されなかった。(弾丸の中に粉末で含まれ、発射されたとき噴射される)

「パラフィンワックスは皮膚の中にしみ込むので、これはとても繊細なテストです」とこの暗殺に科学的アプローチをとって〈ヘッドショット〉を書いたG・ポール・チェンバーは記載している。「テスト前に顔を洗っても、硝酸塩をすべて洗い去ることはできません。長時間弾薬の作業をしていると、その粉の独特の匂いが皮膚や服につき、匂いを取ることが難しいのです。オズワルドの手に硝酸塩の反応があったということは、彼が拳銃を発射したことを示すものかもしれません。(暗殺のその日にティペット巡査を撃ったと起訴されている)しかし、硝酸塩は他のものから、紙とかインクから彼の手についた可能性もあります。彼の頬に硝酸塩の反応がないという事実は、その日彼がライフルを撃っていないと法廷で認められる証拠になります」[54]

オズワルドに関してもう一つ矛盾があるのが、倉庫ビルの6階で見つかった凶器である。当初の警察からの報告では、7.65インチドイツ製モーゼル銃と言われ、その銃はオズワルドが所有し、銃撃に使ったとされているマンリハー・カルカーノ6.5インチイタリア製カービン銃に似ている銃だった。地元の巡査セイモア・ワイツマンは保安官代理のユージン・ボーンと一緒に6階でライフルを見つけた。武器に関しては彼自身「ちょっとの間スポーツ商品の仕事をしていたので、かなり詳しい」ということを委員会に言っていた。[55]

暗殺後のある日にワイツマンはモーゼル銃を発見した時の詳細を宣誓供述書に書き込んでいる。「我々は6階の北西角で、代理のボーンと私が同時にライフルを発見した」とワイツマンは記載している。「このライフルは7.65インチモーゼル銃ボルトアクション型で4／18のスコープが装丁され、太い黒茶色の革紐がつけられていた」[56]

この供述は検証され、その場でダラス警察の代表シェリフであるロジャー・クレーグも同じ話を繰り返した。

> 地元の自警団代表の巡査セイモア・ワイツマンが我々に加わった。ワイツマンは銃マニアで一時スポーツ商品の店を経営してたので、銃にはとても詳しかった。彼はそれモーゼルみたいだと言って、フリッツの方へ歩いて行った。キャプテンフリッツはライフルを持ち上げており、私はワイツマンの横に立っていた。彼はフリッツの横にいた。我々はライフルから6〜8インチも離れておらず、ライフルの銃身に押し型で「7.65モーゼル」と記されていた。その時なんだ。ワイツマンが銃身の‘7.65モーゼル’という押し型を指さし、「これモーゼルです」と言ったのは。[57]

現場での巡査であったクレーグは公式の所説に異議を唱え、多くの意見を述べたが、この暗殺に懸命に関わった多くの目撃者と同じく、不可思議な死に方をした。自分で撃った銃による怪我で死んだことになっている。[58]

暗殺研究家のマーク・レーンが委員会に出席し、教科書倉庫ビル6階で見つかった凶器を調べたいと依頼した。ライフルの銃身に押し型されていたのは、『メイドインイタリア』と『カル6.5』であった。[59]

6階の窓にライフルを持っているオズワルドを見たただ一人の目撃者がいる。目撃者のハワード・L・ブレナンが窓際に立つ男が銃撃しているのを見た。窓は少ししか開くことができなかったので、射撃手は立っていたはずはない。委員会はその後、「ブレナンは窓にいた男が銃撃したとき立っていたと証言したが、多分、犯人は座っていたか、ひざまづいていたと思われる」と決定した。[60]

ブレナンの目撃証言によりダラス警察はオズワルドを容疑者と決めた。「白人男性で、30才ぐらいの年、約6フィートの背丈、約165ポンドの体重、白いシャツ、カーキ色のズボン着用」ということだった。[61]

その描写は服装に関しては全く異なっていたが、1時間以内に彼は逮捕された。

「彼は白いシャツとカーキ色のズボン姿ではなかった」と暗殺研究家のメリー・フェレルは言う。「彼が着ていたのは濃い赤茶色のシャツで、保管庫で手に取ってみましたが、赤っぽい色の糸と金色の糸が、格子柄のように編み込まれていて、でもとても黒っぽいものでした。そして彼はカーキのズボンではなく、茶色のウールのズボンをはいていました」[62]

委員会のもう一つの失敗はオズワルドが5.6秒のあいだに正確に3発撃ったことを証明できなかったことである。

全国ライフル協会のマスター級のプロの射撃手3名がオズワルドが撃ったとされる状況を再現するために集められた。[63]

プロに比較してオズワルドは手先が不器用で機敏な仕事ができないと思われた。彼は武器の扱いが不得意で、海兵隊員のとき、兵舎内で弾の込められたピストルを落とし、暴発させたことがあった。[64] オズワルドは暗殺以前の時期、最後のライフルのテストで『下手くそ』と登録されていた。[65] 彼は自動車の運転ができず、暗殺のあった年の初め、ダラスのグラフィックアートの会社で不器用だという理由で首にされていた。

「彼は何をしてもうまくできなかった」と元の雇い主は言う。「オズワルドは求められたものと同じサイズを作るのが難しいようだった」[66]

それでいて、オズワルドはケネディ大統領の頭部を1発と、喉を1発、5.6秒のあいだにライフルで撃ち抜いたと言われている。それもダラス警察が発見したライフルは照準が不正確で、適切に調整されていなかった。ベテランの射撃手らは3発づつ2回撃ったが、静止した標的の首と頭部を撃つことができなかった。さらに、そのうちの一人しか、決められた時間内に撃つことができなかった。[67]

この実験結果があったにも関わらず、委員会は結論として、以下のように締めくくった。「様々な実験結果、マンリハー・カルカーノは正確なライフルであり、4パワー照準を使えば迅速かつ正確な射撃が可能となり、オズワルドは4.8から

5.6秒内に3発撃ち、2発を命中させる能力を有していた」[69]

ウオーレン委員会のライフル実験で銃撃を再現しようとした試みがすべて失敗する中、オズワルドの単独ガンマンの幻想を更に膨らませることになった。CBSは1967年に11名の専門射撃手を集め銃撃を再現しようとした。1度目のトライアルでは動く標的に2発当てる者はいなかったが、その後11名中4名だけが2発命中させた。[70]

ディスカバリーチャンネルの〈ミスバスターズ〉(神話をぶっつぶせ)で『魔法の弾丸理論』の正当化の試みが行われた。再現のためには、解剖学的代用物研究の会社が作製した人工骨と肉から成る身体のパーツでケネディ大統領とコナリー知事のレプリカの胴体が作成された。それぞれのボディの弾が当たった場所に印がつけられ、ケネディのには背中上部右に、コナリーのには右背中の腕の付け根あたりに印がつけられた。レプリカの胴体は大統領用リムジンで彼らが座っていたように並べられた。コナリーのレプリカにはジェル状の塊が人工骨とともに腕に、同様の太ももの塊が足に埋め込まれた。

テストのショットで静止標的ではあったが、弾丸はケネディの背中を撃ち抜き、コナリーとその手首をも撃ち抜き、太ももの塊を吹き飛ばした。ミスバスターズのチームは成功と自賛した。

「我々の撃った弾丸はほとんど正確に魔法の弾丸の軌道を再現しました」とナレーターのロバート・リーは説明した。[71]

事実は、この実験はあの理論を証明するより、むしろ誤りを暴露するものだった。弾丸が太もも部に残らなかったのは別にして、弾丸はテストの結果、曲がり、めちゃくちゃになっており、委員会の添付資料399にある無傷の弾丸とは全く異なっていた。ミスバスターズの再現した弾丸の経路もウオーレン委員会の主張しているものと全く異なっていた。ミスバスターズの弾丸はケネディに教科書倉庫ビルの狙撃者の巣から撃たれた角度の想定でケネディの背中上部の右に撃ち込まれたので、彼の胸の中央部から出ており、喉には関係しなかった。この経路は現実的なものといえる。

元ロサンジェルス警察の刑事であるマーク・ファールマンはO・J・シンプソン事件の調査で有名になった人物であるが、〈殺人での単純な行為〉という著書で『魔法の弾丸理論』が不可能であることを述べ、この説を完全に退けている。ファールマンによるとリムジンの乗員に3発弾丸が当たっただけのことだと言う。[72]

この複雑なウオーレン委員会は長年にわたり、失敗だったと言われてきた。しかし、本当のところ、これほど成功したものはない。事実をねじ曲げ、証拠を廃棄し、暗殺に関する事実をゆがめ真実を無視して、この犯罪の真犯人を逃すだけでなく、彼らのいた政府の最高位に居座らせたのである。

ニクソン大統領も委員会の調査結果に疑問を持っていた。1972年5月15日アラバマ州知事ジョージ・ウオレスがメリーランドで狂ったガンマンに撃たれたとき、ニクソンはFBIに電話した。FBIのナンバー2のマーク・フェルトがその電話に答えた。

「犯人のブレナーは肉体的に良好な状態です」とフェルトは言った。「彼には切り傷と打撲あざが少しありますが、それに……『よーし！』」とニクソンは言った。「彼にはもう少しだけやって欲しいな」

フェルトは笑って、「ともかく、精神科医が彼を調べましたんで」と言い、付け加えた。「この男には精神病の問題があります」

ニクソンは一つだけ完璧にクリアにしたいことがあった。「今回の事件では、ケネディ暗殺事件のようなやり方はしないと確認しろよ。あのときは十分なフォローアップをしてなかったから。わかるだろ！」[73]

マーク・レーンは暗殺を独自に調査した人の一人であるが、ウオーレン委員会には批判的で、そこでの2度目の証言で委員会のずさんな進行につき、核心に切り込んだ。彼は代表法律顧問のランキンに呼びかけた。

> この国には1億8千万人のアメリカ人がおります。そのうち多分私が唯一の民間人としてこの6カ月間、全力を挙げて情報を収集し、この委員会にも、またこの国の一般人にも提供してきました。その間、様々な嫌がらせにあい、また金銭的にも恐ろしいほどの金額を失う目にあうという個人的負担を背負ってきました。この仕事を6カ月やり、今ここに座って、すべてを委員会に提出し、それも、自発的に、そして又本日も自発的に出てきまして、情報提供しておりますのに、あなたは委員会に協力的でないと言う。また情報を隠していると国に危害をあたえるものだとあなたに言われて、驚愕しております。あなたには何百人のFBIのエージェント、シークレットサービス、ダラス警察官がいて、ダラス中を走らせてます。全国の警察機構が6カ月かけて発見できなかったことを私がダラスの旅で2日ほどかけて、発見したとでもおっしゃるのでしょうか？　いまのこの状況では正当な評価だとは信じられません。ランキンさん、信じられないです。[74]

注釈

1. Thomas H. O'Connor, *The Boston Irish: A Political History* (Boston: Northeastern University Press, 1995), 170.
2. Ibid.
3. Ibid., 176.
4. Ibid.
5. Beschloss, *Taking Charge*, 22.
6. Ibid., 51.
7. Marrs, *Crossfire*, 61.
8. Ibid.
9. "Commission Document - FBI Summary Report," *Warren Commission Documents* (March, 2012), maryferrell.org/mffweb/archive/viewer/showDoc.do?docId=10402; 1.
10. Ibid., 18.
11. Chambers, *Head Shot*, 154-55.
12. Beschloss, *Taking Charge*, 62.
13. Kelin, *Praise from a Future Generation*, 5.
14. Beschloss, *Taking Charge*, 52.
15. Talbot, *Brothers*, 274.
16. Ibid.
17. Janney, *Mary's Mosaic*, 301.
18. Talbot, *Brothers*, 274.
19. North, *Act of Treason*, 508-9.
20. Gentry, *J. Edgar Hoover: The Man and his Secrets*, 553-54.
21. Novak, *The Prince of Darkness*, 210-211.
22. PR News Channel, "Book Publisher: President Ford Knew of CIA Coverup in Kennedy Assassination" (November 27, 2007), www. prnewschannel.com/absolutenm/templates/?a=141.
23. Ibid.
24. Ibid., 560.
25. Epstein, *Inquest*, 38.
26. Nelson, *The Mastermind of the JFK Assassination*, 443.
27. Talbot, *Brothers*, 282.
28. De Mohrenschildt, "I am a Patsy!, I am a Patsy!"
29. Ibid.
30. Lane, *Rush To Judgement*, 39.
31. Kelin, *Praise From a Future Generation*, 213.
32. Ibid., 215.
33. Ibid.
34. Ibid., 238.
35. Kelin, *Praise from a Future Generation*, 365.
36. Marrs, *Crossfire*, 80.
37. Nigel Turner, The Men Who Killed Kennedy, Episode 9, October 25, 1988, Central

Television (ITV Network), UK.
38. Epstein, *Inquest*, 60.
39. Fuhrman, *A Simple Act of Murder*, pg. 125.
40. Warren Commission testimony of Ronald Jones.
41. Assassination Records Review Board, Examination of Ronald Jones.
42. Marrs, *Crossfire*, 483.
43. Kelin, *Praise from a Future Generation*, 274.
44. Ibid., 299.
45. Ibid., 300.
46. Michael A. Fuoco, "40 Years On, Arlen Specter and Cyril Wecht Still Don't Agree How JFK Died," *Pittsburgh Post-Gazette* (November 16,2003).
47. Ibid.
48. Ibid.
49. Fuhrman, *A Simple Act of Murder*, 179.
50. Ibid., 157.
51. Kelin, *Praise from a Future Generation*, 355.
52. Ibid., 469.
53. Ibid., 473.
54. Chambers, *Head Shot*, 171-72.
55. Warren Commission testimony of Seymour Weitzman.
56. Affidavit of Seymour Weitzman, jfk.ci.dallas.tx.us/04/0433-001.gif.
57. Mark Lane, "Two Men in Dallas," Ustream (February 22, 2010), ustream, tv/recorded/4919473.
58. "Autopsy Report of Roger Craig," mcadams.posc.mu.edu/craig_au-topsy.htm.
59. Lane, *Rush to Judgment*, 115.
60. Kelin, *Praise from a Future Generation*, 108.
61. Ibid.
62. Ibid.
63. Lane, *Rush to Judgment*, 126.
64. North, *Act of Treason*, 212,
65. Lane, *Rush to Judgment*, 126.
66. North, *Act of Treason*, 212.
67. Lane, *Rush to Judgment*, 127.
68. Ibid.
69. Ibid., 128.
70. Michael T. Griffith, "How Long Would the Lone Gunman Have Had to Fire?" (May, 2012), mtgriffith.com/web_documents/howlong.htm.
71. "JFK Assassination Magic Bullet Test (Part 2)," posted by Nelson Smith (July 25,2009), www.youtube.com/watch?v=PZRUNYZY71g.
72. Fuhrman, *A Simple Act of Murder*, 207-9.
73. Tim Weiner, *Enemies: A History of the FBI* (New York: Random House. 2012), 308.
74. Warren Commission testimony of Mark Lane.

第19章
ロバート・ケネディ

大統領が死んだ日の午後5時30分を経過した頃、元大統領の弟ボビー・ケネディ（ロバート・ケネディの愛称）は大統領専用機の到着を待っていた。アンドリュー空軍基地に少し前に着いていたケネディは滑走路近くの布で覆われたUS陸軍の輸送トラックの後ろに一人待っていた。そこは記者や、法律関係者、軍関係者が大勢いるところから離れていた。ケネディは一人でジャッキーと彼の兄の遺体を待っていた。

「ケネディ家の者は決して泣かない」というのが父ジョーSr.が子供達が育つ頃に躾の言葉に使ったフレーズだった。ボビーにとって、男兄弟の中で一番神経質だったこともあり、特にきついことだった。この若いケネディは人生で長男のジョーJr.と姉のキャスリーンを共に悲劇的な飛行機事故で亡くしており、その事故は注意深く計画しておれば、避けることができたかも知れないものであった。彼の妹ローズマリーは身体的には生きており、その精神は間違った指導でおこなわれた前頭部脳切開手術のため永遠に5歳児に戻った状態だった。ジョンの死は違ったものだった。ボビーはその死に責任を感じていた。彼は悪と考えた勢力、すなわち組織犯罪、FBI長官J・エドガー・フーバー、CIAそれに彼の強敵リンドン・ジョンソンと戦うことを司法長官としての使命としていた。ボビーの考えではこれらの勢力と戦うだけではなく、最後には打ち破ることを目標としていた。最終的にはすべてを賭けたサバイバルゲームだった。

「彼らが私たちのどちらかを殺すと思っていた」ボビーは暗殺後すぐの頃、側近のエド・グスマンに言った。「でもジャックは今までのことを経験したあとでも、そのことは心配していなかった。僕は僕がやられると思ってた」[1]

ボビーは兄の死に対しものすごい罪悪感を持っていたに違いない。

「私の感じでは、ボビーはある共謀があったかもしれないと心配していたように思います。それも彼のせいで」ロバート・ケネディの部下キャッツヘンバッハは言う。「彼が兄の死に責任があるかもしれないと思うのはとんでもなく恐ろしいことなんですね。調査をすれば、いつかは自分に疑いが向けられる恐れがあると思ったかもしれません」[2]

午後6時に大統領専用機は滑走路に降り立ち、ダラスからの1,300マイルの旅を終えた。ボビーはトラックの後ろの静かな隠れ場所から、着地する機体へ向かった。階段が取りつけられると、彼は一気に駆け上がり、機体に入った。

リンドン・ジョンソンはボビーが飛行機の後部へと進むのを見て、手を差し出しお悔やみを言おうとした。

「ボブ」[3]とジョンソンは手を伸ばした。

ボビーは大統領と握手もせず、新しいボスであることも気にしない様子で、彼の横をすり抜けた。兄とジャッキーに会いたいという気持ちで一杯だった。ジョンソンにはボビーの人生で最も辛い日であるという同情もなく、ただケネディの拒絶の態度に激怒した。

「彼は走った。だから止まって、新しい大統領に挨拶をすることもないと思ったんだろう」[4]とジョンソンは言った。

この些細なことが後にケネディとジョンソンとの間の苦々しい対抗意識の火に油を注ぐことになる。しかしボビーは新しい最高司令官の拒絶されたという感情に気をとめることもなかった。

「政治とは高尚な冒険だ」[5]とはジョンがダラスに向かうときボビーに言った最後の言葉だった。ボビーは兄の死んだ日をこの意識で開始した。

その朝も司法長官として何日も行ってきた通りの仕事をした。組織犯罪の解体の計画作りだった。組織犯罪課の会議はボビーのオフィスで行われ、司法省が絶滅させたい汚職のタイプが網羅された。それらは、マフィアが潜入している労働組合、不法賭博、それに秘密ビジネスだった。その会議では省で使い始めた不正行為の容疑者をまとめて選び出す革新的な手法も議論に上がった。

「多くのケースでは賄賂が問題です」と訴追官のヘンリー・ピーターソンは言った。「我々は一斉検挙での現場で警官を逮捕することがあります。可能な限り、共謀、贈賄、脱税など含めて、警察、地区検事、市の役人、立法府議員へ持ち込んでます」[6]

弁護士のロナルド・ゴルドファーブはその著書〈完全な悪人と不完全なヒーロー〉で起訴を求める極端な方法を説明している。

法執行機関の役人に対し虚偽の意見表明を行うことを刑事罰の対象とし、立証するのが困難な偽証罪を多用しても、勝つことは難しいが、やらざるを得ない。法律は調査を終わらせるチャンスを与えるし、他方で目撃者に協力するよう圧力をかけ、さもなければ有罪に持ち込むと脅すこともできる。例えば連邦罰則規定S. 1001において特定の文書での虚偽表明は犯罪であるとしている。我々は家のリフォームローン、国籍取得ための書類、FAAローン、FCCラジオと電話オペレーター免許の申請書、国税の申告書、中小企業庁と退役軍人ローンに関する違法者をこの法律で引っかけようとしている。使いたくて使っているわけではないが、いまのところ使える法律としてあるからだ。[7]

司法長官は午前中に会議を終えたので、ヒッコリーヒルに戻り、約束のランチを食べながら、ロバート・モーゲンソーとシルビオ・モーロと司法省の将来について話し合うことになっていた。モーゲンソーが司法省でのロバート・ケネディの後釜にすわり、ケネディは兄の選挙責任者としてもどるとワシントンでは噂されていた。ボビーは出発前にロナルド・ゴールドファーブとある有名なギャングを不動産税法の確実ではない手法を使って起訴することにつき話し合った。

「これで終わりにしよう」ボビーは言った。「あとは考えておく。午後に決めよう」[8] このグループが会議したのはこれが最後だった。

その午後、ボビーはプールの横で、モーゲンソーとモーロと共に合衆国対カルロス・マルチェーロの裁判結果を待っていた。ニューオリンズのマフィアの親分が追放されてから2年が経過していた。今回政府はマルチェーロを不法にアメリカに再入国した罪で永久追放しようとしていた。

マフィアのボスを有罪にすることは組織犯罪に対するボビーの戦争におけるもう一つの確固たる勝利だった。

その日の午後の電話が事実上その撲滅活動を終わらせることになる。それはまた、司法長官のCIAに対する調査と、副大統領を解任し、できれば投獄しようとする彼の戦いをも終わらせるはずのものだった。

午後1時43分に電話があった。フーバーだった。

FBI長官はボビーに彼の兄、大統領がダラスを車で行進中銃撃されたと伝えた。

「重大な状態のようです」[9]とフーバーは言った。

「ジョンが撃たれた」とケネディはゲストに言ったが、顔を向けることができなかった。「致命傷かもしれない」[10]

フーバーから午後2時10分にその後の連絡が入ったが、ボビーが忌まわしい詳細を長官に伝えることになった。

「私は司法長官に電話し、大統領が非常に重篤な状態であると伝えようとしました」フーバーは後に記述している。「司法長官はその時大統領が亡くなったと言いました」[11]

ケネディ大統領の死は司法省でのボビーの活動を停止させ、フーバーにはFBIの長官として継続させる結果をもたらした。フーバーは長年司法長官の頭越しに直接大統領と繋がるやり方をとっていたが、ケネディ政権になりそれが妨げられ、今やそれが継続することとなった。リンドン・ジョンソンは大統領としてケネディ大統領の死後、直ちにフーバーとの通信回線を設置した。最初の仕事上の指示は国民に単独ガンマンよる仕業と確信させることだった。

FBIは「11月22日の1時10分を開始時間として、司法長官にションベンをかけ始めました」とある司法省のスタッフは回想する。ほとんど即座に、「ボビー・ベーカーに関する調査のFBIからの情報は入らなくなりました。一カ月もすると現場のFBIマンは一切私たちに話をしなくなりました。私たちはガス欠状態に陥りました」[12]

組織犯罪を終わらせようという攻撃態勢は消滅した。ボビーがCIAと始めていた相互交流も取り消された。ジョンソンはCIA長官のジョン・マッコーンに命じ、司法長官はもはや求められず、必要とされず、存在自体否定されていると本人に思い知らせるよう念を押した。

ジョンソンが大統領になり、ボビーは権力の階段から転げ落ちた。彼はもはやアメリカで2番目に力のある人物ではなく、3番でもなく、多分4番でもなかった。

「その時思いましたよ！」と司法省の弁護士ボブ・バークレーは言う。「すべてはロバート・ケネディに頼っていた。そしてロバート・ケネディはジョン・ケネディに頼っていた。そして暗殺が起こった日にすべてが消え去った」[13]

JFK暗殺の翌朝、ロバート・ケネディはワシントンでいかに迅速にパラダイムシフトが起こるか、身をもって経験することになる。午前9時にホワイトハウスに兄の個人的所有物を集めに行くと、ボビーはひどく動揺したエバリン・リンカーンに出くわした。その朝リンドン・ジョンソンが大統領としてホワイトハウスに着いたとき、彼はJFKの秘書を直ちに退職させると無感情な言い方で命じたという。

「9時30分に会議があるので、それまでに君の所有物はオフィスから取り払って、俺の女の子達が入れるようにして欲しい」[14]ジョンソンはリンカーンに言った。ケネディはリンカーンのために取りなした。ジョンソンは少し譲歩し、リンカーンに正午までにオフィスをあけるようにさせた。リンカーンは後に彼女自身暗殺をどう考えるかをまとめた。1994年10月7日の手紙に彼女は、「私の意見では5つの共謀者がいる。リンドン・ジョンソン、J・エドガー・フーバー、マフィア、CIAそれにフロリダ在住のキューバ人」と意見を述べている。[15]

ケネディ政権を思い出させるものはすぐさま取り払われた。ケネディがあのひどい背中の痛みを和らげるために使用したロッキングチェアーは廊下に倒されて置かれ、大統領室の絨毯を洗浄するためのスペースが作られていた。ダラスへの旅の直前に備えられた赤い敷物は同様に直ぐに取り外された。

「あれは大統領が暗殺されたことを思い出させるので、大統領執務室には大統領の印のある新しい敷物が入れられたんです」[16]とカーサ・デローチは言った。

デローチはFBIとジョンソン政権との連絡係であったが、1967年にホワイトハウスの職員の中にリー・ハービー・オズワルドが単独暗殺者だったという公式見解に個人的に質問してきたものがいるとFBI上層部に報告した。デローチはメモに記載している。「この関係で、マービン・ワトソン（LBJの主席スタッフ）が昨夜電話してきて、大統領自身がオフの時間に、あの暗殺には共謀があったと確信すると彼に言ったと述べた。ワトソンによると大統領はCIAが共謀に関わっていると感じているようだ」[17] これはジョンソンが大統領になってからしばしば使った手で、いつも新しい『グループ』が共謀に荷担してると言っていた。

1963年12月31日ジョン・ケネディが死んで間もなくのオースティン、ドリスキルホテルにて、ジョンソン大統領はマデレーン・ブラウンにあの暗殺は「テキサスの石油関係者とワシントンのあのクソ裏切り者の諜報機関の馬鹿どもによって」[18]成し遂げられたと言った。ジョンソンのスケジュール表から彼があの大晦日にドリスキルホテルに宿泊したのが確認できるので、ブラウンの記憶も確認される。

作家のアルフレッド・スタインバーグもその夜のドリスキルでのジョンソンを描いている。「大統領としての初めての休暇がほぼ終わろうとする大晦日（1963年）ジョンソンはワシントンの記者達が自宅から離れた地のホテルで飲み会をしている場所に突然現れた。彼はその休暇中何人かに気前よくしてやっていたので、彼らは彼を見て大騒ぎだった」

LBJの大統領スケジュールリストにはドリスキルでのイベントは「ホワイトハウス記者クラブ」と書かれていた。彼は女友達らと密会するのにドリスキルを利用した。

大統領になって当初、ジョンソンはボビー・ケネディが政権転覆を謀ることを恐れていたので、権力基盤を固めることに急いで取りかかった。

「あの頃、ボビーは俺に大統領にならせてくれるのか、俺は真剣に考えていたんだ。副大統領が自動的に大統領になれないと言い出しかねないと思った。最初の数日、彼を見るたびに彼がそう考えているのではと思ったよ」[19]とジョンソンは言った。

ケネディはこの初めの頃はただ耐えていた。それは疲労、いらだち、それに苦悶のミックスされた表情になっていた。

「私は機内で起こったこと、特にジョンソンが大統領執務室に入っていたことで動転していた」とケネディは言った。「だから、この頃には彼にはうんざりしてたんだ」12月の終わり、ボビーは司法省で恒例のパーティを開催し、この3年の成果を祝おうとした。フーバーは通常は現場の集まりには顔を出さないが、この時は出席した。着くなり長官はおちょくり屋のエセル・ケネディに困らされた。彼が引退したら誰が後釜に座るか予想して、彼をおちょくったのである。彼女はフーバーが嫌っていたロサンジェルスの警察官を提案した。[20]

しかし、フーバーには引退がなかった。ジョンソンが大統領となり、強制的定年退職は免除され、長官はFBIに生涯トップとして残ることになった。自分の地位が安泰になったため、フーバーはケネディに権力の復興を見せつけ始める。

「もうこの人達は私たちのために働いてくれなくなった」とケネディは言った。彼はフーバーとFBIのことを言ったのである。[21]

FBI長官室にあった司法長官のブザーは取り外された。ケネディ政権で採用された者の多くは首にされた。コートニー・エバンスは司法長官とホワイトハウスを繋ぐ人物だったが、彼も首になった。エバンスの後任はジョンソンの部下カーサ・デローチだった。

ジョン・ケネディが存命の頃、フーバーは神出鬼没の司法長官がどこにいるのか常に気を配っていた。「我々が強調しているのは、まさにこの点にあります」とフーバーはケネディ政権初期に書いている。「職員諸君は常に忙しく働き、馬鹿騒ぎせず、きちんとした服装でいること。司法長官がいつどこに現れるかわからないですから」[22]

ケネディは彼の目標どおり、姿を消しつつあった。この残酷な運命のいたずらで、今やジョンソンが権力を握り、フーバーが再生され、ロバート・ケネディは外され、無力化された。

フーバーは今や公然と職場や会食の場などで司法長官を素っ気なく扱いほくそ笑んでいた。「彼はボビーと意思疎通するのを止め、LBJに直接報告するようになった」とケニー・オドンネルは言う。[23]

ボビーは兄の殺害の後、10カ月しか司法長官の職にいられなかった。省での最後の彼はまさに抜け殻だった。

「彼は暗殺の日から退職するまでの間、司法省の中をゾンビのように歩いていました」ブレークリーは言う。「彼にお別れの挨拶に行った日を昨日のように覚えています。彼を見つめると彼を透して壁を見ているようなんです。握手をしましたが、彼の手に力がなかったです」[24]

権力のある地位はボビーにとってどうでも良かった。兄を失い、彼は自分自身も失った。ボビーは兄の暗殺後の数カ月、考え込むようになり、公の仕事や付き合いから離れてしまった。暗殺後初めてアメリカ国民の前に現れたのは、1964年3月13日のジャック・パー プログラムという番組だった。番組では彼は落ち着いており、神妙にパーに向かって座り、膝の上に手を注意深く重ねていた。兄の残した業績についての質問に対し、彼は何度も宙を見つめ、高まる感情を抑えながら、ゆっくりと答えた。

「彼は本当に実績を残したと思います」とケネディはどもりながら言った。「アメリカ人は若さを与えられました。思いますに、彼は我々すべての者に国への自信を持たせてくれました。対外的にも、国内に対しても困難な仕事に取り組んでも成功するという自信です。さらには我々と対立する人達とうまくやっていく自信。そう、彼は他国の人々にも大きな自信を与えました。アメリカ合衆国とそのリーダーシップにも自信を与えました。そして私たちは国の原則と理想のために献身し、そのために生き、必要とあらばそのために戦う。あの時代に我々の気持ちに変化を与え、世界中の人の気持ちにも変化を与えたのだと思います」[25]

ケネディ大統領のレガシーを守るため、ボビーは彼の意に反し、あえてウオーレン委員会の結論に異議を唱えることはしなかった。

ジョン・ケネディが死に、権力が奪われると、フーバーの持ち駒の価値は増した。前大統領とサム・ジアンカーナとを結びつける情報は、それはフランク・シナトラと元愛人のジュディス・キャンベルを通じて結びつくのであるが、ケネディ家の優雅な追憶をぶちこわすものだった。そのケネディ家のイメージは実はマスコミが築き上げたものではあったが。フーバーはそのファイルにジョンと取り巻きの女性達との限りない数の詳細データを保管していた。今や、ボビーのゴシップも持っていた。

1961年の終わり、JFKはマリリン・モンローと関係を持ち、それは1962年の春まで続いた。大統領と金髪美人の関係を終わらせるために彼は弟を行かせた。メッセージを伝えに行ったボビーは彼女の虜になってしまった。

「ボビーはそのつもりじゃなかったんです」とケネディ兄弟の従兄弟で俳優のピーター・ローフォードは回想する。「でも、彼らは愛し合うようになり、うちのゲスト用寝室で一夜を過ごしました。たちまち彼らは本気になってしまいました。彼女はボビーとジョンの見分けがつかないほどになってしまいました」[26]

FBI長官は見分けることができた。そして折に触れ、ケネディにいつでも情報を洩らすことができると脅かした。1964年7月フーバーはボビーにスキャンダルに関する情報を全国に配布したので、間もなく公表されることになっていると伝えた。その内容は「噂になっている君と故マリリン・モンローのことだ」とフーバーは警告した。「彼はその本の中で、君とミスモンローが親密であったこと、そしてミスモンローが死んだとき君が彼女の家にいたように表現している」[27]と。

ボビーは縛り上げられたも同然だった。頭にピストルを突きつけられ、彼は次の見解を公表した。「オズワルドが自分の意思で、かつ単独でやったことに間違いありません。彼は右翼組織のメンバーではありませんでした。彼は自認した共産主義者でしたが、共産党と彼は何の関係もありません。私の意見ではイデオロギーが彼のあの行為の動機になったわけではありません。それは反社会的な個人的抗議としての単独行動だったのです」[28]

伝記作家のエバン・トーマスの言葉によると、ボビーは「リップサービスで単独犯説を述べたけれど、決して彼の持つ疑念を和らげたわけではなかった」[29]

ボビーは彼の存命中、あれは内部犯行だという信念を持っていた。兄の死後、彼は躊躇せず、自分の直感を信じて、疑念を晴らそうと行動にでた。その話はボビーの個人的調査を描くデイビッド・タルボットの著書〈兄弟〉に詳しく書かれている。

暗殺後直ぐに、ボビーはCIA長官のジョン・マッコーンのところへ行った。彼がCIAとマフィアのパートナーシップに関し知っているという情報に触れたためであった。

「当時、私はマッコーンに聞いたんだ」とボビーは後に語った。「彼らが兄を殺したのかと、私は彼が嘘を言えないような聴き方で質問した。そうではないという答えだった」[30]

タルボットの分析では、彼の兄の暗殺に関する情報は多くのものに開示されるわけでは無く、特に極秘事項を扱う省庁では個別活動ごとに部門化されており、各階級の選ばれた数人にしか知らされないことをケネディは承知していた。マッコーンはアレン・ダレスの突然の解任のあと、長官になったものだから、CIAとマフィアの共謀の存在について関知していなかった。この事実は他のビル・ハービー、リチャード・ヘルム、それにマッコーン自身の証言から確認された。

「CIAというマンションには沢山の部屋があるんです」と対敵情報活動部門長のジェームズ・アングレトンは語る。「誰がジョンを殺ったか、関知していません」[31]

これらは共謀があったというボビーの信念をとめることはなかった。むしろ彼は親しい仲間に密かに打ち明けていた。ボビーは大統領のアドバイザーだったディック・グドウィンに打ち明けていた。グドウィンも同じ考えだった。

「CIAが絡んでいたし、マフィアもなんだ。僕たちはそれはわかっているんだ」グドウィンは言う。「でもこれをどのようにして暗殺に結びつけるかだが、それがわからないんだ」[32]

ボビーはグドウィンを信用していたが、彼に暗殺の話をするときには暗号のような話し方になった。その話題は身近すぎたからである。

「あれのことだけど、」とある深夜の会話の終わりにボビーはグドウィンに言った。「キューバ人だとは思いつかなかった。関わっていたとしたら、それは犯罪組織だろ。でも今となっては、僕にできることはなにもない。今はね」[33]

上院議員の時期ボビーは兄の死に関し調査を続けた。最近のインタビューでロバート・F・ケネディJr.は、彼の父はウオーレン委員会の報告書は『職人がつくったまやかしもの』だと信じていた。そしてボビーが雇った調査官は暗殺前のルビーとオズワルドの通話記録を入手したが、それはマフィアの『メンバーの在庫一覧表』みたいなものだったと述べた。[34]

ボビーは上院議員としての時期1960年代中盤と、大統領選の1968年は暗殺に関して公には安全な見解を述べるように努めていた。タルボットは著書〈兄弟〉

で、1968年3月25日サンフェルナンドバレー州立大学でのケネディの演説を描いている。彼は演説を終え、質疑応答に入った。ベトナムでの兵力削減をどう考えるかとか、世界中の各地での平和を求める活動などについての質問をこなした後、質問は彼の兄の死にシフトした。特にケネディ大統領に関する資料が一般には非公開になっていることへの質問が集中した。

「誰がジョン・ケネディを殺したのか？　私たちは知りたい！」と女学生が叫んだ。他の学生達も声を上げた。「公文書！　いつになったら公文書が公開されるのか？」

しばし黙っていたボビーはきつい調子で言った。「貴方たちの態度には驚かされるね」質問のされ方に不機嫌になっていたが、ボビーは返答しなければと感じていた。

「何というか……この質問にはいまだ答えたことがないから……誰のせいで、あんなことになったのか、それを知りたがっているのは誰よりも……」とボビーは詰まった。その間、心の内の言葉を大声で話すのを躊躇し、方向変換して迫力のない安全な言い方へ変えた。「ケネディ大統領の死を誰よりも知りたがっているのはこの私です。私は公文書記載の事柄をすべて見ました。もし私が合衆国の大統領になったとしてもウオーレン委員会の報告書を再検討することはありません。私はウオーレン委員会の報告書を支持します。私は公文書をすべて見ました。適当な時期には公表されるでしょう」[35]

個人的にはボビーは違う考えをしており、思いもしないことを発言するのは厳しいものだったのにちがいない。後の選挙活動で彼自身が暗殺される数日前、彼は正反対のことを言ったと彼の前報道秘書官フランク・マンキーウィッツは言う。兄の死について再調査をするかと問われたとき、彼の答えは単純な一言『イエス』だったとマンキーウィッツは回想する。「その答えにたまげたことを覚えています。それは突然彼がうっかり本音を洩らしたのか、それとも質問を終えさせようと、よく言うじゃないですか、『イエス、さあ次に行こう！』という感じのものだったのかもしれません」

ケネディは大統領職を勝ち取ることで入手できる権力がありさえすれば、暗殺を解明すべきだという認識が広まるだろうことは承知していた。もし大統領に選ばれたなら、他にベトナム戦争の問題や国内の不穏な状況に係る問題などに着手することもできた。

ジョンソンは大統領指名の委員会のメリットをウオーレン委員会の経験でよく

わかっていたので、市民騒動に関する大統領特別委員会を作り、国内の都市問題に関する国民の批判を避けようとした。ジョンソンはその委員会の結論が政府が都市共同体を援助するのに役立つと期待していた。ところが委員会が報告書を公表すると、ジョンソンの期待に反して都市内での混乱を修復するのに十分な政府の援助が出ないことが明らかになった。もし抜本的な政策がなされないならば、結果として、更に「アメリカ社会の分裂は続き、究極には基本的民主主義の価値観が破壊されるだろう」と報告書に書かれた。[36] ジョンソンは委員会報告を是認せず、報告書の公表1週間後に副大統領ヒューバート・ハンフリーを遣り公開質問させた。

「これは、彼が戦争についてなにもする気がない。それに国内問題についてもやはりなにもする気がないということなんだ」とボビーは言った。[37] 報告書の結論とジョンソンがその内容を受け入れる気がないことを知り、ボビーの大統領選挙出馬の気持ちが高まった。

ボビーに大統領職を奪われるのではないかという恐怖がジョンソンに戻った。ボビーの出馬を思いとどまらせるために、彼はもう一つ委員会を立ち上げた。ベトナムにおける国の方向性を調査するものだった。二人ともそのアイデアは面白いと思ったが、真剣にとることはなかった。ケネディはその提案された委員会の動機を疑いつつ、「もしそれが一般受けを狙った場当たり的なものでなく、ベトナムでの平和へのより幅広いやり方を明確に、しかも前向きに委員会とそのメンバーが進めていくなら、そうすれば、私が大統領選に出る必要などないだろう。ベトナムでの流血を終わらせることが、大統領選挙に出馬することよりずっと私にとって重要だ」と思った。[38]

ボビー・ケネディはジョンソンがベトナムに一般に知られるより、どの委員会の報告よりも巨額の資金源と利益を有することを知っていた。彼は「間違いなく明確なことは、リンドン・B・ジョンソンが大統領である限り、我が国のベトナム政策は更なる戦線の拡大、より多くの派兵、多くの殺戮、そして意味のないあの国の破壊がその中身であり続ける。我々はあの国を救うことになっているにも関わらず」と感じていた。[39]

1968年3月16日ロバート・ケネディは大統領選出馬を宣言した。リンドン・ジョンソンが扱えることではなかった。JFK暗殺の罪の意識と、とらざるを得なかった戦争政策、それにケネディ兄弟に絡む辛辣なジョークを意識して苦しんだジョンソンはその15日後選挙に出馬しないことを宣言した。

「俺は疲れた」とジョンソンは密かに打ち明けた。「アメリカ国民に受け入れられないことにも疲れた。夜中に戦争のことが心配で目を覚ますことにも疲れた。俺に対する個人攻撃にも疲れた」[40]

ジョンソンがいなくなり、ケネディには今や大統領への道が見えてきた。その道は彼の兄の死をより深く調査することを可能にするものだった。

ニクソンはロバート・ケネディの死を予測した。彼はケネディの出馬表明をオレゴン州ポートランドのホテルで見ていた。そこで元副大統領の彼は1968年共和党大統領指名選挙の運動をしていた。ホテルの部屋でニクソンと一緒にいた側近の一人ジョン・アーリックマンは後に書いている。「演説が終わり、ホテルのテレビがオフにされたあと、座っていたニクソンは黒いブラウン管を長い間見つめ、何も言わなかった。ついに彼はゆっくり頭を振って、『私たちは今恐ろしい勢力が解き放たれたのを見たんだ』と言った。『なにか悪いことが起こりそうだ』彼はブラウン管を指さした。『どうなるかは神のみぞ知るだよ』」

FBIの当時ナンバー4だった人物ウィリアム・サリバンは彼の死後出版された回想録〈ビューロー：フーバーFBIでの私の30年〉で以下のように記載している。1968年春にFBI首脳部の会議があり、「フーバーは出席しておらず、クライド・トルソン（FBIナンバー2の人物）が彼の代理で会議を進めていた。ロバート・ケネディの名前が出たとき、トルソンが『誰かあのボケナスを撃って殺してくれ！』と言ったのを私を含め8名が聞いた」

皮肉なことだが、あるケネディ暗殺研究家がJFKを殺す共謀の証拠を1967年5月にロバート・ケネディのところに持ってきたことがある。長年にわたり暗殺研究家のレイ・マーカスは国家官吏にケネディ暗殺に興味を持ってもらう活動を続けていた。マーカスはロバート・ケネディの広報秘書のフランク・マンキーウィッツと連絡がとれ、彼と会う約束をすることができた。[41]

その会議でマーカスはモールマンが撮った小高い草むらにいる『バッジマン』狙撃者の写真を見せた。その会議の結論としてマンキーウィッツはケネディの側近アダム・ウオリンスキーにその写真を見せるようマーカスを紹介した。マンキーウィッツとウオリンスキーの二人はこれらが暗殺当時の小高い草むらにいる男達のイメージであると確信した。マーカスが彼の意見として、ケネディは公にウオーレン報告に異議を唱えるべきだと言ったとき、ウオリンスキーは否定的であった。[42]

「ロバート・ケネディが立ち上がって、『私はウオーレン報告を信用しない』と言ったとして、それが国になにかよいことになるのか？」とウオリンスキーはたずねた。

それでも、マンキーウィッツはマーカスにその写真はロバート・ケネディにみせると約束した。私たちが知るように、ロバート・ケネディが兄の死に関する調査を再開すると世間を驚かせた発言をしたとき、彼はその目撃者となった。しかし、ケネディがその写真を見たかどうかは知られていない。

それから1年以上経過した頃、ボビーは1968年6月5日にロサンジェルス、アンバサダーホテルのエンバシールームで演説をしたあと、撃たれ殺された。彼はカリフォルニア州での予備選で勝利宣言をしたところだった。その夜の彼の演説は彼の兄の意見を反映したもので、破壊と暴力によりカネを儲ける、兄に死をもたらした特定の利害関係者には対立的に伝わった。

「我が国は異なる方向へ向かわなくてはなりません」とボビーは言った。「私たちは自分の問題は自国で解決すべきです。そしてベトナムには平和を望みます」[43]

5年前の兄の死にも関わらず、ボビーはジョンが大統領の時擁護した平和と平等の首唱を引き継ぎたいと考えた。彼らは犬の首は切り落としたが、しっぽはまだ振られていたのだ。

「彼は活動家だったんです」とフランク・マンキーウィッツはルックマガジンに書いている。「彼を嫌った人達は、彼が有言不実行だから嫌いなのではなく、彼は約束したことは実際やるから、恐れていたのです」[44]

ボビーは演説を終え、記者発表会場のコロニアルルームへの近道としてホテルのキッチンを通った。混雑したキッチンで銃声が鳴り響いた。兄の死と全く同じようにボビーの殺害は単独犯人の仕業で、サーハン・サーハンが犯人とされた。リー・ハービー・オズワルドを犯人として有罪とした証拠と同じように、ボビーの死に関する証拠はサーハンを殺人犯とするにはほど遠いものだった。

ロバート・ケネディの死に関する公式の真実は彼の兄のケースと同じで、事実をねじ曲げ、証拠を隠滅し、反する証言は無視し、言うことを聞かない人達は脅迫することで形成された。

カウンティの検死官トーマス・T・ノグチ医師はボビーの検死を行い、ケネディは背後から3発の弾丸を撃たれたことを発見した。[45] サーハンは22口径8発リボルバーをケネディの前数フィートのところから撃った。しかし致命傷になったのは「ケネディの後頭部右の耳後ろ1インチ以内から」撃たれたものであった。[46]ノグチはその弾丸はケネディ上院議員に上向きの角度で放たれていることを発見している。

ノグチの検死報告ではケネディの前に立っていたサーハンではできなかったと確認している。また彼がケネディから1.5～2フィート以内のところで撃った、あるいはともかく撃ったと証言するものは一人もいなかった。致命傷となった議員の頭に銃を押しつけて撃ったというものもなかった。銃撃目撃者の一人、バスボーイのジュアン・ロメロは「ケネディ議員の頭から約1ヤード」のところにサーハンの銃を見たという。[47]

調査官達はノグチの検死報告に反応して医師を中傷し始めた。暗殺を調査する捜査機関の調査官は医師が出世のために検死報告を意図的に改ざんしていると中傷した。

「彼が死んでくれたらいいな。彼が死ねば私は世界的に有名になれる」[48] ノグチはケネディの死の床で言ったと報道された。彼はまた薬物中毒者で、『とっぴな行動』をみせ、ケネディの死体のまわりを嬉しそうに踊り回ったと言われた。[49] 彼の名声は傷つけられ、その主張によって一時的に解雇された。

「ケネディ事件での私の仕事から生じた問題を信じた人もいます」後にノグチは言う。「そのうちの一つの告発はケネディの検死報告はでっちあげだというものです。彼らが最初にしたのはある告発を一つ取り下げることでした。当初あわせて64の告発がありました。これらは私にショックを与えるために作られてます。私が反撃するとは思わなかったんでしょう。最終的には私は完全に無罪であることが証明されました」[50]

調査官は目撃者の証言もコントロールしようとした。ある目撃者サンドラ・セラーノはボビー暗殺時パサデナ、アルタデーナ地区のケネディを支持する若者の会副会長をしていたが、ケネディの勝利宣言スピーチの頃、アンバサダーの外のテラスで立っていた。その時、女の子が階段を駆け下りて「私ら彼を撃ったわ！」と言った。「誰を撃ったの？」「私らケネディ議員を撃ったの」と彼女は言った。セラーノはその女について白い肌、黒っぽい髪の毛、ヘンな鼻、水玉模様の白いドレスを着ていたと説明した。

セラーノによるその女に関する詳細な描写と同じ女を見たと言うカップルがその件を直ちにロサンジェルス警察の巡査ポール・シャンガラに報告した。このような協力があったにも関わらず、セラーノの証言は曲げられ、却下された。シャンガラは当時救急車襲撃事件の対応でその地区にいたため、直ちにアンバサダーへ向かった。そこで、ホテルから狂ったように飛び出してくる人の波に遭遇した。

年配のカップルがシャンガラを見つけ駆け寄った。彼らは同じ女の説明をした。同じドレスを着て、ケネディを撃ったと同じことを叫んでいたと。[51]

シャンガラは警視正ジョン・パワーズから容疑者の描写記録を破棄するよう命じられた。「これを連邦の問題にしたくないんだ」パワーズは彼に言った。「容疑者はすでに確保してるしな」[52]

サンドラ・セラーノは自説を曲げなかった。そしてシャンガラよりひどい扱いを受けた。彼女は嘘発見器の検査のとき、調査官エンリケ・ヘルナンデスに威張り散らされ、虐められた。

ヘルナンデス：私はあなたにはケネディ議員、故ケネディ議員に恩義があると思ってます。ここへ来て、女性としても。もし彼の霊が、それはあなたは知らないことだし、私も知らないが、目撃者としてこの部屋にいて我々のしてることを見てるとしたら。こんなことを持ち出して彼の死を辱めることなどしないで欲しい。あなたには同情しますが、なぜか知りたい。あなたがなんでこんなことをしたのか知りたい。これは深刻なことなんです。

セラーノ：私はあの人達を見たんです。

ヘルナンデス：ノー、ノー、ノー、ノー、ノー　サンディ、思い出すんだ。私が言ったろう。見てもいないことを見たということはできないんだ。

セラーノ：でも私はなにも悪いことをしているとは思いません。……私は女の子を見たのを覚えてます。

ヘルナンデス：違う！　俺が言ってるのは、あんたに「私らケネディを撃った」と言った人物を見たということを言ってるんだ。それは間違いだ。

セラーノ：彼女はそう言ったんです。

ヘルナンデス：ノー、ちゃう。サンディ。

セラーノ：いえ、彼女はそう言ったんです。

ヘルナンデス：ほれ見て、ほれ、俺はこの人を尊敬してるんだ。

セラーノ：私もです。

ヘルナンデス：お前は彼を辱めているんだ！

セラーノ：怒鳴らないでください。

ヘルナンデス：怒鳴るつもりはないけれど、これは俺にとっても感情的になることなんだ。もしこの人を尊敬するなら、少なくとも彼を静かに眠らせてやってくれ。[53]

水玉模様の白いドレスを着た女の話を持ち出したのは、セラーノとシャンガラだけではなかった。ケネディ支持者でその時ホテルにいたブッカー・グリフィンも彼女を見た。しかし、それはホテルの中で、ある男と一緒だった。その男は後で、サーハンと確認された。[54] ケネディ選挙陣営で働いていたスザンヌ・ロックも、キャシー・スー・フルマーもホテル内でその女を見ている。[55] 大学生のトーマス・ビンセント・ディピーロは、ケネディが撃たれる数秒前に食器室でサーハンと一緒のその女を目撃している。[56] ケネディの演説を聞いた参加者の多くはサーハンの共犯者の描写をおなじものと証言した。

これらの目撃証言はサーハンに共犯者がいなかったとする公式見解と一致しない。当然ながら、ケネディがキッチンを通過する時に随行した警備員のテーイン・ユージン・シーザーについても公式見解では触れられていない。シーザーはケネディを撃つぴったりの場所におり、銃を携帯していた。それを警察は調べなかった。シーザーが撃ったという目撃証言があるが、彼らの証言は無視された。数年後、シーザーは調査官にケネディを殺したタイプの銃を携帯していなかったと打ち明けた。彼が言ったのは彼は22口径の銃を持っていたが、それは暗殺の4カ月前に売却していたということだった。[57] その後の調べで、シーザーがその銃を売却したのは暗殺の3カ月後だったことが判明した。それは問題にはならなかった。法律執行官達は彼らの犯人を確保していたのだ。

音響分析専門家のフィリップ・バン・プラークが銃撃時の音声録音テープを分析したところ、少なくとも13発の銃弾が撃たれたという結果が得られた。[58] サーハンは最大で8発しか撃てない。オズワルドと同じく、サーハンは大きな企みの中での小物プレイヤーだった。

「サーハンは注意を引きつける役をやらされていた。その間、襲撃犯はボビー・ケネディの後ろにしゃがみ、至近距離から上向きに撃ち、4発の弾丸は彼の服と身体を貫いたんです」[59]とサーハンの弁護士ウィリアム・ペッパーは言う。

近年ボビー・ケネディ殺害の他の目撃者が意見を述べだした。複数の犯人がいたというのがその証言で、入手可能な証拠に沿うものである。ニーナ・ロード-ヒューズは彼女は12発の銃声を聞いたと主張したが、FBIはその内容を改竄したという。[60]

「はっきりしなければならないのは、私の右横にもう一人の射撃犯がいたことです」とロード・ヒューズは言う。「真実が語られねば。もう隠蔽はたくさん！」[61]

ケネディ兄弟の死に関する共謀論に常に批判的な批評家のビンセント・バグリ

オーニがボビー・ケネディの暗殺分析に参加したが、一人の銃で撃つことのできないほどの多くの弾丸痕と傷を発見した。バグリオーニは1978年に彼自身の信念とは大きく矛盾する意見を公表した。

「あの暗殺現場で複数の銃が撃たれたか否かにつき知るすべもありません。この時点で意見を述べるつもりもありません。言えることは次のことです。署名入りの陳述書はそれなりに説明できるものかもしれません。しかし、論理的な説明がない限り、陳述書によれば、単純な算数を使うと撃たれた銃弾があまりに多く、従って、二つ目の銃の存在の可能性があると言えます」[62]

二人の兄弟は彼らの国と、内なる敵を持つ家族を浄化しようとして死んで行った。当時上院議員だったテッド・ケネディがボビーの追悼演説で述べた言葉があるが、ジョンにも当てはまるものだ。

「私の兄を理想化する必要はありません」とケネディは言った。「あるいは生きていたときよりも死後偉大なものとする必要もありません。ただ、単に、良き、慎ましい人であったと、悪いことを見れば正そうとし、苦しんでいる人を見れば癒やしてあげようとし、戦争を見れば、それを止めようとした人であったと記憶して頂きたい」[63]

注釈

1. Goldfarb, *Perfect Villains, Imperfect Heroes*, 256-57.
2. Talbot, *Brothers*, 277.
3. Smith, *Bad Blood*, 7.
4. Ibid.
5. Talbot, *Brothers*, 244.
6. Goldfarb, *Perfect Villains, Imperfect Heroes*, 248.
7. Ibid., 58.
8. Ibid., 255.
9. Heymann, *RFK*, 346.
10. Ibid.
11. Ibid.
12. Hersh, *Bobby and J. Edgar*, 448.
13. Goldfarb, *Perfect Villains, Imperfect Heroes*, 256.
14. Shesol, *Mutual Contempt*, 118.

15, Fetzer, *Assassination Science*, 372.
16, Talbot, *Brothers*, 283.
17. Rob Caprio to JFK Assassination Forum, August 3, 2012, www.jflkas-sassinationforum.com/index.php?topic=6785.0.
18. Brown, *Texas in the Morning*, 189.
19. Talbot, *Brothers*, 119.
20. Hersh, *Bobby and J. Edgar*, 448.
21. Ibid.
22. Ibid., 220.
23. Heymann, *RFK*, 368.
24. Goldfarb, *Perfect Villains, Imperfect Heroes*, 302.
25. "Bobby Kennedy Appears on Jack Paar Show," YouTube video, 2:14, posted by "thousandrobots" (December 23,2006), www.youtube.com/watch?v=01tTeOzPuZQ.
26. Hersh, *Bobby and J. Edgar*, 322.
27. Gentry, *J Edgar Hoover: The Man and his Secrets*, 562.
28. Talbot, *Brothers*, 279.
29. Thomas, *Robert Kennedy: His Life*, 284.
30. Talbot, *Brothers*, 6.
31. *New York Times*, December 26,1974.
32. Talbot, *Brothers*, 303.
33. Ibid., 305.
34. Jamie Stengle, "RFK Jr.: 'Very Convincing' Evidence That JFK Wasn't Killed by Lone Gunman," NBCNEWS.com (January 11, 2013).
35. "Robert F. Kennedy At San Fernando Valley State College." *Pacifica Radio Archives* (May, 2012), archive.org/details/RobertFKennedyAtSanFernandoValleyStateCollege.
36. John Herbers, "Panel on Civil Disorders Calls for Drastic Action To Avoid 2-Nation Society," *The New York Times* (March 1, 1968).
37. Shesol, *Mutual Contempt*, 415.
38. Jules Witcover, *85 Days: The Last Campaign of Robert Kennedy* (New York: Putnam, 1969), 77.
39. Shesol, *Mutual Contempt*, 424,
40. Ibid., 437-38.
41. Kelin, *Praise From a Future Generation*, 452.
42. Ibid., 452.
43. "RFK part 2 Last Speech Ambassador Hotel," YouTube video, 9:57, posted by "JFK1963," September 5,2006, www.youtube.com/watch?v=ae7H0aWFWNY&feature=relmfu
44. Witcover, *85 Days*, 332.
45. William Turner and Jonn Christian, *The Assassination of Robert F. Kennedy* (New York: Carroll and Graf, 1978), 162.
46. Michael Taylor, "40 Years After RFK's Death, Questions Linger," *San Francisco Chronicle* (June 3, 2008).

47. Moldea, *The Killing of Robert F. Kennedy*, 96.
48. Ibid., 160.
49. Ibid.
50. Ibid,
51. Turner and Christian, *The Assassination of Robert F. Kennedy*, 67.
52. Ibid., 74.
53. Moldea, *The Killing of Robert F. Kennedy*, 113-14.
54. Turner and Christian, *The Assassination of Robert F. Kennedy*, 68.
55. Ibid., 69.
56. Ibid., 72.
57. Ibid., 165.
58. Michael Martinez and Brad Johnson, "Attorneys for RFK Convicted Killer Sirhan Push 'Second Gunman' Argument," CNN (March 12, 2012).
59. Ibid.
60. Michael Martinez and Brad Johnson, "RFK Assassination Witness Tells CNN: There Was a Second Shooter." CNN (April 28,2012).
61. Ibid.
62. Turner and Christian, *The Assassination of Robert F. Kennedy*, 185-86.
63. Witcover, *85 Days*, 306.

第20章
利益を得た者

Cui prodest scelus, is fecit
その犯罪で利益を得た者、その者が犯人だ。

ジョン・F・ケネディが外傷病棟1号室で処置されたこともあって、リー・ハービー・オズワルドがジャック・ルビーに致命傷を負わされてパークランド病院に運び込まれたのは外傷病棟2号室だった。ケネディに行われたのと同じ救命努力がパークランドの医療スタッフによりオズワルドにもなされたが、むなしいものだった。弾丸が基幹臓器を切り裂いており、オズワルドの体内出血はひどかった。救命努力はチャールス・クレンショー医師によると、「水が浸入するボートで沈むのを阻止するような感じで、水を掻き出すメンバーがいて、他の人は穴をふさごうとしていた」緊急医療室での手術の様子を見ている着古したスーツ姿の男がいたが、室内の誰も知らない男だった。彼は尻ポケットに銃を突っ込んでいた。[1]

クレンショー医師がむなしい手術を続けているとき、重要な電話が病院にかかってきた。クレンショーはその著書〈外傷病棟1号室〉で電話の会話を回想する。

「医師のクレンショーです。なにか御用ですか？」
「こちら大統領のリンドン・B・ジョンソンだ。」と声ががなりたてた。「クレンショー先生、容疑者の容体はどうですか？」私は聞いていることが信じられませんでした。一番に頭に浮かんだのは、電話のタイミングをどのようにして知ったのかということでした。
「大統領閣下、彼は今のところもっています」と報告した。

「手術担当にメッセージお願いできるかな？」彼は命令といえる言い方で頼んできた。

「シレス医師は今とても忙しいです。でもメッセージは伝えます」

「クレンショー先生、私は犯人とおぼしき人物の死に際での告白が欲しいんだ。手術室にその供述を記録する男がいる。これについては完璧な協力を期待する」と彼はきつく言い放った。

「イエッサー！」私が答えると電話は切れた。[2]

合衆国大統領が死にかけている暗殺容疑者から告白調書を取るために個人的に病院に電話するなんてことは疑わしいことである。またジョンソンが武装した男をパークランドに派遣して告白調書をとるなんて信じがたいことである。しかし、この電話と武装した訪問者は立証された事実であり、その日のパークランドで勤務していた従業員達からその裏付けも取れている。

「今でもはっきり覚えてますよ。誰かが言ったんだ……ホワイトハウスから電話ですって。ジョンソン大統領がオズワルドの容体を知りたがっているって」ダラスの脳神経外科のフィリップ・E・ウィリアムズ医師は回想する。「手術室で陳述の声が聞こえたんです。これはクレンショー先生の本に書かれているのでは無く、誰かが言ってるわけでもないんで。私が昔から言っていることなんです」[3]

パークランド病院の電話交換手主任のフィリス・バートレットはその日電話を受け、手術室に繋いだ。彼女によるとその男は大声で、リンドン・ジョンソンと名告ったと言う。[4]

手術を監視していた武装した訪問者はFBIのエージェントだった。手術に立ち会っていたポール・ピーター医師は複数のエージェントがいたことを生々しく思い出す。「シークレットサービスの人達が手術室の医師らと混ざり合い、何人かは外科医が着る緑色の上着を着て……2、3名が彼の耳元で、お前がやったのか？　お前がやったのか？　とわめいていました」

死にかけている男から無理矢理自白させようと必死に無理強いするのは、明らかに無理に話をまとめようとする行為といえる。すべての罪をオズワルドに押しつけ、自分をその犯罪から遠く離れさせようとするものだ。年月が経過すると同時に、あの暗殺に関連してまだ生きている人達が表にでるようになったり、隠れているのを発見されたりしている。徐々に、この事件とジョンソンの関係が表面化し始めた。

＊　＊　＊

私はニクソンの1972年の選挙運動での一番若いシニアスタッフであったことから、リチャード・ニクソンを間近で見る機会に恵まれた。ロナルド・レーガンの1980年と1984年の選挙では政務局長として働き、ニクソンの戦術、戦略に関するメッセージをレーガン陣営のトップへ伝達した。またニクソンが大統領退任後、ワシントンでの彼の雑用係となった。私はニクソンの膝元で政治を学んだ。

ニクソンは次のことを私に話してくれた。元最高裁の判事トム・クラークが言うには、LBJが彼に頼んできて、ケネディの死に関するテキサス州での調査チームのトップになってくれといったので、クラークは「それには関わりたくない」と断ったという。調査を押さえ込むやり方に国民が抗議すると考えてのことだった。「ジョンソンの側近らはテキサスベースで調査すれば決してうまく行かないはずだと彼に進言してたんだろう」とニクソンは言っていた。

何年もの間、ニクソンはケネディ暗殺についてジョンソンが共犯者であるという考えを口に出すことはしなかった。注目すべき言及のひとつは、有名な1977年のフロストによるニクソンへのインタビューでのぶっつけ本番でニクソンが言った言葉である。ニクソンは当時ベトナムの北爆をニクソンがエスカレートさせ、そのことにジョンソンの報道官であったジョージ・E・クリスチャンがコメントしたことに触れた。

「私たちは大統領執務室で会議しており、朝のニュースをたまたま見て、ジョージに言ったんだ。私は『ジョンソン大統領は本当に喜ぶだろうな！　今ではマスコミが私のことをベトナム戦争激化の戦犯ナンバー1だと言ってることを知ったら！』そしたらジョージ・クリスチャンは言ったんだ。『オー、そうとも言えないかも。だってLBJをご存じでしょう。彼はナンバー2は大嫌いなんですから』」[5]

その逸話の終わりで、ニクソンの笑顔は訳ありふうの、にやり顔になっていた。

ジョンソン大統領のジョン・F・ケネディと他の人々の殺害への関与に関し、ニクソンの言及に加え、多くの証言者が近年発言し始めた。

マーティン・ルター・キングJr.の家族が公的にリンドン・ジョンソンが、当時最も崇められた市民運動のリーダーだったキング牧師を殺害する計画に荷担していたと述べた。

キング牧師の息子であるデクスター・スコット・キングはABCニュースで大統

領のリンドン・B・ジョンソンが彼の父親を殺すための軍と政府の共謀に荷担していたに違いないと語った。

「開示された証拠から判断すると、あのような重大な事件が彼の管理下で起こりえるというのは、彼が関与しない限り、あり得ないと思います」と彼はABCニュース番組〈ターニングポイント〉で述べた。

LBJにとっての動機とは？　ジョンソンは1960年のJFKの選挙においていかにキングが重要であるか認識していた。彼はまた1968年の民主党の大統領指名選挙にロバート・F・ケネディが挑戦してくること、それにキングがその動きを支持することを恐れていた。キングとボビー・ケネディは共にLBJのベトナム政策に批判的な勢力として浮上しつつあった。[6]

ジョンソンの愛人マデレーン・ブラウンとマーチソン家の女中メイ・ニューマンは暗殺前夜に政府首脳部と石油業界の首脳が秘密パーティを開催したことを確認している。テキサス知事のアラン・シバーズはジョンソンがサム・スミスウィックを殺害したと非難した。スミスウィックはコーク・スティーブンソンへの手紙で、1948年の民主党の指名選挙でLBJが投票不正を行い、スティーブンソンに勝ったことに関し証言する用意があると伝えていた。

スティーブンソンが刑務所に向かいスミスウィックにインタビューしようとしたが、着くまえに彼が獄中で首を吊って死んでいるのが発見された。LBJは後にジャーナリストのロニー・ダガーに「シバーズが俺を殺人罪で告発したんだ。シバーズが俺を人殺しと言ってるんだ！」と言った。

最初にリンドン・ジョンソンを人殺しと言ったのはJFK暗殺研究家でもなければ、1960年代の反戦プロテスターでもない。それはリンドン・ジョンソンをよく知り、彼の歪んだ性格と全くの冷酷さを熟知する保守系の民主党テキサス知事だった。

ジョンソンの関係者ビリー・ソル・エステスは司法省への手紙でジョンソンがジョン・F・ケネディを含む8名の殺害に関連することを明らかにした。テキサスレンジャーのクリント・ピープルはジョンソンが関わったいくつかの殺人を知っていた。ジョージ・モーレンシルトはジョンソンと彼のテキサスの仲間それにCIAを繋ぐリンクになっていた。E・ハワード・ハントは死ぬ前に、やはりジョンソンとCIAのリンクを明らかにした。

ここに関わったグループはすべて暗殺により巨大な利益を得た。ジョンソンは政界からの追放と投獄を免れた。CIAはベトナムで戦争を開始することができた。

巨大石油会社は都合の良い法制化をしてくれる議員を囲い、マフィアは自分たちへの攻撃を止めさせることができた。なんと、J・エドガー・フーバーはジョンソンに定年退職を免除され、終身FBI長官を宣言されたのである。

ジョンソンはその行為に対する懲罰は免れたが、大統領であることは罪滅ぼしの難行であった。彼がかつて長い期間求めた権力は幻想だった。ジョンソンは今や彼がその職につくのを助けた連中に義務を負うことになる。ベトナム戦争はジョンソンのものではなかった。それはCIAのものであり、テキサスのビジネスマンの利権であった。ジョンソンはただの飾りものだった。もちろんベトナム戦争では大いに儲けたが、それは彼の精神を傷つけた。彼は国民から責められ、大統領職を辞した後、LBJ牧場で過ごすが、肉体的、精神的不調に苦しめられた。

戦争が終わる前に彼は死んだ。

ケネディ兄弟の殺害で、「誰かの影のその影でしかないような副大統領二人が前面に置かれることになった」とジェームズ・ヘップバーンは〈さらばアメリカ〉でニクソンとジョンソンのことを評した。「4年間リンドン・ジョンソンは彼の背後事情と義務に応じるように国を運営し、わずかの人種問題に関わる社会改革をして、自己の保守体質を隠し続けた」

ケネディ殺害はLBJが大統領になる道を開けてくれるものだった。それはまた彼のライバル、リチャード・ニクソンにとっての道を確固たるものにした。

ヘップバーンは言う。暗殺は「リンドン・ジョンソンという上院議員を作り出したシステムに根付いており、その調査は同じシステムにより押さえ込まれ、今や同じリンドン・ジョンソンにより統轄されているのだ」

ブラウン&ルート、ベルヘリコプターなどの会社やクリント・マーチソン、H・L・ハント、それにD・H・バードのような石油豪商はジョンソンを利用して政府と有利な契約を獲得した。彼が大統領である限り、石油減耗引当金制度は見直し無しで継続された。またベトナムではブラウン&ルートほど儲けた会社はなかった。その後数十年経過し、ハリバートンと合併し、彼らは今もイラク戦争で大儲けしている。

真実を隠蔽する妨害物となったウオーレン委員会は手の込んだ見世物を開催し、事実と関係者の存在を曖昧にした。しかしながら、いくつかの事実が明るみに出始めた。

次の事項はすべて真実である。マック・ウオレスはジョン・キンザーを殺した。

マック・ウオレスはリンドン・ジョンソンを知っていた。ジョンソンの弁護士ジョン・コッファーは1948年ジョンソンを弁護し、1962年にビリー・ソル・エステスを弁護した。その彼がキンザー殺しに対するウオレスの罪を保留とさせた。そしてその罪は結局棄却された。保留後、ウオレスはダラスの防衛関連企業のテムコで採用された。この会社はD・H・バードの所有で、彼はテキサス教科書倉庫ビルも所有していた。

ウオレスのテムコでの就職を調査していた海軍情報将校はテキサスレンジャーのクリント・ピープルに『副大統領』[7]が政府下請け会社へのウオレスの就職に関し適正評価を出していたと告げた。ケネディの暗殺に関し、ウオレスの指紋がスナイパーの巣にあった段ボール箱に残されており、専門家による調査で間違いなしと確認された。

CIAがマフィアのリーダーを使ってキューバの首相フィデル・カストロを殺害しようとした話は架空のように聞こえるが、これもまたアメリカ史の一部である。CIAとマフィアはケネディ政権の誕生で生き残りのためお互いに協力しあったのだ。

リンドン・ジョンソンはその自由と未来がケネディ兄弟に脅かされたため、FBI、CIAそれにマフィアに助けを求め、連合しようとした。石油豪商らはジョンソンとオズワルドの管理人ジョージ・モーレンシルトを通じてCIAと関係していたが、すでにジョンソンと持ちつ持たれつの関係だった。

ジョンソンが計画実行のために政府機関の一部と裏社会の協力を必要としていたように、彼らも彼を必要としていた。ジョンソンがケネディ暗殺の鍵である。ジョンソンが、そして彼しか事実を隠蔽する手段を持たなかった。

また驚くべきことだが、いかに多くの目撃者やケネディ暗殺に密に関わっていると見られた人達が突然の、あるいは異常な死を迎えたことか！　リチャード・ベルザーは最近の著書〈殺しのリスト〉で、暗殺にまつわる多くの奇怪な死の状況を関係づけている。彼によると、事件後14年間におよそ1400名の目撃者のうち、70名が不審な死に方をした。[8] この発生確率は数学的に計算すると、7京1500万兆分の1だという。[9] サイコパスの連続殺人鬼としてのリンドン・ジョンソンはリベラル派の政治家にとって不快な話題であり、むしろ、彼のことを市民権や投票権についての時代遅れのチャンピオンであり偉大な社会計画の失敗者として見たがっている。実際、JFK暗殺をあるがままに、それはクーデターであったと認識することは民主主義、自由、平等のお手本としてのアメリカ合衆国の信用を傷つけることになる。それは中南米の諸国や第3世界の独裁国に対する精神的優位性をも傷つけるのだ。保守体制派もリベラルと同様に一緒になって喉に骨をつかえさせたようにモゾモゾしている。

歴史家は主要な立場にいながら、事実を掘り起こさずにいる。ロバート・カーロによるリンドン・ジョンソンの伝記、それは4巻からなる包括的なものであるが、マック・ウオレスには触れられていない。ジョンソンの話としてウオレスに触れずして本質を語ることはできないのだが、どの書物にも触れられていないのである。さらに情報として欠如しているのはジョンソンの愛人マデレーン・ブラウンの話である。彼女は暗殺研究者に長年にわたり協力してきた。ビリー・ソル・エステスによるジョンソンが8つの殺人に関わったという供述、オズワルドの手術中にジョンソンがパークランド病院に電話をかけたことなども調査されていないし、単に見逃されている。

現在ですら、隠蔽は続いている。最も、最近ニクソンのテープが公表されたが、削除部分が多く、その箇所はUS政府により『国家安全機密』上の理由で検閲されているのだ。その編集対象の大半は会話の中の、ピッグズ湾、E・ハワード・ハント、それにジョン・F・ケネディに関しての部分である。1972年5月に録音されたホワイトハウスでのテープではニクソンはホワイトハウスの弁護士にこう言っている。「なぜもっとスマートにやれないんだ。彼らはケネディ暗殺を右翼、バーチ主義者のせいにしている。あれは共産主義者によってやられたんだ。これは今までにない大々的なでっちあげだよ」ニクソンはここで明確にウオーレン委員会の結論がオズワルドが共産主義者であるとしていることに言及している。左翼は政府が「オズワルドは赤」という線を出すまで、右翼を責めようとしていた。ニクソンは1963年の時点でオズワルドは共産主義者でないこと、リンドン・ジョンソンとマフィアの手助けで共謀者となったCIAの手先であったことを知っていた。

ジェラルド・ポスナーやビンセント・バグリオーシの著書もウオーレン委員会と同様に真実をねじ曲げている。それらは公式記録をゆがめ、核心に触れるように見せかけ、自信たっぷりにつまらないことを並び立てて、ごまかしを塗り重ねている。ある意味で、ポスナーとバグリオーニは安全でもないスマートでもない方法を採用した。疑問点を精査しようと質問する人は、それが的を得たものであっても、変人として排除されるのだ。この暗殺の真実を求めてその生命を捧げた勇気あるアメリカ人、マーク・レーン、ビンセント・サランドリア、ロバート・モロー、レイモンド・マーカス、それにメリー・フェレルのような市民は変わり者として片付けられている。政府発表の内容に疑問を呈した者の多くは反逆的国民と見なされた。何年も経つ現在でも彼らは主要マスコミからただの変人というレッテルを貼られている。

カーロがジョンソンの人生における重要な人物をあえてインタビューしなかったのは不思議ではない。彼らは彼が暗殺に結びつくと確信していたし、その情報を持ち合わせていた。カーロの著書の目的が名声とカネであったなら、そのやり方を選んで正解であった。結果的に文学の世界でその両方を獲得したのだから。しかし、人としての気骨あるいは誠実性の観点から言えば、彼は落伍者である。

ビル・オーライリーは暗殺に関する解釈に関し、最近の彼の書〈キリング ケネディ〉において同じような煙幕を張っている。

「本書は事実に基づいた書物であるので、共謀論はとらない」とオーライリーはその本の販促で述べた。[10]

オーライリーはオズワルドを単独犯と認定したが、事実はそれを裏付けることがないため、ごまかしに終わっている。オズワルドが暗殺前の最後のライフルテストで『どちらかというと劣等』という評価を受けたことは明記していない。オーライリーの本では、オズワルドは元海兵隊員で射撃がうまく、「武器の整備、維持、装填さらに照準あわせに長けていた」[11]と書かれている。プロの射撃手としてのオズワルドを強調するため、オーライリーはオズワルドが暗殺の前週に射撃練習のためスポーツドロームライフルレンジに現れたことを書いている。そこにいた13才のスターリング・ウッズが彼のことをウオーレン委員会で証言した。オーライリーはこの証言を使い、レンジにオズワルドがいたことを立証しようとしている。

しかし、オーライリーの本にはマルコム・ハワード・プライスの証言が抜けている。リタイアしたプライスは時折ライフルレンジで手伝いをしており、何度かオズワルドに似た男が来ることを覚えていた。プライスの見た男は古い型のフォードを運転していた。本当のオズワルドは運転できなかった。プライスはその男が暗殺の後、レンジに現れたことを証言した。

プライス氏：そうです。その日競技試合があったので、行ってました。
リーベラー氏：その日にあなたはあの男を見たのですか？
プライス氏：はい。

リーベラー氏：感謝祭の前の日曜日というと、暗殺の後ですよね。
プライス氏：えっ、後ですか？
リーベラー氏：そうです。あなたはその男をライフルレンジで見たんですね？あなたはオズワルドを暗殺の後、あのライフルレンジで見たんですね？
プライス氏：そうだと思います。なにせ、あそこに行ったのはあれが最後でしたので。[12]

理由は不明だが、オーライリーは、オズワルドのそっくりさんが弾丸のケーシングをその都度集め、ポケットに入れるという作業手順が身についた様子を目撃したウッズの回想を記載している。それとは対照的に、教科書倉庫ビル6階に残された弾丸ケーシングは煩雑に捨て置かれていた。

オーライリーは、オズワルドの頬がパラフィンテストで陰性結果になったことについても言及を怠っているし、更には、優秀なプロの射撃手による銃撃の再現実験が失敗に終わったことにも触れていない。魔法の弾丸理論は論理的、科学的観点とそれに宣誓証言による内容と矛盾するものであるが、〈キリング ケネディ〉では盲目的に受け入れられている。この本ではディーリープラザでは3発しか撃たれていないと結論しているが、HSCAのディクタベルト録音テープのテスト結果では少なくとも6発が撃たれていたと証明している。

〈キリング ケネディ〉では銃撃後のオズワルドを興奮していたように描写している。「彼は倉庫ビルから急いで出ようとした」[13]とオーライリーは書く。この描き方はビルから出るオズワルドを目撃した人のどの証言とも食い違う。ロイ・トルーリーとマリオン・L・ベーカー巡査が暗殺直後にオズワルドに出くわしたとき、オズワルドは出ようとしてたのでは無く、2階のカフェテリアでコークを飲んでいた。ロバート・リード夫人がその後2階で彼に会ったとき、オズワルドは「とてもゆっくりしたペースで動いていて」[14]どこかへ走って行く様子ではなかった。

暗殺についてのオーライリーの説はウオーレン委員会を丸写ししたものだ。両方とも間違った結論になっている。

「もう一人のガンマンなどいなかった」とオーライリーは最近のトークショーの〈ビュー〉で述べた。「彼（オズワルド）がガンマンだった」[15]この判定は完全な見当違いだ。HSCAによって、少なくとも1発はあの小高い草むらから発射されたことは証明されている。

このような暗殺についての壊れたような事実を集めても、オーライリーがその意見を形成するのは難しいことである。オズワルドの大統領殺害の動機は何かと考えると更に困難になる。オーライリーのオズワルドはケネディに関する文献を読みあさったという。大統領が好きで、彼のようになりたいと思っていたと言う。オーライリーはオズワルドの不幸せな家庭生活と『偉大な人』になりたいという願望が彼の行為の引き金になったと理由付けしている。

現実のオズワルドはCIAとマフィアと確実な関係を持っていた。しかし、これではポップカルチャーの共謀をうたう本になってしまう。そういうことは避けたい。オズワルドが大統領を殺すもっともらしい理由がないまま、オーライリーは、仕方なしに、本の中身にケネディの生活に関することを詰め込むことで話を濁している。そこで、ケネディは父として、プレイボーイとして、政治家として描かれ、妻のジャッキーはファッション界のアイドルとして、室内デコレーターとして、そして浮気な妻として描かれた。この本ではケネディに死をもたらす政治や契約の関係が全くわからないのである。

困ったものだが、この〈キリング ケネディ〉は実は共謀者の姿を浮かび上がらせている。私たちは暗殺に至る動機、手段、暗殺実行のチャンスを有していたリンドン・ジョンソンを知っているが、オーライリーにより冷酷な人物として描かれている。

「宮殿の中で最も孤立した男は合衆国大統領になりたいと思った」とオーライリーは、ジョンソンを権力を取り上げられ、絶望的になっている男として正しくとらえている。

「リンドンが何よりも欲しかったのは、権力者に戻ることだった」と彼は続ける。「彼は権力を熱愛した。そして、あの意気揚々とした気分にもう一度戻れるなら、何にでも耐えることができただろう。何にでも」[16]

オーライリーの語る彼の辛抱は、この副大統領が暗殺の実行とその隠蔽において演じた重要な役割に関係させず、フロリダにある全米最古の都市セントオーガスティン設立記念を祝う演説に繋げている。これがLBJに権力を取り戻させたとオーライリーが信じる権力闘争である。実に馬鹿げた話である。

オーライリーは、さらに副大統領が大使として海外に出たときの表情を誤って評価し、もっとマイルドな人間として描いている。オーライリーは、ジョンソンがその仕事を楽しみ、副大統領としての任命を受け入れだしたと思っている。

「ワシントンではジョンソンがあまりに権限を求めるために、ホワイトハウスの多くの人達はエイブラハム・リンカーンの秘書官で権力志向の強かったシワードに彼をたとえた」とオーライリーは書く。「ジョンソンは外遊時には本当に権力を持つことになった。大統領の代理として話すが、大統領のメッセージをしばしば変えて、自分の気持ちを伝えた。この瞬間を彼は楽しんだ」[17]

事実は、ジョンソンは外交ミッションを嫌った。カティサークの酒瓶を積んで、国から国へと飛び回る。彼は与えられたわずかな権力をしぶしぶ受け入れていた。彼は副大統領であった時期をこう記憶する。「旅行ばかりで、運転手や、敬礼やら、拍手やらで、結論として、何も残らなかった」[18]

オーライリーは、ジョンソンが1964年の大統領選挙予備選で脱落しそうだったことは認めているが、このテキサスサイズの侮辱がジョンソンを死ぬまで苦しめることがなかったかのように、そこで記載を終えている。

カーロと同様にオーライリーは、ジョンソンの関係者が暗殺で利益を得たり、生き残ることができた状況の点を線へと結びつけようとはしなかった。フーバーはワシントンで数十年にわたりジョンソンのご近所であり、また友人でもあったが、FBIの長官として勤務を続けることができた。オーライリーは、フーバーを共謀論を信じる者として正しく描いている。もちろん彼はそうだった。計画を知っていた。オーライリーは、暗殺におけるフーバーとジョンソンの役割は隠蔽そのものを隠蔽するチャンスを有する者としてとらえている。

「J・エドガー・フーバーは『この調査をしたい』と言った」とオーライリーは、最近発言している。「そこで彼はLBJのところへ行くが、ちょうど大統領として宣誓したところだったので、そこで『共謀があります』と言った。フーバーはその調査をコントロールしたいがために最初の共謀論者になった。大統領を殺害するという共謀があれば、それは連邦が統轄する犯罪になる。LBJは彼に調査権限を与えた」[19]

現実には、この調査がFBIの管轄に置かれたのは、政府の説明の枠をはずれた見解が生じることを防止するためだった。フーバーとジョンソンは都合の良い調査結果に導くためには単一調査でコントロールする必要があった。暗殺の数日後、ジョンソンは顧問弁護士のエイブ・フォルタスと電話で次の会話をしている。ジョンソンは委員会の合法性につき質問し、その意図として愛国的な視点を加えたいと言った。

LBJ：やり方についてかかろうか。大統領命令でこれできるかな？

フォルタス：イエッサー。

LBJ：これをやることで下院の権限を侵害することにならんかな？　下院を怒らせることにならんか？

フォルタス：ノーサー。私は反対に考えております。ご存じのように新聞の論調ではこの事件についていろいろな調査を行うのは恥であるということです。私は国も下院が賢明にも違うやり方をしたのだと納得すると拝察致します。[20]

オーライリーは、フーバーとジョンソンが電話でオズワルドが複数回メキシコシティで目撃されていることを話し合っている音声録音記録に触れようとしていない。オズワルドが単独犯であるとアメリカ国民に納得させるための証拠集めの過程で、そのメキシコでの事実が判明した。フーバーは共謀があることを知りながら、共謀の証拠はすべて握りつぶすことが自分の仕事と考えていた。

オーライリーは、またケネディ家と組織犯罪との関係に触れているが、マフィアの選挙協力は『噂』と片付けている。現実にはオズワルドを殺人犯として有罪とする証拠より、ケネディとマフィアの契約関係を裏付ける充分な証拠が存在するのだ。

オーライリーは、オズワルドが脇役だったという説の裏にある情報を知っている風な書き方をしている。オズワルドの『友人』ジョージ・モーレンシルトを、彼はCIAと関係を「もっていたかもしれない」男と書いている。ジョージ・モーレンシルトはジョージ・H・W・ブッシュの親密な友人だった。

著作の販促時、オーライリーは、モーレンシルトが実際にCIAと関係をもっていたと認めた。「私たちはこの男ジョージ・モーレンシルトがCIAと連絡を取りながら、オズワルドと何をしていたのかを見つけることはできませんでした」とオーライリーは言った。「オズワルドは私が言っているように負け犬で、最低クラスの人間です。この男モーレンシルトはCIAとコネのある貴族階級のロシア人です。なぜ彼がつきあっていたのか？　そこのところは詰めることができませんでした」[21]

モーレンシルトは彼自身認めているようにCIAと通じており、自由契約で働いていた。

オーライリーが他に認めているのが、モーレンシルトの紹介でオズワルドがジャガー・チリ・ストバル社に就職したことだ。この会社はアメリカ政府の下請けで写真撮影、特にU-2偵察機が撮影する写真の仕事をやっていた。[22] この仕事はオズワルドが詳しかった。オズワルドは海兵隊のレーダー技術者として、日本の厚木海軍飛行場に駐在し、多くのCIA関係のU-2極秘スパイ業務を実施する当事者だった。オーライリーは、ここでモーレンシルトのジョンソンと数人のテキサス事業家との関係に触れていない。ここでも点を線に繋ぐことはされなかった。

著名なアメリカ人言語学者ノアム・チョムスキーがブタペストで講演した際、共謀論についての質問に答えた。何年もかけて誰がケネディ大統領を殺したかを調べる人々のエネルギーについて彼の回答が及んだとき、チョムスキーは否定的だった。

「知ったことやないですよ。そんなこと」と彼は答えた。「いつでもたくさんの人が殺されているんです。そのうちの一人がたまたまジョン・F・ケネディだからといって、それがなんなんですか？　もしハイレベルの共謀があったと信じられる理由があるなら、興味深いかもしれないけど、でも、そうではないという証拠が圧倒的なんだから。結局は焼き餅焼きの亭主だったり、マフィアかなんかだったりして、それがどうしたというんですか？　そんなこと、もっと深刻な問題に費やすべきエネルギーを無駄なことに浪費しているだけだよ」[23]

チョムスキーはハイレベルの共謀がなかったという圧倒的な証拠があると言及したが、それを裏付ける証拠を提供していない。彼はふとマフィアが暗殺に関係する可能性があるような言い方をしたが、そのマフィアが実際にはCIAと共通利害を持ち、またリー・ハービー・オズワルドの殺害者ジャック・ルビーともいろんな関係をもっていた。オズワルドに関してはCIAが長期にわたり広範囲のデータファイルを管理し、その内容は改竄され、ねじ曲げられ、CIA内部で隠匿された。

ケネディ暗殺を調べる場合、「なぜ？」と疑問を持つことが重要だ。ジョンとボビー・ケネディは恵まれた人生を過ごし、ゲームのルールを知る父親に育てられたのに、権力を手にしたとたん、なぜ突如、ゲームのルールを変えようとしたのか？　この疑問は次の重要な意味のある出来事に繋がる。CIA長官のダレスの解雇、組織犯罪を撲滅しようとする運動、フーバーを退職させ、無力化しようとする試み、CIAを解体しようとする試み、石油減耗引当金を見直す動き、それに副大統領のジョンソンを複数の罪状を調べ上げた上での追放の試みなどであった。

いったいなぜ、50年前の殺人事件を問題にするのか？　ケネディ暗殺は1960年代後半に生じた政治不信が広まるのと歩みを同じくしている。私たちをベトナム戦争に追いやった嘘があり、ウオーターゲート事件はその嘘を固めて不信の基盤を作った。ケネディ暗殺はその不信の基盤を掘り起こしたのだ。

国民の信頼を取り戻すには、政府はもっと清廉になる責任がある。

ボビー・ケネディはウオーレン委員会について話すとき、結論は問題にしないという姿勢を貫いた。「彼は調査があろうが、なかろうが気にしないと言った」とカッツエンバッハは言う。「『それがどうした？　私の兄は死んだんだ』といつも私に言ってました」[24]

ボビーはニュース番組のプロデューサーのダン・ヒューイットにも同じようなことを言ってたが、ケネディが気にしないと言ったことは簡単に忘れられた。

「ボビーが『それでどう違うんだ』と言っても、信用できませんでした」とヒューイットは言う。「彼は私に、あるいは誰にも知られたくない何かを知っているんだといつも思ってました」[25]

ボビー・ケネディは苦しんでいた。彼のCIAとFBIを改革しようとする試み、他方でマフィアとリンドン・ジョンソンを押さえ込もうとする試みを続けるうちに、何かがとてつもなくうまくいかなくなった。ボビーの聖戦のために、兄はダラスで銃殺された。その聖戦のためにボビー自身5年後に殺されることになる。

「歴史は難しい」とハンター・S・トンプソンは60年代を振り返って書いている。「すべてのでたらめのために、それでいて、『歴史』であることもわからず、この年代の世代全体のエネルギーが長い精密な閃光の先頭に集中すると時には考える事ができると思うのです。当時には誰も理解できなかったからか、またさかのぼって何が起こったか説明できないのですが」[26]

コメディアンのモート・サールも60年代の精神を表現している。サールはジョン・F・ケネディのジョーク作家として働いたが、後にウオーレン委員会の批判者となり、意見を表明する最高の場を持つことができた。テレビ番組だ。

「今、アメリカを目覚めさせても、全く楽しくないんだ」サールはモート・サールショーで言った。「ちょうどパーティ会場に出くわしたような感じで、——みんな175年間酔っ払っていて、酒代の請求書が回ってきてる。でも俺達、これをやめることができないんだ。俺がいつも言ってるだろう。……アメリカは正念場だって」[27]

注釈

1. Crenshaw, *Trauma Room One*, 131-32.
2. Ibid., 132-33.
3. Crenshaw, Assassination Science, 41.
4. Ibid.
5. "Richard Nixon Jokes About LBJ Killing JFK." February 7, 2012, youtube.com/watch?v=oqTMELBh23g.
6. "King's Son Accuses LBJ of Conspiracy," ChicagoTribune.com (June 20,1997).
7. Collom and Sample, *The Men On the Sixth Floor*, 167.
8. Belzer, *Hit List*, 279.
9. Ibid.
10. Don Imus, *Imus In the Morning*, October 2,2012.
11. Bill O'Reilly and Martin Dugard, *Killing Kennedy: The End of Camelot* (New York: Henry Holt and Company, 2012), 152.
12. Warren Commission testimony of Malcolm Howard Price Jr.
13. O'Reilly, *Killing Kennedy*, 265.
14. North, *Act of Treason*, 390.
15. *The View*, October 9, 2012.
16. O'Reilly, *Killing Kennedy*, 145.
17. Ibid., 92.
18. Robert Caro, "The Transition" *The New Yorker* (April 2,2012).
19. Don Imus, *Imus In the Morning*, October 2,2012.
20. Beschloss, *Taking Charge*, 50.
21. *The View*, October 9, 2012.
22. Newman, *Oswald and the CIA*, 3-42.
23. "Noam Chomsky Debunks 9/11 and JFK Murder" posted by Adam Phoenix, April 12,2008, youtube.com/watch?v=m7SPm-HFYLo.
24. Talbot, *Brothers*, 277.
25. Ibid, pg. 308.
26. Hunter S. Thompson, *Fear and Loathing in Las Vegas: A Savage Journey to the Heart of the American Dream* (New York: Vintage, 1998), 67.
27. Kelin, *Praise from a Future Generation*, 328.

第21章

沈みゆく女神

JFK暗殺はリンドン・ジョンソンの更に規模の大きな犯罪に繋がっていく。それは彼のとてつもなく酷い犯罪かもしれない。1967年6月8日の合衆国船舶リバティ号への編成攻撃で、34名のアメリカ人が殺害され、171名が傷を負った。これは294名のアメリカ人を殺害しようとした行為であり、リンドン・ジョンソンをアドロフ・ヒットラーとジョセフ・スターリンに匹敵する犯罪者ということができる。事実、マックジョージ・バンディはホワイトハウスで働いていた時、晩年のリンドン・ジョンソンは特にジョセフ・スターリンを思わせたという。[1]

要約すると、リンドン・ジョンソンはイスラエル防衛軍、特にイスラエル軍のリーダー、モシェ・ダヤンと密約して、アメリカ諜報船USSリバティを攻撃して沈め、乗船している294名のアメリカ人全員を殺害し、あたかもエジプトが攻撃したように見せかけるよう偽装しようとした。エジプトの攻撃を非難することで、アメリカは攻撃、爆弾投下、そしてエジプトのガマール・アブデル・ナセル首相を排除することが可能となる。ナセルはこの10年の間、ソビエト寄りになっていた。

リバティ号への攻撃を理解するには、まず『ノースウッド作戦』を理解しなければならない。この作戦は1962年に統合参謀本部（JCS）により提案され、JFKによって却下されたとんでもないものだった。1960年代の統合参謀本部のメンタリティがよくわかる。

ノースウッド作戦は1962年の春ジョン・ケネディに上程された極悪非道の提案だった。その手順はCIAかUS軍による虚偽国籍での攻撃、自作自演のテロ行為を実行し、それをキューバのせいにして、アメリカにキューバ侵攻の口実を与え、フィデル・カストロを排除するというものだった。言い方を変えれば、ノースウッド作戦はアメリカ国民を欺して、キューバとの戦争に引きずり込むものだった。

ノースウッド作戦の文書は仰天ものであるが、アメリカ軍部と諜報部の高官のマキャベリ的思考を知るには参考になる。国家安全白書で明らかにされている。

1．噂（たくさん）を流す。秘密ラジオを使うこと。
2．仲間の軍服着用キューバ兵が「フェンス越えで」基地を攻撃したように見せかける。
3．基地内で破壊行為に及ぶキューバ兵（仲間）を捕らえる。
4．基地正門あたりで暴動を起こす。（仲間のキューバ人）
5．基地内で爆弾を爆発させ、火災を起こす。
6．空軍基地で飛行機に着火する。（破壊行為）
7．基地外から基地内へ破裂弾を投げ込む。施設を損傷させる。
8．海あるいはガンタナモ市の周辺から接近して侵攻チームを捕らえる。
9．基地内で騒いだ軍グループを捕獲する。
10. 港内の船舶に破壊行為を実行。大火災―ナフタリン。
11. 港口近くに船を沈める。知らずに死んだ犠牲者（10の手順にて）の葬式を行う。
    a. ガンタナモ湾内のアメリカ船舶を爆破して、キューバのせいにすることも可。
    b. キューバ領海でドローン（乗員無し）船を爆破することもできる。ハバナやサンチャゴ近くでこのような事件を起こし、キューバの空あるいは海上からの攻撃の結果と見せかけることができる。キューバの飛行機あるいは船舶が船舶の意図を調査するため出動した場合、こちらの船舶が攻撃を受けているというかなりしっかりした証拠になる。ハバナまたはサンチャゴに近ければそれだけ住民が爆発音を聞いたり、火をみる可能性が高まるので、信頼性が増す。合衆国はUS 戦闘機による空と海での救出作戦でフォローし、ドローン船に乗ってることになっている乗員の『救出』をすることになる。アメリカの新聞に載る死傷者の記事は愛国心を高める一助となる。

ノースウッド作戦は統合参謀本部全体の承認を得たものであったが、マイアミ地域でのテロ活動を実行すること、さらには実際の多くのキューバ人難民が乗ったボートを沈没させることも計画されていた！

「我々は共産キューバの軍事テロ活動をマイアミ、フロリダの他地区、あるいはワシントンでさえも展開することができる。このテロ活動を合衆国に避難してきている難民のせいにすることが可能だ。フロリダに向かう大勢のキューバ人を沈めることもできる（現実あるいはシミュレーションにて)。合衆国在住のキューバ難民を、広く広報活動に必要な場合損傷させると言った利用のしかたも考慮しておく必要がある。慎重に選んだ場所にてプラスティック爆弾を破裂させたり、キューバ人エージェントを逮捕し、事前に作成したキューバ人関与を裏付ける文書を公表するなどは、無責任なキューバ政府というイメージを拡散するのに役立つだろう」[2]

作家のジェームズ・バムフォードはノースウッド作戦がいかに嘆かわしいものであったかを要約している。

「ノースウッド作戦は統合参謀本部のトップと各メンバーの署名による承認を得たものであったが、それはアメリカの街中で無垢な人々を撃ち殺し、キューバを逃れる難民を乗せるボートを公海上で沈め、一連の凶悪なテロ行為をワシントンDC、マイアミその他の地域で実行しようとするものであった。関係のない人が爆破犯にでっち上げられ、飛行機はハイジャックされる。嘘の証拠ですべてがカストロの責任にされる。このようにしてレムニツアー将軍とその陰謀仲間に戦争開始に必要な口実を与え、同時に国民の支持と国際的賛同を取りつけるのである」[3]

リンドン・ジョンソンのメンタリティは統合参謀本部やCIAのマキャベリ主義者と全く同じだった。LBJは欺しと汚い陰謀の熟練者であったが、偉大な成功の裏には巨大な犯罪があるとよく言ったものだ。これは彼のモットーだった。[4]

ピーター・ホウナムは〈青酸カリ作戦：リバティ号爆撃はなぜ第3次世界大戦を引き起こしかけたか〉の著者であるが、イスラエルがリバティ号がアメリカ船舶であることを完全に理解していたこと、それにリバティ号乗船の294名のアメリカ人全員を殺害するための作戦をかなりの時間をかけて実行したことを立証している。事前にイスラエルの国防省が**合衆国大統領リンドン・ジョンソンからこの犯罪行為実施の明確な命令を受け取らない限り**、イスラエルがアメリカ人とその船舶に対し、このような極悪な犯罪行為を意図的に実行することは絶対にない。[5]

ホウナムはイスラエルがイスラエル時間 午後1時58分（東部時間 午前6時

58分、太平洋時間 午前3時58分）にリバティ号を攻撃する前に、合衆国戦略空軍司令部が全戒態勢に入っていたことを示唆し、アメリカがその時起ころうとしている1967年6月8日のイスラエルによるリバティ号攻撃を事前に完全に認識していたことの証拠だとしている。

ホウナムは退役空軍パイロット、ジム・ナンジョーにインタビューした。彼はその所属する戦略（核兵器搭載を意味する）空軍編隊は太平洋時間の午前2時から午前4時の間に全戒態勢に入ったという。言い換えると、イスラエルがリバティ号を太平洋時間 午前4時（東部時間 午前7時、イスラエル時間 午前2時）に攻撃する1または2時間前であったことになる。ナンジョーはその朝、警報でとても早い時刻に起こされたという。[6]

ナンジョーは当時30才のパイロットで、カリフォルニア州サクラメント近くのビール空軍基地の456戦略航空編隊のエリートである744爆撃飛行隊に所属していた。彼のジェット機の核弾頭は高温原子核反応型、別名水素爆弾を搭載していたことをピーター・ホウナムに確認した。彼の編隊は6機のB-52爆撃機からなり、KC-135空中給油機の編隊からサポートを受けているため、1番のターゲットはロシアであるが、世界中どこへでも爆弾を落とすことができる態勢であった。[7]

ナンジョーによると、合衆国の戦略（核）空軍基地は世界中で、グアム、英国、スペインその他アメリカ国内の戦略基地にて、警戒態勢に入っていた。これは核による第3次世界大戦の想定であったかとナンジョーは質問された。[8]

「『あれは、そうです。イエスです』と彼は言った。『ゴーサインを待つだけでした。そのサインは国家指揮最後部にて承認されて出ます。飛行司令官と私だけがそのメッセージを認証するのです。私たちはそれを待ちましたが、結局来ませんでした』」[9]

機体に到着したのが、午前2時から午前4時の間で、ナンジョーは機体を滑走路の端まで動かした。そこで戦隊はエンジンをかけたまま、水素爆弾の搭載を待った。ナンジョーはそこで待ったのが4時間か6時間かあるいはそれより長かったか覚えていないが、暗号メッセージが到着し、全員に中止命令がでたのは夜明けだった。[10]

合衆国大統領だけが世界中に散らばる戦略空軍部隊に同一時刻に全戒態勢をとるよう命令できる。明らかにジョンソンがイスラエルのリバティ号攻撃の1、2時間前にこの命令を出したのである。言い換えるとLBJはリバティ号攻撃を事前に知っていたことになる。

リンドン・ジョンソンがこの攻撃に関与していたことを示す出来事が、イスラエルの船舶攻撃の知らせを聞いたときの、罪を問われるべき彼の行動に表れている。リバティ号は攻撃された後10分か12分以内に奇跡的に緊急瞬間速報と言われるSOS信号を発信することができた。

地中海の第6艦隊はSOSを受信し、直ちに別の戦闘機から編成される飛行中隊を2回に分けて船の救援のため送り出した。それぞれの救援隊は呼び戻された。その時の様子が文書で残っており、防衛長官のロバート・マクナマラと第6艦隊司令官との会話にジョンソンが個人的にラジオ無線で介入し、「我々は同盟国(イスラエル)に恥をかかせてはならない！」と怒鳴り、戦闘機に戻るよう命令した。[11]

リバティ号はイスラエルにより爆撃され、ナパーム弾を落とされ、魚雷攻撃され、機銃掃射されたにも関わらず、奇跡的に沈まなかった。イスラエルのパイロットにはその船舶がアメリカ船である表示があることに気づき、命令をきかない者がいたり、続けて爆撃するのを拒否する者がいた。彼らはイスラエル空軍の上層部に対し公然と服従しない態度をとった。そして、なぜアメリカ船舶を沈めるよう命令されるのか当惑した。[12]

リバティ号はイスラエル海軍の魚雷に直撃されたが、奇跡的に沈没しなかった。リバティ号の生き残りであるジェームズ・エネスはこの問題の専門家であるが、すべての攻撃は1時間15分続いたという。リバティ号がSOS信号を発信できたお陰で、世界にすぐさまアメリカ船舶が攻撃されていることが知れ渡った。[13] 攻撃はイスラエルがコマンドーをリバティ号に送り込み『最後の仕上げ』として生き残り全員を殺す直前に停止された。

イスラエルのリバティ号への攻撃は停止されたが、カイロへの直接攻撃を早めることはなかった。

LBJはカイロへの核攻撃の準備は完了しており、リバティ号が沈没していないにもかかわらず、核攻撃を実行するところだった。2002年のリバティ号生き残りのモー・シェイファーとのインタビューでピーター・ホウナムは書いている。

攻撃前、彼はムーンバウンスディッシュを洗浄しており、イスラエル機が船上を低空飛行して写真を撮っているのを見た。飛行機の下部開口部からカメラが吊されているのを直接見た。それは他の目撃証言と一致するがイスラエルが船の実態を充分理解していることを確認するものだった。

もう一つの記憶は攻撃後であるが、もっと重要である。モーは榴散弾で攻撃されたとき負傷した。多くの負傷者は海軍のアメリカ号へ収容されたが、彼はヘリコプターで第6艦隊マーチン艦隊司令長官の乗るデイビス号へ運ばれた。翌朝、彼が2、3の負傷者と寝台に座っているとき、マーチンが見舞いに来た。

シェイファーによると、司令長官は上から秘密にするよう圧力がかかる前に何が起こったか誰かに話しておきたいように見えたという。マーチン司令長官はジェット機4機が通常兵器を積んでリバティ号へ向かった（その後戻されたが）ことだけでなく、4機が核兵器を積んでカイロへ向かっていたと言った。彼によるとエジプト攻撃の3分前だったという。彼はまた、核搭載のジェットは船に戻ることはできず、アテネに着陸したと言った。彼はこれらのことを攻撃後のリトルロック（デイビス号のこと）滞在中に私のベッドの横で話してくれた。[14]

ロニー・ダッガーはその著書〈リンドン・ジョンソンの生涯と時代〉でLBJがオーストリア大使のアーネスト・レムベルガーと長く深刻な会話をしたことを述べている。LBJはレムベルガーに神がホワイトハウスの彼のところに訪問してくると言うのだ。

「巨大な国が核兵器を所有するようになると、聖霊はその国のリーダーのところに来るようになると大使は思いませんか？」とジョンソンはたずねた。大使はそうは思わなかったので、その旨彼に伝えた。それにも関わらず、大統領は聖霊が彼を訪ねて来てるので、その理由を知っていると言ったという。

「そうなんですか！」と大使は同調する感じで驚いてみせた。

「そうなんです。」ジョンソン大統領は「ベトナムから報告が来る朝の2時か3時に聖霊が訪れるのだ」と言った。[15]

レムベルガー大使はLBJと話して全く混乱してしまった。

「彼は、もしロシア人がこれを知って、彼が狂っていると結論したらどうなるか、あるいは彼の精神状態が不安定で、そのため先制攻撃したらと言った」と大使の友人であるクライダ・グーゲンベルガーは言う。レムベルガーは彼女に「もしソ連が彼のことを完全に狂っていると考えたら、なにかしでかすことになるかもしれない」と語った。[16]

LBJの行動やイスラエルにリバティ号攻撃を承認したことを考察する場合、上記の秘話を考慮すべきである。LBJは核の地獄の火を弄んだ。このような彼の精神的な不安定さは彼の周辺の人々にはよく知られたことだった。

バンディに『神童』と言わしめた、鋭い知性を有する人物、防衛長官のロバート・マクナマラがリバティ号『事件』のことになると急性記憶喪失症になるのはこのせいかもしれない。マクナマラは彼の回想録ではこの攻撃には触れず、またその日ロシアが3回もアメリカとのホットラインで連絡せざるを得なかったことにも触れていない。1967年6月8日はUSの軍隊の歴史上最も危険で緊張した日だったが、マクナマラはそれに触れない。ピーター・ホウナムによると、「BBCのテレビドキュメンタリーと私の著書のためにマクナマラにインタビューしたのですが、彼の言ったことは信じられないものでした。『リバティに関することはなにもテープに残すな』と彼は録画が終わった時に言ったのです。『なぜなら、なにが起こったのか知らないし、それを調べる時間もなかったんだ』」[17]

バンディとマクナマラはいかにLBJが精神的に不安定であるか、そしてあの6日間戦争の間いかに彼が無謀だったかをよくわかっていた。二人はリバティ攻撃時、核戦争がテーブルの上にあることがわかっていた。映画「博士の異常な愛情」でスリム・ピケンズがテンガロンハットを振りながら核弾頭にまたがっているのを思い起こしてみるといい。そして彼の代わりにリンドン・ジョンソンを想像すれば良いのだ。

1962年10月28日日曜日、キューバミサイル危機のピーク時に、翌日には解決するのだが、リンドン・ジョンソンはエックスコム（国家安全協議会の最高権限委員会、危機の時点で大統領にアドバイスをする政府機関）のタカ派と組んで、ジョン・ケネディに対し、キューバを爆撃し、攻撃、侵攻すべきと進言した。LBJはキューバとの戦争を求めたが、ケネディはフルシチョフの提言を受入れ、流血なしに危機を解決することができた。数十年の間歴史家はアメリカがいかにキューバとロシアとの間で核戦争になりそうであったかを理解してきた。アメリカによるキューバへの侵攻あるいは爆撃は、これはLBJやカーティス・ルメイや統合参謀本部のタカ派が推していたのだが、直ちにロシアからの核による反撃を誘発していたに違いない。

もし、キューバがアメリカの都市一つにでも核攻撃をしたとすれば、『単一統合作戦計画』に基づきアメリカは報復的核攻撃をキューバとソ連に実行することになっていた。LBJは破滅的な核アルマゲドンに繋がる行動を好んでいた。

作家のピーター・ホウナムはリバティ号攻撃の準備段階におけるジョンソンの心の内を描いている。リンドン・ジョンソン（極端な親イスラエルだった）に近しかったイスラエルの外交官エッピー・エブロンは6日間戦争の直前の1967年5月26日にジョンソンと会っていた。エブロンは言った。

「そして、彼は続けてこう言ったんだ。『私、リンドン・ジョンソンは合衆国大統領として行動するならば、下院の承認が必要となる。それをしないなら、ただの6フィート4インチのテキサス人でイスラエルの友人でしかない』(この表現が私の記憶にこびりついている)『しかし、あんたと俺、ワシントンで最も力をもつ二人がもうひとつのトンキン決議法を下院で通すなら……』このとき、私は『彼は下院は決して彼に軍事力行使を認めることはないだろうと言っている』と思った」[18]

LBJの大統領日誌の記録ではLBJ—エブロン会議（午後7時15分から午後8時40分まで続いた）5/26/67 につき「極秘につき記録しない」（日誌に大文字で）と書かれていた。

トンキン湾事件はアメリカをベトナム戦争に引きずり込むための偽装であった。アメリカ船リバティ号への攻撃が成功していたなら、6日間戦争においてイスラエル側に立ったアメリカの軍事介入を下院に承認させるLBJの偽装工作は成功していたかもしれない。より重要なことは、ソビエト側になびいていたナセルをリンドン・ジョンソンは徹底的に倒したかったのだ。ナセル打倒と全エジプトの統治はイスラエル一国では荷が重すぎた。LBJはアメリカ介入を求めていた。

注記：アメリカ船リバティ号攻撃の10日間以内に合衆国海軍予備軍法会議はこの事件に関し、すべては認識ミスによる悲劇であり、イスラエルは馬を運んでいるエジプト船を攻撃しているものと考えていたとの報告書を公表した。このごまかし報告を書いたのはアリゾナ上院議員ジョン・マケインの父親、ジョン・S・マケインJr.海軍大将だった。この報告書は今や評判の傷ついたJFK暗殺に関するウオーレン委員会報告と同様のもの、いわば隠蔽そのものだった。

作家のジェイムズ・バムフォードの言葉にだけ頼るのでは充分ではない。イスラエルがLBJの承認を得た上で、意図的にアメリカ船リバティ号を攻撃したと確信している大物達のリストをバムフォードは記載している。

＊マーシャル・S・カーター中将、当時NSA（国家安全保障局）のディレクター：「あれは計画的だったという以外の答えはない」

＊ルイス・トルデラ博士、当時のNSAディレクター代理：「私は（大量殺戮が行われていた）シナイ半島駐在の上層部からの命令であの攻撃がなされたと思う。彼らはリバティ号がイスラエルの活動をモニターしてると勘違いしたのだ」トルデラはそしてイスラエルの公式『エラー』報告のトップページにスクロールしている。「なかなかうまいごまかしである」
＊ジョン・モリソン少将、当時のNSA作戦担当ディレクター代理：「あの説明は誰も信じていない。推測できることと言えば、あの時期イスラエルは我々とのコミュニケーションを断絶したくなかったということだ」
＊ウオルター・ディーリーNSA上級幹部、当事件の調査を国内NSAとして指揮していた：「彼らがリバティ号がアメリカ籍であったことを知らないわけがない」
＊海軍大将トーマス・H・モーア、元統合参謀本部議長：「イスラエルの意図はリバティ号を沈没させ、生存者をできる限り無くすことだったと結論せざるを得ない。イスラエルはあの船がアメリカ船であることはよくわかっていた」
＊ウイリアム・L・マックゴナグル船長、リバティ号司令官：「何年も経過して、たどり着いた結論は、あの攻撃は計画的なものだったということです」
＊フィリップ・F・ターニー、リバティ号退役軍人協会会長で攻撃生き残りの一人：「イスラエルはアメリカ人殺害を冷酷に、かつ計画的に実行した」
＊リチャード・ヘルム、当時のCIAディレクター：「あなたの本でのリバティ号に関する記述は全く正しい」
＊ジョージ・クリスチャン、当時のジョンソン大統領広報官：「この重大な事故は飲み込めないぐらいのものであると確信するに至りました」
＊ポール・C・ワルンケ、当時の海軍次官：「実際のところ、イスラエル空軍攻撃隊のミスとは信じがたく……戦闘がヒートアップするにつれ、アメリカ軍旗の存在が彼らの利益に反するものという考えを持ちだしたのではと考えます」
＊ディーン・ラスク当時国務長官：「リバティ号はアメリカ国旗を掲げていた。認識するのに難しいことでもなく、私の考えでは、どこかでイスラエルの高官が攻撃命令を出したと思われる」
＊デイビッド・G・ネス、当時のカイロアメリカ使節団副団長：「あれが計画的であったということにつき疑う余地がないと思う……これは我が国の軍隊

歴史上最大のごまかしである」

＊ジョージ・ボール、当時の副国務長官：「アメリカのリーダーは市民殺害という明白な犯罪についてイスラエルを処罰する勇気を持ち合わせていなかった」[19]

アメリカ船リバティ号攻撃はリンドン・ジョンソンの最大の犯罪である。LBJの手にかかり、34名のアメリカ人が殺害され、171名が負傷した。

注釈

1. Schlesinger, Arthur M. *Journals:1952-2000*. Pg. 333
2. http://www2.gwu.edu/~nsarchiv/news/20010430/northwoods.pdf. Pretexts to Justify US Intervention in Cuba
3. Bamford, *Body of Secrets*, 82.
4. Brown, Madeleine. *Texas in the Morning*. 92
5. Hounam, *Operation Cyanide*, 7.
6. Ibid.
7. Ibid.
8. Ibid., 11.
9. Ibid.
10. Ibid.
11. http://hnn.us/article/191
12. https://www.lewrockwell.com/2001/05/eric-margolis/the-uss-liberty-americas-most-shameful-secret/
13. http://www.youtube.com/watch?v=t-ZJEhDfono
14. Hounam, *Operation Cyanide*, 221.
15. Dugger, *The Life and Times of Lyndon Johnson*, 161-62.
16. Ibidv 163.
17. Hounam, *Operation Cyanide*, 16-17.
18. Ibid., 267.
19. James Bamford, response to Steve Aftergood, July 25, 2001, https://www.fas.org/sgp/eprint/bamford.html.

後書き

本書〈ケネディを殺した男：LBJ犯人論〉を2013年11月始めに出版したとき、それはジョン・ケネディの暗殺から50年忌日の少し前であったが、私は主要マスメディアが、リー・ハービー・オズワルドが頭のいかれた共産主義者で単独、大統領を殺害したという今となっては馬鹿らしい考え方をいまだに広げようとするとは想像もしなかった。また多くのメディアが限度を知ることのない堕落と汚職といった道徳観を欠くリンドン・ジョンソンの狂人的背景をごまかそうとする状況が私にとって意外であった。

ともかくも、51名の死をもたらしたサイコパスの殺人鬼リンドン・ジョンソンを〈ケネディを殺した男〉はまだ控えめに述べている。LBJの側近だったクリフ・カーターは同じくLBJに親しかったビリー・ソル・エステスにジョンソンは選挙違反と汚職を隠蔽するための殺人を含めて17件の殺人に関わったと言った。イスラエル空軍によるアメリカに対する軍事攻撃をLBJが承認した米国リバティ号での34名の死者を加えることもできよう。アメリカ兵の殺害を冷淡に命令するとは彼の極悪非道ぶりが知れる。多くの人はベトナムで戦死した5万人を死者合計に更に加える。

ケネディ大統領は単独のリー・ハービー・オズワルドと言う名前のガンマンによって暗殺され、共謀はなかったというウオーレン委員会の馬鹿げた主張を知性と客観性を備えた人々が現在に至っても信じ続けていることが、私には信じられない。オズワルドはアメリカの諜報員であり、CIAとFBIで働いた経験があった。これら両機関が彼とその活動に関してウオーレン委員会に虚偽の答弁をしたことは一般に知られている。

留意すべきことは、委員会の結論に沿う証言をする目撃者だけが集められ、委員会の見方と食い違う意見を持つ多くの目撃者は無視されたということである。ジョンソンの手下の殺し屋ウオレスを犯行に結びつける指紋の証拠に加えて、目撃者が複数おり、彼らはその男がウオレスの特徴であるがっしりした体つきで、顔に斑点があり、茶色のスポーツコートを着ていたと証言している。リー・ハービー・オズワルドはテキサス教科書倉庫ビルの6階から撃った犯人ではなく、真の犯人はLBJの昔からの殺し屋マルコム・ウオレスだという証拠でもある。

26巻のウオーレン委員会報告書の数多い添付資料の中に埋められた目撃証言を丹念に読めば、オズワルドがテキサス教科書倉庫ビルの6階で3発銃を発射し、その後**ライフルを隠し、4階下まで駆け下り**、射撃後75秒後に2階の食堂で目撃されることが起こりえるとしたウオーレン委員会の結論が誤っていることがわかる。26巻のウオーレン委員会報告内のある手紙がこれが不可能であることを物語っている。当時あのビルの4階で働いていた23才のビクトリア・アダムズは、その階で同僚のサンドラ・スタイル、エルシー・ドーマン、ドロシー・メイ・ガーナーと共に大統領のパレードを見物していたが、銃撃後直ぐさま1階入り口まで木の階段を駆け下りても、オズワルドを見ることも、その声を聞くこともなかった。重要なこととして、アダムズは3インチのハイヒールを履いたまま[1]階段を駆け下りていることで、それは降りる障害になっていたはずである。また彼女は倉庫会社の主任ロイ・ツルーリーとダラス警察のマリオン・L・ベーカー巡査が階段を駆け上がるのを見ている。ツルーリーとベーカーは直ぐさま2階の食堂でコークを静かにすすっているオズワルドに対面した。ウオーレン委員会報告に書かれたオズワルドが急いで6階から2階へ駆け下りたという描写はあり得ないのだ。

アダムズが証言したとき、それはオズワルドが6階から2階へ移動したことを否定するものであったが、抵抗にあう。「あなたの言うことは一言も信用しない」とウオーレン委員会の評議員補佐のデイビッド・ベリンはアダムズに対して見下すように言い放った[2]。数年後、スタイルとメイ・ガーナーは二人ともウオーレン委員会に証言に呼ばれなかったが、アダムズの証言を共に認めた。

〈ケネディを殺した男〉はいくつかのところで攻撃の的にされている。ジョーン・メレンは大学教授でJFK暗殺にCIAが絡んでいたという説を支持する人物であるが、私の本を「馬鹿げている」とけなした。彼女はこのレッテルをLBJが暗殺に関わったという説の本すべてに貼ってこう言っている。「この手の本をすべて読めばわかるが、これらに共通しているのはCIAに全く触れられていないことだ」[3]メレン教授はケネディ暗殺研究の書籍群の一つになる私の本を読んでいないのが明白であり、それぞれの説がお互いに排他的でないことに考えが及んでいない。

メレン教授はまたLBJと彼の個人的殺し屋、マルコム・『マック』・ウオレスとの複雑な関係をも否定する。メレンはウオレスとジョンソンの関係はでっち上げられた幻想であり、テキサスの策略家ビリー・ソル・エステスだけが言っていることだとする。「私は自称テキサスの策略家、詐欺師のビリー・ソル・エステスのことを言っているのです。マック・ウオレスがリンドン・ジョンソンの命令の下で、最初は上院議員のとき、その後は副大統領のときに殺し屋、ごろつき、連続殺人鬼となっていたと言うのはエステスだけで、それ以外に資料は見つからなかった」メレンは昨年の『ダラスの11月』というJFKランサーグループの会合で話した。[4]

メレンはまたLBJの仲間ビリー・ソル・エステスが宣誓の上で偽証罪に問われるリスクを冒して、LBJがその側近クリフ・カーターとUS農政省のヘンリー・マーシャルを殺害しようとしたと証言したことを信頼するにあたらないと切り捨てている。エステスはカーターが少なくとも17件の殺人を知っていると証言した。不正投票と汚職を隠蔽するためにLBJが命じたものだった。エステスの弁護士ダグラス・キャディは司法省に書簡でエステスが、ジョン・F・ケネディを含む8件の特定殺人にLBJが直接関与していたことを証言すると申し出た。エステスは**事実、刑務所で服役後、そしてLBJの死後、彼自身になにも考えられる利益がない時に証言した。**

私はメレン教授にウオレスとLBJとの関係を調査するよう申しあげたい。尊敬されたテキサスの法執行官、テキサスレンジャーのクリント・ピープルがいる。評判のよかったピープルは刑事であり、カウンティシェリフの代表であったが、恐れを知らぬ清廉潔白な人物といわれていた。1969年にピープルはテキサスレンジャーの上級レンジャーキャプテンに昇進した。1974年にはリチャード・ニクソン大統領によってピープルは北部テキサスのUSマーシャルに指名された。[5]

ピープルはウオレスを追跡し、LBJの仲間によって所有されている防衛産業関連企業に就職していることを突きとめた。ウオレスが冷酷な殺人の罪で執行猶予を受けた3カ月後に、適正評価を得て、テムコ社に就職したことをピープルは海軍の諜報将校から知らされた。この会社はウオレスにとって最初の就職先でもあり、リンドン・ジョンソンを通じて巨額の防衛関連の受注を得ていた。テムコ社はリンドン・ジョンソンの仲間で、テキサス教科書保管倉庫の所有者でもあるD・H・バードがオーナーだった。[6] ピープル自身の言葉。「私はいったいこんな男に適正評価を与えるなんて、そんな強力な権力を持つ人って、誰なんだ？と聞きました。その答えは『副大統領（リンドン・ジョンソン）だよ』でした」[7]

メレンは殺人罪のウオレスを逮捕した警官の一人、オースティン警察の調査官マリオン・リーの発言も調べる必要がある。ウオレスは当時、LBJの手配により農政省にてその口利きによる楽な仕事を与えられ経済担当として勤務していたが、リーに「私はジョンソンさんのために働いていて、ワシントンに戻る必要がある」と言ったという。[8]

ルシアン・ゴールドバーグは1960年のLBJの選挙運動で働いていたが、ウオレスを少なくとも3度見たと言う。当時ワシントンDCのメイフラワーホテルにLBJの大統領選挙対策本部があり、そこでLBJの側近で殺人共犯者であるクリフ・カーター[9]といつも一緒で、うろついていたと言う。LBJの愛人マドレーン・ブラウンもビリー・ソル・エステスの発言を裏づけており、彼女自身のより密接な関係の事柄を証言している。[10]

メレンは多くの目撃者とウオレスがテキサス教科書倉庫の6階に残した指紋証拠をあえて無視している。JFKの研究者として、メレン教授は危険なほど情報不足であるか、あるいは全く無知なのかどちらかだ。

* * *

主要マスコミのウオーレン委員会の結論とLBJのイメージ清浄化作戦への肩入れは根深いものがある。CNNがその人気番組の〈クロスファイアー〉と〈エリン・バーネットショウ〉で私を呼んでくれたのだが、CNNの社長トム・ジョンソンの圧力で二つとも直ぐさまキャンセルされた。ジョンソンはLBJ図書館の理事であるが、これは偶然なのだろうか？　私が〈フォックス&フレンド〉に出てこの本のピーアールをしようとしたとき、ジョンソンはフォックス社のトップ役員に出演をキャンセルさせるよう申し入れた。[11]

私の本に注目が集まるのは有難く思っている。50年前のあの時期について記憶が明確でない人やリンドン・ジョンソンについての真実、1963年11月22日の事件での彼の役割に興味のある人は事実を見直すことが重要だと思う。エミー賞を受賞したブライアン・クランストンが人気テレビ番組の〈ブレーキングバッド〉で演じた人殺しのナルシスト、覚醒剤ディーラーのウオルター・ホワイトから、ブロードウェイの一人芝居『オールザウェイ』で人殺しのナルシストであるリンドン・ジョンソン大統領を演じるという比較的容易い転換をするにあたり、彼は本書〈ケネディを殺した男〉が最も興味深かったとニューヨークタイムズの日曜書籍レビューで語った。[12] ニューヨークタイムズは本書とJFKの50年忌絡みの書籍を含め、書籍レビューの対象とせず、**タイムズラウンドアップ**にも含めないという決定をしていたにも関わらずであった。

フォックス&フレンドは本書を語るに当たり私を歓迎してくれた。ショーン・ハニティ、ラリー・キング、それにグレン・ベックも歓迎してくれた。深夜ラジオ番組の〈コーストトゥコースト〉は私と共著者に、主要マスコミが情報を遮断しているにも関わらず、何千もの聴衆に語りかけさせてくれたと確信している。ラジオのトークショウは政治的コミュニケーションの様相をすっかり変えてしまった。巨大テレビネットワークとか、ニューヨークタイムズなどに頼らずとも、偏見のない聴衆に呼びかけることが可能になったのだ。ラリー・カドロー、ウィルカウ、マンカウ、カーティス・スリワそれに何百のトークショーホストとそのプロデューサーに感謝を申しあげたい。どのようにして、そしてなぜLBJがJFK暗殺を計画実行したかを多くの聴衆に説明させて頂くことができた。現代のインターネットは政府による隠蔽を不可能とは言い切れないが、困難にしている。研究者の証拠やかつて秘密文書とされていた国の文書が入手可能になり、ソ連の崩壊によりソビエトの文書なども手に入るようになると、我々の歴史とそれを取り巻く事実についての議論がより盛んになる。チャーチルはかつて「歴史は勝者によって書かれる」と書いたが、この『勝者』とは政府をコントロールする利害関係者であり、1963年11月22日の悲劇の筋書きを書いた者でもある。この勝者に今では公正に、かつ合理的に挑戦することが可能になったのだ。**デーリービースト**のデイビッド・フリードランダー、**デーリーコーラー**、**ニュースマックス**のパトリック・ホーリーやその他多くの公平なブログやウェブサイトにお礼申しあげたい。彼らはこの本がニューヨークタイムズベストセラーになる手助けをしてくれ、ジョンソン大統領の正当性につき疑問を呈し続けてくれている。ジョン・ケネディ暗殺やLBJに関する疑義のある歴史的事実にリンドン・ジョンソンが関わるとする多くの筋の通った疑問に対応して、LBJ図書館がピーアールキャンペーンを実行していると考えざるを得ない。投げ縄は締まりつつある。それ故、2013年にLBJ図書館は我々にベトナムでのLBJの役割を忘れさせ、LBJが通した市民権制定に焦点をあてさせるために大量の広告を打ったのだ。ベトナムはJBL自身の利益のため、市民権については原則を目的とはせず、政治的駆け引きでやったと我々は見ている。リンドン・ジョンソンの公的イメージの見せかけは崩れつつある。

スーパーで売られるタブロイド、**ナショナルエンカイヤー**、**エクザミナー**や**グローブ**などのインパクトをエリートは見逃している。これらは毎週何百万の人々に読まれるのだ。読者はアフリカ系アメリカ人、メキシコ系、それに白人労働者層だ。エリートのエラーがここにある。これらの人々は投票し、多くは本を買うのだ。**ナショナルエンカイヤー**がジョン・エドワードのスキャンダルを暴いたとき、主要マスコミはそれを無視するか、否定的だった。**ナショナルエンカイヤー**は2016年の大統領選挙が近づくにつれ、ヒラリー・クリントンの多くの問題点を報道しているが、2016年においてヒラリーとビル・クリントンその他彼らにまつわる過去の問題をも報道するだろう。

またネットフリックスの人気番組〈ハウスオブカード〉で俳優ケビン・スペーシーが演じる狡く、狡猾な、邪悪な副大統領フランク・アンダーウッドの南部訛りと権力への欲望は明らかにLBJをモデルにしていると思われるが、これも本書の売り上げに寄与しているのではと思っている。

＊　＊　＊

私はリンドン・ジョンソンに対する調査を始める時、犯罪捜査に求められる基準、すなわち動機、手段それに機会をベースにして内容を構築しようとした。リンドン・ジョンソンはタイム／ライフ社が調査報道者の文字通りスワットチームを編成して、テキサス中央に調査に入り、彼の悪事に基づく巨大な財産を調べ上げ、更にはテキサスの策士ビリー・ソル・エステスとの関係をも調べていることを充分知っていた。[13] LBJの暴露記事が12月1日のライフ誌の表紙を飾る予定だった。ジョンソンは9名の調査レポーターが、司法省のロバート・ケネディ長官がリークした情報を基に調べていることを知っていた。副大統領のジョンソンにとって死の一撃となる材料は、ジョンソンが大統領になった瞬間、タイム／ライフのオーナー、ヘンリー・ルーチェにより無効にされ、同社はザプルーダーフィルムのすべての権利を買い取りに動き、それを11年間隠匿し、政府に恩を売った。タイム／ライフマガジンはLBJが大統領になった後は彼を応援し始めた。タイム／ライフ社はウオーレン委員会の結論をも積極的に支持するようになる。

その後、私はジョンソンがJFK暗殺の2日後に非常に切迫した危険なニュースの公表に直面していたことを知った。11月24日日曜日の暗殺のあと48時間で当時最も影響力のある新聞のコラムニスト、ドリュー・ピアソンが東部の各家に配達される予定のある新聞のコラムを準備していた。そのレポートは、ピアソンの言葉によると『たまげた話』で、ジョンソンとその右腕のボビー・ベーカーが、70億ドルの戦闘機契約をテキサスの会社ジェネラルダイナミックスに受注させたことに裏で関係しているというものだった。[14] ピアソンのコラムは700の新聞に掲載され、その代表がワシントンポスト紙だった。

ベーカーの関係者であるダン・レイノルズが上院規則委員会でベーカーがリンドン・ジョンソンに、防衛機器契約をジェネラルダイナミックスに切り替えさせた見返りの賄賂として10万ドルの入ったスーツケースを持って行くところを目撃したと証言したという暴露記事をピアソンは暗殺のあったその朝に書いていた。[15] ジョンソンは空軍とペンタゴンに圧力をかけ、ボーイング社との契約をフォートワースに本社のある彼の仲間であるジェネラルダイナミックス社に切り替えさせた。[16] リンドン・ジョンソンは政治的、個人的に破滅の淵までいっていたのだ。ピアソンは彼のコラムを没にし、ジョンソンの最大の応援者の一人になる。

LBJがCIA、軍部、組織犯罪、それにテキサスの石油豪商らを含む共謀計画の中心人物であるというのが私の主張であるが、これらの共謀者のなかで、LBJほど差し迫った危機、1964年の出馬からの取り消しだけでなく、公での屈辱、連邦政府からの訴追そして投獄の恐れに直面していたものはない。

＊　＊　＊

多くのすぐれた書物はピッグズ湾侵攻失敗後のジョン・ケネディに対するCIAの敵意とキューバミサイル危機の対処に若き大統領が失敗したとCIAが考えたという大筋で描いている。しかし、ここで見逃されているのがCIA設立時のリンドン・ジョンソンの果たした重要な役割であり、その後のCIAと軍産複合体に対する1950年代の下院トップの独裁者として君臨した役割であった。

上院議員のハリー・バードはLBJの石油業仲間であるD・H・バードの従兄弟であるが、バードとジョンソンはCIA初期の下院監督官であった。この特殊な結びつきがジョンソンにCIAに対する制限のない、価値ある接触をもたらした。上院議員としてジョンソンは航空宇宙科学委員会の会長になった。この指名によりジョンソンはCIAと軍隊に更に近くなり、軍備小委員会と航空宇宙科学の両方を仕切ることになる。

ジョンソンの軍隊との結びつきはジョージ・マイケル・エビーカの著書〈ある傲慢さ〉によく描かれている。

アイゼンハワー政権を通じて、ジョンソン上院議員は軍事／諜報機関連合の重要な連携者であった。特にソビエトの宇宙開発とミサイル計画の脅威を大げさに煽ることでペンタゴンの予算から資金を集めたのである。合衆国諜報部の闇予算工作は当初ソフトなものだったが、アメリカ空軍の試験開発計画を通じて、それがNASA（航空宇宙局）を通ると更に激しい領域になり、その結果アイゼンハワー政権に対するジョンソン（1959～1960）の上院圧力は1960年の上院公聴会において最高潮に達する。

その後続いたのが、ペンタゴンが設立した航空機、宇宙関係の会社、シンクタンク／開発会社との「研究と分析」契約（情報活動に重きが置かれた）であったが、すべては表向きは空軍とUS「宇宙開発」計画のためとされていた。LBJとテキサスにとって、しつこく求められるペンタゴンの予算要求の中に隠された賄賂の額は驚くほどのものだった。もちろん、US空軍、宇宙研究開発（政府と民間両方）、予算省の協力を得て、秘密の情報操作でなされた。「大統領としてLBJは、第二次世界大戦以来のペンタゴンによる財務省への攻撃を操作した。その結果、彼の地元テキサスの巨大な兵器産業のブームとなった」

ジョンソンは1950年代の始め、予算局／ペンタゴン／闇予算諜報チームに参加しており、議員特権を手にしていた。そして副大統領になるとUS宇宙ミサイル計画に参画した。これは彼とテキサスにとって重要な分野であり、「軍と秘密諜報部の虎に跨がり、ホワイトハウスへ予算をぶんどりに乗り込んだ。そして出ていった」[17]

本書〈ケネディを殺した男〉で私は、ベルヘリコプターとベトナム戦争での同社の防衛契約からジョンソンが巨額の金銭を手に入れたことを詳細に記述した。（同社の株式のかなりの割合をレディー・バード・ジョンソンの信託が所有している）[18] その後、カーマン航空機の従業員だったジョン・トレナーレから話を聞くことができた。彼によると1963年にカーマン社は政府調達として220機のヘリコプターを納入する契約に署名し、議会にて承認されていた。ところが、LBJが大統領になるやその契約は破棄され、ベルヘリコプターに切り替えられ、アメリカのベトナム介入がエスカレートし、ライバルのベルは生きのびた。

「ケネディ大統領暗殺及びリンドン・B・ジョンソンの大統領就任後5日以内にカーマン社からのUH-2の調達計画は防衛省から破棄された」とカーマン社創業者のチャールズ・カーマンは書いている。「政治がある確かな形で醜い頭を持ち上げた。航空機の調達において最も考慮されるべき基準がその技術的優秀性であった時代は終わった」[19]

＊　＊　＊

歴史的に見逃されてきたのが、リンドン・ジョンソンの組織犯罪との独特の関係であった。ジョンソンはテキサスとルイジアナの組織犯罪を管理するマフィアのボス、カルロス・マルチェーロから長年多大な選挙献金をもらっていた。マルチェーロは暗殺に係る下院選択委員会の最終報告でジョン・ケネディ殺害の陰謀者と言われた。元国務長官でアリゾナ知事のリチャード・D・マホーニーの信頼できる著書〈ケネディ兄弟〉によると、マルチェーロとダラスにおける彼に次ぐボスのジョー・チベーロは少なくとも50万ドルをジャック・ハルフェンを使ってLBJに持って行かせた。ハルフェンは脱税で起訴されている男でテキサスマフィアの鞄持ちだった。[20]

LBJは年に5万ドル貰って、マフィアのヒューストン、ダラス、それにサンアントニオでの違法賭博行為をジョンソンが支配する連邦検事から守ってやっていた。[21] ジョンソンとマフィアの親密さと言えば、ケネディ司法長官が命じて盗聴させたマフィアのボス、カルロス・マルチェーロとフロリダマフィアのボス、サントス・トラフィカンテの会話はケネディ暗殺にジョンソンが関わっていることを匂わせている。1950年代と60年代にLBJに現金を配達してたハルフェンは後にジョンソンにより脱税につき恩赦された。ジョンソンが大統領になり、ロバート・ケネディ司法長官が命じて行っていた組織犯罪のボスらの盗聴が直ちにすべて中止されたのは偶然の出来事ではない。[22]

＊　＊　＊

リンドン・ジョンソンが汚職まみれだったというのは広く知られていた。ビリー・ソル・エステスは後に彼の弁護士ダグ・キャディに、LBJはカネさえ充分やれば、絶対何でもやる男だと話した。[23] 単なる賄賂やピンハネではなく、LBJは連邦政府を利用してカネを作り出すワザを極めていた。どの兵器産業との契約も、どの連邦政府の歳出の承認も、リンドン・ジョンソンに賄賂を渡さずして、合衆国上院を通過することはできなかった。時には彼は様々な選挙委員会に対する資金を要求することもあったが、大概彼は現金を求めた。多数の特殊利害関係者がジョンソン所有のラジオ局に水増しされた広告料の負担を要請されたが、公告が放送されることは無かった。ボビー・ベーカーの関係者ダン・レイノルズはいつ行っても、必ず「男達が現金の詰まったスーツケースを上院議長の事務所に持ち込んでいた」と言う。

フロリダ、パームビーチカウンティのある名をなした弁護士が、彼がその正直さに太鼓判を押すというメリーランド郊外の、ある人物を紹介してくれた。その人は兵器産業を営む父親の話をしてくれた。その父親は彼に話した。「もし契約が欲しいなら、その話のために会うだけで2万5千ドル必要になる。私の父はLBJとボビー・ベーカーに、ベーカー所有の（多分ジョンソンも所有）オーシャンシティにあるカルーセルモーテルで会った。ベーカーは事前にジョンソンは話さないと知らせていた。ジョンソンは手を差し出すことも、握手することもなかった。ベーカーが終始しゃべっていた。LBJは小さな防衛関連の契約を彼の会社に割当し、その見返りに5万ドルのキックバックを受け取った。リンドン・ジョンソンは根っからの盗人であった」[24]

LBJと汚職仲間のボビー・ベーカーは彼らのカネの運用も上手だった。ラリー・スターンは1960年代始めのワシントンポスト紙の副編集長であったが、彼の取材記者の一人、スターリング・シーグレーブ（今では尊敬される作家で、歴史家でもあるが）が調査したところによると、「LBJとボビー・ベーカーはプエルトリコにサン・ジョルジュ・クリニックという名称の妊娠中絶クリニックを所有しており、そこへ妊娠した議会の秘書らを行かせ、『休暇』をとっているように見せかけた」という。[25]

もっとビックリ仰天するLBJの犯罪性と強欲の事例が、ニューメキシコのビクトリオピークから軍とジョンソン大統領それに後にリチャード・ニクソン大統領が黄金を詐取した話である。信じられないことだが、LBJは「ドリー」金塊を数百万ドル盗みだし、まずメキシコへ輸送し、その後精錬するためバンクーバーへ運び、最終的にはLBJ牧場へ持ち込んだ。ジョンソンに忠誠心を持つ者達が黄金を時間をかけてこっそり移動したのである。

隠されていた大量の黄金は、最初1937年11月7日に南ニューメキシコのビクトリオピークでドックとオーバ・ノスにより発見された。この場所は現在ホワイトサンドミサイル試射場として知られている。ほとんどの黄金は古いドリー型の延べ棒で、現地製造の精錬されていないものだった。その黄金の由来はスペインの征服者がアズテックから盗んだ黄金か、ウェルスファーゴの輸送中にアパッチが奪ったものか、あるいはメキシコ盗賊の隠匿した黄金かわからない。その歴史はともかく、アメリカ軍はニューメキシコの洞窟内に文字通り数十億ドルの黄金があることを知った。

ビクトリオピークにはいくつかの洞窟と黄金が隠された場所があった。最も大きな隠し場では、膨大な黄金が薪木のように積み上げられていた。その隠匿場にもっと入りやすくすれば、その所有権を与えると言われたドック・ノスはその財宝への通路を偶発的にダイナマイトで爆破してしまい、閉鎖してしまった。[26] その財宝発掘のための資金を提供していたパートナーはそれに不満を持ち、ドックを殺害するが、資金不足に陥ったオーバ・ノスは数年間もう一度財宝を発見しようと努めた。1955年にアメリカ軍が黄金の洞窟のことを知り、強制的にオーバ・ノスを排除した。

軍は黄金の延べ棒の隠し場を発見し、1961年に一部を運び出したが、公には黄金の隠し場の存在を否定していた。盗まれた黄金は採取を監督し、この犯罪を隠蔽した将軍達のポケットに入った。陸軍少将のジョン・シンクルは現場から700の黄金の延べ棒を盗んだと評判になった。[27] 黄金のことを知っているのは陸軍に限られていたようであるが、60年代の始めになり、政府の知るところとなった。ジョン・F・ケネディ大統領、司法長官のロバート・ケネディは副大統領のリンドン・ジョンソンとLBJの子分テキサス知事ジョン・コナリーを連れて1963年6月5日に黄金を視察に訪れた。大統領の行動記録では6月5日には彼とジョンソン、それにコナリーがエルパソのコルテツホテルに午後6時30分に到着したと記録されている。「本日はこれ以上の活動なし」と面談記録が示されている。[28] JFKとLBJのこの旅は公式記録ではホワイトサンドミサイル実験場で、ミサイルの発射実験を見ることになっていた。彼らの本当の目的はビクトリオピークの黄金の確認だった。

リンドン・ジョンソンは1950年代軍産複合体への下院における予算承認者として、軍と密接な繋がりを持っていたので、1963年に最初に黄金の存在を知ることができた。またLBJは軍のトップ将校、防衛産業のロビイスト、兵器産業等に非常に近く、しかもCIAの初期の数少ない監督官であったことから、軍管理財産の中から多量の黄金を盗むには理想的な立場にいる人物であった。

トム・ウィットルはこの信じられない暴露記事を最初から調査しており、〈フリーダムマガジン〉に優れた連載記事を残した。その記事でウィットルは歴史上最大の大統領による不法行為の一つと目されるリンドン・ジョンソンと他の者の悪行を暴露したのである。2部形式の記事で彼は次のコメントを書いている。

様々な情報源からリンドン・ジョンソンの名前が大きく現れてきた。大統領が黄金の取り出し計画と実行の率先者だった。[29]

ウィットルの情報源によると、ジョンソンと知事のコナリーは「最新の切削設備を備えたチームを引き連れ黄金採取に向かった」という。彼らは自分たちの保安ガードも連れて行った。ウィットルの見つけた他の情報源は「ピークにあった大量の黄金をジョンソンの（メキシコの）牧場へ運んだ数人の男達に実際にインタビューした」という。ビクトリオピークの歴史に多くの人々がどのように関係してきたかを文書化したウィットルの記事の真偽は長年疑われてきた。[30]

歴史家のジョン・クラレンスはビクトリオピークの大半の黄金は60年代にリンドン・ジョンソンにより盗み取られ、別の隠し場にあった37トンは1973年の感謝祭の週末にリチャード・ニクソンにより盗まれたと言う。[31]

クラレンスはその著書〈黄金の家：ビクトリオピークの宝、真実の物語：嘘と盗み〉において更に拡大した情報源をもとに、莫大な黄金の盗みを綿密に再現している。情報源は当時現場にいた保安ガード、大量の黄金をメキシコからバンクーバーに輸送し、そこで元のマーカーを消すため再溶解したときのパイロットなどである。クラレンスはベティ・タッカーに接触することで、重要な文書の山を見つけることになる。ベティはLBJが盗んだ黄金を資金洗浄するのを手伝ったCIAのロイド・タッカーの妻だった。彼女はビクトリオピークの莫大な黄金詐取でLBJがどう活動したかを裏付ける多量の文書を保管していた。

クラレンスがインタビューした重要人物の一人にケネディ兄弟に非常に近かった退役CIAエージェントの『ミスターH』がいる。ミスターHは元海兵隊で1950年代にCIAにリクルートされ、ジョンとロバート・ケネディの護衛を任された。ミスターHはケネディ兄弟の旅の事前調査をしたり、CIAの暗殺にも関わった。彼の直属上司はトレーシー・バーンズと言い、ミスターHによると彼は「多くの、多くの、多くの」暗殺の監督をしたという。[32]

ミスターHがなぜ重要かというと、ケネディ兄弟とLBJが1963年6月5日にビクトリオピークに行く前に、彼が事前調査を命じられていたからである。ミスターHは現場をよく知り、安全上の脅威を評価するため、3日早く現地に到着した。黄金の洞窟に到着したとき、ミスターHは言う。「私はそこで多量の黄金の延べ棒を見ました。それらは二つの異なるサイズのものでした」[33] 彼によるとそれらは輝く黄金の延べ棒ではなく、いわゆるドリー型黄金の描写に言われる火山灰のように見えるものであった。

ミスターHは大統領、副大統領それに司法長官の間での会話を述べる。1963年6月5日の黄金洞窟にはケネディ側近の何人かも居合わせたという。「俺たちのすることと言ったら、頂くことだよな。ボビー、君の分け前でどうするつもりや？」LBJはロバート・ケネディに言った。ミスターHによると、ボビーはそんなもの必要ないし、欲しくもないと答えたという。

黄金を盗み出せるかどうかの可能性も、LBJがケネディ大統領と彼の弟を排除する動機になったのだろうか？　ジョンソンとケネディ兄弟がニューメキシコの黄金洞窟を訪れたのは紛れもない事実である。ジョン・ケネディが大統領である限り、ジョンソンが黄金を盗めなかったのも事実である。ジョンソンは大統領になってからでないと、黄金をテキサスに持って行くことができなかったし、彼の後継者リチャード・ニクソンは大統領になったあと、37百万ドルの金塊を盗み出すことができた。[34]

ミスターHによると、この6月と1963年11月のケネディ暗殺までの間にビクトリオピークでもう一つ会議があった。暗殺後、ミスターHは1965年12月までCIAに在職し、リンドン・ジョンソンの仕事を担当した。クラレンスの本ではLBJとミスターHの奇妙な関係に光が当てられている。LBJはミスターHに、テキサス民主党リベラル派で、彼の最大の敵を殺害するよう実際に指示したのである。ジョンソンはそのライバルが、「バーボン」保守民主党から民主党支配権を究極には奪い取り、1980年には新テキサス共和党にするつもりだろうと考えたのである。上院議員のラルフ・ヤーボローは民主党内で、LBJと知事のコナリーに対抗して、リベラル派の中心となり、メキシコ系、アフリカ系アメリカ人や力の弱い組合を支持基盤にしていた。まさに数週間後のJFKのダラス訪問は民主党右派、大企業を基盤とするジョンソン・コナリー陣営とポピュリストのヤーボロー率いるリベラル派とのあつれきを静めようとする目的のものだった。ジョンソンはヤーボローを嫌っていた。

ミスターHはケネディ暗殺後、彼がコナリーかジョンソンと宝のことを話すことがあったかどうか質問された。彼はないと答え、任務は終えたので、他に依頼されたことは無いと言った。ジョンソンが大統領になってから、なにかの実行を頼まれたかと聞かれた。ミスターHは、あったがピークに関するものはなかったと答えた。彼はジョンソンが特別の任務を彼に指示したかと質問された。

ミスターH：はい、彼は指示しました。

クラレンス：それはどんな内容でしたか？
ミスターH：彼はヤーボロー上院議員を排除して欲しいと。
クラレンス：排除するというと？
ミスターH：彼はヤーボローに死んで欲しいということでした。これは私が2回目にピークを訪れたすぐ後のことです。
クラレンス：ではさほど時間の経過がないですね。
ミスターH：その通りです。
クラレンス：なぜ彼はヤーボローに死んで欲しかったのですか？
ミスターH：ヤーボローは長年目の上のたんこぶだと彼は言ってました。
クラレンス：コナリーのことは彼はどう思っていたのですか？
ミスターH：コナリーは彼の子分でした。彼が連れてきて、あそこまで育てたのです。
クラレンス：ヤーボローの排除はいつ、どのようにするといった指示は彼からあったのですか？
ミスターH：いつ、どのようにするかは私に任されてました。
クラレンス：でもあなたはするつもりはなかったのでしょう？
ミスターH：その通りです。でもしますと彼には言いました。

ミスターHはなぜするつもりがないのに、ジョンソンにその任務を行うと言ったのか問われた。彼はジョンソンがケネディ殺害に関与しているのではと疑いをもっていたためジョンソンを嫌っており、ジョンソンになにか心配事を持たせるのが良いのではと考えたという。いつ彼がヤーボローをやるかわからない状態にしておいたのだ。一連のインタビューが要約されたとき、ミスターHは彼がCIAに所属していたこと、そして1965年に退職したことを明かし、確認した。彼はケネディ大統領が殺害される前の時期、ケネディ兄弟から命令を受けたかどうか質問された。

クラレンス：2度目にその窪地に行ったとき、ジョンソンは黄金についてしたいことなどなにか話しましたか？
ミスターH：ジョンソンはこの黄金を取る計画をしてましたが、あの時点でどの程度の黄金を取ろうとしているのか想像がつきませんでした。彼はそれを彼の所有地に持って行くとは言ってました。

クラレンス：それはテキサスの彼の牧場ですか？
ミスターH：そう。ジョンソンシティです。
クラレンス：コナリーはその日なにか言いましたか？
ミスターH：ほとんど発言しませんでした。コナリーは父親についてまわる子供みたいなものですので。
クラレンス：（上院議員ラルフ・ヤーボロー殺害は）ジョンソンがあなたにするよう頼んだことですが、ヤーボローはそれに気づきましたか？
ミスターH：いいえ。私の知る限りではないです。

ミスターHはジョンソンからヤーボロー上院議員の殺害要請を受けたことをCIAに報告した。彼はトレイシー・バーンズに報告したという。彼はいう。「トレイシーは直属の上司でした」ミスターHとジョンソンとのヤーボローに関する会話内容はインタビューのビデオテープに残されているが、すべてではない。後にミスターHはジョンソンが彼にヤーボローを殺すよう依頼したとき、彼は、「あなたは大統領であり、私の大統領です。あなたの求めは私への命令であります」と答えたという。ミスターHは実はヤーボローの支持者で、彼を傷つけるつもりはなかったという。その同じ会話の中でジョンソンはこう言ったという。「ボビー・ベーカーはガキの頃から家族同様だった。しかしあのクソッタレ、俺を葬りかねない。あいつもひっくるめて、やってくれ」[35]

CIAのロイド・タッカーの妻、ベティ・タッカーは彼女の夫はリンドン・ジョンソンの親密な友人だったという。1969年のLBJはビクトリオピークで10日間最新の発掘設備を備えてキャンプしているのを保全ガードに目撃されている。これがLBJが大統領職を辞めた後であることに留意して頂きたい。ロイドは妻にLBJが何十回もビクトリオピークを訪れたことを話している。他の目撃者はジョン・コナリーやレディ・バードもそこで見ている。ロイド・タッカーの仕事はリンドン・ジョンソンの盗んだ黄金を資金洗浄する手伝いだった。[36]

LBJの黄金詐取を手伝った他のメンバーとしてクリフ・カーターがいる。彼は長年の側近でジョンソンの政治団体の所長であり、重要な鞄持ちだった。他にJFK暗殺時ダラス市長だったアール・キャベルがいる。彼は下院議員で兄弟にピッグズ湾事件でJFKに首にされたCIAの一人、チャールズ・キャベル将軍がいる。キャベル将軍はCIAであっただけでなく空軍長官だったため、ケネディ兄弟には信じられないほどの憎しみを持っていた。キャベル兄弟はテキサスの

『バーボン』民主党の強烈なメンバーで長年LBJの支持者であった。

ビクトリオピークの黄金の詐取と資金洗浄に成功したリンドン・ジョンソンはラルエコーポレーションという会社を設立した。著名なエルパソの弁護士レイ・ピアソンがLBJとジョン・コナリーのために設立した。[37]ラルエコーポレーションの設立年月日は1967年12月5日であった。それは不人気きわまりないリンドン・ジョンソンが再出馬をしないことを真剣に考えていた時期でもある（表明は1968年3月31日）。

ジョン・クラレンスはその驚きの書物に、調査者チャールズ・ベルグの1981年8月28日付の宣誓証言を記載している。ベルグはメキシコ人でLBJの黄金詐取行動を調べており、その盗みは彼が大統領職を辞したあとも続けられた。

{削除}によれば、前大統領のリンドン・B・ジョンソンは前メキシコ大統領ミゲル・アレマンから「ラスパンパス」と言う名称の広大な牧場を買い取った。{削除}はこれはLBJが大統領の時に行われたと言う。

この牧場はチワワ州にあり、カマルゴとジメネッツの町の近くだった。{削除}はジョンソンはアメリカから持ち込んだ大量の金塊を保管するためにこの牧場を買ったと言う。

{削除}によると黄金はLBJが大統領職を辞したあと2カ月後に運び込まれたという。彼によると使われた飛行機は4エンジンの大型飛行機だったという。プロペラ機だった。

{削除}は自身もその地区出身で長年そこで暮らしてきた。黄金が持ち込まれた事実はカマロ周辺の誰もが知っていることだと言う。[38]

＊　＊　＊

なぜリンドン・ジョンソンが彼の最も親しい子分で右腕であるジョン・コナリーをダラスの車による行進で大統領のリムジンにJFKと一緒に乗せるという、死ぬかも知れない危険にさらすことができたのかという多くの人の疑問がある。事実、ジョンソンはコナリーを副大統領の車に移動させ、その代わり大敵のヤーボローを大統領車に乗せようと必死に画策していたのだ。上院議員のジョージ・スマザーズはその回顧録でLBJがファーストレディのジャクリーンを副大統領用の車に乗せるようしつこく言ってくるとJFKが旅の前にこぼしていた事を書いている。[39]ケネディが死ぬことになるパレードの前、LBJは大統領のホテルの部屋に来て、コナリーとヤーボローの席を入れ替えるように言ってきた。ここでもJFKは断り、ジョンソンは大声で叫び合った後、すごい勢いで部屋から飛び出した。[40] その激しい言動がうるさかったため、ファーストレディのジャクリーン・ケネディは夫にジョンソンが「ものすごく怒っているようね」と言ったという。[41]

多分これが原因で、LBJはラブフィールドからデーリープラザに向かう大統領の車によるパレードで終始、陰気に黙り込んでいたのかもしれない。早朝に降った雨はやみ、薄日が差していた。観衆は多く、歓迎的であったが、LBJはまっすぐ前を見つめ、にこりともせず、レディ・バード、ヤーボロー議員、コナリー夫妻、ケネディ夫妻のように観衆に手を振ることもしなかった。LBJはロバート・ケネディにかつてこう言ったことがある。「人生でこれ（選挙運動）が一番楽しいんだ」[42] 通常なら、社交的なジョンソンは帽子を振り、観衆に「ハウディー」と呼びかけるのだが、この日の彼は表情は硬く、思い詰めていた。

新しい3D画像分析と最新の写真分析により、今では最初の銃弾が発射される前にLBJがリムジンの床に頭をもぐらせていたことに疑問はない。[43]

＊　＊　＊

国中まわって、この本の話をさせていていただいているが、多くの方があの「尊敬されている」歴史家、例えば、ロバート・カーロ、ロバート・ダレック、ダグラス・ブリンクリーやドリス・カーンズ・グドウィンらが、なぜジョンソンと彼の長年の殺し屋マルコム・『マック』・ウオレスの関係に気づかなかったのか、それにジョンソンのJFK殺害共謀に気づかなかったのか質問してくれた。実際のところこれらの歴史家はすべてLBJ大統領図書館で報酬をもらっているコンサルタントであることを私は知った。[44] オースチンにあるLBJ図書館の広報担当責任者に電話で確認したが、これら4名の『コンサルタント』はLBJ図書館の改革プロジェクトへの貢献に対し報酬が支払われているとのことだった。[45] ジョンソンのイメージを磨き上げ、多くの悪事とやり過ぎを消し去るのが使命である図書館、しかも納税者の税金で成り立つ公的機関で給料を貰っていて、果たしてリンドン・ジョンソンの客観的な伝記作家になれるだろうか？　どの段階で『作家』が『歴史家』になるのだろうか？　特にそのテーマに関する学位もない場合は。ドリス・カーンズ・グドウィンはリンドン・ジョンソンと不倫関係にあったと思われている。[46] LBJはグドウィンに結婚するよう迫り、彼女への求愛者に嫉妬心を表した。[47] 司法長官のロバート・ケネディが、「卑しく、むごく、悪意ある、獣のような奴」と称した男に関し、どうして彼女が客観的な見方で人物像を示してくれると期待できるだろうか？[48]

大統領専用機で大統領就任宣誓をした直後、リンドン・ジョンソン大統領が長年の仲間アルバート・トーマス議員とウィンクを交わしたのは紛れもない事実である。LBJが最後の宣誓文の繰り返しを終えたとき、レディ・バード・ジョンソンがにんまりと大きく笑った。この有名なジョンソンとトーマスのウィンクを交わしている写真は裏に「決して公開しないこと」と注意書きされて、LBJ図書館の記録文書として保管されている。[49]

＊　＊　＊

思いつきや憶測ではなく、ジョンソンの長年の殺し屋マック・ウオレスの活動を調査して、LBJをジョン・ケネディの殺害に結びつけることになった。ウオレスとジョンソンは1950年代初期から繋がりがあったことに疑う余地がない。ウオレスが第一級殺人で起訴されたとき、ジョンソンの仲間が彼を牢屋から保釈させた。そしてジョンソンの個人弁護士ジョン・コッファーが殺人の裁判で彼を弁護した。連邦記録によると上院議員で後の副大統領のリンドン・ジョンソンは政治的被任命待遇の特別の仕事としてウオレスを農政省に就職させた。テキサスレンジャーのクリント・ピープルはジョンソンが手を回してウオレスを防衛機器メーカーのテムコに勤務させたことを確認している。テムコは石油業界の大物でジョンソンの仲間D・H・バードの所有の会社だった。すでに述べたように、ウオレスはテキサス教科書保管倉庫の6階のスナイパーの巣にあった段ボール箱に34ポイント合致する指紋を不都合にも残している。目撃者証言も銃撃前と直後の6階でのウオレスに繋がるものである。ある人はウオレスの人相にマッチする人物、『尖った縁の眼鏡』をかけた男を6階の窓に見、そしてその後建物から飛び出してランブラーの新モデルに乗り込んだのを見た。

1963年11月22日45才のアマチュアカメラマンのチャールス・ブロンソンはダラスのメインストリートとヒューストン通りの南西角のコンクリート歩道の上に立っていた。車のパレードを待つうち、ブロンソンは偶然、暗殺の6分前であったが、教科書保管倉庫ビルの窓に3名の姿が動くのをビデオで撮影した。[50] ロバート・ヒューズも同じ姿をとらえている。[51] これらの姿にさらに詳細な証言をする目撃者がいる。リチャード・カーは鉄鋼職人でデーリープラザのヒューストン通りの角で建築中だった新しい裁判所の建物の7階にいた。彼の場所は見晴らしがよく、その新裁判所のちょうど南西に位置する倉庫ビルがよく見えた。エルム通りに入る車のパレードもよく見えたのである。

大統領の車列が近づくにつれ、カーは6階で誰かが動くのに気づいた。カーは当初その男をシークレットサービスかFBIのエージェントだと思っていた。その男は茶色のスポーツコートをきて、ネクタイをし、がっしりした体格で尖った縁の眼鏡をかけていた。[52] キャロライン・ウオルザー夫人は車列がヒューストン通りからエルム通りにさしかかるところを見ていたが、その男も見た。ウオルザー夫人はその男の背丈と彼女の位置関係のため顔を見ることができなかったが、その男が他の人物と一緒にいることに気づいた。他の人物は白いシャツを身につけ、ライフルを手にしていた。[53] ルビー・ヘンダーソンはエルム通りに立っていて、二人の男を目撃している。一人は濃い色のシャツを着ており、もう一人は白いシャツを着ていた。ヘンダーソンは後にFBIに、白いシャツを着ていた男は「黒い髪で、メキシコ人である可能性があり、色は黒いがニグロではない」と言った。ヘンダーソンはまた、濃い色のシャツを着た男はもう一人より背が高かったと付け加えた。[54] アーノルド・ローランドはウオーレン委員会で自分の体験を話す機会を与えられた。そこで色の黒い男を見たこと、それにライフルを持つ男をみたと証言した。ローランドは委員会の若手弁護士のアーレン・スペクターに彼が黒い肌の男をみたという意見表明をFBIは故意に触れないようにしていると伝えた。「彼らはそれを調べようとしなかった。だから、私があの窓で彼を見たと言っただけで終わっているんだ。彼らは私に質問もしないし、それは同じ時刻だったかとかを聞かないんだ。全く興味がないようなんだよな」ここで重要なのは、スペクターのローランドに対する始めの質問では、彼の教育、視力、それに勤め先のことに焦点が当てられ、ローランドに信用がないことを強調するように仕向けられていたことだ。[55]

ジョニー・パウエルはダラスカウンティの牢屋に3日間拘束されており、6階がはっきり見える場所で他の囚人と一緒に「黒い肌の男とライフルを持った男」[56]を目撃していた。ジャック・ルビーの弁護士スタンリー・カウフマンによると暗殺の時に彼の依頼人が牢屋に入れられており、囚人達は看守から車のパレードがあることを知らされていて、多くの者が窓から見ていたのだった。[57]「私は実際にストラウトさん（マーサ・ジョー・ストラウト：US検事補佐）に牢屋から多くの人が実際の殺し現場を見ているので委員会にとって参考になると思うと言ったんです」とカウフマンはウオーレン委員会の証言で述べた。[58] 囚人の誰一人証言に呼ばれることはなかった。

大統領車がエルム通りにさしかかったとき、デーリープラザに銃声が鳴り響いた。リチャード・カーは一発「小武器、ピストル」の発射音を聞き、その後「連続3発」小高い草むらの杭柵から撃たれた銃声が続いた。彼は第二次大戦の第5レンジャー大隊にいた経験からハイパワーライフルからの銃弾と判断した。[59]

ジェイムズ・ウオレルはその日大統領の到着を見るためにラブフィールドにヒッチハイクで来て、エルム通りとヒューストン通りの角で立っていたが、射撃のあと保管倉庫の裏の方へと移動した。ウオレルは茶色のコートを着た男が裏口から飛び出すのを見た。その男はウオレルに背を向けていたため、彼はその顔を見ることはできなかった。[60]

リチャード・カーも茶色のコートを着た男が保管倉庫から他の二人の男と共に飛び出し、そのうちの一人が「本当に黒い顔の色」であるのを見ている。男達は青と白のナッシュランブラーステーションワゴンに乗り込み、ヒューストン通りを北に向かった。

ダラスの代表シェリフ、ロジャー・クレーグはランブラーがエルムからヒューストン通りへ行くのを見ている。ランブラーの運転手は「とても黒い顔色で、髪は真っ黒の短髪で、薄い白っぽい上着」を着ていた。クレーグは誰かの口笛の合図と共に、20才代半ばの白人男性が保管倉庫のあたりから駆け下りてランブラーに乗り込むのを目撃している。[61] 皮肉なことであるが、26巻のウオーレン委員会の報告書の中からFBIの報告書を探し出すと最初に出てくるのが、ジェームズ・T・タークである。彼はその著書〈LBJとケネディ殺し〉で報告している。タークは1963年11月22日にデーリープラザで流れ弾で頬を怪我した人物で、彼のその事実の公表によって、政府はいわゆる『魔法の弾丸理論』をでっち上げることになる。タークは真っ正直なテキサス人でまれに見る清廉潔白な人で、良識のある愛国者だったが、2014年2月28日に亡くなった。

5名の目撃者が6階の窓に顔が黒い男を見たと言うが、ロイ・ファクターの話が明らかになるにつれ、遥かに重要な目撃となる。ロイ・ファクターはチカソーインディアンの射撃の名手で暗殺のためにマック・ウオレスに雇われ、その対価として1万ドルを支払われていた。

グレン・サンプルとマーク・コロムの説得力のある本〈6階の男達〉で、教科書保管倉庫の窓に見えた二人の男に関する証言はファクターの存在で確証されることが述べられている。彼がそのうちの一人、色黒の顔で白いシャツを着た男だった。[62] マック・ウオレスが茶色のコートを着た尖った縁の眼鏡の男だった。ファクターは3つの詳細な新事実を暴露することでその話を裏付けている。一つは射撃者らは保管倉庫の裏の荷受け収納庫から脱出したということ。荷受け収納庫は後に取り壊されたが、その状況はジェイムズ・ウオレルがウオレスが飛び出すときに見たのと同じであった。ファクターはまた射撃者達がステーションワゴンを移動手段に使ったと言い、これは少なくとも4名の目撃証言に合致する。

彼の3つ目の意味のある記憶として、ファクターは6階に卓上鋸が据え付けられていたことをことのほか詳細に述べている。卓上鋸は保管倉庫の従業員ハロルド・ノーマンにより存在が確認されている。ロイの記憶には注目せざるを得ない。なぜなら、カネや名誉目的の発言ではなく、老人の、しかも慢性病に冒され、糖尿病で足を切断されて日常的にベッドで過ごす、いわば死にゆく男の懺悔としての告白なのだ。ロイ・ファクターはネイティブアメリカンにしては特に顔色が黒かった。

ウオレスが射殺犯だったという証拠を提供する他の目撃者がいる。当時キャデラックでエルム通りを西方向へ向かい運転していたマービン・ロビンソンは「明るい色のステーションワゴン」と保管倉庫ビルから通りへの下り傾斜の草むらを「白人男性」が通ってそのステーションワゴンに乗ったのを目撃した。[63] ロビンソンの雇い人であるロイ・クーパーはランブラーと男が建物から駆け下りていったと言うクレーグとロビンソンの話を裏付ける証言をした。[64]

暗殺の多くの目撃者は、リチャード・カー、ルビー・ヘンダーソン、キャロライン・ウオルター、ジョニー・L・パウエル、それにチャールズ・I・ブロンソンなども含めて委員会で証言するように召喚されることはなかった。カーは暗殺についての真実を知って貰いたいという使命感を持っていたが、決して心休まることはなかった。彼がFBIに目撃情報を報告した直後から、「町から出て行け」という匿名電話が相次いだという。カーは恐ろしくなり、モンタナへ逃げたが、そこで、あるとき車のイグニッションにダイナマイトが取りつけられているのを発見した。その後、モンタナで彼は撃ち殺されそうになったが、地元の警官に助けられた。ニューオリンズ地区判事ジム・ギャリソンに召喚され証言することになった時にはクレセント市で二人の暴漢に襲われた。カーは刺し傷を負ったが、武装していたため、そのうちの一人を撃ち殺した。もう一人は逃げ去った。リチャード・R・カーはマルコム・『マック』・ウオレスを識別できる人物だった。[65]

＊　＊　＊

本書〈ケネディを殺した男〉はLBJをケネディ大統領暗殺に結びつけるだけでなく、彼が上院の席を守るため実行した殺人、汚職を隠蔽するための殺人、彼の強欲、不義密通、堕落した生活を隠すための殺人など根拠資料のそろった10件の殺人にも言及している。LBJの側近だったクリフ・カーターがジョンソンと親しかったビリー・ソル・エステスにジョンソンの責任だと話したアメリカ船リバティ号で亡くなった34名のアメリカ兵は、この殺人件数には含まれない。リンドン・ジョンソンは誰かを危険だと感じれば、私たちが店でサンドウィッチを注文するように殺しを注文するのだ。まだ他にもこの狂ったテキサス男に繋がる殺人がある。

ジョージ・チモチョワスキー医師はリタイアした心臓外科医で、バージニアの医科大学、シカゴ大学、ハーバー／UCLA医療センター、コーネル大学医療センターなどで学術及び診療実務を行ってきた。昨年、彼はペンステート大学の卒業生代表に選ばれた。

1968年、チモチョワスキー医師は医療に従事したばかりでDCジェネラル病院でインターンとして働いていた。ある夜勤の時、シークレットサービスのエージェントが若いスタイルの良いブロンド女性をストレッチャーに乗せて、病院に入ってきた。チモチョワスキー医師は黒人女性看護士と二人だったが、エージェントの一人に呼びつけられた。「こっちへ来い」とエージェントは言った。「お前にはあそこへ行って、女が死んでいると死亡証明を書いて欲しい」

しかし、エージェント達はチモチョワスキー医師にストレッチャーの30フィート以内に近づくことを許さなかった。死亡原因が気になったので、彼は質問し始めた。「何も聞くな！」とエージェントはたたみかけた。「よく聞け。死亡証明を書かないなら、日の出までに首にしてやる」

チモチョワスキー医師はそのエージェントの怒りと真剣さに気づき、書類に署名した。エージェント達は女性の遺体を書類と共に運び出した。

「あの女性がここにいたという証拠はありません」とチモチョワスキー医師は言った。「でも、その死んだ女はリンドン・ジョンソンと関係があったと聞かされました」[66]

＊　＊　＊

読者には私がリンドン・ジョンソンのことをビックリするような男として描いていると思う方がいるだろう。ジョンソンはタバコ、酒、女に飽くことを知らない欲望をもつ、粗野で、無骨で、大口を叩くごろつきだった。マスコミが描きたがる市民権改革運動にいそしむ政治家とはほど遠く、ジョンソンは並外れて堕落した、強欲で、つまらない、賄賂が好きで、野心があり、執念深く、手に負えない男だった。LBJは自分のまわりで働く者の難儀を楽しむサディストだった。特に熱心で誠実なスタッフが意地悪に虐待されるのを大いに楽しんだ。リチャード・ニクソンがその性格を把握していたと思われる記録がある。1982年のテレビ番組の〈クロスファイア〉でニクソンがパット・ブキャナンと対談したときのCMタイムの時の裏会話である。

ブキャナン：その頃のLBJについて話してもいいかな。
ニクソン：そうだな。そうしよう。
ブキャナン：オッケイ。
ニクソン：彼についての酷い本があるの知ってる？　このカーロの本。
ブキャナン：知ってる。えーっっと、ジョージ・リーディ。リーディの本かな？
ニクソン：ノー。
ブキャナン：えー違う？　新しいカーロの本か。
ニクソン：クリフトン・ファディマンの今月の書籍レビューで激賞されているんだ。信じられないよ。くそ、奴のこと、ちくしょう、獣みたいな野郎なのに。もちろん、奴は獣だった。[67]

著名な研究家のジョン・ホップウッドは1960年代にホワイトハウスで働いていた90才のアフリカ系アメリカ人を知っている。彼はホップウッドに大統領執務室に行った時の話をした。「LBJは小部屋で女とやってました。私が驚いたそぶりをすると、彼は私のことを信じられないくらいうぶな奴というような表情で見たので、私はこれは普通のことなんだという感じを持ちました。彼は何も言いませんでした。言うことないですよね。小部屋のドアは大きく開いてました。閉めておくもんでしょうが。LBJがドアに鍵をしないでセックスしているのには驚きましたが、元ホワイトハウスの従業員は私のことをアホな子供を見るような顔で見てました」[68]

50年代後半から60年代の始めにかけ、連邦議会の警察官幹部だったある人は名前を出したくないので、エドということにしておくが、彼は上院議員リンドン・ジョンソンの原始人的行動につき多くの想い出を持っている。ジョンソンは「タフな男で、雄牛のようだった」とエドは言う。LBJは「雄牛のように、それも大股で歩いた」その振る舞いとマナーは『ジンギスカン』を連想させるものだった。

1959年のある夜、エドと他の連邦議会の警察官幹部はパトロールに出たが、議会事務所でリンドン・ジョンソンが長椅子のうえで秘書と正常位の体勢でセックスしているのを発見した。「失せろ！」とジョンソンは叫んだ。

数カ月後、多分1959年か1960年の始め、LBJは心臓麻痺の発作をおこした。LBJは救急車に乗せられるのを観衆に見られたくなかったため、警官、仲間それにレディ・バードに支えられ、議員専用エレベーターを使って、外で待つLBJのリンカーンに乗った。LBJは秘書との事件を覚えていたので、警官に向かって「またお前か！　エド」と言ったという。警官は50年経って、当時のことを思い出し笑った。エドはその後ジョンソンに会うたびに邪悪な目つきで見られたことを思い出す。[69]

ジョンソンはヒューバート・フーバーからジミー・カーターまで大統領に引き継がれた合衆国船セコイア大統領専用ヨットを過度のマスターベーションで汚すようなことまでした。「リンドン・ジョンソンは映写機をテーブルに持ち込み、ここに来てわいせつ映画を鑑賞してました」とボートの所有者ゲリー・シルバーマンは言う。「ガウンとパンツだけで、一人リラックスして、マウントバーノンまで航行させられたようです」[70]

悪魔の握手はさておき、大統領になってからLBJが市民権のテーマを推し進めたのには狡い動機がある。ジョンソンは1957年まで上院で人種隔離政策『南部ブロック』のリーダーだった。その年、上院で彼が質を落とした市民権法案を通したとき、LBJは毒薬条項を追加していた。それは、その法に違反した者は連邦で裁判にかけられるのではなく、州で裁判されるというものだった。南部の陪審員は全員白人で、この新法に違反する白人を起訴することはあり得なかった。この歯抜け法案は1960年の大統領選挙に向けてLBJの経歴に磨きをかけるために通された。北部のリベラルや民主党内で拡大しつつある黒人票からの反発を抑えるためでもあった。エレノア・ルーズベルトはLBJの企みを『まやかし』と非難した。[71]

ジョンソンが最終的に市民権運動を受け入れたことは邪悪な理由で正しい行為

をなす古典的な例といえる。ジョンソンは大統領の席に着くなり、直ぐに司法長官のロバート・ケネディが1964年の民主党の指名争いで彼に挑戦してくると確信した。「俺はボビーが知事らに仕掛けて、俺に立ち向かうと思うんだよな」LBJがホワイトハウスの録音テープで弁護士のエイブ・フォルタスに哀れな感じでこぼしているのを聞くことができる。「彼は次々と市長らを取り込み、黒ん坊らを取り込み、カトリックも取り込むだろ。それも組織的に広げていくんだ、毎日」[72] ジョンソンの市民権運動の受入はこの挑戦を鈍らせる目的もあり、更には急速に拡大するベトナム戦争を隠す意図もあった。それはまた、ダラスでの事件のその後のやっかいな事柄に終止符を打つのに役立った。ジョンソンが市民運動を受け入れたのは道徳的問題としてではなく、露骨な政治的計算結果だった。ジョンソンが仲間に言ったのは単純だった。「俺のこのおかげでニグロ達に200年間民主党へ投票させることになるんだ」[73]

「それが彼が法案を推した理由でした」とその会話で同席した大統領専用機の乗務員ロバート・マクミランは語る。「誰もが平等になることを求めたわけではないんです。まさに民主党のための政治策略だったんです。言っている言葉がまやかしでした」[74]

ジョンソンはアフリカ系アメリカ人に対する個人的な共感とか思いやりなど持ち合わせていなかった。アラバマの知事ジョージ・ウオレスとホワイトハウスで会議したとき、LBJは小柄な知事に対し「このクソッタレニグロらに行儀良くさせて、騒動を治めろ！」と命令した。[75]

ジョンソンの家族も人種問題に関しては特に気にするところはなかった。ニューヨークタイムズのベストセラー作家で、シークレットサービスの政治利用に関する全国版の暴露記事を書いているロナルド・ケスラーは1964年に父の選挙活動に同行していたLBJの17才の娘の行動を報道している。経由地フロリダで降りたルーシー・ベインズ・ジョンソンは混み合った空港で彼女の召使いを見つけることができず、癇癪をおこしていた。彼女は大統領専用機の乗務員マクミランを睨みつけ、憎たらしそうに言った。「彼女は、『あんたなによ！　さっさと私のニガーを探しに行きなさいよ！』と言いました」マクミランは知らん顔して、その男の容貌を聞いた。彼女はまた叫びだした。「『私のニガーを探しなさいよ！』周りの人達は笑ってました。彼女は手の甲をみせて私を平手打ちするようなそぶりをみせました。私が『ジョンソン様、それはよくないことと存じます』と言うと、彼女は『ちくしょー、私が探すわよ！』と言いました。これが市民権運動をするすばらしい人々と言われる人の態度だったんです」

この同じルーシー・ベインズ・ジョンソンが、ニューヨークタイムズによると、2014年のジョンソンの大統領としての再評価のためのLBJ大統領図書館キャンペーンの代表だった。ただし、ベトナム戦争については触れられていない。ルーシー・ベインズは彼女の父親は究極的にどう判断されるかと聞かれ、こう答えた。「それは歴史家が判断することだと思います。でもリンドン・ジョンソンがもしいなければ、私たちはどうなっていたかわかりますか？　もし市民権法案を通していなかったなら。もしパパがあの法案に署名していなかったなら、どうなのか考えてみてください」[76] 明らかにジョンソンさんは1964年当時より市民権や黒人の平等性、彼らの尊厳に少しは意識があるようだ。

ジョンソンは法案を推したが、現実には草案作成にはほとんど関わらなかった。偉そうでいて、戯言だらけの偽歴史家ロバート・カーロは、LBJが先頭に立って、市民権法案の内容につき朝から晩まで戦略を練り、計画したと書いているが、実はLBJは法案完成時にペンで署名した以外ほとんど何もしなかった。「私たちは火曜日の朝食時までに市民権法案の進行状況の報告をしていました」とヒューバート・ハンフリーは言う。「でも大統領は、その場にいなかった。彼はあの仕事のメンバーに特に入っていたわけではないんです。私の理解では彼は議員達と打ち合わせしていましたが、我々の主張には意見はなかったのです」[77]

2014年の4月リンドン・ベインズ・ジョンソン大統領図書館は「市民権サミット」を主催し、バラック・オバマ大統領を始め前大統領のジョージ・ブッシュとジミー・カーターに出席してもらった。いわゆる『サミット』と名付けた理由はジョンソンの破滅的なベトナム戦争の拡大により5万人のアメリカ人が死んだことから注意をそらし、LBJが1964年の市民権法案を通したことを強調するためであった。事実は、1937年から1957年の間彼は下院においてすべての市民権関係の法案に反対していたのだ。まさにリンドン・ジョンソンの下院での経歴はほとんどが市民権と反リンチ法案を片っ端から無慈悲につぶしていくことに費やされた。それは彼の巨大な汚職の目撃者を殺していったのと同じくらい効率的だった。ワシントンポストのオーナー、フィル・グラハムが部下のジム・ローと一緒にLBJに1960年の大統領選で民主党の指名を欲しいなら北部のリベラル派に受け入れてもらえるよう市民権法案のなにかを通したほうが良いと指摘したのが1957年だった。大統領になるというのはLBJが何十年も熱望していたことだった。あまりにホワイトハウスに行きたいため、「彼のべろは犬のように外へ垂れている」とLBJの上部幹部は言った。[78] 市民権法案を通すか、それとも民主党大統領指名を受け入れてもらえないままか、それは「LBJにとってアルマゲドンだった」1957年、LBJはマザーテレサのように黒人の生活に関心を持って活動したわけではなかった。1960年にジョンソンは南部を遊説し、共和党指名者のリチャード・ニクソンをNAACP（全米黒人地位向上協会）のメンバーであると攻撃し、更にアーカンサス、リトルロックでアイゼンハワーが武装兵を伴って学校を統合したことへのニクソンの支持を攻撃した。一方でケネディは北部で黒人票を集めていたが、LBJは南部の白人にJFKは市民権につき本気だと言って牽制した。当時テキサスの石油資本は政治的にはニクソンに近かったが、ケネディとジョンソンの組み合わせが大統領選で敗れたとしてもLBJが上院の議長を務めるとわかっていたので、大切な石油減耗引当金の維持に執念を燃やしていた。LBJ図書館市民権サミットの時、カティ・クーリックは大人になったジョンソン大統領の娘達のインタビューを流した。そこでもしLBJが生きていたら、ゲイの結婚禁止について彼は「社会的平等性につき深く考えていたので」『市民権の問題』としてとらえるだろうと言った。[79] これは全くの戯言であり、ジョンソンのイメージを良くするためのPR効果が行き過ぎたものだ。事実、記録文書に残っているが、LBJは側近のビル・モイヤーにFBIに側近のジャック・バレンティがゲイかを調査するよう命令させた。さらに1964年の共和党対立候補のバリー・ゴールドウオーターのスタッフにゲイがいないかをFBIに調査させた。もしいれば追放するためだった。なぜなら、LBJ自身の主席補佐官ウオルター・ジェンキンスがワシントンDCの男子トイレで他の男性にわいせつな行為をした罪で逮捕されていたからだった。[80]

＊　＊　＊

ジョンソンは自分のために働く人達を虐待し、屈辱を与え、困らせることを特に楽しんだ。事実、彼の下にいた国家安全アドバイザーのマック・バンディはジョンソンをヒットラーとスターリンにたとえた。[81] ビル・モイヤーですら、他のジョンソンの側近にボスは精神的に病気でないかと思うと打ち明けたという。[82]

LBJの人格の困った側面は彼のサディズム的嗜好のせいだった。副大統領ヒューバート・ハンフリーのスピーチライターだったノーマン・シャーマンはこの行動を回想してワシントンポスト紙に寄稿している。「1967年、彼は当時副大統領だったハンフリーを彼の牧場に招待した。ハンフリーは嫌がったが、彼は鹿狩りをすることを言い張った。彼らが牡鹿を見つけたとき、ジョンソンはハンフリーにライフルを渡し、撃つよう命じた。大統領はハンフリーをあざけり、『ボビー・ケネディは2匹仕留めたぜ』と言った。彼は2匹目の鹿を見つけ、ハンフリーに再度殺すよう命じた。後日彼は鹿のソーセージと鹿角をハンフリーに送った。鹿の角は飾るほどのものではなく、またソーセージは食えたものではないことがわかったうえでのことだった。あれは偉大さでもなく、品が良いとも言えないことだった」

未亡人になったばかりのジャッキー・ケネディに彼が電話した時の録音記録ほどいやらしいジョンソンの悪行はほかにはないだろう。LBJは実際にその父親を殺した直ぐ後に、二人の子供達の『ダディー』になりたいと言ったのだ。この出来事はランドール・ウッドの〈LBJ：アメリカ人の野望の製作者〉によくカバーされている。

大統領になって最初の5週間、ジョンソンはジャッキーに何度も電話している。本能的に、ぎこちなく、彼はヒューバート・ハンフリーが言う「カウボーイの恋」を彼女に仕掛けたのである。12月の第1週の会話が典型的なものだった。「ニューヨークデイリーニュースの一面に掲載されたあなたの写真はゴージャスだ。あなたがあごをあげ、胸を突き出して歩いている姿はとても可愛いよ」LBJは言う。「ここに来て、デスクに座り、長い記録に署名し始めて、あなたとちょっと遊んでみたいと決めたんだ。ダーリン、私が下院で言ったこと知ってる？　ここにいないですむなら、世界中のすべてをあげてもいい！　キャロラインとジョンージョンにダディになりたいって言ってることを伝えて！」[83]

皮肉にもリンドン・ジョンソンと1960年の大統領選で対立したリチャード・ニクソンも魅力的なジャッキーをベッドに誘おうとした。但し、ニクソンはケネディが生きている時にトライしたのだった。[84]

ウオーレン委員会の批判者は特にアーレン・スペクターを権力濫用の標的として指摘することが多い。スペクターは極めて知的で、逞しく、厳しい調査官であったが、基本的にはFBIの結論（3発、すべて後方からの射撃、リー・ハービー・オズワルド一人の犯行）を渡され、それを正当化するよう命令を受けていた。27才の自動車セールスマン、ジェームズ・タークは直ぐ横の歩道の縁石に当たった流れ弾、4発目の弾丸で怪我したが、これについては議論の余地がなく、スペクターの使命はこれで難しくなってしまった。スペクターはもう一つの弾丸の説明が必要になり、結局あのばかばかしい『魔法の弾丸理論』ができあがった。

スペクターは1つの弾丸が縁石に当たり、もう一つの弾丸がケネディと知事のジョン・コナリーに7つの傷を負わせ、一つがケネディの頭に命中して致命傷になったと主張するようになる。知られていないことだが、スペクターはパークランド病院とベセスダ医療センターにX線と写真のコピーを求めていたが、委員会から却下されていた。スペクターは更にリンドン・ジョンソン大統領に宣誓の上で質問することを要請していたが、これもまた委員会の会長アール・ウオーレンにより却下されていたのだ。

＊　＊　＊

1963年11月22日のシークレットサービスの行動を調べると彼らがケネディ大統領の警護を取りやめていたと結論せざるを得ない。実際、デーリープラザに入る120度の旋回はシークレットサービスの基本手順に違反するものであった。大統領のリムジンが事実上停止せざるを得ない角度だったからだ。大統領のバイク警備の人数が6名から2名に減らされたこと、それにこの2名の警官に大統領リムジンの後ろを走らせたことがやはりシークレットサービスの基本手順の違反となる。デーリープラザを通過して行われる車のパレードの経路で両サイドにある高いビルはすべて空にするか、警備する必要があるが、これをしなかったことも公式手続きの違反であった。更にデーリープラザ周辺の観客内にエージェントを潜ませていない点も違反である。読者で、この1963年11月22日の大統領警護に関するシークレットサービスの度重なる落ち度と長年培われたシークレットサービスの方針に対する顕著な違反についての包括的分析に興味を持つ方は、ビンス・パラマーラの〈生き残った者の罪：シークレットサービスと警護失敗〉を読むべきである。シカゴとマイアミで要請されたJFKのシークレットサービスの警護とその基準の遵守状況はダラスでの実情と驚くほど異なっている。

パラマーラはエージェントのエモリー・ロバーツが暗殺を指揮し、その後の不自然なシークレットサービスの行動を隠蔽するのに尽力したと仮説している。ロバーツは大統領のリムジンの後尾をフォローする車の指揮官だった。ロバーツはフォートワース基地のダウンタウンのクラブ、ザセラーで仲間のシークレットサービスの連中と前夜どんちゃん騒ぎをしていたことを隠していた。そこでエージェント達は、中にはケネディ大統領の警備を直接する者もいたのに、11月22日の明け方まで飲んでいた。彼はまたラブフィールド空港で困惑するエージェントのドナルド・ロートンに大統領車の後方へ移動するよう命じた。そうすることで暗殺者に標的がより見えやすくなり、より直接の銃撃が可能になった。さらに逃亡のための時間も増えることになった。またロバーツはデーリープラザでライフルが発射されたことは認識したが、彼の管理下のエージェントに直ぐに動くように命令することはなかった。部下が動かなかったことを隠蔽するためにロバーツは、偽って車のスピードを引き上げ（実際の時速9～11マイルから20～25マイルへ）、リムジンとの距離も伸ばして（実際の5フィートから20～25フィートへ）宣誓証言している。[85]

暗殺当日のシークレットサービスの行動分析はシークレットサービス長官ジェイムズ・ローリーに触れない限り、完璧なものにならない。ローリーはもとFBIのエージェントでFBI長官J・エドガー・フーバーの親密な仲間で、リンドン・ジョンソンとも仲間であった。フーバーはジョンソンの最も親密な仲間で、ジョンソンが1948年に投票不正で上院選挙に不法に勝ったとき、FBI長官は勝利を祝うために、わざわざダラスまで飛行機で行ったくらいだった。ジョンソンとフーバーはコロンビア特別区のフォックスホール通りに住む御近所だった。フーバーに与えられた予算はLBJが上院議長を務め、予算手続きを支配できた数年で3倍に増額された。ローリーはフーバーの子分で、フーバーのいる時期に好条件でFBIを退職した数少ないエージェントの一人である。ローリーはルーズベルト政権で初めて公的サービス部門の仕事についたが、LBJが手配したのだった。デーリープラザの安全確保にシークレットサービスエージェントの配置を全く怠ったこと、暗殺後直ちに大統領リムジンの血液や関係する証拠物を洗浄したこと、パークランド病院で適切な検死手続きと検死報告ができないようにケネディの遺体を確保したこと、オズワルドの尋問記録を残さなかったこと、これらはすべてローリーによって手際よく実行された暗殺行為の隠蔽工作の重要な証拠である。

＊　＊　＊

多くのアメリカ人は、ロバート・ケネディが兄の殺害に副大統領が関わっているかも知れないと疑ったなら、なぜリンドン・ジョンソンに対し行動を起こさなかったのか疑問に思っているかも知れない。事実、今ではわかることだが、ジョンソンはロバート・ケネディが彼が直ぐに大統領職を引き継ぐことに異議を申し立てるかも知れないと心配していた。憲法上決められていることにジョンソンがそれほど心配するのは、殺害での彼の役割をケネディが気づくかもしれないという恐れを証明するものだ。今になって思うのは、ジョンソンがロバート・ケネディに電話で大統領宣誓の文言についてアドバイスを求めたのは、ケネディを試すための卑屈な行為であり、同時にジョンソンの憎きライバルの傷口に塩をすり込む機会にしたのだ。今では大統領専用機での『宣誓』は単に象徴的なことであって、合衆国憲法では大統領が死ねば自動的に副大統領が大統領に就任することは知られている。ジョンソンが用心深く用意した就任式では彼はジャッキー・ケネディの立ち会いを主張し、自己の大統領就任を、特にケネディらによって承認されるようにしようとした。その上、その式を取り仕切ったサラ・T・ヒューズ判事は司法長官のロバート・ケネディから連邦裁判所での昇進を阻止されたばかりであった。この障害はリンドン・ジョンソン大統領のもとで除去された。

ロバート・ケネディは兄が国内の共謀で殺されたことを知っていた。少なくともリンドン・ジョンソンは共犯だと疑っていた。ケネディは側近のリチャード・グッドウィンに「私にできることはない。今はね」と言った。[86] いわばFBIと司法省が共にリンドン・ジョンソンとケネディの強敵J・エドガー・フーバーの支配下にある限り、実際のところ彼には今すぐできることはなかった。多くの伝記作家は兄が殺されたことで、ロバート・ケネディは徹底的に打ちのめされたと書いてはいるが、彼には気力が残っており、1964年の大統領選に副大統領候補として出馬するよう努力したのである。実際のところ、ロバートはジャッキー・ケネディに頼んで、副大統領候補として彼を選ぶようジョンソンにロビー活動を頼ませたのだ。ジョンソンはそれを断った。彼は狡猾だったので、3年前にジョン・ケネディを仕向けた同じようなポジションにボビーを座らせたくなかった。

ロバート・ケネディは兄の復讐をするには大統領になるしかないことを理解していた。ウオーレン委員会の結論といういい加減な政府見解が1963年から1968年に公表されたあと、カリフォルニアの予備選挙で活動中、ロバートは兄の殺害に付き質問された。朝のうちはウオーレン委員会の結論を上の空で支持するような不明瞭な言い方をしていたが、その午後に北カリフォルニアの学生達の前で同じ質問を受けたとき、もし当選すれば兄の殺害の調査を再開すると明言した。ケネディの信頼される報道官のフランク・マンキーウィッツはロバートのそのコメントに『ショック』を受けたと言う。それまで公の場所でそういうことは言ったことがなかったのだ。マンキーウィッツとロバート・ケネディの側近アダム・ウオリンスキーは最終的にJFKは共謀により殺されたと結論しているが、私の知る限り、二人ともLBJが全面的に関わっていたとは理解していない。ロバート・

ケネディがケネディ暗殺のすべての資料を公開すると言った数日後、ニューヨークの上院議員が暗殺された。それは不気味なほど彼の兄の暗殺と似ており、現在においても銃撃者の数、何発銃撃されたかにつき論争がある。

ロバート・ケネディが殺害された翌朝、取り乱したジャクリーン・ケネディはニューヨーク社交界の親しい友人カーター・バーデンに電話した。「彼らはボビーも殺ってしまったわ」彼女は夫を殺した同じ人達が義理の弟を殺したと認識していたことに疑いはない。[87]

＊　＊　＊

読者の多くは1963年に権力を手にしたあと、なぜリンドン・ジョンソンは1968年の選挙にでなかったのかと質問する。事実はジョンソンは出馬したが、ニューハンプシャー州の予備選で上院議員のユージン・マッカーシーにひどくやられたのだ。ホワイトハウス委員会の投票調査でベトナム戦争反対の機運により民主党の予備選での彼の屈辱的な敗退が予想されたため、ジョンソンは辞退したのだ。マッカーシーがジョンソンより人気があることを示したことは大統領にとって衝撃であったが、ロバート・ケネディが選挙に参入すると決めたことはジョンソンを激怒させた。王冠を返上するだけでも嫌なのに、まして強奪した相手にそれを返すなんてことは、我慢ならなかった。マッカーシーの優勢さはロバート・ケネディを選挙に引き込む効果があり、二人は反戦票を分かち合うことになる。LBJは副大統領候補のヒューバート・ハンフリーの指名を確保するために画策した。大都市の選挙マシーンを押さえ、連邦の後援者の権力を活用して票集めをした。ロバート・ケネディの殺害後、1968年大統領選への再参入を考え、シカゴの1968年民主党大会での指名獲得を目指し、サプライズでヘリコプターで着陸するというパーフォーマンスを行った。シカゴの市長リチャード・M・デーリーがこんなことをされたら、秩序が保てるか疑問だと大統領に進言して、初めてLBJは諦めた。[88]

本書の販促のため国を旅して、多くの人に聞かれる。「ここであんたは何を証明したいんだ。リンドン・ジョンソンはもう死んでる。彼を起訴することはできないんだ。学術的な遊び以外になにが言いたいんだ？」ここにポイントがある。政府はいつも真実を我々に伝えるとは限らない。事実、政府は我々にほとんど真実を伝えることはない。もし、一人の市民が私の本を読んで、政府の言うことを健全な猜疑心をもって受け止める必要があると理解してくれたならば、私の目標は達成できたと考える。

元連邦執行官で裁判官のデイビッド・マーストンがベストな分析をしてくれたと思う。彼は私に手紙でこう書いてくれた。「あなたはJFK暗殺を殺人課の調査官がする最初の質問、誰の利益になるのか？　という視点で見直した。衝撃的な答えだが、第一の容疑者は50年間はっきり見える視野のなかに隠れていた。LBJだ」

注釈

1. Warren Commission, testimony of Victoria Elizabeth Adams.
2. Tague, James. *LBJ and the Kennedy Killing*, 215.
3. Vimeo.com/85810171. "Webster Tarpley and Joan Mellen Break the Set On Trendy CIA-Sponsored Conspiracy Theories."
4. http://joanmellen.com/wordpress/2013/12/03/speech-delivered-by-joan-mellen-at-the-annual-meeting-of-november-in-dallas-for-the-jfk-lancer-group-november-23-2013/#more-562
5. Simkin, John. "Clint Peoples" *Spartacus, http://www.spartacus.schoolnet.co.uk/JFKpeoples.htm*
6. Collum and Sample, *The Men On the Sixth Floor*, 167.
7. Ibid.
8. *Dallas Times Herald*, April 6,1984, n.p.
9. Adler, "The Killing of Henry Marshall," 236.
10. Brown, Texas in the Morning, 120.
11. Conversation with top FOX executive, by the author.
12. "Bryan Cranston: By the Book," *The New York Times* (December 5, 2013).
13. Janney, Peter. *Mary's Mosaic*, 307.
14. Shenon, Philip. *A Cruel and Shocking Act: The Secret History of the Kennedy Assassination*, 43-44.
15. Lasky, Victor. *It Didn't Start With Watergate*, 144.
16. Janney, Peter. *Mary's Mosaic*, 307.
17. Evica, George Michael. *A Certain Arrogance: U.S. Intelligence's Manipulation of Religious Groups and Individuals in Two World Wars and the Cold War and the Sacrificing of Lee Harvey Oswald*, 215.
18. Livingston, *The Radical Right*, 37.
19. Kaman, Charles. *Kaman: Our Early Years*, 159-160.
20. Mahoney, Richard D. *The Kennedy Brothers: The Rise and Fall of Jack and Bobby*, 39.
21. Shaw, Mark. *The Poison Patriarch*, 199.
22. Earley, Pete. *Witsec: Inside the Federal Witness Protection Program*, 47.
23. Email exchange with Douglas Caddy, November 2013

24. Interview with author.
25. Sterling Seagrave, email to Robert Morrow, April 17,2014.
26. Guy Garcia, "In Search of a Legend," *People* 38, no. 11 (September 14, 1992).
27. Clarence, John. *The Gold House: The True Story of the Victorio Peak Treasure, Volume II The Lies, the Thefts*, 180.
28. http://spot.acorn.net/jfkplace../09/fp.back_issues/32nd_Issue/jfk_texas.html
29. Whittle, Tom. *Freedom Magazine*, June, 1986,29.
30. Clarence and Whittle, *The Gold House Volume III*, x viii.
31. Clarence and Whittle, "Jim McKee and LBJ's $2.2 Billion Windfall," chap. 29 in vol. 3 of *The Gold House.*
32. Robert Morrow, interview with "Mr. H," October, 2013.
33. Clarence and Whittle, *The Gold House*, 193.
34. Chapters 21-25 in vol. 2, "The Lies, the Thefts," in Clarence and Whittle, *The Gold House.*
35. Clarence and Whittle, *The Gold House Volume II*, 198-99.
36. Ibid., 200.
37. Ibid., 252.
38. Ibid., 254.
39. Nelson, LBJ: *The Mastermind of the JFK Assassination*, 373.
40. Zirbel, *The Texas Connection*, 191.
41. Manchesteer, *Death of a President*, 82.
42. Smith, *Bad Blood*, 180.
43. Edward Baker, "LBJ Dallas 3D Analysis," http://www.youtube.com/watch?v=DIOChRBrkrI.
44. "LBJ Presidential Library Re-Opening After $10 Million Renovation," *PRNewswire* (December 19,2012).
45. Author conversation with Public Information Officer. February, 2014.
46. This can be concluded after reading the article by Sally Quinn, "A Tale of Hearts and Minds," *Washington Post* (August 25, 1975). Privately she has admitted this to friends.
47. Ibid.
48. Shesol, *Mutual Contempt*, 3.
49. Interview with Robert Morrow.
50. Tague, *LBJ and the Kennedy Killing*, 366.
51. Ibid.
52. Clay Shaw trial testimony of William Carr.
53. FBI report of Carolyn Walther.
54. FBI report of Ruby Henderson.
55. Warren Commission testimony of Arnold Rowland.
56. Tague, *LBJ and the Kennedy Killing*, 366.
57. Ibid.
58. Warren Commission testimony of Stanley Kaufmann.
59. Clay Shaw trial testimony of William Carr.

60. Warren Commission testimony of James Worrell.
61. Warren Commission testimony of Roger Craig.
62. Collom and Sample, *The Men on the Sixth Floor*, 54-68.
63. Bugliosi, *Reclaiming History*, 890.
64. Ibid.
65. Tague, *LBJ and the Kennedy Killing*, 36.
66. Interview with Dr. George Cimochowski.
67. *Crossfire*, CNN, November, 1982.
68. Interview with Jon Hopwood.
69. Interview with "Ed."
70. Gavin, Patrick. "LBJ Watched 'Risque' Films." *Politico*. November 18, 2010 http://www.politico.com/click/stories/1011/lbj_watched_risqu_fi lms.html
71. Shesol, Jeff. *Mutual Contempt*, 14.
72. Ibid., 361.
73. Walsh, Kenneth T. *Air Force One: A History of the Presidents and Their Planes*, 81.
74. Ibid.
75. Letter from Warren Trammell (son of Alabama political operative/George Wallace right-hand man, Seymore Trammell to Robert Morrow. Aug 28,2013.
76. Nagourney, Adam. "Rescuing a Vietnam Casualty: Johnson's Legacy." Feb. 15, 2014.
77. Clay Risen, "The Shrinking of Lyndon Johnson," New Republic, *http://www.newrepublic.com/article/116404/lbjs-civil-rights-act-arm-twisting-was-myth?a&utm_campaign=tnr-daily-newsletter&utm_source=hs_email&utm_medium=email&utm_content=11893031*
78. Smith, Jeffrey. *Bad Blood*, 54.
79. "LBJ's Daughters on Civil Rights Act at 50," interview of Lucy Baines Johnson and Lynda Bird Johnson Robb by Katie Couric, April 11, 2014.
80. Jack Shafer, "The Intolerable Smugness of Bill Moyers," *Slate.com*, February 20, 2009.
81. Schlesinger, Arthur M. *Journals*: 1952-2000, 333.
82. Renshon, Stanley Allen. *The Psychological Assessment of Political Candidates*, 102.
83. Woods, Randall. *LBJ: Architect of American Ambition*, 423.
84. Gardner, David. "Jackie AND Bobby Kennedy 'BOTH had affairs with ballet dancer Rudolf Nureyev', new book based on interviews with Jackie's 'closest confidantes' claims." *Daily Mail*. January 15,2014.
85. Written testimony of Emory Roberts.
86. Talbot, *Brothers*, 303.
87. Interview with Amanda Burden.
88. http://www.nbcchicago.com/blogs/ward-room/LBJ-Planned-To-Fly-To-Chicago-To-Seize-1968-Nomination-199870531.html

訳者後書き
パラレルワールド

予言者がいた

2016年1月のドナルド・トランプの大統領就任式の10日前にアンソニー・ファウチが「トランプはパンデミックに襲われるだろう」と語ったと言われている。本書第1章の出だしを思い出させる。ファウチはアメリカ国立アレルギー・感染病研究所所長であるが、長年細菌兵器に関わってきた。かつて細菌兵器の試験過程で違法行為を犯し、FDAからクビにされるところをジョージH・W・ブッシュに頼み込んで、処分を免れたという。ファウチはコロナウイルスを使った細菌兵器の研究を中国武漢の細菌研究所にアウトソースし、共同研究を続けていた。2019年10月18日に世界経済フォーラム、イベント201がビル アンド ミランダ ゲイツ基金らの支援の元、ニューヨークで開催されたが、ファウチはビル・ゲイツともWHOのワクチン事業などで深い関わりがある。イベント201では疫病の世界的感染（パンデミック）のシミュレーションが行われた。

謎が解けた！

コロナウイルスの感染が中国武漢で始まったということは知られた事であるが、当初から、武漢以外の中国国内の大都市での死者が１桁であり、他方イタリア、スペイン等の欧州、それに後から著しい増加を示したアメリカでの死者が格段に多いのはなぜかという指摘があった。米軍の潜水艦で感染者が出るなど謎は深まっていた。

複数の調査ジャーナリストが中国武漢にて2019ミリタリーワールドゲームという世界の軍人によるオリンピックのような大会が2019年10月18日から27日にかけて開催されたことをネット上で報じた。参加人数9,308人、参加国140以上で、イタリア、イギリス、アメリカも参加していた。大会の制服はイタリア、ミラノのデザイナーらが中国とコラボしたため、人的交流が特に多く、北部ロンバルディアの感染拡大の原因となっているようである。

ソーシャルエンジニア

ケネディ暗殺現場のダラスに居合わせた人以外はニュース報道により、オズワルド単独犯説を信じ込まされた。そのオズワルドのルビーによる殺害は世界実況中継され、一件落着となった。前方からの銃弾の存在を示すザプルーダーフィルムの映像は長年秘密にされた。マスメディアを中心に、司法、国会議員まで総動員しての隠蔽工作はソーシャルエンジニアリングの恐ろしさを教えてくれる。

今回のコロナウイルス騒動で、我が国NHKまでが報道したジョンホプキンス大学のいわゆるパニックマップはジョン・カランが30年前にオラクルにいた頃作ったデータベースであり、製作者本人はあまりに恐怖心を煽る使われ方になっていると疑問を呈していた（John E Hoover）。　ジョンホプキンス大学はイベント201の共同開催者でもある。昨年からパンデミックのシミュレーションを行っていたメンバーなのだ。彼らはこのウイルスは新型で治療薬はなく、新薬とワクチン開発が必要だとマインドコントロールしようとしている。いたずらに恐怖心を煽るのはなぜか？　と私達は常に警戒する必要があると思われる。

ビッグオイルからビッグファーマへ

本書の読者はおわかりだが、昔の石油業者には軍、諜報部出身者が多い。彼らは政府機関との関わりを持ち続け、相互に働きかけして利益を得ていた。本書第10章の最後のパラグラフで述べられるクリント・マーチソンの大統領を屁とも思わない態度が象徴的である。

今回のウイルス騒動で、大製薬会社は治療薬とワクチンで儲けるために国の予算獲得に動いているようである。なお世界一の慈善家ビル・ゲイツはジョンソン・エンド・ジョンソンを初め多くの製薬会社の大株主になっている。

利益を得た者

WHOへの拠出金がアメリカに次ぐ2位のビル・ゲイツが世界のワクチン事業に関わり、今回のウイルス騒動でもワクチンの必要性を訴えるなど、積極的に活動している。医者でもなく、化学の科学者でもない、ただ金儲けが異常にうまい人間がなぜ、この活動に関わるのか？　まずビル・ゲイツとマイクロソフト社について考えてみよう。成長するきっかけになったのが、IBMがパソコン事業に進出するとき、OSにMSDOSを採用したのが始まりだ。当時、デジタルリサーチ社のCP/Mが先に製品化され、IBMもこちらを採用するはずだったと言われている。マイクロソフトがCP/M開発者をリクルートして、同じものを作ったとされる。当時若かった私はアスキー出版のCP/Mの入門書を見て、同じであることに戸惑いを感じた記憶がある。その後マイクロソフト社はウインドウズソフトで更に躍進するが、このグラフィックインターフェイスはもともとゼロックス社のパルアルト研究所で作成されたもので、当時の同社の鷹揚な企業風土からか、知的財産権というようなケチなことは言わず、全く無料で公開していた。それをパクったのが、アップルとマイクロソフト社だった。その後のウインドウズソフトの展開は読者の皆様がご存じの通りで、不完全なバージョンを繰り返し販売し、ますます使いにくい物にしながら、金儲けだけはしっかりやる会社だという印象をお持ちだと思う。このマイクロソフト社がワクチン接種が済んでいるか否か、抗体ができているか否か等トレースするシステムを考案中という。国民を恐れさせて、都市を封鎖させ、外に出ることができるのは、ワクチン接種完了者のみという管理システムを考えているとしたら、おそろしいことだ。まさにコロナウイルスを口実に世界を監視システム下に置く計画で、ソーシャルエンジニアリングをしそうな会社と言える。

ユージュアルサスペクト

おなじみのCIAは今回のパンデミックをどう監視していたのだろうか？　武漢の細菌研究所とコラボしていた研究者が何人か逮捕されているが、ファウチには及んでいない。衛星を使った世界監視をしているはずなのに、ウイルス感染の広まりを大統領に早くから報告したとは思えないくらい、アメリカ政府の初動対応がまずかった。民間の衛星からのデータで中国内の経済活動が全く停止している画像を見た方もいると思う。オバマの時代にメルケル首相の通話内容を盗聴していることがばれたくらいなのに、なぜ、中国国内の情報がなかったのだろうか？　民主党のファインスタイン議員が運転手として20年間雇っていた男が中国のスパイだったことが明らかになっているが、同様のことをアメリカがしていないはずがない。

日本人はソーシャルエンジニアリングされやすい面を持つのかもしれないが、戦前からエンジニアされてきたし、戦後はアメリカによって洗脳されたと言うが、今風に言うと、まさにソーシャルエンジニアされっぱなしと言える。今回のウイルス騒動では、開業医がびびってしまい、治療放棄し、保健所が患者を自宅待機させ重症化するまで放置し、肺炎になったら大病院に運び込むというパターンが定着した。これでは死者が増えるのは当然だ。欧米の治療実績でマラリア・リューマチの治療薬が効果あることが判明しつつあり、テキサスの開業医がそれを使い、どんどん患者を受け入れて治療している。主要メディアは決してこれを報道しない。コンピュータの世界を顧みると、マイクロプロセッサーは日本企業がインテルにアウトソースしたものだったが、今やインテルの看板商品だ。トロンやウイニーを覚えているだろうか？　ウィニーに至っては、製作者金子勇氏が逮捕された。ビットコインの発明者サトシ・ナカモトは金子氏だという伝説まである。日本はいまだにアメリカの占領下にある。本書は私達が今直面する問題を対処する方法を示唆してくれる貴重な資料であると信じる。

令和2年5月8日
伊藤裕幸

〈翻訳者紹介〉

伊藤裕幸（いとう ひろゆき）

昭和57年8月「コンピュータ不正とその対策」（清文社）翻訳
平成18年－20年公認会計士試験委員（監査論担当）
平成22年6月迄、新日本有限責任監査法人代表社員

ケネディを殺（ころ）した男（おとこ）

2020年7月30日　第1刷発行

著　者　ロジャー・ストーン
翻　訳　伊藤裕幸
発行人　久保田貴幸

発行元　株式会社 幻冬舎メディアコンサルティング
〒151-0051　東京都渋谷区千駄ヶ谷4-9-7
電話　03-5411-6440（編集）

発売元　株式会社 幻冬舎
〒151-0051　東京都渋谷区千駄ヶ谷4-9-7
電話　03-5411-6222（営業）

印刷・製本　中央精版印刷株式会社
装　丁　弓田和則

検印廃止

Printed in Japan
ISBN 978-4-344-92963-0　C0098
幻冬舎メディアコンサルティングHP
http://www.gentosha-mc.com/